新世纪
高等学校教材

新闻传播学系列教材

U0646620

国际新闻
采编实务

马胜荣　苟世祥　陶　楠　著

北京师范大学出版集团
BEIJING NORMAL UNIVERSITY PUBLISHING GROUP
北京师范大学出版社

图书在版编目(CIP)数据

国际新闻采编实务／马胜荣，苟世祥，陶楠著.—北京：
北京师范大学出版社，2010.3（2018.8重印）
（新世纪高等学校教材·新闻传播学系列教材）
ISBN 978-7-303-10753-7

Ⅰ.国… Ⅱ.①马…②苟…③陶… Ⅲ.①国际新闻－
新闻采访－高等学校－教材②国际新闻－新闻编辑－高等
学校－教材 Ⅳ.G210

中国版本图书馆 CIP 数据核字（2010）第 007649 号

营 销 中 心 电 话　　010-58802181 58805532
北师大出版社高等教育分社网　http://gaojiao.bnup.com
电 子 信 箱　　gaojiao@bnupg.com

出版发行：北京师范大学出版社 www.bnup.com
　　　　　北京新街口外大街 19 号
　　　　　邮政编码：100875
印　　刷：北京京师印务有限公司
经　　销：全国新华书店
开　　本：170 mm × 230 mm
印　　张：23
字　　数：368 千字
版　　次：2010 年 3 月第 1 版
印　　次：2018 年 8 月第 3 次印刷
定　　价：35.00 元

策划编辑：王　强　　责任编辑：王　强
美术编辑：王齐云　　装帧设计：王齐云
责任校对：李　菡　　责任印制：马　洁

版权所有　侵权必究
反盗版、侵权举报电话：010-58800697
北京读者服务部电话：010-58808104
外埠邮购电话：010-58808083
本书如有印装质量问题，请与印制管理部联系调换。
印制管理部电话：010-58805079

前　言

什么是国际新闻?

英语中常见的说法有"Foreign News""World News""International News""News from Abroad"等。

国际新闻,简单地说,就是通讯社、报刊、电台和电视台等新闻媒介将所在国以外的世界其他地方的不同类型信息,通过不同载体传播给受众,也就是说,它是一种国际间的新闻信息传播。

由此可见,国际新闻是一个相对于国内新闻的概念。它不是对新闻事实的影响范围和价值而作出的界定,不是就新闻的传播方式而作出的界定,或是就受众的国际性作出的界定,而只是对新闻事件发生的地域而作出的界定。

从中国媒介实际操作的层面看,国际新闻和对外新闻是有根本区别的。国际新闻包括国外或境外发生的新闻事件或其他信息。而一个国家新闻的对外传播,只是其国内新闻的延伸。对外新闻只包括中国新闻的对外报道,因此不应该包括在国际新闻的范畴之内。

界定"国际新闻"这一概念,是为了便于从专业的角度研究国际新闻的采写,明确国内新闻和国际新闻概念的差异。

国际新闻是新闻的重要组成部分。刘笑盈认为[1],在印刷革命到来之后,国际新闻以外国消息的形式存在于早期的新闻书或不定期的报刊中,政治制度方面,正在强化的欧洲各专制主权对国内消息的严格控制和国际方面欧洲

---

[1]　刘笑盈:《国际新闻史的历史分期和研究课题刍议》,载《现代传播》,2005 (2)。

民族主义与民族国家的兴起，构成了两个主要特征……就国际新闻而言，它的主要功能表现在信息沟通和环境监测，影响到了当时近代国家的发展和国际关系的形成。

他指出，20 世纪 80 年代之后，国际新闻的传播出现了三个特点[①]：第一，全球新闻（global news）或世界新闻（world news）占据越来越重要的位置。第二，国际新闻不仅品种增加了，而且报道方式和理念也在发生变化，发展到了"NN"（现在的新闻现在报）和"读图时代"。媒介商业化对国际新闻的表达方式和内容产生冲击；"软新闻"比例在上升。第三，不同的国家出现了国际新闻的提供与需求之间的矛盾。在发达国家，国际新闻在新闻中的比重在下降；而发展中国家对国际新闻的需求在上升的同时，却面临着发达国家掌控着国际新闻源的窘境。

因此，可以这样认为，国际新闻在国际信息流通中的作用在日益增大，但是，这种流通存在着严重的不平衡状态[②]。

1953 年，国际新闻学会在对世界新闻流通进行研究后，得出"新闻流通是单向的"结论——从发达国家流向"第三世界"。1960 年，联合国教科文组织对全世界报刊、电台、电影和电视进行调查所提供的资料再次证明上述结果。该组织因此制定鼓励亚非拉国家建立国家和地区性的通讯社的计划，在 1970 年全体大会上开始讨论"传播权"这一用语并于 1972 年以前发表了有关为信息的自由流通而使用卫星广播电视的指导性原则宣言。之后至 20 世纪 80 年代早期，以联合国教科文组织为主要平台，发展中国家为争取新闻"自由流动和更广泛及更好地均衡传播新闻"，与发达国家展开激烈辩论。

但是，同建立世界经济新秩序的努力一样，世界新闻新秩序实现起来困难重重。美国在 1985 年退出联合国教科文组织，使问题陷入僵局。尽管 20 世纪 80 年代末柏林墙的倒塌结束了东西方政治对抗，但在基于财富的说话声音大小上，富裕国家与贫穷国家之间的"信息鸿沟"似乎更深了。

虽然"信息的自由流动是人类实现普遍自由，社会取得进步的一个必须条件，但这种自由的实现很少是由抽象的道义上的追求来推动的，而往往是以经济利益及政治意识形态斗争为动力"。美国蒙默斯大学教授张巨岩认为"信息

---

① 刘笑盈：《国际新闻史的历史分期和研究课题刍议》，载《现代传播》，2005（2）。

② 文中有关国际信息流动不平衡问题的历史资料，见［美］迈克尔·埃默里等：《美国新闻史：大众传播的解释史》，709～712 页，北京，新华出版社，2001；张巨岩：《权力的声音：美国的媒体和战争》，289～295 页，北京，生活·读书·新知三联书店，2004。

流动本质上是资本流动的一部分，但同时，它往往表现为文化和政治的争论和冲突"……"'信息自由流动'是和对世界通讯的控制权紧密联系的，而控制世界通讯则有利于跨国公司占领全球商品和服务市场"。由于"富裕国家掌握着绝大部分的传播工具和机构，信息在国际间不平等地流动，落后国家在富裕国家媒体中的形象被扭曲，它们的文化被核心国家的霸权文化所主导。"

　　因此，发展中国家迫切要求实现信息的平衡流动，重建国际传播体系，反对发达国家垄断性的跨国公司享有毫无限制的自由，认为国际信息流动应该是平衡的、双向的。同时，他们主张在全球传播中的独立自主，建立国家传播政策及参与性的传播体制；促进本土文化产业等。

　　根据上述国际新闻传播的特点及信息流通中存在着的严重不平衡现象，本书在总结吸纳国内外采写国际新闻的理论成果与实践经验的基础上，认真梳理了许多国际新闻报道的经典案例和个案，并就国际新闻的概念等一些基本理论、报道方法与技巧以及国际新闻报道中出现的新问题做出了剖析，力图从国际新闻采写实务的角度，探索中国高等院校在国际新闻报道的教学实践中如何培养更多的具有国际视野和职业水准的高层次新闻人才，以此为进一步缩小发达国家与发展中国家的"信息鸿沟"作一点有益的尝试。

2009 年 4 月

目 录

第一章　基石与障碍结

——国际新闻报道的客观性原则

客观性既是新闻报道的重要特征，当然也是国际新闻报道的重要特征。

从哲学的角度看，"物、世界、环境是不依赖于我们而存在的""在自然界和人以外不存在任何东西""除了运动的物体以外，世界上什么也没有"。显而易见，如同其他新闻一样，国际新闻的本源是物质的东西，是人类在同自然界和社会斗争中所发生的事实，是客观的实在，这就决定了国际新闻的客观性。从唯物主义的观点出发，客观性应是国际新闻最重要的特征，是国际新闻报道必须遵循的基本原则。

第一节　客观性的制约因素

国际新闻报道的客观性主要体现在内容的客观和报道形式的客观。内容客观要求报道必同事物本身一致，反映事物的本来面貌；报道形式的客观，是指在表述形式上要避免随意性，避免作主观的猜测、推断或结论。在这里，报道内容的客观是首要的，内容的客观是基石；报道形式只是基石上的建筑物。

由于国际新闻报道面对的是一个纷繁复杂的世界。它的报道对象包括自然灾害、发明创造、动乱和战争、社会变革、政府更迭等。上述报道的对象大体可以分为两类：自然现象和科学技术的发展；人类社会的矛盾和变革。一般而言，在前一类新闻报道中体现客观性尚易做到，而能否在后一类新闻的报道中体现客观性，则要受到一些因素的制约。

一、客观的隐蔽性

从唯物主义的观点看，客观世界是可知的，同时，认识过程又是艰巨和复杂的。这种复杂性和艰巨性是由人类认识的对象——客体，即自然界、人类社会现象的复杂性和多样性决定的。如前所述，国际新闻报道的对象是一个纷繁复杂的世界。物质世界是普遍联系着的，同时又是永恒发展的，有其内在规律。但是，国际新闻报道对象的本质以及它们之间的相互联系和发展状态，并不是直接显露出来的。事物的本质往往隐蔽在无数的现象之中，这就是客体——报道对象的隐蔽性。这是因为，事物的发展是由诸多因素决定的，而且，这些因素有时往往以互相矛盾、互相排斥或互不关联的表象出现在人们面

1

前，造成了人们在认识过程中的障碍。例如，20世纪90年代末期，亚洲一些国家的经济发展因金融危机的冲击受到很大的影响。金融危机发生的原因究竟是什么？是经济和政治制度，还是整个国际局势对这些地区影响的结果？要得出反映事物本质的结论，就必须克服由客体隐蔽性造成的障碍，获得对事物本质的认识。然而，客体的多样性和复杂性，决定了这种障碍的克服不是轻而易举的。

二、"思维偏移"现象

"思维偏移"现象是从主体角度而言的，指实践上的局限性影响了思维的正确性，从而造成了认识上的片面性和形而上学。在国际新闻报道中，记者是认识的主体。由于主体的认识受到客体和主体本身状况的制约，因此，从主体的个体角度看，"思维偏移"是存在的，只是程度不同而已。例如，某国发生政变，记者要全面、深入地了解内情是很困难的，因为当时没有进行实践上深入考察的可能性。因此，记者必须通过间接了解和判断进行报道。在这样的认识过程中，必然会出现"思维偏移"，即在有限的时间内，由间接和部分直接的事实以及合理的推断，得出或多或少偏移事物本质的结论。这种"思维偏移"是由于认识过程中的"脱节"而引起的，而这种"脱节"又往往是不可避免的，因为事物的本质需要时间才能显露出来。恩格斯说："我们只能在我们时代的条件下进行认识，而这些条件达到什么程度，我们便认识到什么程度。"由于国际新闻时效等因素的影响，主体对所报道的事物本身总是存在一定差距的，因此克服"思维偏移"现象的过程只能是螺旋式上升的。随着时间的推移，主体的认识才能不断接近事物的本质。

三、"价值取向障碍"

"价值取向障碍"在国际新闻报道中对客观性的影响是显而易见的。由于"价值取向障碍"的影响，国际新闻界对"科索沃战争"看法截然不同。北约国家的大多数媒体认为，北约的军事行动是有理的，是为了科索沃人民。而其他一些国家的媒体则认为北约的军事打击违反了国际法，干涉了别国内政。

这种价值取向的差异是由文化、教育、个人信仰、政治制度等诸多因素造成的。这种差异决定了主体从不同的角度去筛选材料，根据自身的需要、利益和要求，提炼主题进行报道。进入主体认识范围的客体是多样的，具有多方面的属性。但是，并不是客体的各种属性都会成为主体的报道的对象，即使对同一客观事件，由于价值取向不同，得出的结论也会不一样。

价值取向的形成是一个复杂和长期的过程，其表现往往是不自觉的。一种价值取向，有时表现在对一个事物认识的全过程，有时只表现在这一过程中的某些环节。同时，对作为个体的主体而言，这种价值取向也是变化的。就孤立的事件看，事物本质的逐渐显露，会使客观报道国际新闻的"价值取向障碍"不断减少。但是，由于今天的世界存在着两种主要的社会制度，经济发展水平不一，政治、法律、道德等标准不同，所以"价值取向障碍"将会在很长时间内存在。

四、理性因素

目前，新闻分析、综述、背景介绍、深度新闻，越来越多地出现在国际新闻的报道中。在上述报道体裁中，主体不可避免地在其新闻中注入理性色彩，即记者的思维活动主要运用分析的方法，企图挖掘所报道事实背后或深一层的东西。这类新闻体裁由于渗入理性因素，从报道形式上看是非客观的。但是，这样的报道都可以产生客观、非客观或介于两者之间的多种结果。正确的理性渗入有助于报道中客观性的体现。这是因为，如果主体最大限度地克服了前三种因素的影响，那么理性的渗透会更有利于认识事物的本质，从而更客观地叙述报道的对象。

如前所述，记者应该力求在报道国际新闻中体现这种客观性。但是，这种客观性并不是一些新闻媒体推崇的所谓超然的"客观报道"。国际新闻报道的主体——记者、编辑都是社会中的人，附属于社会中的某一个阶级、集团或群体。因此，他们对于所要报道的事实不可能采取完全超然的态度。美国新闻界人士弗兰克·卢瑟·莫特也承认，"新闻是由人采集、写作和发行的，而人总是有思想、感情、态度和偏见的。"

第二节 如何克服客观性制约因素

媒体的记者和编辑，有义务努力在实践中克服前述因素的影响，探求客观地报道国际新闻的途径，力求比较全面客观地看待所要报道的"自在之物"，把事物的本来面目呈现在受众面前。

首先，必须提高观察所要报道的对象的能力，即不仅要看到"此"，而且还要看到"彼"，不仅要看到"表"，而且要看到"里"，要努力从现象中探求规律性的东西。这样就可以克服局限性，使自己对事物的认识不限于某一因素，而能将诸多的因素综合起来考虑，从而避免报道的片面性。

其次，应该力求克服"客体隐蔽障碍"。客体的隐蔽性决定了主体在认识的过程中，必然存在着一种障碍，即由客体的隐蔽和主体的局限，引起认识对象在观念形态上的变形，从而破坏了主体和客体的一致性。这就是认识过程中的"障碍结"。例如，20 世纪 90 年代以来世界形势剧变，这种变化是否已经改变了历史发展的总趋势？人们必须借助正确的认识方法和实践的中介，突破这种"障碍结"，以逐渐达到认识和客观实际的一致。当然，"今天被认为合乎真理的认识都有隐蔽着的、以后会显露出来的错误方面，同样，今天已经被认为是错误的认识也有它合乎真理的方面，因为它从前才能被认为是合乎真理的。"所以，这种突破"障碍结"的过程也是螺旋式上升的。

从社会发展的进程看，代表着生产力发展要求的阶级、阶层、集团，往往能够比较客观地反映历史发展的客观趋势；而代表着过时的生产关系的阶级、阶层，则千方百计地将客观的趋势纳入它们主观的轨道。因此，要使主体的认识接近或者同客观事实一致，价值取向问题是不能忽视的。价值取向是主体对客体，也就是判断和选择报道素材的角度问题。

总之，在国际新闻报道中体现客观性，应该是记者所追求的目标。这一目标的实现取决于认识主体——记者等从业人员的三个基本素质，即"理性素质""社会素质"和"实践能力"。只有在上述三个方面修养比较好，才能从分析比较中把本质从现象中抽象出来，从而真正体现国际新闻的客观性。

第三节　宏观与微观层面上的客观性

国际新闻报道的客观性，还必须从宏观和微观两个方面加以认识。有些报道虽然在微观上是客观的，但在宏观上却是非客观的。西方新闻界对 20 世纪 90 年代初东欧局势变化的一些报道就是典型的事例。这些报道坚持认为，东欧国家的变化是由于这一地区国家的人民对政府和执政党领导的错误不满，从而导致对社会制度的不满造成。这在微观上有其客观性。但是，从宏观上看，这类报道却是非客观的，因为报道本身忽视了世界上两种主要社会制度斗争的事实。

微观上的客观报道，由于事实、人物、时间等具体而确实，使人感到它有难以辩驳的客观性，具有一种征服读者的力量，因此往往起着引导读者的作用。调查表明，多数读者愿意看到具体生动的报道，而对那些抽象和说理的报道则常常是排斥的。当然，宏观的报道同样应该是具体和生动的，因为它所报道的内容也是客观事实。但是，由于它同微观的事实的联系是深层次的和更为复杂的，要求记者在报道时要掌握全局的变化，了解在表象之下的各种事物之间的真正联系以及对于事物发展方向的预测，因此其难度无疑大于微观上的客观报道。

诚然，宏观和微观又是互相作用和相辅相成的。只有从微观入手，才能从宏观上把握事物的发展现状和趋势，但是，并不是所有的微观事实都是反映宏观趋势的。如果记者不能站在一定的高度，那就可能"只见树木不见森林"。因此，问题的关键在于主体如何抓住那些代表了宏观发展趋势的微观上的事实。因此，可以这样说，国际新闻报道的客观性，并不在于宏观和微观报道的本身，而在于如何从无数的微观事实中，选取那些在宏观上表现"自在之物本身"的东西。只有这样，才能最大限度地克服前述的制约因素的影响，从而最大限度地在国际报道中体现客观性。

第四节　价值取向与客观性

胡端宁在《"客观报道"的主观导向》一文中，引用了一篇美联社报道美国总统儿子失业的消息。

> 【美联社纽约 10 月 14 日电】就在罗纳德·里根总统对全国说："美国正在走向经济复苏"之前几个小时，他的儿子普雷斯科特·里根却在这里同失业者一道领救济金。
>
> 白宫副新闻秘书斯比克斯 13 日承认，这位 23 岁的芭蕾舞演员自从被乔弗雷芭蕾舞团解雇后，近几周中领过两三次失业救济金。
>
> 这个芭蕾舞团已解散一个月。小里根和妻子多丽亚住在曼哈顿的格林威治村。
>
> 斯比克斯解释了总统的儿子为什么拒绝他父亲提出的在他失业期间给予帮助的表示。他说："里根夫妇表示帮助他们渡过难关，但尊重他们要独立生活的权利。"
>
> 小里根加入了美国约 1130 万领救济金的美国人的队伍。这个国家的失业率上周一达 10.1％，这是自 30 年代大萧条以来最高的数字。

正如胡端宁在分析这篇稿件时所说："作为一个芭蕾舞演员，小里根的失业也许算不上什么新闻，可是，当小里根和总统里根联系起来时，事情就具有了特殊的性质，特别是将里根的信誓旦旦与小里根领取失业救济金放在一起时，记者对'经济复苏'的不以为然便跃然纸上了。而将小里根放到1130 万失业大军的背景中去写，将现时失业率与令西方人谈虎色变的 30 年代大萧条相提并论时，更是使人感到报道者对当前经济状况的强烈担忧和不满。"

从对上面稿件的分析中，可以看出主体的价值取向和国际新闻报道客观性的关系，即国际新闻报道中的客观性是首要的，只有客观存在的事件才能成为新闻，但主体在报道这些事件时，无疑都用自己的价值观去判断、选择材料和撰写稿件。因此，记者和编辑在稿件中反映的都是他们自己所看到的世界，并且按照他们的想法和判断来介绍世界。

美国《洛杉矶时报》1990年8月13日刊登一篇题为"'越南墙'前忆当年"的稿件，稿中写道：美国这个参观人数最多的纪念墙，吸引着千百万人去回忆他们一度想要忘却的事情。

人名，这么多的人名。一行又一行，从杰拉尔德·阿德兰德到戴维·齐威克。墙上的人名比蒙大拿州大瀑布城的居民还多。从头到尾看完要用3天时间。

有个小女孩在墙前问："墙上的人名包括历次战争阵亡的人吗？"她妈妈说："不，仅仅是越南战争中阵亡的人。"

老兵跪在"越战纪念墙"前，抚摸阵亡战友的名字（新华社记者宋晓刚摄）

在越南战争结束以来，美国军队再次大规模派往海湾之时，去参观越南纪念墙尤其令人伤感。黑色的花岗岩墙上刻着58175个人名。这里已成为全国参观人数最多的纪念地。

……

这是1990年海湾局势日益紧张的情况下，《洛杉矶时报》刊出的一则特写。文章没有直接表明作者对美国卷入海湾的看法，但通过对"越南墙"的描述，成功地引导读者去思考一个问题：美国在海湾的军事卷入可能带来越南战争同样的后果。文中小女孩和母亲的对话的插入是极其成功的，突出了在越南战争中美国阵亡者之多，这一历史事实不仅已经深刻在母亲的心中，同时也将记在女儿的心里。

第二章　技巧的张力

——国际新闻采写的一般方法

报道国际新闻实际上是在描述世界，描述本质意义上的世界。

战争灾难、政治活动、经济发展、文化交流、体育竞赛……世界上的所有活动都可以是国际新闻的报道对象。作为世界这个巨型舞台前排的观众，从事国际新闻报道的记者、编辑将发生的事情公布出来，是很容易的，但报道人们需要的国际新闻——令你的受众关注，却应是相当讲究技巧的。

下面就来谈谈如何掌握这些重要的技巧。

第一节　动态新闻的采访

"今天有什么新闻？"是人们展开交谈时常常谈到的问题。提问者所指的往往是动态新闻：世界上发生了什么重要的事情？政府做出了什么重要决定？明星名人或重要人物出席了哪些重要活动……

作为非常快捷和相当有效的新闻传递方式，世界上被媒体采集的大部分"新"信息都是以消息，特别是动态新闻这一形式传播的（消息一般分为"动态新闻"与"综合新闻"。因此，写好动态新闻是报道国际新闻的记者首先需要掌握的技巧。

动态新闻的重点是报道重大事件和突发事件。从形式上看，动态新闻有特急讯、快讯、简讯等多种类型。有的类型的历史可以追溯到很久以前，比如快讯——通讯社报道重大和突发事件常常采用的报道方式，是美联社记者劳伦斯·戈布赖特首先使用的。1865 年 4 月 14 日，美国总统林肯遇刺。劳伦斯以最简单的文字抢发这一重大新闻："总统今晚在剧院遇刺重伤"。此后，快讯就成为通讯社报道突发新闻常用的方式之一。

新闻界的行话里，有"跑新闻"的说法。要"跑新闻"，首先应该知道往哪儿跑。一般来说，常驻一个国家的记者只要紧跟驻在国形势的发展，就能够发现新闻线索，知道在什么时候往外"跑"和往什么地方"跑"。当然，任何高明的记者都不可能"包打天下"，而必须依靠自己的联系网。例如，到了某地，记者就应该出席各种有关的活动，而在活动中，不能只捧上一杯饮料，在一旁站着，因为这时正是记者进行活动和建立广泛联系的极好机会。一个灵活和有心计的记者，会不断地交换谈话对象，索取或交换名片，并且亮出自己的身份，介绍自己所服务的新闻机构。建立联系网的另一种方式是通过信件方式同一些新闻发布机构建立联系，要求其将有关活动及时通知记者并邮寄有关背景材料。

动态新闻采访的关键步骤，大致可概括为以下几个方面。

一、观察

缺乏一手资料的新闻是难以吸引读者的。记者应尽可能创造条件赶赴新闻现场，做读者的耳目，去听、去看、去感受，获取细节、核检事实。

观察是记者现场采访要用到的基础技巧。一名记者如果不善于观察，会对许多情况视而不见。由于忽略了许多细节，一篇本来可以写得非常出色的报道却写成了很一般化的报道。

下面的稿件显示了优秀的观察力对记者写好报道有多么重要。

【新华社加沙（巴勒斯坦自治地区）5月11日电】题：巴勒斯坦人民喜迎自己的警察。

一名年轻的巴勒斯坦警察今天在加沙地区与阔别多年的母亲相逢时，由于兴奋和激动，开始几秒钟竟连话都说不出来。

这名警察叫阿卜杜拉·穆罕默德，今年21岁。他在童年时代被迫离开家乡，今天作为第一批进入加沙地区的巴勒斯坦警察的一员，返回故里，从以色列方面接管治安工作。

他的母亲今天穿着黑袍，专程从附近农村赶到加沙市以南20公里处的德尔市，迎接自己的孩子和其他警察。当这位母亲见到当警察的儿子时，母子俩一时都说不出话来，只是眼眶中泪水直流，接着是大笑，然后是互相拥抱。

这是记者今天在德尔市的巴勒斯坦警察司令部见到的许多动人场面中的一个小镜头。

司令部设在市中心的一幢3层小楼内。今天一大早，小楼围墙上、院子里、院子外的街道上，人山人海。有的举着巴勒斯坦解放组织的黑、白、绿、红四色旗，有的举着阿拉法特的画像，有的在唱歌，有的在跳舞，有的在高呼口号，有的在敲击乐器，有的在同警察亲切交谈……许多充满笑容的脸上都留着泪痕。大家在欢迎自己的亲人——今天凌晨3时许从埃及进入加沙的首批150多名巴勒斯坦警察部队。

一名叫哈桑的警官，今年50出头，来自驻苏丹的巴武装部队，他今天见到了从几十公里外赶来的两位女儿和她们的孩子。他对记者说："我们非常高兴回到故乡，我们今后的任务是维护巴以和平，保护巴勒斯坦人民。"

他的一位女儿说："我喜悦的心情无法用语言来表达。27年的等待终于有了结果。以前的梦想变成了现实。"

巴勒斯坦人民从1948年以来一直为谋求自己在地球上的一席之地而奋斗。在1967年的第三次中东战争中，以色列占领了加沙、杰里科和其他巴勒斯坦土地。

巴勒斯坦解放组织同以色列去年9月13日在华盛顿签署了历史性的和平协议，该协议规定巴勒斯坦人先在加沙和杰里科实行自治。今年5月4日，巴以双方又在开罗签署了实施自治的具体协议。

今天抵达加沙的首批警察中，有的来自巴驻埃及的武装部队，有的来自苏丹。巴在加沙和杰里科的警察总人数将达9000名，其中2000名从当地居民中选拔，7000名来自外部。加沙人民把自己警察部队的到达视为实行自治的具体开端。巴警察原定于5月8日进入加沙，但由于一些技术问题以及巴以双方协调未妥而推迟至今。

为了迎接自己的警察，近3天来每天都有成千上万的巴勒斯坦人涌向同埃及交界的拉法边关，希望早一分钟见到亲人。

记者目睹了这几天激动人心的场面。在欢迎人群中，一位叫札克雅的中年妇女说，她的家庭中一人在起义中牺牲，两人被驱逐至今未归，一人被关押，据说将获释。她说："和平终于开始了，能不高兴吗？"一位叫沙阿斯的年轻小伙子说，3天来他每天都到靠近边关的路旁等候警察。他还说他一定支持巴警察，相信警民会团结一致，把加沙建设好。

二、提问

西方新闻教科书要求记者注意老练的律师在法庭上是怎么提问的。一个律师如何组织他的问题，往往决定他能不能打赢官司。记者也面临着同样的考验。许多新闻不能出彩，就是因为记者不擅提问。

一般来说，提问的方式分为"开放性的"和"限制性的"两种。所谓开放性的提问，就是给对方一定的伸缩余地和灵活性。例如，当问及联合国秘书长将对海地采取什么行动时，记者可以问"联合国在波黑采取了行动，对海地的局势将怎么办呢？"如果秘书长避开你的问题，记者则可以从侧面再问"联合国采取武装行动的标准是什么？""你对海地目前的局势怎么看？"等所谓限制性提问，也就是将提问范围缩小，集中到某个问题上，希望得到具体的答复和清楚的细节。记者招待会上的提问通常就是限制性的。记者的提问可以有礼貌地单刀直入。

三、搜集材料、核对名单

在采访的同时，记者要注意搜集材料。特别是在现场采访时，记者不必判断材料的价值，只要能弄到手，就千方百计地找到，条件具备时甚至可以团队合作，安排专人搜集资料。例如，在雅加达举行有关柬埔寨问题的非正式会议上，新华社在现场有两名记者，因此，其中一名记者被安排专门"抢材料"。

国际报道现场采访的另一个重要任务是核对名单，甚至名字的拼写。这类问题看起来不大，一不小心却非常容易出错，有时还会造成比较严重的后果。例如，有的记者把吴邦国写成胡邦国，把中联部副部长蒋光化写成中联部部长。特别是非英语国家人士的姓名，一定要核实并附在稿后，供总社核实和写对外稿件时用。有关机构的名称及会议名称也要核实，不能只是听说或者只看当地报纸的报道，一定要当场核对。

四、理解

记者在采访动态新闻的过程中，仅仅把看到和听到的东西记录下来，把材料搜集到手是远远不够的，还要善于理解自己看到和听到的东西。例如，报道南非大选，记者首先要理解这次选举的意义，这样，才有可能在消息中加进"黑人选民是有生以来第一次履行他们的政治权利。在3个多世纪少数白人统治下，黑人被剥夺了选举权"的背景段落。

从一定的意义上讲，理解对于一篇动态新闻的采访是极为重要的，在采访突如其来的事件或某种转折意义的事件时更是如此。

第二节　导语的磁能

《疑难问题辞典》的作者安布诺斯·拜厄斯这样描述导语的重要性："任何一个新闻记者，只要他曾经为写作导语绞尽脑汁，就会深知写作导语为什么如此费劲，因为导语对他和读者来说都很重要。导语的写作使得他的精力高度集中，迫使他作出决断：这条新闻里什么东西最重要；应该强调什么；而且导语如何写会直接影响到这条新闻的其余部分。"

由此可见，导语一般来说应该有以下作用。

第一，读者一看导语就知道这条新闻写的是什么。

第二，读者看了你的导语愿意继续读完这条新闻。

第三，有适当气氛的导语可以使读者身临其境。

作为"居要的片言"，导语展现报道主题，决定整篇报道的基调和框架，是新闻报道的纲，纲举则可目张，其重要性不言而喻。而对以发布"新"信息为目标的动态新闻来说，导语吸引读者的作用更加重要。

霍华德·海恩曾参与编写美联社写作手册。他列举了一条优秀导语的九个特点，即提供消息、简短、明晰、简单、直截了当、生动、客观、富于色彩和格调高尚。

对动态新闻的导语来说，提供消息和明晰两个特点尤其重要。

一、提供明晰消息的导语

导语的长度没有一定的规定，但通常是以越短的形式表现出来越好。记者或编辑很难根据一定的公式去写作和编写稿件，但是，对一个初学者来说，导语不要超过 3 行的劝告是有用的。在导语中，最重要的是要把消息清楚明白地传达给读者，过多的形容词和其他修饰词都是毫无用处的。

那么，导语如何提供明晰的消息呢？

简单地说就是新闻要素齐全——五"W"和一个"H"，即 Who、What、When、Where、Why、How。这是记者准备写导语需要回答的问题。当然，导语中不一定需要包含所有的五个"W"和一个"H"。其中哪一个或哪一些是重要和应该突出的，应由记者或编辑根据实际情况确定。有经验的记者在写作导语时并不需要考虑这个公式；而对初学者来说，考虑五个"W"和一个"H"是非常重要的。

"你如果不会思考就不会写作"——写作是清晰思维的具体体现。这就是说，在你动笔写导语之前，你必须筛选头脑里或笔记本中的全部材料，选出最重要和读者最感兴趣的方面，这个方面就是你可用的导语写作素材。

筛选材料是对一个新闻工作者是否优秀的考验，因为筛选的过程就是判断新闻价值的过程。判断选材是否恰当有一个诀窍，即记者把自己放在读者的位置，想想会对什么感兴趣。

二、导语的不同形式

根据五个"W"和一个"H"的要求，动态新闻可以有不同形式的导语。

（一）人物导语 Who

名字出新闻，但必须是名人的名字。从总统到歌星，从银行家到毒枭，只要是名噪一时的人物都可以成为动态新闻报道的对象，但是，即使是人所共知的俄罗斯总统和美国总统，在其名字前都要加上"某国总统"。

当美国总统或其他国家的总统被用作消息来源时，他的名字十有九次被用在消息的开头，因为他的名字具有权威性，必然会引起读者的注意。

【华盛顿电】美国总统克林顿今天宣布，美国将对海地动武，以解决那里的政权危机。

但是，在人物导语中，如果不是名人，那么导语中可以不出现名字。例如，一个过门才 6 个月的 19 岁的新娘今天承认，她想毒死其丈夫，因为他批评她做的菜不好吃。而这个新娘的名字可以留到后面去交代。

（二）事件导语 What

下面是一条纯事件导语，新闻要素很齐全。

【新华社赫尔辛基 9 月 28 日电】一艘载有 867 人的爱沙尼亚客轮 28 日凌晨因遇风暴在芬兰附近的波罗的海水域沉没。到目前为止，只有 90 人获救，其他人下落不明。

（三）时间导语 When 和地点导语 Where

一般而言，时间很难成为一则新闻中的最重要因素，但是时间又是必不可少的，因为它表示一则新闻的及时性。例如，今年是抗日战争胜利××周年……同时间导语一样，通常地点只是作为导语中一种要素而存在，除非这一地点有特殊意义。

（四）原因导语 Why

"Why"有时是新闻中最有意思的角度，可能是读者最想了解的问题。例如，由于股票和地产问题，日本首相细川今天宣布总辞职。

（五）方式导语 How

从怎么样（How）的角度，经常能写出一条有趣的导语。例如，一条带有奇怪的牙齿痕迹的铅笔，使一位 30 岁的看门人今天被捕。他承认上星期撬了一所中学的校长办公室行窃。

三、导语的类型

根据五个"W"和一个"H"的要求写作不同形式的导语，指导语本身的写作角度，即导语重点写什么，而不是导语本身的分类。

一般来说，导语有下述类型。

（一）陈述性导语

这类导语的特点，是用某种出人意料的事来抓住读者。

【美联社新德里电】一场革命横扫印度，英迪拉·甘地政府为此而感到高兴。这是一场农业革命，使用拖拉机、改良后的肥料、高产种子和决心来进行战斗……

【美联社纽约电】一位女王星期二因为抽烟太多而被罚款 100 美元。

这就是玛丽女王。说具体一点，就是那艘著名的英国班轮。

"女王号"以其王后般的豪华停泊于她位于哈德逊河曼哈顿一侧的码头御座上。

后来该市的负责空气污染的部门来了一位检查官，这位检查官检查了"女王号"的烟囱……

当记者想用一些新颖的手法来写老题目，可以采用这种方式。例如，某国的国庆，战争纪念日，劳动节等，但是，千万不要为了引人注意而夸大事实，弄巧成拙。

(二) 概括性导语

概括性导语也称综述性导语，其最重要的特点是把全部新闻要素都包含在导语中，起着为读者提供全篇消息梗概的作用。

【新华社驻美国记者任毓骏、王如君】9 月 11 日上午 9 时 48 分，一架飞机撞到了纽约世界贸易中心大楼，飞机把大楼撞了个大洞，在大约距地面 20 层的地方冒出滚滚浓烟。就在楼内人员惊慌失措之际，18 分钟后，又有一架飞机撞上了世贸大楼，这架飞机是从大楼的一侧撞入，由另一侧穿出，并引起巨大爆炸。

这是一则典型的全要素"硬"导语，常被用在需要以最直白、最简单的手法报道的突发重大新闻事件中。

概括性导语还有一种延缓的写法，即用两段或三段文字作为导语。

【新华社雅加达 10 月 6 日电】为期一天的亚太经济合作组织贸易部长会议今天在这里举行。

这次会议是根据去年在美国西雅图举行的第五次亚太经济合作组织部长会议的决定召开的。会议的宗旨是从亚太地区角度就乌拉圭回合谈判结果交换意见，并探讨今后的实施办法。

　　……

(三) 叙事体导语

在越来越重视新闻故事性的情况下，导语采用叙事体的效果较好。

写作叙事体导语时，要注意满足两点要求：第一，所描写的事情一定要同文章的主体有关。第二，在叙事体导语与文章主体之间，联系要流畅自如。关键是情节，即人物活动，做什么事或说什么话，环境细节等。

请看下面的例子。

【美联社纽约电】贝尼·博斯韦尔太太教的那一班三年级学生正在匆匆记下留给他们的作业，忽然一个身材瘦长的青年走进了教室。他缓缓地走向教师，一只手提着塑料书包，另一手塞在他的茄克衫口袋里。

博斯韦尔太太抬眼看他，以为他要问什么事。但他一声不吭。"请到校长办公室报到"她很有礼貌地对这个青年说。他的回答是平静而坦率的：

"你班里有许多孩子。走到桌子后面去坐下。如果你敢动一下，我就把你的脑子敲出来。"

这个大约20岁的人很快地从塑料包里倒出书来，把教师的钱包塞了进去，然后逃了。

事情很快就干完了。胆战心惊的哈莱姆区第161公立学校的博斯韦尔太太，是上个月在两周时间内，纽约市一些学校遭到抢劫的50名教师之一……

但在消息中其实较少采用这种类型的导语。叙事体导语在通讯、特写一类体裁的报道中用得较多。

（四）描写式导语

描写式导语的特点，是用较少的文字勾勒出一幅迅速、清晰的画面。这类导语在消息中不常用，而在特稿中用得较多。但是，如果用得好，描写式导语在消息中也可以产生极好的效果。

综上所述，可以这样总结关于导语的写作：导语是一条消息最重要的部分。在可能的情况下，导语应该包括新闻所需要的重要要素。如果要素全部放在导语会使其导语冗长或不易懂，那么导语除了突出应该突出的要素外，再包括几个次要重要的要素，其他要素可包括在第二段或第三段中。导语要交代新闻来源。

第三节 "倒金字塔"式结构

导语虽然是一条动态新闻中最重要的部分，但它毕竟不是新闻的全部。概括地讲，一条动态新闻由导语和主体两部分组成。导语应该包括最重要和最有吸引力的事实；而主体部分则是进一步展开、阐述和解释导语。导语中的任何陈述都应得到主体段落中事实的支持。

而"倒金字塔"结构是最受记者们青睐的消息写作构架。他们几乎天天都写"倒金字塔"结构的新闻报道。即使写作其他体例的报道时，也往往在导语和某些段落中采用这种架构。

按重要性递减的原则组织信息，从最重要的开始，到最不重要的结束——"倒金字塔"，也是动态新闻最常用的写作形式之一，"它衡量并清理各条消息，只以惊人的简单方式关注它们的相对新闻价值"。

"倒金字塔"之所以如此受欢迎，原因至少可以归纳为以下几点。

第一，这种写作方式可以使记者的精神高度集中，把最重要的新闻找出来。

第二，编辑在选用新闻或制作标题只需要看一看导语或第二段，就能知道新闻的基本事实，而不必看全文。

第三，当编辑缩编一条消息时，删减比较容易，不易破坏消息的完整性。

第四，对生活节奏相当快的当代读者来说，如果没有时间，只要略看前一两段就可以知道消息的内容了。

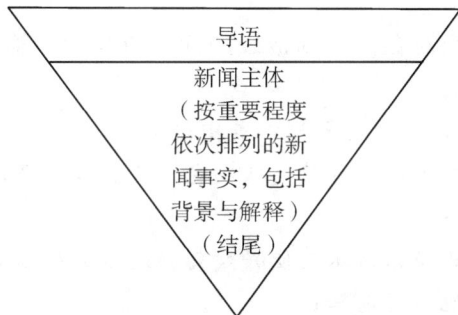

导语
新闻主体
（按重要程度
依次排列的新
闻事实，包括
背景与解释）
（结尾）

"倒金字塔"结构的价值已为历史所证明，也已被众多的记者和编辑所接受。但是，也有不少人对它提出批评，认为这不是一种自然的叙述方法，因为它把高潮放在开头。他们认为，在视听媒体十分发达的今天，读者已经从广播或电视里听或看到了有关新闻，因此应该更多地使用其他体裁。

尽管这些说法有一定道理的，但可以肯定的是，"倒金字塔"结构本身的优点使之在"朴素地表述事实方面继续占支配地位"。初学新闻写作的人，要像音乐家在创作前奏曲之前先精通音阶与和弦一样，在学习其他新闻报道体裁之前先掌握好"倒金字塔"的写作技巧。

第四节 "纪事体"的关注重心

至南宋才趋于圆熟的史书体例——"纪事体"，是最古老的讲故事的方法之一。这种按照时间顺序组织故事情节的叙述方式，要诀在于一开头需要为后面的精彩或神秘的故事埋下伏笔，让这些线索勾起听者的好奇，然后讲的人从故事开头一直讲到结尾，把高潮保留到最后。"卖关子"是这种体裁最常用的技巧。因此，本身没有离奇的情节，或者足够特殊的、具有吸引力的戏剧性材料，若采用"纪事体"这种架构来展开，很容易流于平淡。事无巨细的"流水账"常常令读者或观众因迟迟看不到事情的结局而失去耐心，这就是为什么使用这种体例的新闻报道远不如使用"倒金字塔"多的缘故。

通常，讲故事不仅仅是为了好玩或者消磨时光。许多历史文化、经验教训、道德伦理，通过这种轻松的方式，在潜移默化中一代一代流传下来。采用"纪事体"的新闻报道通常更关注事件过程而不是事情的结果。读者从报道中需要获得的信息和启发，通过详述新闻事件的起因、经过和结果揭示出来，这是"纪事体"与"倒金字塔"体最根本的区别所在。意义、评论含而不露因此是其特色。

美联社就中美建交对台湾当局造成的冲击所写的一篇"纪事体"式报道，就兼具上述特点。

【美联社 12 月 19 日电】题：美中建交震惊台北

对于美国总统吉米·卡特突然决定承认北京一事，最感意外的莫过于他派驻台湾的大使。

上星期五，正当昂格尔大使兴致勃勃地参加美国商会举办的圣诞舞会时，一个助手要他去听电话。

这个个子矮小、皮肤黝黑、紧皱着眉头的外交官离开舞厅时的时间是夜间 11 时整。

他在四五分钟后回来时，原先情绪轻松的昂格尔像是变成了另一个人。

当昂格尔和他的妻子钻进他们的黑色官方轿车时，他说："但愿我听到的消息是错的。"

昂格尔访问了总统府，并安排了星期六凌晨 2 时同蒋经国进行一次意义重大的会晤。

68 岁的蒋经国从床上被叫起来，穿着绿色灯心绒上衣和便裤会见了他的仍穿着晚礼服的客人。

蒋经国和他召来的一位部长默默地读着卡特的来信。

外交部次长严复后来说，蒋立刻提出了抗议。昂格尔说，他"记下了"总统的话，鞠了一个躬，离开了总统的住处。

那时的时间是凌晨 3 时 50 分。

很明显，上面的报道是在所述的新闻事件发生后才写的。虽然新闻强调抢"新"，但这篇"旧闻"即使现在读起来还是饶有兴致，并且颇可玩味。如同"纪事体"需要表现的那样，"美中建交震惊台北"这个结果并不是记者强调的重点，而是这个突如其来的转折过程内里包含各层意涵。记者通过敏锐的捕捉、细致的观察和密集的关系网完成对细节的选取和组织。而写作中对时间的刻意体现，则像惊悚片中特意加快节奏的音乐旋律，造就了一种紧促的氛围。

虽然在新闻报道中采用"纪事体"架构与传统的编纂"纪事体"史书有许多类同之处，但长久以来，中国文化强调"文以载道"，编纂史书时往往要求史论结合，这与"纪事体"新闻通过详述新闻事件"本末"来"寓观点于叙述之中"有极大的区别。国内记者好发议论，在"纪事体"新闻中尤其如此，这是使很多报道效果减弱的重要原因。

第五节　过渡手段与选择细节

在新闻主体的写作中过渡手段非常重要。记者不能为了力求简洁而不顾新闻的连贯性。在一篇消息中，如果段落里的每个句子或是每个段落之间的联系不是非常明显，记者必须点明它们的相互关系。有时使用常用关联词和过渡性语言就够了，如"同样""另一方面""另外"等。若需重复前面的内容，则要避免逐字逐句地重复，简要提一下以前写过的内容就行了。

在新闻主体的写作中，记者须处理好琐碎与恰当的关系，既要写进细节，但又不能过于琐碎。有的记者、编辑喜欢塞进很多与主题无关的细节，使整篇消息显得混乱；而另一些记者和编辑则可能细节写得太少，使报道缺乏深度或不完整。

记者和编辑应该从展开报道的内容、揭示新闻事件的角度去选择细节，而不是完全根据读者的兴趣去选择。有些事件的部分或全部细节确实有趣，值得写进报道中，但是很多细节是不需要写进报道中去的。

在选择细节方面起作用的，并不是记者或编辑的写作水平，而是其分析、研究事物的能力。记者和编辑坐在电脑前写稿或编稿时，精彩的文字和段落是从他们潦草的笔记本上或并不优秀的来稿中、从他们所拥有的全部知识中流淌出来的。报道失败实际上是其分析和探索事物能力的失败，尽管这些记者和编辑的语言能力和逻辑是无可挑剔的。

综上所述，新闻有其自身的结构。一条新闻可分为导语和主体两部分，其中导语是最重要的。在写作新闻时，特别是写作消息时，记者常常采用"倒金字塔"结构，但也可不采用。由此可见，新闻写作有一定的程序，但又是非常灵活和富于创造性的。所以，看到一条不太满意的导语或消息，编辑通常会说，你换一种写法更好些，而不会说，你这样写一定不行。

第三章　它们震撼世界

——面对重大突发事件

引起世界极大关注的重大突发事件，几乎涵盖了新闻价值的所有要素：突发性、显著性、异常性、重要性、接近性、人情味，会在数周里，有时更长一段时间内都是公众最关心的新闻之一。媒体会集中所有的报道力量和资源，全力以赴地报道这些具有特别重大意义或引起公众高度注意的新闻，时间可能持续数天、数周甚至数月，其报道量一般都十分惊人。CNN 在南亚海啸发生后，立即派出了 50 名雇员到现场，还临时雇佣了 80 名当地人员，其中包括大约 20 名记者，最初 10 天内共播放了大约 700 小时的电视画面。

记者此时根本不用考虑事件的重要性或新闻价值的大小，他们需要尽量赶到现场，及时了解事件的最新进展，或在本部坚守，搜集汇集各种资料信息，与前方记者和其他编辑交换意见，讨论事件的多种报道方式、切入角度……编辑部以往的等级制在这个时候被打破了，从总编辑到最底层的实习生，包括平时隐在幕后的财务、后勤、技术人员，每位员工都投身其中，全力以赴参与新闻报道。

第一节　从伊拉克战争谈起

一、以 10 秒领先全球

新华社对伊拉克战争的报道是新闻业拼抢国际性突发重大新闻事件的一个典型缩影。

当时，美国已经对伊拉克发出最后通牒。2003 年 3 月 20 日上午 9 时是最后期限。新华社总编室估计，20 日上午开战的可能性很大。

8 时左右，新华社的一位副社长兼常务副总编辑和另一位副总编辑即到国际新闻编辑部、参考新闻编辑部、摄影新闻编辑部和网络中心进行战争报道的准备工作检查。当时最担心的是，新华社记者能不能以最快的速度获得消息并以最快的速度发出稿件。在战事报道中，第一条稿件是世界各大新闻媒体，特别是世界各大通讯社必争的，也是最难以争到的。

为了使这次战争报道能够取得成功，新华社从 2002 年 9 月就开始做一系列的准备工作，其中最重要的是调配好参与报道的人员。从以往的战争报道经验中，新华社的报道组织指挥人员预计，在战争开始之前，由于安全原因，中国记者会被要求撤离最危险的地区。因此，他们采取了保证最大限度接近新闻源的办法，即将前方指挥部设在基础条件相对较好的开罗新华社中东总分社，然后授权在当地聘用的报道员进行现场报道，要他们及时发回稿件。同时，经美国国防部批准，新华社记者登上了游弋在地中海的美国航空母舰"小鹰号"。

因此 20 日上午，处于临战状态的新华总社国际新闻编辑部、参考新闻编辑部、摄影新闻编辑部等有关编辑部门和新华社设在开罗的中东总分社、驻华盛顿分社、驻联合国分社等驻外分社，全都做好了准备。

北京时间上午 10 时 30 分左右（巴格达时间 20 日凌晨 5 时 30 分左右），伊拉克的首都巴格达响起了警报声。新华社驻巴格达分社的伊拉克籍报道员贾迈勒立即用电话报告中东总分社："巴格达响起警报声，"接着他又喊道："爆炸声响了。"中东总分社的编辑迅速将两条英文稿件发出。第一条稿件发出的时间为 10 时 33 分 50 秒，发稿时效超过美国有线电视网（CNN）、美联社、路透社和法新社等世界大媒体，"以 10 秒领先全球"，在这场争夺战中赢得先机。

战争爆发的第一条消息是这样写的。

WARNING SIRENS SOUND IN BAGHDAD——XINHUA（巴格达响起警报声——新华社）

接着，新华社又以全球第一的速度向世界发出了《布什总统宣布对伊战争开始》的消息。

此后，世界各大媒体关于伊拉克战争的消息铺天盖地。

【美联社华盛顿 3 月 20 日电】美国今天对伊拉克发动了战争。白宫新闻发言人弗莱舍说："解除伊拉克政权武装的帷幕已经拉开。"

美国官员说，这标志着美国正式对伊拉克采取军事行动。

布什详细查看了最后的作战计划，并已告知国会，他为何要发动美国历史上规模最大的先发制人的战争。

美联社总部编辑室一角（新华社记者高学余摄）

【法新社巴格达 3 月 20 日电】今天凌晨格林尼治时间 3 时刚过，巴格达遭到第 2 次空袭，首都东南响起爆炸声。格林尼治时间 3 时 35 分（当地时间 6 时 36 分）巴格达遭到一个小时之内的第 3 次空袭。

这次由战机或巡航导弹进行的空袭再次袭击了伊拉克首都东南部的目标，滚滚烟云升入刚刚破晓的天空。

【路透社华盛顿3月20日电】一位美国政府人士说，今天对伊拉克发动袭击的目标是伊拉克的最高层领导人。

他说："美国情报部门提供了情报，指明了非预定性目标位置。袭击可能涉及伊拉克领导人。"

2003年3月25日，在伊拉克的纳西里耶，一名美国战队士兵在被伊军击毁的美军用卡车前巡逻（新华社发）

路透社新闻编辑部一瞥（新华社记者徐佑珠摄）

【俄新社华盛顿3月20日电】据美国电视台报道，美国对伊拉克高层领导人可能开会的地区发动了第一次空袭。主要打击两个目标：伊拉克高层领导人的所在地和在巴格达的军队指挥部。

五角大楼的消息灵通人士还证实，已利用专用飞机压制住了巴格达周围的防空雷达系统。

上面摘录的一些消息，基本反映了战争爆发时世界各大媒体的报道情况。

二、消息的现场感

一场准备已久的战争正式开始了。包括美联社、路透社、法新社等世界著名通讯社在内，世界各大媒体对这场战争的新闻争夺战进入一个新阶段。

对伊拉克战争这样重大的世界性事件，各国媒体在开战前做的预测性报道、开战之后的后续报道，铺天盖地、连续不断。由于这次战争与往常的战争不同，美国允许各大媒体派记者"嵌入式"随军采访，因此现场消息极为丰富。

【路透社伊拉克南部3月21日电】路透社记者卢克·贝克今天凌晨已经随美国第三步兵师从科威特向伊拉克境内开进至少150英里，向北朝巴格达方向前进。

英国突击队在一次海上攻击中已经夺取位于伊拉克南端的法奥半岛并控制了重要石油设施。

【法新社科威特北部沙漠地区3月20电】美国军队和坦克今天开进伊拉克南部地区，打响了旨在推翻萨达姆总统的攻击战。

一名海军陆战队军官说，大约晚上8时，第一海军陆战队远征队和陆军第三步兵师在一阵猛烈的炮火齐射之后，快速突破沙漠边界。在伊拉克境内可以听到炮火轰鸣，一道道亮光划破了夜晚的天空。

另一位美国海军陆战队消息灵通人士说，幼发拉底河与底格里斯河附近的战略目标和军事设施预计都将成为地面部队的第一轮打击目标。

这位人士说，大约2万名海军陆战队员以及第一团战斗队和第五团战斗队的5000辆车辆将在陆军第三步兵师的支持下率先发起地面进攻。

……

也有一些消息现场感较强，从中可以感受到战争硝烟的气息。

【路透社伊拉克南部3月21日电】路透社随军记者说，美国海军陆战队今天刚进入伊拉克境内200米就遭到了反坦克导弹和轻武器的火力阻击。

记者阿德里安·克罗夫特说："双方正在发生激烈交火。我们已经弃车躲避起来。美军请求英军炮火支援，英军的炮火正猛烈轰击伊军阵地。"

他说，伊拉克发射的是苏制反坦克武器，不知道美国海军陆战队是否有伤亡，而且也无法准确说出海军陆战队进入伊拉克的位置。

【路透社巴格达3月21日电】当巴格达迎来又一个黎明时，被炸成一片废墟的萨达姆总统幼子，也是他的内定接班人库赛的一处官邸仍然余火未灭。一名伊拉克政府官员说，这是库赛曾经用过的一处官邸，尽管他不一定住在这里。

报道战争中平民状况的系列详讯。

【新华社巴格达3月23日电】今天是美国对伊拉克开战以来的第4天。清晨，经受了美英导弹连续3天轰炸的首都巴格达再次苏醒过来，一切都在有秩序地运转着。

巴格达的街头，人们熙来攘往，车流如潮。马路两边的商店照常开门营业，向市民出售生活必需品和蔬菜水果等食品。面包房里挤满了等待购买新鲜糕点的顾客。环卫工人忙碌在工作岗位上，清扫着巴格达市区的街道。路上不时有政府运输石油天然气的车辆和公共汽车驶过。

巴格达地区的饮用水和电力供应基本正常，只有部分地区因为空袭出现断电。城里的照明设施仍运转正常，使得入夜的巴格达灯火通明。

......

70 岁的退休老人艾哈迈德·哈希姆说："不会有人想要过我们的生活！你可以躲过烈日，但躲得过心里的恐惧吗？"

45 岁的中学校长法蒂玛女士说："我不只担心我的 4 个孩子，也同样担心我的学生们，不知道他们在这场战争中是否会面临死亡……"

【新华社巴格达 4 月 14 日电】目前，伊拉克绝大部分部委和所有的总统官邸都遭到了严重摧毁。伊拉克新闻部大楼在遭受了两枚导弹袭击后也仅剩下一副空壳。在伊拉克首都巴格达，偷盗和抢劫成风，人们生活在恐惧中。

伊拉克国家计划部及附近地区在战争中多次遭受空袭，爆炸引起了多起火灾。由总统萨达姆长子乌代掌管的国家奥林匹克委员会大楼也遭到了抢劫和焚烧。国家物资储备库同样被洗劫一空。被抢的物资包括伊拉克进口的最新型汽车，其中也有一些汽车被美军飞机炸毁。贸易部和移民局也被抢劫、焚烧、破坏殆尽。

然而令人奇怪的是，现在已经被美国海军陆战队占领的伊拉克石油部却在这次浩劫中安然无恙；德国、法国、中国和沙特等国家驻伊拉克使馆遭到了抢劫，而那些支持美国攻打伊拉克的国家的使馆却没有遭此厄运。

当战斗转移到巴格达后，市内许多地区的交通均被切断。由于美英联军和伊拉克军队之间发生激战，巴格达的桥梁被炮火封锁，新华社驻巴格达分社的一位雇员，从家到分社的时间由战前的半个小时增加到了两个小时。此后巴格达街头爆发的抢劫风潮，又迫使他根本不能前往分社上班。

战争和偷、抢风潮破坏了巴格达人民正常的生活秩序。美英的导弹已经炸毁了城市，被重创后的巴格达仅存的物资又被洗劫一空。今天的巴格达已经面目全非，到处是混乱的景象。马路上堆满了劫掠者遗弃的家具和政府的办公设备。偷盗抢劫者大多来自巴格达贫民区，这些人大多教育程度不高，有一些甚至是城市地痞。

为了保护自己，巴格达市民开始在通往居民区的路上设置障碍，随身携带枪支棍棒等武器。新华社巴格达分社所在区的警卫 12 日晚抓住 4 名企图抢劫的犯罪分子，打了一顿之后又不得不把他们放了，因为当地已经根本没有任何警察和政府机构。

巴格达大部分地区已经断电。一部分地区也已经停水，而其余的地区则供水紧张。一些供水部门的工人依然留守在工作岗位上，但供电的中断使他们无法正常工作。

巴格达人要求占领军承担起责任，保护他们的财产和人身安全。他们担心，如果伊拉克不尽快建立起人民接受的政府，国家将面临爆发内战的危险。45岁的巴格达市民哈桑说："目前的状况让人不能接受，我认为萨达姆当政时比现在的灾难日子要好多了。"

……

【新华社巴格达4月14日电】浩劫之后，伊拉克首都巴格达已面目全非：它蓬头垢面，全身是伤；它从废墟中艰难地爬出来，踉踉跄跄往前走，却不知路在何方。

市中心的政府大楼和许多著名建筑物无一例外地经历了被炸、被烧和被抢的过程。曾经因外国记者云集而闻名的新闻部大楼，虽然楼体还在，但却已成空壳，缓缓升起的一缕缕黑烟似乎还在讲述它的悲惨遭遇。

底格里斯河岸边的建设部大楼在美军第一轮空袭中就被导弹击中，在随后的轰炸中屡次成为目标。萨达姆长子乌代任主席的伊奥林匹克委员会办公楼也未能幸免，先是被抢，随后不知被什么人纵火焚烧。

贸易部、存放着大量进口轿车的国家仓库、移民局、护照局、中国大使馆、德国大使馆、法国大使馆和苏丹大使馆也先后被抢。但有些市民说，目前还没有人看到那些支持美国对伊动武国家的使馆被抢的场景。

这次战争前，伊拉克虽然遭受了十多年的经济制裁，巴格达市内到处呈现一副衰败的样子，但宽敞笔直的道路还是给初次到伊拉克的外国人留下了深刻影响。他们说，萨达姆"还是做了些利国利民的好事"。但这次战争将这些道路破坏殆尽。

新华社巴格达分社一名伊拉克雇员说，从前他从巴格达东区开车到西区只需要半个小时，而如今，很多桥梁和路段被炸，再加上伺机作恶的持枪歹徒，他不得不绕道行驶，这一来，原本半个小时的路程现在花上两个小时也不一定到得了。

那些参与哄抢的伊拉克人，大多来自文化较低和极度贫困的家庭，特别是位于巴格达东区、居住着20多万人的"萨达姆城"。有些哄抢者辩解说，他们生活在一个本该很富有的国家，但"萨达姆政权欺压"他们，"剥夺"了他们的"权利"。"那些与政权有千丝万缕联系的人在制裁下仍然过着安逸的生活，这是不公平的"。

12日，抢劫现象仍在继续。当天，巴格达警察局负责人同美军开会，商讨共同维护社会秩序问题。在美军和伊拉克警察联合巡逻14日成为现实前，巴格达民众就已自发组织起来，拿着棍棒和枪支上街维护治安。

巴格达分社所在街区的联防队 13 日抓住了 4 名入户偷盗的伊拉克人。他们被教训了一顿之后被释放，因为联防队也不知道如何处置这些抢劫犯。

除了糟糕的社会治安，巴格达的人道主义危机也越来越严重。巴格达大部分地区仍停水停电。由于缺少必要的药品和医疗设备，许多医生面对无数等待急救的伤者只能发出无奈的感叹。由于医院也遭到抢掠，所以很多病人没有床位，只好躺在地上。同时，被送往医院的死者越来越多，但因缺少足够的冷藏柜，很多尸体被就地埋在了医院的花园里或是被扔在冷藏柜旁边，无人过问。

……

【新华社巴格达 4 月 24 日电】驻扎在伊拉克首都巴格达的美军一官员 24 日说，由福克斯上校率领的美国特种部队的一个军事小组近日在巴格达找回了大量被盗的文物，并将其归还了伊拉克国家博物馆。

美英联军占领巴格达后，伊拉克国家博物馆遭到哄抢，约 17 万件珍贵文物被盗或被毁，引起全世界的震惊。不久前，驻扎在伊拉克的美军要求巴格达市民把抢劫的文物归还博物馆，并承诺不会审讯和惩罚归还文物的人。与此同时，一些国家也采取积极措施，收缴被哄抢且流失到伊拉克以外的伊珍贵文物。联合国教科文组织呼吁，禁止其他国家的博物馆购买被盗的伊拉克文物。

据报道，巴黎、伦敦和华盛顿海关日前相继宣布截获了一些被盗的伊拉克文物。

三、特别的报道艺术与多样性的新闻题材

5 月 1 日，美联社报道，美国布什总统在"林肯号"航空母舰上的讲话中称，作战行动已经结束，却没有宣布取得全面胜利也没有宣布战争结束。《人民日报》驻华盛顿的记者 5 月 2 日发回一篇通讯，详细记载了这一过程。

精心策划的"结束"

美国东部时间 5 月 1 日晚上 9 时，布什总统在太平洋上驶往回国途中的"林肯号"航空母舰上对全国发表电视讲话，宣布在伊拉克的重大战事已经结束，声称推翻萨达姆政权是反恐战争的一次重大胜利，但反恐战争并没有结束。这是美国历史上总统首次在行进中的航母上对全国发表讲话。

白宫为布什这次宣布重大战事结束进行了精心策划。布什当天上午乘坐"空军一号"前往加利福尼亚州。由于"林肯号"仍在远海，"空军一

号"派不上用场，而总统专用的"海军陆战队一号"直升机又无法飞行这么远的距离，于是决定搭乘海军的战斗机。由于布什年轻时当过得州空中国民警卫队的飞行员，曾驾驶过 F-102 战斗机，但当年并没有获得在航空母舰上起降的资格。如果有此资格，说不定布什要亲自驾机在"林肯号"上降落。据报道，布什曾提议，要乘双座的 F-18 黄蜂式战斗机前往"林肯号"。因这种飞机速度太快，负责总统安全的白宫特勤处不同意。最后采取折中办法：改乘 4 人座的 S-3B 型"海盗"反潜侦察机。这架战机也荣升为"海军一号"。布什这位"美国三军总司令"只好坐在副驾驶的位置上，除了正驾驶外，还有一名海军军官和一名白宫保镖陪同。

布什乘坐的战斗机以颇具风险的"尾钩式降落"方式登上了"林肯号"航空母舰的甲板。舰上官兵举行了隆重的欢迎仪式。布什身穿飞行服走下飞机，和舰上官兵握手并合影留念。布什在"林肯号"航母上除发表演说外，还接见了参加对伊战争的军人，视察军舰上各类设施，并在舰上餐厅同 150 名"优秀官兵代表"共进晚餐。布什在军舰停留一个晚上，屈尊在舰长卧室内"小住"。2 日上午，为了不影响海军官兵和亲人团聚，在"林肯号"即将进入圣迭戈港的时候，布什乘直升机离开。

关于布什的演讲稿，白宫笔杆子们也费尽心血，几易其稿。起初，他们想写成战争胜利宣言或宣布战争结束，但都遭到法律顾问的反对。由于美军在伊拉克仍然遇到军事抵抗，布什不能正式地从法律意义上宣布战争结束。因为按照《日内瓦公约》，如果宣布战争结束，就必须释放战俘，并停止追捕某些伊拉克领导人。而美军目前仍然在按照"扑克牌通缉令"搜捕萨达姆父子以及伊拉克前政府的很多高官。

《纽约时报》今天发表社论说，布什宣布对伊拉克重大战事结束，但在伊拉克的"艰巨"工作依然很多。在伊拉克实现持久的和平，远比打赢一场战争要困难得多。社论还指出，"林肯号"上的表演无疑是布什在为明年总统竞选大做广告。

这是一篇背景丰富、细节饱满的通讯：布什年轻时当过得州空中国民警卫队的飞行员，曾驾驶过 F-102 战斗机；白宫特勤处与总统就乘什么飞机在航空母舰上降落"争执"，"尾钩式降落"，屈尊在舰长卧室内"小住"……生动地描述了布什乘战斗机登上"林肯号"，接见舰上官兵，发表演讲和离开的全过程，唯一的缺陷是时效慢了一天，可能是利用媒体的材料写成的。如果是这样，那么这篇稿件的价值就要打些折扣。

时隔 6 天之后，路透社就此发了一条"揭秘"的消息。

【路透社华盛顿 5 月 6 日电】题：浮华表演

事实证明，美国总统布什一心要乘坐喷气式飞机降落在"亚伯拉罕·林肯号"航空母舰上，尽管这艘美国船完全处在直升飞机的飞行距离内。

白宫发言人阿里·弗莱舍上周说，布什乘坐 S-3B"海盗"喷气式飞机登上"林肯号"航空母舰是因为距离太远。他称这艘航母距离海岸数百英里。

电视观众通过现场直播看到，布什乘坐喷气式飞机戏剧性地降落在"亚伯拉罕·林肯号"航母上，而这时这艘舰船离海岸恰好 30 海里，完全在直升飞机的飞行距离内。

弗莱舍并没有估算过这次降落的费用。一些民主党人不满地说，布什戏剧般的降落是一次政治表演。来自西弗吉尼亚州的参议员罗伯特·伯德在参议院发表演讲时对总统加以嘲讽。

伯德说，他对布什降落到这艘船上的"浮华表演"深感不安，这与林肯在葛底斯堡演讲时的朴素庄重形式形成了对比。

法新社别出心裁，用独特的角度报道军事专家对美军战略战术的评论，写出一篇非常吸引人的解释性报道。

【法新社北京 3 月 27 日电】题：孙子出现在伊拉克战场

据分析家们说，中国著名的军事思想家孙子去世将近 2500 年之后，正在深刻地影响着在伊拉克战场上英美战地指挥官们的思维和行动方式。

孙子的经典著作《孙子兵法》的战略思想贯穿在旨在攻克巴格达的整体战略构想之中，从小的方面来说，同时也激发了欺骗和部署的灵感。

前步兵军官、《孙子与现代战争兵法》一书的作者马克·麦克尼利说："这绝对不是巧合。"

他说："《孙子兵法》是高层军校学生必读的一本书，已经融会在美国陆军和海军陆战队的军事学说之中。"

几代军官都从孙子的攻心战略和诡诈方式中汲取了养料，其中包括此次伊拉克战争的总指挥汤米·弗兰克斯，他经常引述孙子的话。

弗兰克斯并不是个别现象。到目前为止的战争进程中，这位古代军事思想家的幽灵似乎徘徊在伊拉克沙漠上向前推进的每架战争机器的旁边。

设在弗吉尼亚州的斯托瓦尔·格兰杰咨询公司的汤姆·斯托瓦尔经常在空军所属的空军指挥和参谋学院讲解《孙子兵法》。他说："盟军最初采取的一些战术直接源于孙子的军事思想。"

孙子在他最为著名的《谋攻篇》中说，"百战百胜"不是最高明的做法，杰出的战争指导者应该做到"不战而屈人之兵"。

麦克尼利说："盟军指挥官使用的正是这种做法。"

法新社办公楼（新华社记者吕全成摄）

他说："重点不是放在广泛的战斗和破坏上，而是明智地放在有选择的目标上，如果消灭了这些目标，萨达姆·侯赛因政权就会迅速土崩瓦解。"

他说，战争开始之初就试图消灭萨达姆本人，同时用精确制导武器袭击巴格达的基础设施目标和共和国卫队，这就反映了这种作战思想。

麦克尼利说，美国牵头的盟军向北挺进，间或有选择地争夺一些重镇，这也反映了孙子避开城镇、加倍赶路的思想。

他说："在大部分时间里，盟军的将领们避免投入大规模部队进行争夺主要城镇的巷战。相反，他们的目标是控制主要机场、桥梁和道路，从而能让部队快速开赴最终目标。"

这场逐渐表现为针对萨达姆本人的战争，似乎也能在孙子的这部两千多年前的著作中找到其影子。

孙子敦促将领们分裂一个团结的敌人，阻断他和他的盟友之间的联系，美国军队试图把萨达姆和他在伊拉克政权内的支持者们分离开来，就是采取这种策略。

斯托瓦尔说："孙子说，夺取对手所珍视的东西，就能把他打败。对萨达姆来说，这可能就是权力地位。"

堪萨斯州立大学中国古代战争问题专家戴维·格拉夫说，孙子的理论无可挑剔，但是，中国自己军事史上的一些血腥战斗表明他的理论在现实里并非总能行得通。

他说："一个人可以提出一种不用真刀真枪就能打败敌人的理论，但是，在实践中做到这一点要困难得多。我认为最近伊拉克局势的发展就证实了这一点。"

美英指挥官们在伊拉克沙漠中采取的许多行动，以及孙子在 2500 年前提出的军事思想，似乎都是合乎逻辑的处理办法。

格拉夫说："在美国军方采取的行动中，仍然能看到孙子的影子。"

最明显的便是这种观念，即在敌人被迫拉长的战线中，应该集中兵力，有选择地打击敌人的弱点。

格拉夫说："这与其说是哲学思想，还不如说是常识更为准确。"

不过，即便这种军事思想上存在的一些类似之处可能具有欺骗性，西方的军事机构还是开始越来越多地接受东方的智慧。

麦克尼利说："的确，西方的战争方法，尤其是美国的战争方法，常常是直截了当，建立在优势技术之上。不过，大家现在看到的情况正是西方的军事优势和东方的间接方法的结合。"

有意思的是，7个多月之后（2003年11月9日），美国《纽约时报》发表了一篇兼带解释、评论与预测的报道，讲解伊拉克游击队如何运用《孙子兵法》对付美军。

伊拉克抵抗运动学习阿富汗"自由战士"的策略

米尔特·比尔登

伊拉克严峻的现实表明，美英军队面对的是足智多谋的对手，他们的作战计划比原先想象的要先进得多。

我本人的作战经验，在很大程度上是抵抗运动方面的经验。从1986年到1989年期间，我担任过支持阿富汗反对苏联占领的抵抗运动的中央情报局军需官和政治代表。

从我观察问题的角度看，伊拉克抵抗运动在对抗美国领导的联军方面，已经从阿富汗抵抗运动的做法中学到了许多东西。

抵抗运动的战略，是中国军事家孙子发明的。孙子在2500年前写的《谋攻篇》中说：上兵伐谋，就是破坏对方的战略。

因此，当美国军队攻占巴格达时，原以为会发生激烈的巷战，但结果发现伊拉克的大部队消失得无影无踪，这很可能绝非偶然。被迫改变战略的美军，被这种早期的混乱搞得苦不堪言。

根据孙子的《谋攻篇》，次之伐交，就是破坏对方的联盟。

……

然后，在10月中旬，正当人们讨论土耳其扩大在维和方面的作用时，一枚自杀炸弹在土耳其驻巴格达办事处外面爆炸，炸死一名过路者，炸伤十几个人。

……

此外，还有许多袭击是针对被认为投靠美国的伊拉克人的。

请看下面的事实：自从有针对性的袭击开始以来，阿盟大多数国家驻伊拉克使团已经同联军保持距离；联合国秘书长安南已经把他的人员撤出巴格达，红十字会也撤出人员，促使其他国际援助组织也撤出巴格达。土耳其政府也已经重新考虑派兵的问题。

甚至西班牙（开始时的联军组成部分），也决定从巴格达撤出大部分外交人员。很明显在破坏美国的战略之后，抵抗运动在瓦解其联盟方面也取得了很大进展。

根据孙子的《谋攻篇》，再次伐兵，就是进攻其军队。

抵抗运动对美军的袭击，造成越来越多的伤亡。把这些袭击看成是垂死挣扎是危险的。在过去两周中，联军在巴格达的总部已经受到多次袭击，迫击炮和火箭弹落到了安全区内。肩扛式导弹已经击落"奇努克"直升机，造成 16 名士兵死亡。"黑鹰"直升机的坠毁（又造成 6 人死亡），正在调查之中。但据一些报道说，是被一枚火箭弹打下来的。

对美军的袭击有两个明显的目的：造成伤亡，并迫使美军作出引起当地人不满的反应。

抵抗运动就是要联军采取行动，激起民众更多的反抗。当年苏联人在阿富汗把圣战战士称做匪帮，这对苏联人的事业毫无帮助。如今美国人要对付的，是在自己的地盘上不惜一切代价周旋到底的敌人。五角大楼似乎对自己的对手到底是谁并不十分清楚。

孙子说："知己知彼，百战不殆。"

20 世纪的历史给我们留下两大教训：凡是对另一个主权国家发动战争的国家都没有赢过。每一个对付外国占领的抵抗运动最终都获胜了。由此可见，伊拉克局势将会变得十分困难。

美国军队虽然占领了伊拉克，但是近 8 个月之后那里的局势仍不平静。此时，世界上的一些媒体又开始不断追问战争该不该打，打这场战争的理由是否成立。媒体的调查性报道此时正好大显身手。

2003 年 7 月 21 日，美国女兵林奇在华盛顿接受紫心勋章（新华社发）

女兵在美军进攻伊拉克的战事中被封为英雄，事隔半年之后，真实的情况不断揭露出来，林奇本人也认为自己不是英雄。2003 年 11 月 9 日，英国的

《观察家报》发表了这样一篇文章。

【英国《观察家报》11月9日报道】今年4月，被伊拉克军队俘获的美国女兵杰茜卡·林奇在伊拉克一家医院获救，从此，一个金发碧眼的巾帼英雄的戏剧性故事就成了布什政府和美国大部分媒体所津津乐道的内容。

这个故事本周更是达到了白热化。林奇的自传出版，戏剧化的电视纪录片播出。她频频接受采访，并且上了《名利场》杂志的封面文章。

林奇已成了美国媒体用来吸引读者的工具，同时还是布什政府的工具，用这个伊拉克冲突期间的"好消息"，转移人们对日益上升的伤亡数字的注意力。除此之外，她还成为一种象征，不过不是被魔鬼一般的敌国军队俘虏的漂亮的美国姑娘所展示的英雄主义的象征，而是标志着布什的"伊拉克自由行动"从一开始就陷入的那种混乱的象征。

林奇故事以讹传讹的特征上周达到了巅峰。她指责政府为了宣传而操纵她的故事，并称自己完全不是英雄；最早为她治疗的伊拉克医生，强烈反驳了她遭到强暴的说法。美国军方也受到麻木不仁和种族歧视的指责，原因是林奇得到了全额伤残补助，而她所在的那个当时遭到伏击的机修连中的其他人（包括被伊拉克人俘房、受伤的黑人厨师肖莎娜·约翰逊）获得的补助只有林奇的1/3。

目前约翰逊的收入每月仅有500美元，而林奇的自传《我也是个兵》将为她挣得数百万美元。另外，一个电影协议还可以为她多挣几百万美元。

美国政府认定林奇是个英雄，尽管她从未发过一枪一弹，而是在她所在的连队遭敌军包围后跪在地上祈祷。她澄清外界所传，她被俘过程中曾开火抵抗，直到打完最后一发子弹才就擒的说法。她说，她那位牺牲了的同事、有两个孩子的母亲洛丽·皮斯特瓦参加了战斗。她说，"我不能掠人之美，抢这份功劳"。

林奇说，五角大楼添油加醋地渲染了搭救她的情形。她并不是像国防部官员今年4月份所报告的那样经过"一阵枪战"才获救的，美军是从救了她一命、当时已归顺美军的伊拉克医生那里接走她的。

林奇也没有像国防部所说的那样遭到强暴。伊拉克人穆罕默德·乌达·拉哈耶夫写了一本书，讲述了自己如何冒着生命危险帮助林奇逃出牢笼。拉哈耶夫也因为这一功劳获得了美国国籍。现在，他的妻子说他受到约翰·怀恩影片的过度影响。

媒体批评家迈克尔·沃尔夫说："林奇基本上是在说整件事是编造出

来的，是个谎言。与此同时，媒体跟着把它渲染成一个精美的故事，使她成为一个英雄。就好像事件本身受到注意的程度，使她成了英雄。"

但这个故事可能已由于太过火爆而无法更正了。沃尔夫说："她不能不成为一个明星。她说一切都是编造出来的，这样一个事实并不能改变什么。人们就认定她是个明星，这是唯一无可争议的事实。"

五角大楼像好莱坞拍《拯救大兵瑞恩》一样，在伊拉克战争中实地导演一出《拯救女兵林奇》。报道战争，记者无从避免各式各样精心策划的白宣传、黑宣传。要揭露由国家机器炮制的这些假事件，新闻业必须坚持怀疑精神与穷追到底的勇气。

以上，仅是从伊拉克战争海潮般地报道中撷取的几朵"浪花"。

第二节　重大突发事件的界定

突发事件的界定一直是个争论不休的议题，长期存在多种不同的看法。单是分类，就有按形成突发事件的原因进行分类、按突发事件的性质进行分类、按突发事件的发生领域进行分类、按突发事件的规模和程度进行分类、按突发事件影响范围进行分类、按突发事件发生和终结的速度进行分类、按突发事件中主体在应急中的态度进行分类等数种方法。

根据 2007 年 11 月 1 日施行的《中华人民共和国突发事件应对法》第一章第三条所下的定义："本法所称突发事件，是指突然发生，造成或者可能造成严重社会危害，需要采取应急措施予以应对的自然灾害、事故灾难、公共卫生事件和社会安全事件。"本书考虑教学与实际工作中的易操作性，采用列举法，认为重大突发事件包括严重的自然灾害，如地震、火山爆发、海啸、洪水或飓风等；重大的危机事件，如军事政变、政治暗杀、恐怖袭击、引发公共安全危机的传染病等；重大的事故，如飞机失事、核泄漏、化学污染、煤矿坍塌等。在这一章，本书以集中分析伊拉克战争入手，归纳出界定重大突发事件的几个标准：第一，这类新闻事件应该影响比较大，能引起世界舆论关注；第二，具有相当的破坏性，对人的生命和财产造成很大损失；第三，这类事件具有波及性，不仅对事发地产生即时的重大影响，而且会很快波及到其他地区；第四，这类事件会对某个地区，甚至整个人类、世界带来比较长期的心理影响。

第三节　时效的魅力

一、争夺总编辑眼球的"武器"

时效对于重大突发事件的报道是极其关键的。

重大突发事件的新闻时效竞赛，每分每秒都充满着战争的气味。

时效快的新闻的奇妙之处，在于它能将瞬间变为永恒，在历史上留下不可磨灭的印记。编辑、记者的职业受人尊敬原因正在这里。他们用真实、客观和快速的描述，使重大突发事件爆发的瞬间成为永恒。而要使这一瞬间能在自己的手中定格，新闻人必须以最快的速度将突然发生的事件采集和编发出去——第一条消息往往能体现永恒的特殊分量和价值。因此，追求时效本身已成为新闻竞争的永恒主题。

竞争的目标是为了领先。在第一步领先，无疑为后续报道的步步领先奠定基础。无论重大新闻事件在任何地方爆发，能获取第一手信息的媒体毕竟少之又少。对绝大多数因财务负担、人员短缺或其他原因无法接近事发地的媒体来说，发布"第一条"新闻的媒体往往成为他们获取后续信息的首选对象。这正是世界上所有大的媒体，尤其是大通讯社，总是为抢先哪怕几秒钟，而精心准备、周密布局，耗费巨大的人力物力的动力所在。

受众获得重大突发事件信息的欲望表现在两个方面：第一，在第一时间得到信息，跟上事件的发展进程。第二，尽快积累信息，以对事件做出判断。因此，对第一个通知他们重大消息的媒体或新闻人，受众有更高的"品牌认知"。肯尼迪 1963 年 11 月 22 日在达拉斯遇刺时，时为 CBS（Columbia Broadcasting System，哥伦比亚广播公司）达拉斯办事处记者的丹·拉瑟是最早赶到现场追踪事件的电视记者（之一），频频出镜使其立即拥有了全美知名度，就是典型的例子。

新闻机构在面对重大突发事件时要考虑缩短受众获得新闻的时间，为了满足他们尽早获得资讯的欲望，需要采取一切可能的措施，如减少发稿环节、进行现场直播等。

二、机会只眷顾那些有准备的人

（一）决战岂止在战场

首发，往往成为媒体总体能力的体现。某个重要突发事件广为人知后，虽然公众不会去回想最先公布消息的媒体是哪一家，但是在媒体行业内部，人们都会对首发新闻的媒体十分尊敬。

有人说，区区几秒钟算不了什么。

这是对新闻机构运作和新闻传播的规律理解不够深刻。新闻界习惯把"首发"量的多少当作衡量媒体实力的一个重要指标，自有其道理。因为"首发"不仅预示媒体在该事件后续报道中抢占了先机，更重要的是"首发"量的多少能够反映媒体资源多寡、消息网深广程度、技术手段、备战能力与应急水平、整体经营思路、运作能力，乃至声誉。

举例来说，中国发生突发重大事件时，新华社较事发地或邻近事发地的地方媒体接到消息更快的情况时有发生，这很大程度上与地方有关部门决定先行将一手讯息上报，等待上级指导意见的行政惯例有关。具有世界影响力的大通讯社，如美联社，有时候比事发地所在国的政府更早获悉某些恐怖袭击的消息，除了它们自己拥有获得信息的广泛渠道，恐怖组织为扩大其活动效应，拟定攻击方案时就已经做好向那些具有世界性影响力的重量级媒体报料也有很大关系。

"决战岂止在战场"，战场上如是，新闻竞赛中亦如此。有不少时候，能否抢发新闻，除了媒体本身能力，历史纠葛、政治形势、国际关系，常常也会对媒体抢发新闻造成很大的影响。例如，在卡特政府执政、中美合作的黄金时期，时任新华社驻华盛顿首席记者的彭迪发现①，他在白宫采访的待遇简直与亲政府的美国记者等同：随时可与白宫新闻官接触、交谈和进餐，随总统专机出访，参观美国的军事基地，甚至有美国军火商找上门来，希望通过他向中国推销美国武器。

（二）让系统高效运转起来

由此可见，在重大突发事件中要做到"首发"是相当困难的，有时需要点运气。但是，如果能够做到合理调配人力、靠前组织指挥、确保技术支持，那么就有可能走好后续报道的许多个"第一步"。

重大新闻事件爆发时，信息在短时间内迅速传递，单位时间爆发出来的信息量十分巨大，最重要的信息往往在瞬间传递，同时可能在瞬间消失或成为过去。这种落差极大的变化，要求新闻记者以最快的速度，抓住事物瞬间变化的短暂"定格状态"，将信息传递给受众，紧接着又迅速地去抓住另一瞬间的短暂"定格状态"。

在此种紧张的情形下，新闻的时效取决于媒体分流和处理巨大信息量的效率。一家新闻机构分流和处理信息的能力越强，其采集和编发的信息就越多。

---

① 刘洪潮主编：《怎样做驻外记者》，11 页，北京，中国传媒大学出版社，2004。

组织和指挥这类报道的步骤大体可概括为：统一组织、集中指挥、高效运转。

1. 统一组织

媒体的报道通常是有比较详细的分工的。首先，重大突发事件报道的组织必须统一，即形成一个分支简洁、职能不交叉的"战时"报道机构，进行报道的指挥和稿件的快速处理。以新华社为例，在遇有重大突发事件报道时一般都组建临时的报道中心，下设记者联络组、中文稿件组、外文稿件组、资料背景稿件组、图表新闻组、图片新闻组和技术保障组等，其基本结构如下图所示。

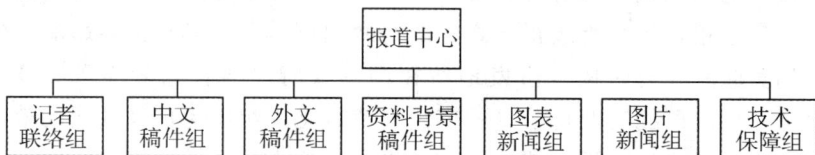

```
                    ┌──────────┐
                    │  报道中心  │
                    └──────────┘
  ┌──────┬──────┬──────┬────────┬──────┬──────┬──────┐
┌────┐┌────┐┌────┐┌──────┐┌────┐┌────┐┌────┐
│记者││中文││外文││资料背景││图表││图片││技术│
│联络组││稿件组││稿件组││稿件组 ││新闻组││新闻组││保障组│
└────┘└────┘└────┘└──────┘└────┘└────┘└────┘
```

其次，新闻机构应尽快向发生事件的地区派出记者或者记者组。

对具有一定可预见性的重大突发事件，如台风、洪灾、某些政变或战争等，要出色地组织报道，某种程度上取决于对可能爆发的事件的预测。预测的准确度直接影响组织工作。这类事件往往要求赶赴事件发生地的记者必须提前到位，因为一旦事件发生，事发国家或有可能拒绝外国记者入境，或因交通中断等不可抗力使记者无法接近核心事发区域。最少，当竞争对手早已就位而你还在途中时，是无法赢得新闻竞赛第一仗的。1999 年，新华社在北约空袭南斯拉夫之前，及时向科索沃和贝尔格莱德派出了记者，为空袭后报道的开展创造了条件，但是，也有几次因为准备不足而误了时机，给报道带来了困难。

要对预测性的事件作出比较准确的判断，有时非常困难。1991 年 1 月海湾战争爆发。当时国内的军事和国际问题专家有两种完全不同的判断。一种意见认为战争在一到两天内将爆发；另一种看法是美国等国不一定马上动手。如果新闻机构决定为报道这场战争不惜代价，局势却照第二种看法发展，旷日持久下来花费不菲。如果新闻机构采用第二种预测，暂缓部署，局势却偏偏按第一种预测直转急下，其很可能失掉参与新闻角逐的先机。新华社采用了一个很聪明的办法，将前方指挥部设在基础条件相对较好的开罗新华社中东总分社，而在巴格达，事先招募、培训好本地阿文报道员。战争发生时，这些谙熟当地情况的本地员工派上了大用场。

2. 集中指挥

专门报道机构的组建为集中指挥创造了基本条件。但是，集中指挥要发挥好作用，还应该具备下述条件。

第一，选定称职的中心负责人。报道中心的负责人一般应由编辑部门的主任或副主任担任，而最佳的搭配是有熟悉情况的负责人参加。这些负责人应有重大突发事件的报道经验，同时被赋予调配人力的权力。

第二，保证同现场记者联络的畅通。现场记者的采写活动是重大突发事件报道的中心。其他方面的报道只有在现场消息的基础上才能放出光彩。因此，在重大突发事件报道中心要设记者联络组，以协助中心负责人指挥现场记者，通报有关情况和对采访提出要求等。

第三，及时对事件的发展趋势作出判断。对事件发展趋势的分析和判断直接影响到对报道的组织和指挥，因此要召集参加报道的编辑、研究人员和其他专家在一起讨论事件的现状和发展趋势，以及时作出判断和确定报道的规模和方针。

3. 高效运转

有了前述两个方面的保证，就可以实现报道机构的高效运转。高效运转主要体现在以下三个方面。

第一，信息搜集的准确、快速。这主要是指现场记者要及时采访到有重要进展的消息并迅速发回编辑部。事发周围地区和其他国家的常驻记者也要及时发回有关消息。

第二，以最快的速度编发稿件。编辑和发出稿件是高效运转的第二个重要环节。这个环节运转的好坏直接关系到某一媒体，特别是通讯社的发稿时效，对重大突发事件报道的整体起着关键的作用。一般而言，在世界大通讯社和知名媒体的具体操作中，都是由经验丰富的编辑直接编辑和签发重要的稿件，以保证发稿的时效。快讯的特殊作用也主要在这个环节上得以体现。

第三，通信联络畅通。通信联络的畅通包括拥有替代系统和迅速排除系统故障的能力，这是高效运转的保证环节。如果这个环节出现问题，高效运转也是不可能的。在近些年重大突发事件报道中，海事卫星的使用已经相当普遍。但是，这一般只能解决现场记者同编辑部的发稿和联络，而向广大用户供稿仍必须依靠常规的发稿网络，因此保证发稿网络的各个环节运转正常是组织重大突发事件报道必须重点注意的工作之一。

2001 年 10 月 23 日，新华社记者在胡加尔巴霍金搭起的临时帐篷里发送新闻（新华社稿阿布杜勒摄）

第四节　重大突发事件的特征与新闻价值

以军事冲突与战争为例，可以概括出国际性重大突发事件的一些特征与新闻价值。

一、重大突发事件的特征

（一）事件的地域性和延伸性

一般的重大突发事件只局限于某一地区的范围之内，有时也涉及两个或多个国家，或只发生在一个国家内而引起其他国家的参与。例如，以巴勒斯坦和以色列为核心的中东地区冲突已持续多年，而且涉及的方面已不仅局限于中东地区，这是在中东地区延续多年的重大事件。它具有明显的地域性特征。

但与此同时，中东事件虽然局限于一个地区但同时又具有延伸性，即由冲突产生的影响已远远超出这个地区，并由此而使这一地区以外的一些方面也不同程度地参与到事件中去。这些方面往往具有较强的政治影响力或军事手段，能对事件产生较大的影响。始于1978年末的柬埔寨冲突影响扩展到整个东南亚，继而美国、欧共体、联合国、日本及苏联等都介入了柬埔寨问题，特别是联合国，在解决柬埔寨问题的过程中，起了相当长时间的作用。

同样，波黑战争冲突也具有地域性和延伸性的特点。当然，从另一个角度看，一场军事冲突或局部战争，往往是由于大国或地区集团在某一地区的利益引起的，因此，冲突也可以被看成是大国或集团利益冲突的焦点。

（二）国家、民族、宗教等方面的矛盾相交织

重大突发事件往往是由国家、民族、宗教等方面的矛盾引起的。在许多情况下，这几方面的矛盾经常交织在一起，形成极为错综复杂的局面。波黑冲突是这些矛盾交织的典型例子。这场冲突是在前南斯拉夫分裂之后发生的。介入冲突的主要方面是波黑的塞族、克族等，同时也涉及南斯拉夫联盟共和国。从根本上看，波黑冲突各方矛盾尖锐复杂。三个重要民族宗教信仰不同，文化传统各异，历史上曾发生过悲剧。在前南斯拉夫解体的过程中，三个民族的领导人对波黑前途分歧严重，因此增加了这场冲突的复杂性。

（三）冲突与对话并行

武装冲突与政治对话并行。武装摩擦是包括战争在内的重大突发事件的主要表现形式，但不是唯一的形式。随着时间的推移，与之并行的政治对话已在地区冲突中起着越来越重要的作用。这种政治对话除在介入冲突的各方之间直

接进行，还在地区集团、国际组织，甚至在一些经济组织中进行。

政治对话可分为两个方面：一是有关利益各方为维护自己的近期或远期利益，竭力利用所拥有的影响和手段影响冲突的进程，使其沿着有利于自己的方向发展；二是对维护世界和平负有责任的力量，通过政治手段，制止地区冲突，或使地区冲突尽早消失。

政治对话一般都是通过磋商的形式进行的，通常需要经过较长的时间才会有结果。从近期的情况看，在所有地区冲突中，政治对话几乎都不可避免，其主要原因可归结为世界多极化趋势的发展。

"第二次世界大战"以来，全球虽然没有爆发过全面的战争，但从西欧到东欧，从中东到非洲，从拉丁美洲到亚洲，涉及双方、多方的冲突几乎此起彼伏。从哲学的角度看，这类冲突是不可避免的。两个互相矛盾的方面共存、斗争以及融合成一个新范畴，就是辩证运动的实质。既然世界是物质的，那么它的运动也离不开上述形式。因此，在这个意义上，只要还存在着国家和利益集团，全面的冲突和地区性冲突的可能性和现实性是始终存在的，只不过是冲突的时间要由当时的各种因素决定。

二、重大突发事件的新闻价值

（一）国际关系与地缘政治上的重要性

事件在国际关系与地缘政治上的重要性，是判断某场武装冲突重要性与新闻价值的重要标准之一。武装冲突本身就越出了事物发展的常轨，因此一般具有较大的新闻价值。而得到更多关注的武装冲突，有时虽然局限于某一个地区，但由于其国际关系与地缘政治上的重要性，还是被世界各大媒体不厌其烦地报道一遍又一遍。

（二）戏剧性与商业价值

作为政治斗争和解决利益冲突的极端形式，死亡笼罩下的战争本身成为最佳的戏剧题材、商业媒体挖掘不尽的金矿，尤其是技术发展带来的"电视直播战争"，其血淋淋的、恐怖的"廉价而真实"的画面和音响，提高了军事冲突和战争的商业价值。

（三）延伸性（关联度）

延伸性（关联度）从根本上决定了受众对军事冲突与战争报道的关注程度，并使这类新闻的接近性凸显出来。随着事件涉及方面的增多，事件影响的地域扩大，越来越多的受众因关注本地区、本国在事件中的作用而注意地区事件本身。例如，美国和西欧的公众本来并不关心柬埔寨冲突这类离他们相对遥远的事件，但后来美国政府和欧共体逐渐介入了这场冲突，结果，西方的新闻媒介增加了对柬埔寨战局的报道，有段时间其报道量还超过亚洲新闻媒体的报道量。

第五节　如何报道重大突发事件

可以这样说，各新闻媒体都以百米冲刺的速度进行重大突发事件的报道。当然，由于新闻媒体的性质、宗旨等的不同，其报道的方式、内容也是不尽相同的。但世界各大新闻媒体对国际重大突发事件报道的模式还是有迹可循，可概括为：全力争抢消息时效，切实注重现场采访，周密规划"立体式"报道，概而言之，主要有以下几种方式。

一、连续报道

连续报道又称"滚动式"报道。一般而言，进行连续报道要求记者以最快的速度将报道对象的情况及时写成消息或其他体裁的稿件发出并要求事件发生地以外地区的记者都围绕事件及其影响发出消息。

连续报道首先要求以最快的速度发出第一条消息。

在快讯发出之后，各新闻媒体，特别是大通讯社，开始全面运转起来。但是，甚至那些最有影响的通讯社和报纸在抢新闻时也可能被对手压倒，因而记者必须挖掘新情况，以便在后续报道中超过对手。除冲突地区的记者，其他地区的记者也纷纷行动起来，从不同的角度进行报道。与此同时，编辑部着手准备各种资料并组织强有力的指挥小组组织和指挥报道工作。

如果说快讯能够表明一家新闻媒体应变能力的话，那么，后续报道则能显示其报道能力和总体报道水平。

预测性新闻（在以后的章节中要专门叙述）在重大突发事件的连续报道中起着相当重要的作用。事件发生之后，受众对事件的前景非常关注，因此各新闻媒体都十分注意采写预测性消息。这类报道要求记者、编辑或评论员对事件发生的历史、事件所涉及的矛盾、影响事件起变化的关键因素等都要有比较深刻的了解，才能发出比较符合实际情况的预测。

二、现场报道与采访的重要性

现场新闻是记者根据亲眼所见所闻所问写成的新闻，能使受众身临其境，因而更具"征服性的力量"。

世界各大通讯社都十分重视现场报道，把这类报道作为与同行竞争的有力手段。在报道重大突发事件的新闻竞赛中，现场新闻的作用可以说是决定性的。

现场报道通常要有场景、有细节、有采访，其报道形式基本是特写性消息和现场通讯或特写。

三、消息的"主角"作用

消息，由于其体裁本身的特点，在重大突发新闻报道中占据了"主角"地位。

重大突发新闻中的消息大体可分为以下三种类型并具有各自的功能。

第一，快讯和简讯突出时效性。

第二，详讯和综合消息体现完整性。详讯主要描述一个点上或较短时间内某一事件的整个过程。而综合消息通常是由编辑部或前方记者对较长一段时间内发生的事件进行梳理之后编发的新闻，具有阶段性和综合性的特点。这两类消息主要体现在一定时间内所播发稿件（包括时间和空间等要素在内）内容上的完整性。

第三，综述和新闻分析重在深刻性。它们一般都以新闻事件为引子，重点回顾和分析事件的起因、发展过程以及前景。对这类稿件的总体要求是要体现对事件的观察和分析的深度，引导和帮助受众了解事件的概貌和新闻背后的更深一层的因素。

四、"立体式"报道的重要性

使用"立体式"报道这一概念，主要是为了说明对重大突发事件的报道不能完全集中在某一点，而必须从这一点扩展到更为广阔的层面，使报道既有时间的深度又有空间的深度。

图片、图表、资料、背景等新闻是"立体式"报道不可缺少的组成部分。一个新闻媒体，尤其是通讯社，特别要注意配发资料和背景新闻，以帮助受众了解事件的概貌和新闻以外的其他情况。

形成"立体式"报道的重要条件是媒体必须拥有一个庞大的新闻采写和播发网络，而通讯社在这方面有其独特的优势。一般而言，世界上大的通讯社在全球各地都驻有自己的记者，采写和发稿的手段也比较先进，做多层次、多侧面的报道相对容易。

第四章　战争提供新闻标题

——军事冲突与战争报道

无论何种范围与规模的冲突，最终的原因都在利益分割。利益冲突激化的最高形式即战争。战争向来是公众关注的焦点。即使人们并未卷入其中，有关战争的信息也比一般新闻更能引起人们关注。当人们身处战争中时，公众对战事信息了解之迫切程度更达到极致。英国学者斯坦利·莫里森和布赖恩·莱克因此说："战争提供了比人类任何其他活动更多的标题。"

第一节　军事冲突与战争报道的特点与方法

如何报道军事冲突与战争？再特殊的新闻，也应遵循一般新闻的采访与写作规律，如坚持真实性，客观报道，用事实说话等。一般来说，军事冲突与战争的报道内容大概有下面几类①：一是根据军事冲突与战争的发展，撰写消息、综述、述评、新闻分析、战地特写，使受众对整个事件有较全面而综合的认识；二是记者亲赴现场采写消息、见闻通讯；三是不仅报道前线，还报道后方，不仅报道军事，还报道政局、经济形势、生产状况、民众的苦痛悲伤，以及与战争相关的诸多侧面。

然而，由于军事冲突与战争的特殊性，其报道也呈现出某些需要强调的特点与方法。

一、报道立场与价值取向

"战争是政治的继续"，因此，战事报道是不可能"纯客观"的，无法回避报道中的价值取向问题。而由于价值取向的影响，战地记者报道的角度及所持立场有比较大的差别。

战争的类型大致可以分为：一是一些国家或国家集团为了自己的利益发动的世界性或局部性的战争，这些属于违反国际法的侵略战争，如以美国为首的北约对主权国家南联盟的野蛮轰炸就是属于这类战争，遭到全世界爱好和平人民的强烈反对。而这类战争中的另一方则反对武装侵略的战争，如南联盟人民

---

① 廖文根：《战地报道的理性思考——战地新闻写作谈》，载《国际新闻界》，1999 增刊。

抗击北约侵略就属此类。二是一些国家或国家集团相互间的战争，目的是争权夺利，如 20 世纪初日俄为争夺中国势力范围进行的日俄战争就是这一类。三是发展中国家邻国之间发生的冲突以至战争，如两伊战争。四是一个国家内部各党派、民族之间的冲突或战争，这大多数属于当事国内政。对上述不同的战争类型，在报道立场上要区别对待。

因此，参与报道国际新闻的战地记者，除了客观、公正地报道战争的事实和进程，还要报道对话和外交努力在组织和结束战争和冲突中的作用，突出报道战争给人民所带来的不幸和灾难。

二、写好消息、拼抢时效

（一）"倒金字塔"式结构

"倒金字塔"式结构消息应电报这种传播技术和战争需要而生，源于时间对新闻报道提出的要求和限制——大多数新闻必须能够得到迅速和有效的处理。报道军事冲突与战争动态因此也常常采用"倒金字塔"——这些新闻事实如此重要，因而无须过多地润饰，便可引起读者的关注。

1. 简讯与综合消息

合众社用不足 100 字的短讯，报道"第二次世界大战"欧洲大战的全面展开，还对战争的前景做了准确的预测。

【合众社 1940 年 5 月 10 日电】题：德国对荷兰、比利时、卢森堡不宣而战

欧洲大战全面展开

德国于今日黎明时分对荷兰、比利时、卢森堡不宣而战。

盟国决定应三国求援的紧急呼吁，把部队开进比利时。据巴黎方面的一位军事发言人说，历史上规模空前巨大的一场恶战在比利时已迫在眉睫。

新闻求快、求新，还要在有限的版面或时段中装入尽可能多的资讯，要求记者在更短的时间内写出凝练却更准确和深入的报道。而要在有限的时间内写出这样的报道，需要对事件深刻的理解、高度的概括能力和洗练的叙述能力。请看下面这则原载于《纽约先驱报》（1939 年 9 月 2 日凌晨 2 时版）的报道，由该报驻波兰记者写作。

【本报讯】题：德军入侵波兰，欧战爆发！

欧洲大战于昨天拂晓爆发！

据波兰人士说，法西斯德国军队兵分两路，于昨天拂晓攻入波兰。德军动用了轰炸机和大炮，以粉碎西姆格勒·雷兹元帅指挥的波兰军队。

波兰援引与法、英两国签订的条约，向两国求援。法、英两拟信守条约中所做的承诺，宣布全国总动员，并警告希特勒，如果不终止对波兰的敌对行动，并命令侵波德军撤回本国，法、英必将实行对波兰作出的承诺。

法、英两国采取的外交措施，无异于最后通牒。

希特勒总理昨天对在克罗尔歌剧院召开的纳粹国会发表了一篇怒气冲天的讲话。他宣布对波兰采取军事行动，并重申他无意入侵法国。希特勒还说，他无需墨索里尼的帮助便可解决波兰问题。

在罗马，意大利内阁决定不以武力援助希特勒，但表示赞成他采取"预防性"的军事行动。

法国总动员的对象包括在法国本土和所有殖民地驻扎的全部武装力量。法国总统主持召开了内阁会议，宣布全国实行军法管制，并要求国会复会，讨论如何根据柏林对法、英两国警告作出的反应采取相应措施。

英、法两国赞同美国罗斯福总统的呼吁，即除非本国非战斗人员遭到对方的狂轰滥炸，否则决不以空袭的手段给对方平民造成恐惧。希特勒在对国会的演讲中也作了同样的保证，并由国会记录在案。

张伯伦首相在下院一次具有历史意义的会议上说："德国的总理为了实现其疯狂的野心，不惜使全世界陷入悲惨境地。"

然而，对意大利领袖，他说他和英国政府均感"十分满意"，因为在"这危机深重的最近几天里，墨索里尼先生尽了最大的努力"。

英国实行总动员的对象是全国人力。

英国政府还发表了一项白皮书，回顾该政府为维护和平和解决但泽（即波兰格但斯克）问题所做的努力。

英国还制定了一项成立战时内阁的计划，这个内阁将包括丘吉尔、安东尼·艾登以及反对党领袖格林武德和阿齐波尔德·辛克莱爵士。

英王乔治通常在白金汉宫接见首相，昨天却一反历史常规，亲赴唐宁街10号同首相会谈。

罗斯福总统在一次记者招待会上说，他的政府将实行中立政策。他说，他坚信这个政策是可以持续下去的。罗斯福总统同时宣布美国驻柏林大使休·威尔逊辞职。

然而，美国是否真的实行《中立法》，还有待于欧洲局势的发展才能决定。合众社发自华盛顿的一条电讯说，政府方面的消息可靠人士说，英、法不对德国宣战的可能性是百万分之一。

合众社还从波兰首都华沙报道说，纳粹飞机先后六次轰炸了这个城市。但是，令人不可思议的是，除合众社外，只有另一家通讯社播发了一条德国飞机飞抵华沙上空的独家快讯。

在柏林的德军最高统帅部宣布，德军沿着一条长达 100 英里的战线向波兰领土纵深推进了 30 公里。

这篇使用"倒金字塔"结构的报道第二次世界大战全面爆发前奏的新闻，写得有条不紊，把战争爆发时方方面面的情势和应对交代得清清楚楚，通篇没有任何一个直陈"紧张"意味的单词，所取的材料却无一不透漏了箭在弦上的紧绷。

2. 系列报道

追踪事件发展的动态新闻报道方式——连续报道，大量运用在通讯社抢发重大或者突发新闻以及网络媒体对新闻事件的滚动报道中，以显示一种现场感，或者展现新闻事件的发展历程。这类报道大量采用"倒金字塔"结构进行写作。例如，美联社用一条简讯和七条快讯组成的连续报道，报道了著名的"慕尼黑阴谋"。

【美联社柏林 1938 年 9 月 16 日电】题：希特勒吞并苏台德地区

阿道夫·希特勒已正式要求捷克斯洛伐克苏台德区归入德国版图，并要求捷克斯洛伐克修改外交政策，使之与德国的外交政策保持一致。

此消息是一位亲自与总理府高级官员交谈过的人士提供的，这位官员眼下在贝希特斯加登，在那里，希特勒昨天接见了大英帝国首相张伯伦一行。

这位人士说，希特勒还提出了一个要求，即在苏台德地区并入德国领土以后，那个共和国（即捷克）必须在经济上把自己纳入德国轨道，至少不妨碍德国实现自己的经济目标。

这位人士还说，希特勒根本不把苏台德地区并入德国当成一回事儿。

希特勒认为，剩下的事情只是通过什么程序把苏台德区合并到德国，甚至无须为此打一仗。

【美联社布拉格 1938 年 9 月 21 日电】急电：宣传部今晚非正式宣布，捷克斯洛伐克政府决定接受英、法作出的安排，满足希特勒的和平条款。

【美联社布拉格 1938 年 9 月 21 日电】急电：宣传部一位官员今晚 6 时 15 分证实，捷克政府决定向英、法施与捷克的压力屈服。

今天下午，英、法使团接到了捷克政府决定屈服的照会。

【美联社布拉格 1938 年 9 月 26 日电】急电：阿道夫·希特勒今天向全世界宣布，如果捷克斯洛伐克在 10 月 1 日之前不把他企图鲸吞的苏台德区正式割让给德国，他将"采取断然行动"。

他说："现在该谈实质性问题了。苏台德区是我在欧洲提出的最后一次领土要求。对于这个要求，我决不让步。"

【美联社伦敦 1938 年 9 月 28 日电】急电（发电时间：格林威治时间 9 时 46 分）：张伯伦首相对议会说，希特勒在贝希特斯加登对他说，为了帮助苏台德区的日耳曼人获得独立，希特勒"宁愿冒打世界大战的风险"，而决不肯"袖手旁观，无所作为。"

【美联社伦敦 1938 年 9 月 28 日电】急电（发电时间：格林威治时间 10 时 24 分）：张伯伦首相戏剧性地宣布：他本人以及法国总理达拉第、意大利总理墨索里尼将于明天赴慕尼黑同希特勒会谈。

【美联社伦敦 1938 年 9 月 28 日电】急电（发电时间：格林威治时间 10 时 28 分）：首相说，希特勒同意德国武装力量总动员暂停 24 小时，以使这次会谈（指慕尼黑会议）得以进行，从而求得避免欧洲大战的方法。

【美联社 1938 年 9 月 30 日电】急电：欧洲四强今日凌晨宣布，"原则上同意"为维护欧洲和平将苏台德区正式并入德国。

第一条简讯有意匿名消息来源。从文中看来，消息源明显来自希特勒政权内部，利用这种方式透露不便在台面上端出的一些东西。随后三条发自布拉格的消息是对第一条消息的回应，即英法屈服，迫使捷克斯洛伐克接受希特勒的条件。第四条是希特勒得寸进尺，正式要求吞并苏台德区。第五、六、七条是在希特勒发出战争威胁后，报道伦敦英国议会的讨论情况，因事关重大，同时需要体现会议进程，所以专门列出详细时间。每年，新华社、人民网、新华网等媒体滚动播报重要会议。例如"两会"期间国务院总理做《政府工作报告》时，可以看到同样的情形。有时，一些网站实时播报体育比赛时，也常常会列出详细时间，方便读者了解比赛的进展情况。

3. 组合报道

采用"倒金字塔"架构，容易统一风格并形成对应，所以，当记者需要使几篇相关报道组合起来表达更宽更高的新闻视野时，常常使用"倒金字塔"体的形式进行写作。请看法新社如何报道伊拉克入侵科威特一周年时，两国民众不同的处理方式。

【法新社科威特城 1991 年 8 月 2 日电】题：纪念与遗忘

今天科威特人齐聚街头，纪念伊拉克入侵 1 周年。他们呼喊口号，按响汽车喇叭，子弹呼啸着横空而过。

官方没有出面组织任何纪念活动和游行，商店和政府机关都关了门，政府似乎是为了让人民以自己的方式纪念这个日子。

一批批青年在戴面纱的姑娘的激励下，欢呼雀跃，相互拥抱，警察在旁边微笑。

【法新社巴格达1991年8月2日电】在入侵科威特1周年之际，伊拉克平民都在悄悄地遮掩这场曾闹得天翻地覆的事件，巴格达平静地度过了这个日子。

除报纸上发表一些指责美国和科威特的纪念文章外，大多数人都和往常一样去了清真寺，一位叫穆罕默德的店主说："该发生的已经发生了，最好把已发生的事忘掉。"

巴格达街头到处是萨达姆·侯赛因各种着装的画像，有人戏称：这个400万人口的城市有800万张面孔。

由例子可见，"组合报道"这种写作新闻的方法，与著名的《反恐24小时》（美国电视剧）的叙事方式颇为相像。当处于紧张的关键时刻时，在一幅画面中同时展示有关各方的动作，形成强烈的比对。

4. 重组

组合报道的方法扩展到编辑的工作中，就成为编辑工作的基础——重组。编辑们每天都在做这样的工作。《参考消息》就是展现这种基本编辑工作的典型。

下面这篇美联社的报道巧妙地剪接组合了其他媒体的报道，却自有其深意。

【美联社伦敦1945年4月21日电】题：纳粹少年军投入巷战

柏林电台今晚说，苏联红军坦克已攻入变成一片废墟、战火纷飞的首都主要大街，距离市中心只有3英里了。

柏林电台说，从三面包围柏林的苏军今天发起了总进攻。

苏联红军从市郊一面涌入，打进弹片横飞的市区街道。德军已被迫命令纳粹少年军投入保卫。

德国电台评论员说，柏林正遭到16个苏联红军兵团的围击。在郊区重阵的争夺战中，红军明显占了优势。评论员此后透露说平民已投入更残酷的街头战。

柏林电台说："俄国人的炮弹和炸弹雨林一样落在市中心。电气火车不断将伤员从郊区运来。现在局势十分严峻，已经完全没有必要向听众隐瞒任何事实真相。"

另据路透社报道，苏军的大炮正在直接轰炸市中心的波茨坦宫。在柏林东南方向，苏军阵地已推进到贝梯尔，这个地方距波茨坦宫仅12英里。

双方血腥争夺的5个地方是：城东北边界附近，紧靠护城河外侧的贝尔诺，护城河东北方8公里处的斯特劳斯伯格，城界东南3英里处的科埃尼格——鸣谢特壶森，通过萨克森的主要铁路干线以南10英里处的佐森。

苏联官方报道柏林战局的语言仍然是模棱两可，说红军距离中心30至40英里。但是，来自莫斯科的非官方消息让人们相信，红军距市中心并没那么远。

柏林城外东北部、东部和东南部——整个布兰德伯格战场在苏军坦克炮火的轰炸下成了一片火海。苏军的大炮和数以百计的自行火炮在德军阵地上形成一道道火墙。

德国人从大多数战壕中被赶了出来，然而，在柏林城南，德军阵地仍是一条完整的半圆弧线，在那里，守军因为小口径火炮和大量机枪而得以掩护。

在这个地区，已经横渡施普雷河和苏军坦克部队和骑兵正在猛攻卡曼斯和鲍芬城。

选择敌方的报道来展现己方的胜利，不是让所写的报道更为可信吗？上面的消息使用的材料看似散乱，实则严密。标题改成"苏联红军距离柏林中心仅三英里"，或者"苏联红军即将全面占领柏林"，似更恰当些。

（二）用"纪事体"报道的战斗过程

一般来说，按时间或事件逻辑的顺序报道新闻——用"纪事体"报道新闻，较采用"倒金字塔"体难，因为倘若谋篇布局不够精巧，很容易写成一本流水账。但战争本身的复杂性，让记者采用纪事体写作时轻松地组织材料，也容易出彩，在报道战斗过程时采用纪事体尤其方便，如路透社记者亲历诺曼底登陆的报道（阅读时请注意文章是如何以时间串起来以及选材的特点）。

【路透社法国海岸附近1944年6月6日电】题：诺曼底登陆亲历记

路透社随英国驱逐舰记者报道：登陆进攻战开始时，600多艘战舰的大炮齐鸣，轰炸机怒击长空，战斗机出没云中，盟军猛攻德军防地。乌云和灰烟笼罩着法国东南的海滩。

记者站在驱逐舰的栈桥上，距海滩约8000码，视线所及，都是各型舰艇。四周充满爆炸声。4英寸到16英寸口径大炮射发炮弹，击中海滩上目标时，火光四起。在18分钟之内，海滩中高度爆炸弹超过2000吨。

记者7时25分用望远镜看见，第一批进攻部队在海滩登陆，在海滩上做扇形推进。主力舰和巡洋舰集中火力轰击海滩，为我军开道。海滩上烟雾弥漫，高入云霄。大攻击舰数百艘向前行驶，登陆艇从吊柱上落下来，向滩岸进发。艇上满载坦克、大炮和各式装甲战车。英国军队头戴钢盔，微露笑容。气候不理想，潮水高，乌云密布。轰炸机数千架飞跃云层，肉眼看不见，只有空中堡垒的马达声不断震荡耳鼓。记者看见，炸弹落在第一批进攻部队前德军炮兵阵地和防御工事上，随后浓烟上升。战斗机来往不断巡逻，以保护这一伟大的进攻舰队。

这时正是清晨，一直没有遭遇敌空军抵抗。盟军舰队驶到法国西北部海岸时，没有遇到丝毫阻碍。德方海防炮队曾向我发射，但效果不佳。右方一驱逐舰正和德方一炮队进行炮战，德方炮弹都落在我舰周围浪花四溅。勇敢的各驱逐舰巡逻海面，保护登陆部队，以炮火还击岸上的大炮，炮声震耳欲聋。

这次有史以来最大规模的海陆作战，全部策划是在最为秘密中准备的，历时12个月。盟军攻欧海军总司令蓝姆赛统率海军，参加进攻的部队分成两大队。东路作战舰队由维恩少将指挥，其中大部分是英国舰只；西路舰队由寇克少将指挥，大部分是美国舰只。发动登陆前所应考虑的问题，数以万计。现在看来，盟军选择的时间、气候不很理想，虽风狂浪大，盟方仍毅然决定作战。进攻海岸线的计划，分成四阶段：第一，以空降部队和空运部队降落敌后；第二，英机在夜间猛烈轰炸登陆海滩；第三，由盟方战斗舰、巡洋舰、低舷炮舰和驱逐舰600多艘的大炮，齐对岸上猛射；第四，美机在破晓时轰炸。

记者所乘驱逐舰往来于英吉利海峡中，在上述的第4阶段进行时，仰见满载空运部队的美机分批掠空而过，引擎声清晰可闻。我们在离法国海岸约18英里的地方，适为早晨4时，夜袭机正在轰炸。我们所处地点可以看见血红的爆炸，听见爆炸声。接着事态急转直下，记者只能约略记录大势与时间。

5时20分，东方发白，进攻舰艇出现在我们的左舷。轻型鱼雷艇跟踪而去。5时27分，海军大炮开始猛烈袭击。5时33分，海岸线才出现灰光。5时36分，我们右翼的巡洋舰也开炮了。5时45分，进攻舰只开始放下满载钢盔士兵的小艇。单在我们这一区，记者就看见至少有各式船只1000艘。海军在轰击，盟军战斗机在翱翔，天空有云，但相当高爽，一直没有敌机，盟军的进攻打了敌军一个措手不及。5时55分，记者看见一线登陆艇向海岸开进。扫雷艇往来游弋开道，清出若干空隙，登陆艇立即推进。6时整，海岸已清晰可见，敌炮也疏落开火。巡洋舰继续炮轰岸上，岸上已大火熊熊，浓烟高升数百英尺。6 时 37 分，各舰离岸约 7 英里，6 时 50 分，各舰逼近海岸，见目标就轰击。大队坦克登陆艇开过我们面前，气候越来越差，天空灰暗，大雾弥漫。英美飞机仍在翱翔。7 时整，第一批空中堡垒飞过天际，但大部分不能望见。空中堡垒的吼声和炸弹爆炸声合奏出惊人的音响。海岸线为黑烟所笼罩，各式军舰一齐开火。7 时 20 分，天已大明，我们可望见佩尔菲埃教堂的尖顶。我们离海岸 9500 码，浓烟笼罩全市，建筑物在崩溃中摇晃。7 时 25 分，第一批登陆艇到达海岸，记者目睹敌方武器所射出的红光掠过沙滩。战士跳出登陆艇，向前推进。这时万事决定在一阵之中，空中堡垒的轰炸移到敌后，继续情形如何，现还不能确知，但一切都按时间表进行。

三、规避信息源陷阱

报道战争进程和战争真相是媒体的责任和义务。但是，在报道过程中，媒体和记者不可避免会遭遇有关利益群体有意无意设置的信息源陷阱。如何与各利益群体打交道，尽可能多获取信息同时有效规避陷阱，揭示战争真相，吴海荣认为可以从以下几个方面着手①。

（一）认清信息源性质，提高警觉性

第一，各利益群体为了达到自己的目标，都会有选择性地进行信息披露和信息控制。战局越残酷、越复杂，这种信息披露和信息控制就变得越复杂，信息的不确定性也表现得更为明显。

在伊拉克战争中，美国为了控制战争信息，除启动战时法规《反间谍法》《对敌贸易法》《第一战争权利法》等，还采取了一系列行政管理的手段：第一，成立白宫"全球新闻办公室"，协调全球的战略性宣传工作，同时对媒体的报道内容进行全天候的监控。第二，制订宣传计划，统一信息发布，以达到布什要求的"以统一的方式发布消息，反映出我们战斗的真相"。第三，对媒体不符合政府要求的行为直接提出批评。第四，直接制定采访规定，限制报道内容。

第二，战争中交战双方为了达到"心理战""情报战"目的，有时甚至不惜故意误导记者和媒体。

1991 年 1 月 17 日"沙漠风暴"发起前，西方媒体高强度宣传美军的"军事机密"：美军将在科威特沿海登陆。萨达姆闻讯急忙将多数重兵集团及导弹

---

① 吴海荣：《规避战争报道信源陷阱的策略》，载《国际新闻界》，2003。

部队集中于近海沿线并纵火点燃了油井，向海湾倾倒了大量石油。总攻开始后，美军经沙特阿拉伯边境，向科威特纵深穿插，使伊军的防御变得毫无意义。美军借助传媒，得以避实就虚，赢得了战争的主动权。

第三，战争中不仅交战双方当局有自己大众传播的诉求，交战双方中下层官兵出于邀功请赏等目的，有时也会给媒体设置信息陷阱。例如，伊拉克战争初期一度被美英媒体热炒的伊51师师长率部投降的消息，最后被证实实际是伊军一低级军官投降时为自抬身价而发布的假信息。

正是由于各利益群体在战争中都有其利益诉求，媒体和记者在获取信息时就应该保持一种警觉，仔细分析所获取信息与发布者的利害关系，做出自己的判断，而不能偏听偏信和盲听盲信，否则就很容易落入信息源设置的陷阱之中。

（二）提高报道者拓展信息源的能力和识别信息源陷阱的能力

识别战争信息源陷阱是一项高强度、高压力和高智力的脑力劳动，要求报道者要不断提高自身的素质与能力，包括军事素质、政治素质、文化素质、新闻职业道德素质、认识世界和分析问题的能力、创造性思维能力等，针对具体的战争，还要做专门的信息、智力和军事知识的储备。

媒体、新闻编辑、记者卓越的社交能力和良好的外部人际关系，也是帮助规避信息源陷阱的重要因素。在战争报道的历史上，很多媒介都不乏通过私交获得有价值的独家信息的例子。更为重要的是，人脉资源有助于报道者开辟、获得多种信息源。

（三）实现媒体信息来源的多元化，提高信息源陷阱识别的组织性能力

多种来源的报道稿件，除了保证有足够的信息量，还有一个重要功能就是信息源的相互印证和补充。规避战争报道的信息源陷阱要通过一定的制度和管理来实现。

对媒体而言，首先要树立使用多种来源的报道稿件的意识和机制，对自采、购买、与其他媒体合作或交换、报料、作者来稿等不同渠道过来的稿件或线索都要高度重视。美英媒体在2003年的伊拉克战争之初"吃亏"的重要原因，就在于过于依赖美英政府和军方的发言人，而对于其他信息源，如伊拉克和其他阿拉伯国家及其媒体的声音却未加以充分的重视。其次，要使用好战地记者，正确对待他们发回的稿件。优秀的战地记者是媒体规避信息源陷阱的第一个环节。媒体派出的战地记者应该经过仔细遴选。记者被派出后媒体也不能只问其稿而不作调控。

从规避信息源陷阱角度看，这种调控表现在两个方面：一方面要有效防止记者利用信息不对称可能发出的哗众取宠邀功请赏的报道；另一方面媒体要成为记者的信息后盾，经常和前方记者沟通，将媒体从多种渠道获取的战局、战场信息和其他重要信息告知记者。对战地记者发回的稿件，不能掉以轻心而要以审视的目光来做判断。这是因为记者身处战局之中，容易判断失误、发出失真报道。最后，通过优化采编流程管理来规避信息源陷阱。媒体要强化采编流程原有各环节的"把关"功能，可以成立"战时"审稿碰头会，由值班领导、部主任和各版编辑参加，甚至请有关专家参加，集思广益，共同"抗敌"。

（四）交代信息源、平衡报道

媒体不可能做到事事准确，但是可以做到为其所传播的信息标明出处；媒体可能会遭遇信息源陷阱，但应让受众明白是什么人设置了陷阱。因此，在报道战争新闻，尤其是敏感信息时，媒体要注意交代信息源。这既是报道客观性的表现，也是媒体必要的自我保护。

平衡报道是媒体做到客观公正的重要手段。例如，CCTV在伊拉克战争的画面采用上，就尽量满足平衡性原则，如果用CNN五分钟的美军进攻的直播画面，接下来会播放半岛电视台五分钟伊拉克平民伤亡的直播画面。

四、高度重视现场报道、特写通讯

自从战地记者出现以来，在战争新闻中，现场目击报道逐渐在一般战争消息中占据了主体地位。英国学者约翰·里凯认为，目击报道有两大优点[①]：一是"给人以真实性"；二是"具有如实性，因为它们是急就的、主观的、不完备的，不同于'客观'或重构的历史记载，后者虽然刻意求工，却缺乏生动性"。

（一）精彩的战斗故事

跌宕起伏、充满戏剧性的战斗故事，是战地记者现场报道最常见的类型之一。

【新华社朝鲜前线1952年12月26日电】题：志愿军侦察队雪夜伏击敌军

本社前线通讯员郑大藩报道雪夜里的一次伏击战斗说：冰雪覆盖着西方山前线。我军的一支侦察队到加七里附近去打埋伏。出发以前，侦察兵们喝了暖身子的辣汤，手上、脸上、耳朵上、脚上都搽了防冻油，并且将

---

① 陈正红、杨银娟：《战地记者与战争》，载《国际新闻界》，1999增刊。

武器和装备仔细地检查了一遍。天黑以后，身披白色伪装布的侦察兵们踏着半尺深的雪地，按着星斗指示的方向走到预定的位置，并用冰雪筑起简单的工事，在雪地上架起蒙着白布的机关枪，在北风呼啸中等候着敌人的到来。

忽然传来一阵皮鞋踩在雪地上的声音。美国兵走一阵，再趴在地上向四面看看；没什么动静又开始往前走。离我军侦察员们只有20公尺了，侦察参谋王锡忠举起短枪"啪""啪"两声，走在前面的两个敌人便倒下了。我军各种自动火器随后展开猛烈射击，后面的敌人立即伏在地上开枪还击。冲锋枪、机关枪顿时响成一片。

埋伏在两侧的侦察兵们看见敌人的火力已经被吸引住，便向敌人后面猛插过去，迅速剪断了敌人主阵地与前哨阵地之间的电线，并从后面向敌人射击。美国兵发现退路被切断，慌了手脚，四下乱窜起来。他们穿着笨重的靴子，像猪一样摇摇晃晃地跑着，脚踏在滑溜的冰雪上，嚎叫着跌倒了，于是，就在雪地上爬着、滚着，爬起来又跑，又跌倒……

手榴弹一颗颗地在敌群中爆炸，机关枪不断地向敌人扫射着，不到10分钟，勇敢的侦察兵们就把美三师十五团的八个班和一个火器排大部分消灭。他们迅速地打扫了战场、扛着缴获的胜利品——两挺重机枪、七挺轻机枪和十二支自动步枪，在炮火的掩护下回到自己的阵地来。

在阵地上，炊事员已给胜利归来的战友们准备了面汤和温水。侦察兵们一回到工事里，就脱下被深雪浸湿的鞋子，用温水洗了脚，然后端起碗来喝面汤，兴高采烈地谈论起刚才的战斗经过。这次伏击战受到了志愿军高级指挥部的表扬。

在学习这篇报道时，有同学问：新闻不是要尽量客观吗？这篇报道用了许多富有强烈感情色彩的词句，对不对呢？

是的，通常情况下记者的情绪应该隐藏在新闻事实里。直陈胸臆是不够专业的做法。不过，战争是人类所处的最不正常的环境，尤其在己方卷入其中的时候。在某些情况下用贬低负面的语句描写敌方是合适而且必需的。介入战争一方的记者一般不会用积极正面的词句报道敌方的英勇——除非是为了衬托己方的伟大，或者替己方的失败做辩护。

"第二次世界大战"后，世界进入局部战争时期。国际社会提倡通过谈判解决问题，对军事冲突与战争持普遍的否定态度，因此广泛传播的战斗故事很少再有以前那种英雄主义基调。解救被围困、被俘虏的同伴的故事和前线战士如何从危险的境况中逃生，成为记者竞相报道的对象。

（二）记述重大战役或战争中的重要事件

每名战地记者，都想成为重大战役的记述者，或者战争中重要事件的见证人并因此载入史册。要成为这样的记者，两个前提条件极其重要：第一，你与战争中某一方的政府或军方有特殊的关系，或者某一方的政府或军方认为你可以帮助他们达到某些宣传目的。第二，你的专业程度非常高，足以让人相信你可以胜任报道工作。劳伦斯（William L. Laurence）具备了上述资质。他是《纽约时报》专职的科学记者，从 1939 年 1 月 30 日报道哥伦比亚大学物理系把铀原子分裂为二开始，他就一直跟踪原子弹的研发过程。由于得到美国军方的信任，他得以独家报道原子弹试验和美军向长崎投掷原子弹的经过。

原子弹坠落长崎目击记

威廉·伦纳德·劳伦斯

我们正向日本国土飞去，即将对它进行轰炸。飞行小分队由 3 架经特殊设计的 B-29 型超级堡垒式轰炸机组成，其中两架未携炸弹。但是小分队的长机携有一颗原子弹，这是 3 天中投掷的第二颗，内装核物质具有相当于两万吨梯恩梯能量的爆炸力；若在条件更有利的情况下使用，其爆炸力可相当于 4 万吨梯恩梯的能量。

我们选择了好几个目标。其中之一是大工业和航运中心——长崎，它位于日本四大岛之一——九州的西海岸。

这东西看起来挺漂亮，这个"玩意儿"。它的设计，耗费了上百万个小时的工作日。毫无疑问，它凝结了空前大量的人类智慧。

在核物质装进炸弹之前，我亲眼对它进行了观察。就原子物质本身来说，丝毫不带危险性。只是在核物质装进炸弹后，在某种特殊情况下，它的能量才会释放出来。而只要它把能量释放出一小部分——仅仅很小一部分，也能造成世界上规模空前的爆炸。

……

指挥这次任务的是 25 岁的空军少校查尔斯·斯韦尼。他驾驶的携带原子弹的长机名"艺术大师"号，这种飞机的推进器不同寻常地长，有四个桨片，其顶部像橘子——机身上却标有"77"的字样。有人说，"77"是红头发兰奇（著名足球明星）踢球时运动服上的数字。

凌晨 3 点 50 分，机群起飞了，径直朝西北方向——日本国的所在处直扑而去。天气预报说我们在飞行途中将遇到暴风雨，但到飞行目的地，也就是这次任务的高潮阶段，天将放晴。

起飞大约一小时后，暴风雨降临了。飞机在漆黑的夜空中时而下沉，时而抬起。但飞机的跃动幅度比起大型客机来要小多了。你感觉它是在"滑翔"，而不是"颠簸"。

我注意到一道奇特的、令人恐怖的亮光从驾驶舱上方的小窗射了进来。透过黑暗，我看见一个奇怪的情景：旋转着的巨大推进器不知怎的变成了大的跳跃着的蓝色光焰。这种蓝色光焰既映照在飞机鼻顶的有机玻璃窗上，又在机翼顶端闪闪发光。我们宛若驾驭着燃烧的列车在无垠的太空中奔驰。

我不仅焦虑地联想到前方那架无影无踪的长机上的"宝贝"，它会不会有危险？大气中的巨大电压会不会引起它的爆炸？

我对波克机长讲了自己的担心——他对此似乎毫不惊讶，继续镇静地驾驶着飞机。但很快他就安慰我："这是飞机上的常见现象。我执行轰炸任务以来，见过这种蓝色光焰已好多次了，人们管它叫圣·埃尔摩之火。"

我们终于度过了黑暗，飞机直奔日本帝国。

飞机高度计显示出我们正处在 1.7 万英尺的高空。波克机长提醒我应随时手握氧气面罩以备紧急情况时使用。他解释说，万一飞机上的气压装置发生故障，或者机舱被地面高射炮打穿，氧气面罩都是有用的。

凌晨 5 点刚过，晨曦来临。吉里中士两眼紧盯窗外，举起双脚对此表示欢迎。在此之前，中士一直专心致志、一声不吭地听着耳机里的收音机报道。

"还是白天好，"他对我说着，"夜里关在机舱里我觉得怪害怕的。"

"这儿离霍普斯顿可远了。"我不觉说道。

"是啊。"他一边回答我，一边忙着译一条消息密码。

"你觉得这颗原子弹能结束战争吗？"他怀着希冀地问道。

"这颗很可能会有用的，"我尽量使他放心，"如果这颗不行，下一颗或两颗肯定会奏效的。没有哪个国家能够长时间地抵挡住原子弹的威力。"

到 5 点 50 分，外面天已大亮。我们的长机不见了，领航员戈德弗雷告诉我这是事先计划好的。机群将于 9 点 10 分在本州东南方的宇久岛上空会合。

　　······

波克机长告诉我飞机马上要拉升到投弹高度了。这时我们已经飞临日本领海上空。

9 点 12 分，我们飞抵宇久岛上空，前方大约 4000 英尺处是带着那颗宝贝炸弹的"艺术大师"号。

我们开始盘旋，等待机群中第三架飞机的到达。

9 点 56 分，我们开始向海岸线飞去，吉里中士译出气象发来的密码，告诉我们主要目标和次要目标都清晰可见。

命运之风看来要恩赐有些日本城镇了，它们注定将默默无闻。命运最后选择了长崎作为投弹目标。

在机群盘旋的当儿，我们突然发现股股黑烟穿过白云直冲我们而来。原来是对准我们高度发射的 15 枚高射炮弹。不过它们飞来时，飞机已向着左边飞远了。

我们向南飞去，11 点 33 分，飞越海岸线，向距此以西大约一百英里处的长崎直奔而去。在长崎上空我们再次盘旋，终于发现了云层中的一处缝隙。

这是 12 点 01 分，我们终于到达了这次任务的目的地。

"瞧，它下来了！"有人喊道。

从"艺术大师"的肚子里落出一个黑乎乎的东西，掉了下去。

波克机长迅速调转机头，向爆炸杀伤范围外飞去。然而，尽管我们背对原子弹，机舱里又充满阳光，但我们所有的人都同时感到一股极其炫目的光芒穿透了我们的弧光镜。

第一次闪光之后，我们摘掉了弧光镜。光焰仍然接连不断，一种蓝中带绿的光芒充满了天空。一股巨大的气浪袭来，使飞机全身剧烈颤抖起来。紧接着，又袭来四次爆炸气浪，每一次都使我们感到似乎又有大炮从四面八方向我们袭击。

待我们再次向原子弹爆炸方向飞去时，那道紫色火柱已升到了与飞机同样的高度。这时距爆炸发生才过了 45 秒钟。我们惊异地注视着火柱向上飞跃，它像是一颗流星，然而不是从太空朝大地飞来，而是从地球向外飞去。随着它穿过白云，向上生长，它似乎变得越来越富有生命力。

……

它的形体像一座巨型图腾柱，底部大约有 3 英里宽，向上逐渐变细，顶部只有 1 英里宽。它的底部是棕色的，中间是琥珀色，顶端是白色。这是一座有生命的图腾柱，身上刻满了许许多多怪诞的面孔，对着大地狞笑。

正当这东西似乎已凝固起来时，从它顶端突然冒出一朵庞大的蘑菇云，使它的高度长到了 4.5 万英尺。这团蘑菇云比这柱形东西更加活跃，它的躯体里翻滚着浓白色的烟火，在愤怒地扭曲着，咆哮着，接着又朝下扑来，活似无数个唧唧喳喳的老妇人骤然融为一体。

……

（三）战争花絮

反差很大的事件容易给人留下深刻印象。战地记者报道的残酷战争中一些"趣事"，往往会给读者留下比较深刻的印象，所以战争花絮成为战地报道常见的类型之一。写好这样的新闻，对记者新闻敏感与文学功底的要求非常高，其观察力和笔力，一个都不能少。

女人！女人！女人！

欧文·肖

国内的人对军人们谈些什么事情非常关心。我到这里来时，决心把军队在宿营、在休假和在火线上所说的种种，一五一十地报告回去，现在我再也没有十分把握这是完全可能的事儿了。

从迈阿密到开罗的所有机场我都去过；从埃及到阿尔及尔漫长的公路上，我曾同成百上千的军人交谈。我想不会有人要把美国大兵中间难登大雅之堂的谈话印出来。

除了词汇的丰富，军队中的谈话非常直截了当、简单得漂亮。所谈的一切，只有一个永久不变的主题——女人。谈女人这个题目同谈棒球迥不相同。

偶尔一个军人会有点失常，没办法控制自己，就像一位投手在后来这几局里疲倦了一样。他会谈谈鸡毛蒜皮的事儿，比如他那个连被德国佬截断了后路，他干了些什么啦；大战以后，应当对德国怎么样啦，但是突然他就马上改变话题，开始谈到他在普甸认识的那位金发女郎。

我的飞机在波多黎各停了几个小时。我听到的头一件事是食物很好。如果你懂西班牙文的话，里面提到的多是女孩子。

在喀土穆，我同一架"解放式"轰炸机的机员同睡在一处走廊上。尾枪射击士谈到他太太在芝加哥。

"把太太留下来，"通信员说，"芝加哥市是一处糟地方。"

"大湖海军训练中心在芝加哥，"上枪塔射击士若有所思地说，"芝加哥有五十万水兵。"

"那没有关系，"尾枪射击士狠狠地说，"每过几个星期，我就寄一发

　　五零机关枪子弹回家，我太太就把这些子弹摆在壁炉架上，提醒那些水兵，她先生是位机关枪手，到现在为止，她没有什么麻烦。"

　　在开罗，一位年轻的英国"飓风式"战斗机飞行员——他曾经在美国住过——整晚都在谈，打算在大战以后，到好莱坞的瞭望山山顶买一栋房子，同太太住在那里，生上五个孩子。过了一阵以后，我同他谈，他承认曾在英国海峡亲自炸沉了一艘四千吨的货轮。

　　行程中，一位整天同我在一道的法国兵，正回原部队去，他承认得了十天假在伊斯坦布尔结婚，只说："我撑得太多，累死了。"再也没有别的。

　　在阿尔及尔谈女人，有了真正的实际机会。士兵们眼看着那些服装美丽的漂亮女孩子走过。他们叹口气，对着新来的人说："懂法文真是必不可少啊！"

　　我猜想有些地方的少数人会花所有的业余时间，讨论克劳塞维茨的理论、盟国作战的目标，可是我一直没有发现过。

　　有没有人要听听，我在1939年，在威斯康辛州陌地生市碰到的瑞典女孩子？

　　如同克拉克报道《莉莉玛莲》如何由一首受纳粹军人欢迎的进行曲成为盟军兵营中风靡的歌曲一样，战争花絮报道可以潜在地影响读者对军队士气的看法，因此成为现代战争宣传战比较关注的一个点。伊拉克战争中美军发出的"扑克牌通缉令"，就是典型的人造花絮。

（四）报道人物

　　人是新闻报道的主体，当然也是战事报道的主体。理查德·哈丁·戴维斯在美西战争中成功地塑造了一名普通中校西奥多·罗斯福的牛仔形象；西蒙诺夫的报道塑造了睿智果敢的朱可夫元帅的形象；而新中国的几代人，回想起魏巍《谁是最可爱的人》，很难不心生敬意。

　　以父母亲友的口吻来塑造士兵形象，是战地记者常常使用的技巧。

二等兵吉布森回家了

约翰·费特曼

　　星期三深夜，诺克特县城欣迪曼镇上大多数人已进入梦乡。陆军二等兵詹姆斯·瑟曼·吉布森（外号小鸭子）的遗体从越南运回家来了。

　　时值夏天，气候闷热。但当载着灰色军棺的灰色灵车开进镇上的时候，天上下起了暴雨。豆大的雨点落在锃亮的灵车上熠熠闪光。街上一片雾气。黑暗中的欣迪曼显得十分静穆。只有远处大街上斯奎尔迪尔汽车公司的红灯在不停地闪耀。

日前，二等兵吉布森的遗体经加利福尼亚州奥克兰市空运至辛辛那提市，由陆军上士雷荣德·A. 里特护送回家。在辛辛那提市，遗体交接给约翰·埃弗雷杰。他是死者家乡殡仪馆的合伙人。至此，遗体便由了解这位24岁士兵的人们负责运送。

在欣迪曼镇，当灵棺从车上抬出时，臂配黑袖章的雷德蒙啪地一个敬礼。殡仪馆的一位工作人员对他的同事小声说："这就是小鸭子，他们把他带回来了。"

在他生前，人们一般都叫他小鸭子。长期以来许多人虽然跟他厮熟，但总得想一想才能说出他的全名。

到星期四上午，镇上几乎无人不知的小鸭子回家了——或者说快要回家了。上午，家属们陆续到达。他们是哥哥，赫谢尔，人们都叫他大鸭子；妹妹，贝蒂·乔，还有吉布森的妻子卡罗琳。

他们站在装在玻璃罩中的遗体周围，任凭眼泪洒落在玻璃上。人们站在隔壁的加油站和外面街道上，轻声说着话。

士兵的双亲诺曼·吉布森夫妇，在家等候。他们家是一幢匀称的白色房子，位于山谷之中，可以远眺几英里以外的费拉克斯·帕奇河。吉布森太太这个月以来一直在生病。家人不让她动身前往辛迪曼。临近晌午，人们送小鸭子回家。

……

死者母亲是一位面目慈祥的山区妇女，灰白色的头发梳在脑后结成一个发髻。她拖着病躯，神情恍惚地走进人群说：

"无论怎样，他的遗愿一定会实现。"

死者父亲是个高而黝黑的汉子，两眼哭得通红。他说"他并不想当兵，但他知道当兵没错，因此他努力干。他献出了一切。我真为他感到自豪。现在，他们就这样把他送回家了。"

午夜时分，又下起暴雨。吊唁的人们聚到屋子里，走廊上。还有些人站在屋檐下的墙边。

父亲轻声讲述着他的儿子。

"大概诸位不知道我们为什么叫他小鸭子吧。在我两个儿子小的时候，他们一有机会就去河里玩水，于是有人说他们像两只鸭子。"

"从那时起，赫谢尔成了'大鸭子'，詹姆斯成了'小鸭子'。"

"人的一辈子总是在拼命干活以养家糊口。我在一个煤矿干活，趴在坑道里装煤供养全家。"

"我们全家人亲密和睦。小鸭子就生在这儿，在这幢房子里。他从没想到过离开。"

吊唁的人们走上前去，纷纷称赞小鸭子："他从不酗酒，从不在夜里顺着公路来回跑。"

"他关心家庭，是个好孩子。"

小鸭子身材高大魁梧，体重205磅。他的块头使他成为高中校篮球队的一员。在康斯高中，他结识一位女孩并向她求婚。他们今年一月举行了婚礼。

小鸭子最近曾回国休假。在他顺费拉克斯·帕奇河而下归队后不到一个月，他又回来了——他将被埋葬在故乡。

部队说他在西贡附近被迫击炮弹片击中，但死亡详情无从知晓。

凌晨，一片静默。死者父亲回忆着儿子归队的那一天。

"他到处走来走去，样样东西都看看。他对我说：'天哪！回家实在太棒了。'"

"然后，他就上路了。他说：'爸爸，注意身体，别操劳过度。'"

"他说：'我下次回来看你。'但他现在不可能看见我了。"

一位老者威严地迈着步子走在前面说："没人说小鸭子坏话，他是你们所见到的最好的孩子。"

起居室里充满花的芬芳。小鸭子母亲悲切地坐在儿子的身旁。

她的一只手微微前伸，像是在抚慰一个陌生人。她像是在自言自语："为什么，我儿？为什么，孩子？"

她望着覆盖着美国国旗的棺材。蓦地，转过身来说："只有亲眼看见一面国旗盖在你自己儿子身上时，你才会懂得它的含义。"

说完又转过身，对着棺材哭泣不止。

星期五下午，小鸭子被送往普罗维登斯宗教浸礼会，安放在布道坛后面。教堂的灯亮了一个通宵。人们陪着死者，不停地祈祷。死者父母在浸礼会整整守了一夜。

小鸭子母亲解释道："这是他的最后一个夜晚。"

葬礼于星期六上午10时举行。人们早早就到了。他们来自采奇尔、诺克特和佩里等县的几十个山谷和小镇。还有人是从其他州赶来的。浸礼会大厅的长椅上坐满了人，后来连走廊过道上也加满折叠椅。挤不进来的人站在门口或站在窗下侧耳聆听。

讲道牧师是雷·阿尔奇·埃弗里奇。他来自蒙哥马利河畔的蒙哥马利浸礼会。小鸭子休假的最后一个星期天就是在那里做的礼拜。

葬礼开始时，一位小姑娘用银铃般的清脆嗓音唱起《太阳落山之后》，接着浸礼会唱诗班唱起圣歌。

埃弗里奇先生是小鸭子生前的好友。他致悼词时，泣不成声。

小鸭子在越南阵亡前不久，曾写过两封信给自己的妻子。实际上，这位士兵已经为自己的葬礼写下部分悼词。埃弗里奇读了其中一封信：

"宝贝，我被编在靠近三角洲的那个连。人人都说那是块险恶之地。但我一直祈祷上帝帮助我、保佑我。因此，我并不太害怕或担心。宝贝，说不准什么时候就会碰上这种事情，但我希望你做个好姑娘，好好生活。我要是可以重新开始，我就会早早地做好准备。你一定奇怪我为什么总跟你说这些事。可是你不晓得最近这儿的形势有多严峻。我要求你做的是——好好生活。以后我会再去看你的。"

又读了另一封信。

"宝贝，听着，一旦我出了事，我想让你知道你是个好妻子，我为你感到骄傲。一旦出事，我希望大鸭子和贝蒂·乔知道我非常爱他们。一旦出事，叫他们也别难过，告诉他们我已做好准备。"

悼念仪式持续了两个小时。结束时，大批人——男女老少——列队从棺材旁走过。

之后，人们把小鸭子送到佩里县山麓中的雷斯芬墓场。陆军派来6名抬棺人，其中5人在越南服过役。7人仪仗队按传统在墓穴旁鸣枪3次，一名号手吹着号。

抬棺人在阳光下显得肤色黝黑，精壮雄健。他们把国旗从棺材上揭下，里特上士把它交给年轻的寡妇。她在过去的3天中，只哭不说话。

然后，这位士兵的未亡人跪在棺材边，喃喃地说："噢，小鸭子。"

接着，人们将小鸭子埋在他为之献身的土地里。

（五）报道战争中重要的政治、外交事件与场面

白描是记者报道战争中重要政治、外交事件与场面的常用手法。其要诀是写出细节与气氛。

【法新社东京湾1945年9月30日电】题：日本签署投降书

今天上午9：05分，日本外相重光葵在无条件投降的文件上签字。这个国家离开了大国的行列。这是它为孤注一掷，在珍珠港投下的骰子付出的代价。

假如人们对发生在日本战俘营的暴行不是记忆犹新的话，当他们看见重光葵拖着木制假腿，向铺着绿色绒布、摆放文件的桌子一跛一跛地走去时，也许会对他产生几分怜悯。他的身子重重地压在拐杖上，艰难地坐下。他签字的时候，靠在桌子边上的拐杖倒在战舰的甲板上。他同麦克阿瑟将军什么话也没说。后者在宣布签字仪式开始时，说了几句，然后就简单地朝桌子做个手势。

当盟军最高司令官麦克阿瑟代表与日本交战的所有国家签字的时候，在菲律宾科雷希多兵败投降的温莱特中将（他因长期被困面容憔悴）和在战争时期另一个黑暗的日子里放弃新加坡的珀西沃尔中将站在他的身旁。他们参加这个仪式，使人清醒地回忆起在1942年的头几个月里，美国曾危险地处于战败的边缘。

由7人组成的日本代表团服装整洁适宜，但显得神情忧伤。重光葵穿着晨礼服——长大衣、带条纹的裤子、线质礼帽和黄手套。在舰上逗留期间，该代表团中谁也没有与别人说过一句话，或向别人打招呼。唯一的例外情况是外相的助手不得不让人告诉他往哪里放投降文件的日文本。不过，重光葵登上舷梯的顶层，踏上"密苏里"号宽大的甲板时，他脱了大礼帽。

庄严的受降仪式标志着日本在长达2600年半传奇的历史上首次战败。仪式本身只用了几分钟时间。12个人在关于投降的文件上签了字。麦克阿瑟将军宣布仪式开始。他说："我和全人类都真诚地希望，从这个庄严的场合开始，一个更加美好的世界将从往日的血泊和残杀中诞生。"重光葵外相代表天皇裕仁首先为日本签字。

他脱下大礼貌，拿好笔，然后在一份约12×18英寸的投降文件上用力地签上他的名字。他先小心地签完美国文本，然后签供日本保存的一个副本。他重重地坐下，草草地写上名字，好像急不可待一样。这位将军签字的时候，在场的一位日本上校在擦眼泪。日本人都紧绷着脸，显得疲乏。梅津签字的时候，重光葵焦急地在旁边瞧着。

接着是麦克阿瑟以盟军最高司令官身份代表胜利一方所有同盟国签字。他马上请巴丹和科雷西多事件的代表温莱特中将和新加坡事件的代表珀西沃尔中将走出来。现在正享受胜利喜悦的这两位曾被打败的盟军指挥官跨步向前。温莱特帮助麦克阿瑟坐好。麦克阿瑟签字用了5支笔。他把第一支笔用过后立即递给温莱特，第二支给了珀西沃尔。第三支是舰上常用的笔。他又拿出第四支笔，估计送给杜鲁门总统。他用第五支笔签完了字。这支笔他可能作为纪念品自己保存。

温莱特和珀西沃尔显然都很高兴，他们敏捷地行了军礼。接着上去的是满脸安详神情的尼米兹海军上将，他代表美国签字。在他签字的时候，后面站着威廉·哈尔西海军上将和尼米兹的参谋长福斯特·谢尔曼海军少将。

麦克阿瑟扮演了一个活跃的典礼官的角色。他在日本代表签字之前发表简短致词，然后叫代表各国签字的人轮流往桌子跟前走。在尼米兹后面签字的是中国代表。英国签字之后是苏联。那位苏军参谋军官一边签字，一边迅速把座椅挪到更舒服的位置，他很快就签完了字。

当俄国人站起来举手敬礼时，麦克阿瑟赞许地笑了笑。然后，澳大利亚、加拿大、法国、荷兰和新西兰的代表很快按次序签了字。澳大利亚的托马斯·不莱梅将军恰好是第一个在日本文本上签字，他做了一个表示，意思是说这无关紧要。"密苏里"号的游廊甲板上飘扬着美国、英国、苏联和中国的国旗。一百多名来自同盟国的高级军官穿着色彩鲜艳的制服，观看了这一仪式。仪式进行过程中笼罩着周围群山的低垂云层使东京湾的这幕情景大为逊色。

然而，正当新西兰代表签完字，也就是仪式开始后不到20分钟时，太阳穿过低垂的云层，给经过战争洗劫、满目疮痍的世界送来了光明的象征。麦克阿瑟以坚定的口气正式宣布仪式结束。日本人准备马上离开，他们完成了一桩倒霉的差事。

除日本和美国，在文件上签字的其他国家代表按签字的次序是：中国的徐永昌将军、英国太平洋舰队司令弗雷泽上将、苏联的德烈夫雅可中将、澳大利亚武装部队总司令不莱梅将军、加拿大驻澳大利亚使馆武官摩尔—科斯格雷夫上校、法国的雅克·勒克莱尔将军、荷属东印度群岛海军司令海尔弗里赫上将和新西兰的伊西特空军少将。

麦克阿瑟对日本人说："我以同盟国最高司令官名义宣布，根据我所代表的国家的传统，我坚定的目的是以正义和忍耐的精神开始履行我的职责，同时采取一切必要的安排，确保投降的条件充分、迅速、忠实地得到执行。"

在激动人心的这半个小时里，只有这艘战舰上的人才知道发生了什么事情，因为"密苏里"号没有广播设施。现场录音被赶紧送给附近的通讯船"安孔"号。麦克阿瑟在仪式开始时庄重地讲话："我们主要参战国的代表聚集在这里……"一下子传遍全球。全世界所有爱好自由的国家经过漫长可怕的岁月盼望等待的时刻终于来到——对日作战胜利的日子来到了。

麦克阿瑟从被战争毁坏的日本首都附近的东京湾向美国同胞致词说："今天，大炮沉寂了。浩劫已经过去。伟大的胜利终于赢得。"这位盟军最高统帅说，他的讲话"代表成千上万已经沉默的人，他们将在丛林里，在海滩上和太平洋深处永远安息。""当我回首巴丹和科雷西多那严峻日子以来的漫长、曲折的历程，"他接着说，"那时整个世界生活在恐怖之中，民主无处不受攻击和摧残，现在文明处于岌岌可危的境地，我感谢仁慈的上帝给了我们夺取胜利的信心、勇气和力量。"

尼米兹接着讲话，他称赞了海、陆、空三军各部队和各同盟国。他强调指出，联合国必须"严格地实行强加给日本的和平条件。"

在投降书签字以后，天皇裕仁也向前线的日军指挥官发布命令，指示："我的所有臣民立即停止敌对行动，放下武器，忠实地执行投降书规定的一切条款。"

日本投降的签字仪式临近尾声的时候，东京湾呈现出一派热闹活跃的景象。各种船只来来往往，准备庆祝这个永垂史册的事件。

美国海军战舰以战斗中队队形停泊，威武雄壮，严阵以待。这一队队灰色的战舰曾扬威太平洋并最后闯入了至今无人侵犯过的日本领海。盟军的飞机在空中巡逻警戒。美国战略空军司令卡尔·斯珀蒋将军称，一旦发现有人背信弃义，他的飞机准备投下8000吨炸弹，但是他不希望这样做。东京湾两侧和东京市南端的多摩河牢牢的控制在美军以及英美海军陆战队和水手手里。这个地区的所有战略要地都被他们占领了。

已沦为废墟的首都东京，据报道还不准任何美国人——包括记者在内进去。不过东京弹痕累累的街道将很快响起盟军士兵的脚步声。麦克阿瑟将把他的司令部从重要港口横滨搬进市内的美国大使馆。大使馆的建筑在东京遭受的猛烈空袭中只有轻微的破坏。

五、深度述评与调查报道

（一）深度述评

深度述评是报道国际热点问题常用的模式，主要给受众提供国际问题的全景式图像。深度述评出色与否，与记者或媒体对全局的把握能力成正比例。

2001：盘点中东

接片子

1. 3 月 7 日，以色列右翼领导人沙龙出任总理，之后，对巴勒斯坦推行强硬政策；巴勒斯坦民众表示强烈不满。

2. 巴激进派别制造多起"自杀性爆炸"事件；沙龙政府通过"定点清除"和恐吓式轰炸进行报复。

3. "9·11"事件后，美国特使重返中东。

4. 12 月 3 日，以色列宣布巴民族机构为"支持恐怖主义实体"，随后宣布断绝与阿拉法特的关系。

5. 12 月 16 日，阿拉法特号召国内各派别停止一切反以军事行动。

导语（叠出主持人）

欢迎收看《世界报道》年终回顾。2001 年的中东是在不断升级的暴力煎熬中走过来的。和平距离这个世界上最需要和平的地方似乎越来越远。宣称"要将安全还给以色列人"的沙龙政府用铁血政策打碎了巴勒斯坦很快建国的梦想；为巴勒斯坦民族解放事业几乎耗尽毕生精力的阿拉法特，依然不得不在严峻的形势中上下求索。

本月上旬，沙龙政府公开将矛头指向阿拉法特，（插画面直到本段最后）宣布巴勒斯坦民族权力机构为"支持恐怖主义实体"，并且多次袭击了阿拉法特官邸附近地区。本台驻开罗记者在巴以冲突再度激化的时刻，驱车两千多公里的沙漠路，前往耶路撒冷和约旦河西岸城市拉马拉，对以色列总统卡察夫和巴勒斯坦民族权力机构主席阿拉法特进行了专访。

接采访

特技：横出画面

本台记者梁玉珍（后简称梁）：和平进程总是起伏不定，以色列政府的政策在其中起了什么作用？

卡察夫：我并不认为去年以来的悲剧是以色列政府的政策造成的。阿拉法特应该召集巴勒斯坦的激进分子们，对他们说："先生们，你们应该停止暴力。"

特技：翻板

阿拉法特：目前，我们已经牺牲了 2000 名烈士，另有 41000 人受伤。根据国际方面的统计，巴勒斯坦方面的损失达 70 亿美元。谁负责任？这就是沙龙对巴勒斯坦人民采取的政策。

特技：横向出画

梁：以色列采取了一种"定点清除"的政策，那么您认为，采取这种政策使以色列人民得到安全了吗？

卡察夫：在目前的情况下，我们必须尽力制止暴力，最大程度地打击恐怖主义。这是我们对以色列人民的义务。

特技：翻板

阿拉法特：我给你举个简单的例子。从罗马帝国时，我们就开始种植橄榄树。有的橄榄树已经有三千年的历史了，现在这些树也被烧毁了，被砍了。这是我们重要的自然资源。他们摧毁了大概一半以上。它们不过是树而已。

……

（隐黑）

导语

离开巴以领导人的官邸，记者又走进了寻常百姓家。在这一年中，经历了太多动荡不安的老百姓，生活中又添了不少苦涩。

正文：（梁玉珍配音）

我们到达耶路撒冷的时候，街上行人极少。不久前的一系列爆炸事件在人们心中掀起的恐惧仍未消散。这个集三大宗教圣地于一身的古城完全失去了往日的喧闹与繁华，多年生活在这里的以色列画家皮特一家，生活也发生了变化。

皮特：我们常刻意避免去很多地方，避免到人群里去。

皮特的妻子：巴以现在的关系就像生了疑难病。

梁：皮特一家有不少巴勒斯坦朋友，但皮特告诉我们，现在关系跟以前不一样了。在这一点上，他的内心很矛盾。

皮特：通常，暴力只能带来更多的暴力。恶性循环会一直继续下去。当然，暴力最终不能解决任何问题，但我感觉我们似乎处在一场战争中，在这场战争中，敌人可能藏在任何角落。

梁：临别前，皮特说，耶路撒冷本就是一个奇迹般的城市，虽然和平遥遥无期，但奇迹仍有希望再度降临。

离开耶路撒冷，我们前往约旦河西岸城市拉马拉拜访住在那里的巴勒斯坦人萨米娅一家。一路上，许多巴勒斯坦人受到以色列检查站的严格盘查，无法进入这座本来由巴勒斯坦控制的城市。我们出示了各种证件，终于被放行。到达萨米娅家时，正好赶上吃斋饭。

……

萨米娅：我们认为，只有在联合国有关决议下，巴以政府举行会谈，才能为巴勒斯坦带来更好的前景。

梁：当我们问萨米娅新年最大的愿望是什么的时候，萨米娅说她希望家里不再有灾难，希望巴勒斯坦早日建国。

（隐黑）

画面及音乐

（隐黑）

字幕：在今年的巴以冲突中，巴勒斯坦死亡人数超过 800 人，以色列死亡人数超过 230 人。巴勒斯坦经济增长率年初预计为 6％，目前预计为－15％；以色列经济增长率年初预计为 4.5％，目前预计为 0。

……

巴以冲突是 2001 年国际局势的热点之一。中央电视台这个获奖的新闻片[①]，以重点采访和专家评说的方式，回顾了巴以冲突的发生、发展、症结和影响。在精心构思的基础上，节目专访了以色列总统卡察夫和巴勒斯坦民族权力机构主席阿拉法特两位重要人物，并采访了巴以双方平民家庭和有关专家，通过领导人谈矛盾、平民谈感受、专家作评说的方式，全面、多视角、立体地把巴以冲突问题展现给观众。整个节目主题鲜明，结构清晰，真实感强，颇具说服力，充分利用电视手段，精心设置问题，表现出其对中东问题的了解程度和上乘的电视制作水平。

（二）调查报道

西蒙·赫什对美莱大屠杀悲剧的揭露和彼得·阿内特对南越在西贡南部军事行动的报道实际上是在自编自导一部"电影"。调查性报道是新闻人手中握有的威力最强大的武器，运用它最基本的目的，就是要限制对权力的滥用。在军事冲突与战争的极端环境中，调查性报道能对权力产生制约作用，因此显得更加重要。

---

① 顾耀铭主编：《国际新闻精品选评：第七届中国国际新闻奖获奖优秀作品》，84 页，北京，五洲传播出版，2002。

第二节　战地记者

一、战地记者的明星效应[①]

战争造就了一大群叱咤风云的军事统帅；战争是文学家和史书作者的一大永恒主题。同样，战争的极端环境也催生出拥有特别魅力与明星效应的记者——战地记者。那些置身于枪林弹雨之中，冒着生命危险去记录战争真实场景的新闻人。无论是在世界大战的巨型舞台上，还是在局部战争的弥漫硝烟中，他们冒险犯难、出生入死，以实际的观察、敏锐的感触，把战况最及时、最具体、最忠实地报告给渴望一窥进展与真相的公众，把残酷与痛苦、英勇与牺牲、兽性的残忍与人性的光辉……一一呈现出来，使人们感动而深思并成为可流传的忠实纪录。

据《新闻学大词典》解释，"战地记者（war correspondent）"，是"被派去报道一场战役的报人"。今天，随着媒介的发展，不妨把前面的定义扩大一些，将其解释为"在战场上主要通过目击采访，对战事进行报道或评论的新闻工作者"。

战地记者的别称是随军记者，而不是军事记者。军事记者在英美是指新闻媒介中专门报道军事事务的专业记者，在苏联则是军事报刊机关的固定编内撰稿者，为报刊组织和准备素材，编写文章、通讯报道等。和平时期，没有战地记者，而军事记者则照常工作。战地记者既包括文字记者，也包括画家、图片摄影师和电视摄像师。

战地报道不同于战争新闻，它是战地记者根据亲身经历和见闻写成的战地现场新闻，或称目击报道。

作为大众媒介和战争联姻的产物，16世纪以来的历次战争中都可以看到战地记者活跃的身影。被新闻史学家称为"世界第一个战地记者"的英国人威廉·拉塞尔爵士，对英国远征军伤兵卫生状况和伤亡的报道引起英伦三岛的悲伤和震惊，使当时的英国内阁倒台、英军司令易人、南丁格尔小姐走上前线。著名作家中也不乏著名战地记者，如阿列克谢·托尔斯泰、杰克·伦敦、海明威、爱伦堡、温斯顿·丘吉尔便是由知名战地记者走上世界政治舞台的。

19世纪末，战地记者在中国出现。1898年8月，梁启超在《时务报》的

---

① 展江：《战地记者纵横谈（上）》，载《军事记者》，2001（5）。

发刊词中写道："现当日俄战争之际，本馆特派一观战访事员随时通信。"北伐战争期间，我国出现了一批较为知名的战地记者，如摄影记者王小亭和《新闻报》的顾执中。"第二次世界大战"期间，在世界战地记者的激烈竞争中，人们听到了中国记者的声音。范长江、孟秋江和陆诒对中国抗日战争的报道掀开了中国战地报道的新篇。在剑桥攻读硕士学位的萧乾穿梭于西欧战场，以《大公报》记者的身份，向国内传递战时欧洲新闻。1991年的海湾战争吸引了世界各国众多的战地记者，总数超过5000人。这其中就有新华通讯社、《人民日报》、中央电视台、中国国际广播电台等多家中国新闻机构的记者。进入21世纪，在阿富汗战争、伊拉克战争的战场上，中国新闻机构在与世界大媒体的新闻竞争中显示了实力，中国记者的身影成倍增加，涌现了一批战地记者，迅速为本国民众熟知。

二、战地记者的"非战斗人员"地位[①]

战地记者的地位经历了一个从战斗人员转向非战斗人员的过程。19世纪，战地记者与军人有时很难区别，他们有的身穿戎装，有的甚至冲锋陷阵。美国内战中的许多记者甚至担任军职。美西战争中，报业大王赫斯特的爱将、战地记者克里尔曼在美军冲锋时打头阵并夺得一面敌人旗帜。英军1898年远征苏丹时，中尉军官丘吉尔兼任记者。这些行为若放在今天，将被视为严重违反国际法的行为。早在1863年，美国陆军部就规定：编辑或战地记者"可被视为战俘加以拘留"，但不能被当作间谍。在此，记者被视为战斗人员。这一规定被列入1879年的《布鲁塞尔协议》。1899年《海牙公约》规定：战地记者应被视为非战斗人员，因为他们"随军行动但不属于他个人"。如果某些记者为自卫而携带武器，其非战斗人员的性质并不改变。战地记者经过交战国委派具有上述非战斗人员的地位。他们的制服与军装不同，左臂戴着印有"C"的袖章，与足球场上的队长相似。在20世纪，战地记者通常得到国际法的保护，然而法西斯国家和一些东方国家往往藐视《海牙公约》的上述原则。这些国家将记者视为军人并且拒不承认敌国记者的相应待遇。

《日内瓦公约》的部分条例，对保护战地记者的生存权、采访权等相关权利作了规定[②]。《关于战时保护平民的日内瓦公约》第三条：在一缔约国之领土内发生非国际性的武装冲突之场合，冲突之各方最低限度应遵守下列规定。不实际参加战事之人员，包括……在内，不得基于种族、肤色、宗教或信仰、

---

① 展江：《战地记者纵横谈》（下），载《军事记者》，2001（6）。

② 陈正红、杨银娟：《战地记者与战争》，载《国际新闻界》，1999增刊。

性别、出身或财力或其他类似标准而有所歧视。因此，对于上述人员，不论何时何地，不得对生命与人身施以暴力，特别如各种谋杀、残伤肢体、虐待及酷刑。第四条，在冲突或占领之场合，在一定期内及不论依何种方式，处于非其本国之冲突之一方或占领国手中之人，即为受本公约保护之人。第十五条，任何冲突之一方，得直接或通过一中立国或人道主义组织，向其敌方建议在作战区内设立中立化地带，保护相关人等免受战争之影响，不加歧视，包括不参加战事及虽居住在该地带而不从事军事性工作之平民。《日内瓦第四公约附加议定书（1977年）》第三章第七十九条规定了对新闻记者的保护措施：第一，在武装冲突地区担任危险的职业任务的新闻记者，应视为第五十条第一款的意义内的平民。第二，这类新闻记者应依此享受各公约和本议定书所规定的保护，但以其不采取任何对其作为平民的身份有不利影响的行动为限，而且不妨碍派驻武装部队的战地记者取得第三公约第四条（子）款第四项所规定的身份的权利。第三，这类新闻记者得领取与本议定书附件二的示范证件相类似的身份证。该证件应由新闻记者作为国民所属国家或该新闻记者居留地国家或雇佣该新闻记者的新闻宣传工具所在地国家的政府发给，证明其新闻记者的身份。

保障战地记者的生存权和采访权，其意义远远超越其本身，它也是对公众知情权的尊重和保护。

三、战地记者应具有的素质和基本技能

西班牙记者哈维尔·雷维特将战地记者视为"各种战争冲突中的第二主人公"。进入20世纪90年代，战地记者进入所谓"饭店战士"时代。

（一）"饭店战士"①

20世纪90年代，世界局部战争的作战样式出现了两极分化：一极是有西方国家参加的"强打弱"战争；一极是无固定战线的内部武装冲突。在第一种战争中，"空中制胜论"重新抬头，以精确制导武器为主要打击兵器的空袭成为一种基本战略。留驻交战国的外国记者成为所谓的"饭店战士"。这就是说，记者们不是随军行动，而是候在某国首都的一家饭店中，待防空警报拉响后，观察、报道导弹攻击和飞机轰炸。这种角色最早出现在1991年海湾战争中。阿内特等外国记者所住的巴格达拉希德饭店以及以色列特拉维夫的希尔顿饭店、沙特阿拉伯利雅得明霍饭店因此名闻遐迩。而在当代各国发生的内战中，由于两军对垒式的作战已不多见，交战双方往往以小股骚扰和冷枪冷炮袭击为

---

① 展江：《战地记者纵横谈》（下），载《军事记者》，2001（6）。

基本战术，因此传统意义上的随军记者似乎已经不复存在。

（二）战地记者应具备的知识和能力[①]

1. 军事知识

战地记者是媒体伸至战场的触角，是媒体第一手消息的采集者。战地记者的军事素养，往往决定着媒体对战争报道的把握。

（1）了解交战双方的军队特点、军事实力和军队部署情况

一支军队的性格，写在他们的作战历史上，写在他们的作战条令中。一部美军《野战条令100－5》，可以令战地记者了解到美国陆军基本作战行动的原则和方法。

军事实力的对比可以分析出双方的优劣，分析双方可能各自采取的策略。而军队的部署情况，可折射出即将到来的战争的形态。例如，从伊拉克军队的部署情况，可以分析出其防守方向，可能采取的战争方法、手段；从美军的部署情况，可以判断其是否具备了开战条件，可能的主攻方向。据此，记者就可以在关键时刻选择最佳位置，挖掘到具有关键意义的战事消息。

在现代战争形态下，眼睛看得见的那些遭遇战、小型战斗和双方交火，只是战术层次的战场。现代战争早已不以枪炮的炸响为标志了，其发起、进行，早已脱离了传统战争的轨道。从舆论争夺、网络攻击、利用外交、陈兵国境到扶植代理，还有不知何时开始的特种战……也许一枪未发，而胜负已定。真正的交火，可能反而是战争结束的礼炮。所以，了解现代战争的特点，可以为战地记者的深入报道提供基础。例如，美军第4师将参战。如果记者了解美国军队建设的最新情况就可以知道，第4师是美军新军事革命的试验性部队，是全世界第一支成建制的"数字化部队"。其第一次公开出现在战场上，不管其表现如何，其影响都将至为深远，可能会代表着美军乃至整个发达国家陆军的未来。那么，记者就可以想方设法寻找有关这个师的信息。

（2）现代作战思想和理论

战场是一个充满了迷惑、不可捉摸的地方。受过专业训练和实战考验的军事指挥员们，也常常被这种变化莫测的迷雾搞得莫衷一是。对记者而言，看透"战争迷雾"当然更难。

然而战争总是在一定作战理论和思想的指导下进行的。现代战争有现代战争的规则。掌握了这些规则，记者可以在一定程度上根据战场情况判断战争的进程。

---

① 　徐壮志：《战地记者应具备的知识和能力》，载《中国记者》，2003（3）。

1991 年的海湾战争中，美军以两次精心准备的佯攻，成功地欺骗了伊军，也欺骗了世界上大多数媒体：它以波斯湾中 33 艘军舰上的 1.7 万名士兵的佯攻，迫使伊拉克军队从科威特南部抽调兵力至科威特东海岸地区进行防御；在取得完全的制空权后，美、英、法等多国部队西进，在伊拉克与沙特阿拉伯边境一线展开，造势欲攻，再一次分散了伊军的兵力和注意力。最后，美军集中其精锐特种部队，从科威特南部发起突袭。这是人类战争史上最大规模的一次直升机行动。4000 余人搭乘直升机直入伊拉克境内 100 多公里，进入伊军后方，彻底打乱了伊军的部署和作战计划。如果记者对美军最新的"空陆一体战"理论和进度有所了解的话，不一味盯着装甲部队，而是盯着直升机，那么他将有机会看到并报道现代化陆战的新面目。

战地记者只有了解现代军事理论和作战思想，了解交战双方军队的能力，做好战争的各种可能进程和结果的报道准备，才能有备无患，不至于陷入被动盲从的地步。

（3）军事装备知识

保密是军队行动的特点。今天的战地记者，接触参战部队的机会已越来越少，了解具体情况的机会更少。但是，如果记者具有丰富的军事知识，特别是装备知识，则可取得见微知著之效。例如，如果看到美军的 A-10 攻击机或阿帕奇直升机出现在战场上空，就可以知道，美军的地面部队已经近在咫尺了。

如果运气好的话，战地记者也许有机会登上航空母舰、直升机、轰炸机或进入装甲车进行采访。倘若没有丰富的军事装备知识，面对频繁起降的战机却不知其型号、不知其挂载的是炸弹、导弹，还是核弹，不能判断部队的出动规模、火力规模，分析交战双方态势，不知是否进行了有效的杀伤，就等于"睁眼瞎"，白白浪费了宝贵的机会。

（4）军事历史地理知识，特别是交战两军的军史知识和战场地理情况

战略要地发生的战斗对战争的胜负影响至大，需格外加以注意。如果对军事历史地理知识有比较深入的了解，记者还可以做更深入地分析。例如，记者对伊重要城市有深入了解，就可以根据城市街道楼房建筑的特点和布局，分析是否适宜打巷战；根据城市水、粮储备情况，分析是否具备坚守条件。

2. 采写技能

（1）政治、经济理论素养和国际战略眼光

战争是政治的继续；政治又在很大程度上受制于经济。绝大多数的战争都有一个共同的主题——经济。分析家认为：两次海湾战争，美国打的都是石油

战争；美国庞大的军火集团也是战争的积极推动者。

战争的胜负变化，虽然扣人心弦，但战地记者只有超越眼前的战场，才能洞悉政治、经济气象，预报战场上即将到来的变化。

（2）人文视角

"大兵记者"欧尼·派尔是第二次世界大战中最有名的战地记者之一。他的报道始终着眼于那些平凡而普通的士兵。他的代表作《艰苦的步兵》，不是取材于血与火的战斗现场，而是普通的行军、宿营等战争中的日常生活，展示战争中士兵们的艰苦生活。

新闻，无论其表象和本质都是人，它服务和关注的对象始终是人。这一点，在战争新闻中更应突出表现。战争新闻首先应当渗透着对人类生存、人类文明与发展的深切关注。一味热衷于战事，热衷于对杀伤、胜负的报道，是黄色报业时期的品位格调。战争新闻，只有关注战火中人的生存和心灵，关注战争对自然与生命的摧残与破坏，关注人的价值、人性的美、人间的真情在残酷的战争的闪现，关注战争对现代社会、文明秩序的撼动，关注技术进步所潜含的破坏性因素，才能具有崇高的积极的意义。

（3）语言能力与沟通能力

对交战双方语言的掌握，是战地记者完成任务的重要前提。

良好的人际沟通能力，也不可或缺。来自官方、军方的信息可能会使记者获得独家的重要消息；来自同行的信息也可使记者不至于漏发重要新闻；即使是普通的当地百姓，也有可能为记者提供重要线索。

（4）对装备的熟练操作能力和快速写作能力

战场环境是最恶劣的写、发稿环境，战地记者要有"倚马千言，立挥而就"的急才，要对自己手中的装备十分熟悉，能熟练运用电脑、数码照相机、图片传真机等设备并能进行修理；此外，还需要熟悉当地的地形和掌握熟练的驾驶技术。同时，现代战争中，电子干扰是贯穿始终的，记者战地发稿将非常困难，必须准备好多种发稿手段。

（5）心理素质要求

战争状态属于一种极端的社会存在形式，不仅使和平环境下的许多问题变得格外突出，而且也会促使新问题和矛盾不断出现。这对战地记者提出了很高的要求，包括对复杂形势的深刻把握，对纷繁复杂的现实的理性认识以及对突发事件的心理承受力等。

（6）成为专家

战地记者的价值不能仅仅体现在如实记录战争上，还应当成为有一定独立见解的观察家和评论员，分析战争过程，揭示战争本质，预测战争走势等，这就需要战地记者成为一定意义上的专家。

3. 自我保护所需的素质与知识

（1）防核生化和地雷知识

核武器、生化武器是最为致命的武器，一旦出现在战场，必然造成大规模的伤亡。战地记者对此必须非常小心谨慎并掌握一些基本的防护知识，如利用地形地物在核爆中减少冲击波、核辐射的危害，从水、气、动植物状况判断环境是否安全以及几种主要生化武器的防护知识。

（2）战伤救助知识

战地记者需要掌握一些常规战伤处置方法，如止血、接骨等。

（3）战斗知识

现代战争是非接触、非线性的，没有前线后方，每一点都可能受到攻击。战地记者要学会选择不易受攻击的安全位置。另外，低姿态奔跑、卧倒、隐蔽这些基本的战术动作，会减少中弹的危险。不要在战斗要点处长时间逗留，谨慎使用手中的相机，尽快拍完，立即更换立足点，以免被狙击手误盯上。

（4）其他防护知识

战地记者要学会在野外寻找水源，学会依靠自然判断方向、时间。防晒，学会防暑，防冻，防蛇虫等知识，另外，还要了解战场所在地的常见病，特别是传染病，提前注射疫苗，要对战争中易出现的疾病如流感、瘟疫等有所了解。

（5）熟悉《日内瓦公约》

记者要熟悉《日内瓦公约》中有关交战双方对战地记者的规定要求，学会利用规则和规定开展工作，保护自己。

（6）民情、社会情况知识

对当地风俗和社会情况的了解，对增强战地记者的生存能力和完成任务的情况都有重要意义。

（7）体力

战场上人力宝贵。战地记者最好具备较强的耐高温、耐冷、耐饥饿和耐渴的能力，要能承受巨大压力长时间连续工作。

第五章　灾难与人类共存

——灾难性新闻报道

当灾难发生时，媒体的应急行动比平时更加突显它们为什么对现代社会如此重要：通报灾难的状况、危险和破坏的程度、应急措施和救援行动的进展并在危急和艰难时刻中凝聚人心和社会的力量。

面对灾难，公众首先想知道基本事实：发生了什么事？事件造成什么样的后果？事件与自身的关系以及导致灾难的原因等。这时媒体往往采用"立体式"连续报道的策略，完成上述任务：急电、标题新闻、快讯、简讯等"滚动"发稿——全力争取时效；详讯、综合消息等——描述事件的概貌；分析、解释等——剖析事件发生的前因后果；现场报道、记者亲历、人物采访等特写——多层面、多角度反映事件发生、发展状况；资料、背景、统计数据等，帮助受众加深对事件的理解；图片、图表、视频等，给予受众对事件更直观的印象；调查、对比、评论等，总结经验教训并深入探讨问题。

第一节　通报灾难的状况

一、"立体式"连续报道的要点

新闻事件往往都有一个发展变化过程。倘若等待事件变动终结后再进行报道，显然无法满足新闻时效性的要求。随事件发展的客观进程而同步进行的连续报道，因此成为媒体报道突发重大新闻事件采用的主要方式：从事件发生的那一刻开始，对事件的每一个新动向、新变化进行追踪，不间断地报道——通过对新闻事件变动过程的追踪，将事件的发展过程不间断地展示给受众，完成对事件全貌的描述和解释。

随着传播技术的进步与发展，广播、电视和互联网等电子媒介的发展，使文字新闻受到了严峻的挑战。但就新闻本质而言，两者并没有什么区别，问题在于如何发挥各自的优势。

以文字报道论，整体配合是相当重要的——不但要求现场记者以最快的速度将情况及时写成稿件发出，还要求事件发生地以外地区的记者围绕事件及其影响发出稿件；不仅要及时发出消息，还要配以新闻分析、综述、评论以及背景资料等多种新闻题材，对有关事件形成"立体式"的连续报道。

"立体式"连续报道，考验着媒体的报道能力和报道水平，反映了媒体的整体经营思路与运作能力。形成"立体式"连续报道的重要条件之一，是媒体拥有庞大的新闻采写和播发网络。通讯社在这方面有着独特的优势。

二、滚动发稿的特点

（一）把到手的动态消息以最快的速度发出去

不难发现，连续报道的第一步，就是把到手的动态消息以最快的速度发出去。以通讯社为例，前线记者的发稿是首要的，通常采取口述和文字两种形式。有可能事先写好预发稿的，根据预测的不同情况拟好几种不同的稿件，当事件发生时确定发哪一条。通过电话进行的口述发稿，通常只有简单的一两句话，由编辑部迅速签发。

无论前线记者用哪种形式发稿，编辑部的作用最是关键。通讯社的编辑部为了争取时效，在播发快讯时采取特殊的发稿格式。特殊的时候会把电头从一条消息的最前面移到最后面，如"某地遭到了猛烈轰炸——某通讯社"。而"某月某日"和发稿的具体时间由计算机自动生成。这样做的唯一目的就是为了争抢时间，哪怕只是几秒钟。

进入 21 世纪以来世界上的大通讯社都已实现了分时区发稿，在不同的时区设立具有终审发稿权的编辑部，实行 24 小时不间断发稿。新华社也是如此，在中国香港、内罗毕、开罗、布鲁塞尔、莫斯科、墨西哥城和纽约设有 7 个总分社。这种全球多点的发稿系统为快速发稿创造了物质条件，是新闻传递越来越快的重要原因之一。

（二）报道伤亡情况、估计损失

突发重大灾难造成的伤亡和损失随着救援工作的深入不断更新。因此，面对各种估测，记者一开始应该取比较小和保守的数字，然后在后续报道中不断进行修正，这样不但能避免夸大事态严重程度，也能更让人信服。

1999 年 8 月 17 日，土耳其发生强烈地震。新华社驻安卡拉分社是这样不断报道伤亡情况的。

【新华社安卡拉 8 月 17 日电】土耳其西部地区 17 日凌晨 3 点左右发生里氏 6.8 级的强烈地震，目前造成至少 37 人死亡、500 人受伤。

土耳其地震监测机构说，震中位于伊斯坦布尔以西 110 公里处的伊兹米特市。据伊斯坦布尔地方官员证实，该市至少有 21 栋建筑倒塌，造成 3 人死亡，90 多人受伤。

【新华社安卡拉 8 月 17 日电】据土耳其阿纳多卢通讯社 17 日报道，土当天凌晨发生的强烈地震造成的死亡人数已升至 2000 多人，受伤人数增加到一万多人，估计伤亡人数还会继续增加。

报道援引土耳其政府在地震发生后成立的危机处理中心的报告说，截至当地时间夜里 10 时 30 分，地震造成的死亡人数为 2011 人，受伤人数为 10764 人。

【新华社安卡拉 8 月 22 日电】土耳其总理府危机处理中心 22 日发布最新统计数字，土耳其 17 日发生的里氏 7.4 级地震迄今已造成 12040 人死亡，33495 人受伤，目前救援人员仍在继续挖掘被埋在废墟里的人。

（三）关注事发地国民和侨胞情况

世界上任何地方的突发重大事件，只要涉及本地、本国民众和侨胞安全，总是会立即引起受众的更多关注。抢发并不断更新有关事发地本地本国民众和侨胞状况的动态新闻，成为媒体不可推卸的职责。

下面是南亚海啸发生后第二天，《北京娱乐信报》对受灾地中国公民状况的报道，阅读时请留意记者通过哪些渠道获知讯息。

多个中国旅行团被困东南亚地震海啸灾区

陈　峰

昨晚 7 时许，外交部发布消息称，印度尼西亚昨晨发生强烈地震，并引发海啸，东南亚和南亚一些国家遭受重大人员伤亡和财产损失。我部分在灾区的公民受困。中国政府对此高度重视，李肇星外长已请我驻有关国家大使向所在国家外长表示慰问。据了解，外交部已经成立了由亚洲司、领事司和应急办组成的临时小组。外交部已要求我驻有关国家使领馆与驻在国密切合作，全力以赴救助我受灾公民。

泰国：一名台湾同胞遇难

据《都市快报》报道，总部设在杭州的中国联合工程公司 26 名员工在泰国普吉岛附近的披披岛上被海水围困，因地震引发的海啸让海水仍在不停地上涨，其处境困难，该公司一名负责人向外交部紧急求援，希望能救助这批员工。据悉，这些员工是上周五随旅行社出去旅游的。

中国驻泰国大使馆公使衔参赞潘广学 26 日下午通过电话对新华社记者说，有两名来自杭州的中国游客在泰国普吉披披岛因地震引发的海啸中失踪。随后，潘广学证实，两名在泰南披披岛失踪的中国杭州游客已被找到，他们安然无恙。

另据泰国外交部官员透露，有一名台湾同胞在海啸中遇难身亡。

印度：无中国公民伤亡通报

中国驻印度使馆新闻发言人杨女士向记者证实，截至昨晚9时，尚没有接到印度政府部门关于有中国公民伤亡的通报。

印尼：重灾区华人非常少

昨晚9时，中国驻印尼使馆三等秘书李女士告诉记者，因为重灾区亚齐华人非常少，而且该地并非旅游区，游客不多。再加上这一地区动荡不安，包括中国在内的很多国家此前都曾向本国公民发出了旅游警告，提醒不要前往该地旅游，因此伤亡者基本上是当地居民。目前仍没有关于华人的伤亡消息。

……

三、详讯与综合消息

发布通报灾难的详讯或综合报道，是媒体在重大的突发事件中所做的最基础的工作之一。精准、全面是对这种常规报道提出的首要要求；其次是尽量在报道中加入记者或目击者的观察或感受（第一手或转述其他媒体报道均可），以使报道显示出有别于其他同类新闻的特殊性。

请看新华网2009年3月11日对德国校园枪击案的综述。

【新华网柏林3月11日电（记者时翔）】题：德国发生校园枪击案造成16人死亡

德国斯图加特市附近一所中学当地时间11日早上9时30分（北京时间16时30分）发生校园枪击案，造成包括枪手在内16人死亡。这是德国历史上伤亡人数较多的校园枪击案之一。

据报道，一名身着黑色野战装备服的枪手当天早上进入斯图加特市附近小镇温嫩登的艾伯特维尔中学，向正在上课的学生随意射击，打死了9名中学生、3名教师。9名遇难学生年龄为14岁至15岁，3名教师均为女性。一些目击者看到，枪击案发生时，有的学生因惊恐跳窗逃命。

在警方的追捕中，枪手逃到距离枪击案现场约40公里的一家超市附近的停车场负隅顽抗，与警方进行激烈枪战。交火中，枪手又打死3名路人，两名警察受重伤。枪手被击毙。

来自德国警方的消息说，枪案嫌犯是一名17岁青年，可能在2007年从艾伯特维尔中学毕业。其父母合法持有枪械。枪手的作案动机仍不清楚。

　　事件发生后，焦急的家长聚集到学校附近，等待自己孩子的消息。警方目前封锁了学校周边地区，还在附近公路上设置检查站盘查车辆，并要求过路司机不得搭载路人。艾伯特维尔中学的师生已被疏散。温嫩登镇的幼儿园、小学、图书馆等公共设施也已被关闭。

　　正在枪击案现场的目击者通过电话告诉新华社记者，目前艾伯特维尔中学已被完全封锁。学校周边云集了许多闻讯赶来的各路记者。一些穿着白色衣服的法医进出学校建筑，估计在清理受害者尸体。校园内和周围有很多警察和救援人员。该校学生在事发后已被集中转移到附近的一家诊所，部分学生已被家长领走。

　　德国政府发言人威廉当天在柏林说，德国总理默克尔和联邦政府对这一事件表示震惊，对遇难者家属表示慰问。德国总统克勒当天也对这起恶性校园枪击事件表示"震惊和悲痛"。

　　2002 年 4 月 26 日，德国爱尔富特市古特恩堡中学曾发生一起恶性校园枪击案。一名曾在该校就读的学生在数分钟内开枪打死至少 16 人，枪手随后饮弹自尽。

　　温嫩登是一个位于德国巴登符腾堡州首府斯图加斯市东北部的小镇，人口约 2.76 万人。艾伯特维尔中学处在温嫩登的城市边缘，与另一所中学共用一个教学中心，有近 1000 名学生在这里上学。

分析上述消息的内容结构，可以发现：报道灾难或危机本身的详讯和综合消息，通常是多名记者和编辑部通力合作的结果，综合了各种已发讯息、现场采访、背景、评论、专家分析等。它们像一般事件性新闻那样，首先需交代何时、何地、发生何事、后果如何、影响多大、什么原因造成，即什么样的灾难、何时何地发生及多少人丧生和受伤、哪些及多少人幸免、灾难程度、紧急状态、受灾地区的天气和交通状况、疏散情况等（若灾难或事故原因一时难明，应确证后再在后续报道中指出）；导语应当描述灾难或危机的破坏或紧急程度，有人员伤亡时应重点报道人。突发灾难或危机中要掌握准确的伤亡和损失数字会非常困难，尤其在事件刚刚发生的时候，即使是官方提供的数字往往也只是估计，但把这些猜测告诉读者也是非常重要的。在后续报道中媒体要时刻留意最新进展，不断修正这些数字。然后，重点报道反应，尤其是政府的反应，如权力部门的行动、避难所提供、医疗救援、抗灾措施等，关注受害者与事件相关人的状况，评估事态发展方向。

四、成因与事态发展预测

由于灾难均牵涉"成因"问题，因此在"立体式"连续报道中少不了对

"成因"进行分析的报道；而受众则更关注灾难的发展态势。因此突发重大事件的连续报道中都有一定数量的预测性新闻。

需特别强调的是，重大危机、灾难的原因往往不能马上确定。对成因进行分析与对事态发展进行预测的报道因此必须建立在科学的基础上，最好由权威部门或专家出面说明。直到得出比较明确的结论前，媒体报道的应该只是事实，不能随意自行公布"成因"及进行预测，以免造成公众恐慌、社会混乱，这一点中外皆同。

要写好评估事态发展方向的预测性报道，要求记者、编辑或评论员对事件发生的历史、事件涉及的问题、影响事件变化的关键因素等进行深入采访、了解，才能比较全面、完整地报道采访的内容。写作时将专家学者艰涩的词汇转换成读者容易理解的内容也是非常重要的。

五、其他背景与解释性报道

除成因与事态发展预测报道，涉及重大灾难或危机的背景、解释性报道还应考虑有用性、历史性等重要因素。

（一）重视对预防灾难的教育

涉及有用性因素的报道体裁、种类都非常广泛。例如，大地震之后常常伴有多次余震，媒体刊载的可供选择的疏散路线图，哪些地方有医疗救护和临时避难所的列表，如何领取政府援助的消息以及教授如何用矿泉水瓶自制简易地震报警仪之类的介绍，对灾区的幸存者来说就极其实用。

遗忘的力量是很强大的。美国红十字会 2007 年的一项调查结果表明，虽然刚刚经历了"9·11"事件、卡特里娜飓风袭击，仍有 93％的美国人没有为应对重大灾难做好准备，这些灾难包括自然灾害、流行性疾病的爆发或恐怖袭击事件等[①]。这凸显了具有警示作用的灾难教育对现代社会的重要作用。发达国家"防灾比抗灾更重要"的应急理论和机制，逐渐为各国接受、采用。新闻成为普及灾难教育的重要日常手段（在灾害多发地带尤其如此）和灾难发生时应急机制的重要组成部分。

灾难教育不仅要让普通人知晓灾难发生的原理，还要培养人们基于具体情景迅速判断灾难的类别与轻重，选择最科学最实用避险策略的能力。重大灾难和事故抓紧了每个受众的注意力，此时强调对预防灾难的教育将起到事半功倍的效果。这就要求记者在报道中时刻不忘预防灾难教育的任务。

---

① 温涛：《哀悼过后，我们该如何记住灾难》，载《齐鲁晚报》，2008-05-20。

下面这篇对埃及 1992 年 10 月 12 日大地震的报道中，记者在采访中就特别关注了救援知识。

埃及历史上很少发生破坏性地震，建筑设计不考虑抗震因素，发生地震后有缺少救灾经验，这一切，也加重了地震的损失。新开罗那座 14 层居民楼倒塌之后，政府出动 4 台掘土机清理废墟，尘土飞扬，不时有消防车洒水。这种做法，被 24 小时后赶到的德、法救援人员制止。

他们指出，往废墟上浇水，等于和泥堵塞缝隙，里面的幸存者即使不被砸死，也会憋死。掘土机的怒吼震耳欲聋，幸存者的呼救声，外面听不见，致使抢救不及时。在此之后，抢救者改变了做法：由寻人犬嗅 10 分钟，随后掘土机开机挖掘。在寻人犬工作期间，现场尽可能保持安静。掘土机工作 10 分钟后，寻人犬再恢复工作。这种方法果然见效。震后 82 小时，一名抢救人员听到废墟中传出微弱的呼救声，于是打洞送水、空气和口服葡萄糖液。三小时后，此人终于获救。

（二）强调历史眼光

诚如太白所言："天地者，万物之逆旅也；光阴者，百代之过客也。"新闻作为"写作明天的历史"，倘若缺乏历史意识，如何能"究天人之际，通古今之变"呢？因此任何新闻都不可缺乏历史思维。

重大灾难与危机，由于影响深远，历史元素更为重要。新闻媒介对突发重大事件的追踪，帮助人们全面、准确地知晓震撼性事件产生的原因，认清形势发展的严峻。同时，媒介也需要帮助人们正确理解事件的意义，尽力消减社会恐慌，鼓励人们勇敢面对困境。而历史眼光，是完成上述任务的一种重要策略。《瞭望东方周刊》的一篇稿件这样写道。

有多少海啸可以重来

于达维

海啸预报比地震探测还要难

2004 年 12 月 26 日上午，圣诞的快乐骤然被印度洋的巨浪淹没。南亚清晨煦暖的阳光，照见了人类的生命和人类所自豪的文明在自然界面前的无比脆弱。

许多人一生，可能也就见过这么一次海啸；见过一次，还没来得及认识，也许就再也没有机会见第二次了。

最严重的海啸由小行星撞击造成

海啸是一种破坏力极大的水体运动。海啸发生有多种原因，海底地震、海底火山爆发、大规模海底滑坡都会引发海啸，其中最严重的就是海底地震。

不过，并非所有的海底地震都会引发海啸。中国地震局地壳应力研究所徐锡伟副所长告诉《瞭望东方周刊》，能引发海啸的地震，首先是发生在海里的大地震，而且必须是具有垂直运动的逆冲构造型地震。其特点是断层面上部地壳向上移动，下部下降，以垂直运动为主。上部在抬升过程中把海水向上抬，同时又在逆冲方向推动海水做水平运动，从而形成破坏力极强的海啸。

这次地震是典型的逆冲型地震，发生在印度板块与欧亚板块间边界地震带东南段的印尼苏门答腊岛西侧，是印度洋板块向下插入南亚板块，并把南亚板块抬起的结果。其实这个运动是一直持续不断的，有一种观点认为苏门答腊岛就是类似的无数次地震位移累积、叠加的结果。这次地震引发的海啸是不间断的运动中一次忽然的爆发，东侧向上抬升，把水体往西方向冲。

美国地质勘探专家肯·哈德纳特表示，根据震波模型推测，苏门答腊岛西南的一些岛屿可能向西南方向位移了 20 米左右的距离，苏门答腊岛西北角可能向西南方向位移了 36 米。

"可能造成最严重海啸的，是小行星或者彗星撞入海洋，其能量可能达到印尼这次海啸的几万倍，波高几百米。这样的海啸将把所过之处的沿海城市完全摧毁。"国家海洋环境预报中心海洋环境预报室副主任于福江说。

更大的危险存在于太平洋

"在太平洋发生大海啸的可能性其实要比印度洋大得多，每 10 年就有 1 次到 2 次。太平洋板块从印度尼西亚东部到日本，直到阿拉斯加，然后到智利，整个环太平洋地区都是海啸的多发区域。"于福江研究员告诉《瞭望东方周刊》。

1960 年智利沿海的大地震引发的海啸，不仅在智利沿海肆虐，22 小时后，海啸到达日本，波高仍然有六七米；1964 年阿拉斯加一带海域发生了里氏 9.2 级的地震，地震引起的巨大海啸袭击了大半个阿拉斯加。

根据 1700 多年来的统计，全球有记载的破坏性较大的地震海啸约发生 260 次，平均六七年发生一次。其中发生在环太平洋地震带上的地震海啸约占 80%，发生在地中海区的约占 8%，而在日本列岛及其邻近海域发生的地震约占太平洋地震海啸的 60%。日本是世界上发生地震海啸最频繁和受危害最重的国家。

海啸速度快过飞机

"这次海啸之所以损失那么大，主要还是周边国家没有建立起地震海啸的预警监测系统，从而利用从地震海啸的形成和传播过程到成灾地段需要的时间让人们疏散转移到安全地。"徐锡伟说。

"这样的海啸，近几百年都没在印度洋出现过。"国家海洋局海洋发展战略研究所杨华庭研究员告诉《瞭望东方周刊》。"在世界海啸警报系统中，包括了整个太平洋地区，地中海以及大西洋东北部靠近葡萄牙和西班牙的地区，根本不包括印度洋，我参加的几次国际会议上，也没有来自印度洋地区的学者。"

"海啸的传播速度比飞机还快。"于福江说，海啸的传播速度只跟水深有关，是重力加速度和水深的乘积的平方根，如果水深有 10000 米的话，传播速度超过 300 米/秒，接近音速，比飞机还快。

但是海啸的波高跟水深成反比，所以在深海什么也看不出来，只有到近海，速度减慢，能量才积累起来，形成一堵几十米高的水墙。一般船只如果要逃避海啸的话，不应该往港口里面跑，而是往深海里跑，跑得越远，危险就越小。

警报的关键在时间，杨华庭研究员介绍，俄罗斯科学院信息分院院长述金院士曾经根据太平洋地区的水下地形情况绘制了海啸传播时间图，只要在任何一个验潮站观测到海啸迹象，几秒钟内就能计算出来到达任何地点的时间，海啸从阿拉斯加传播到夏威夷的时间误差只有 1 分钟。如果有项目支持，得到足够的印度洋海域资料，述金院士不久就可以用同样的算法算出一份印度洋地区海啸传播时间图。

杨华庭研究员说，对印度和斯里兰卡来说，因为距离震中比较远，如果有预警系统的话，应该有足够的时间疏散。

中国曾发生过 29 次大海啸

从地理环境来看，中国大陆架宽广而平缓，对海啸传播的摩擦力强，并且有从日本列岛到琉球群岛的岛弧保护，不利于海啸的形成和传播。而日本近海的深度就有 4000 米，海啸对沿海的冲击就会很大。1960 年日本海啸的时候，波高有六七米，而长江口的波高只有 20 厘米。

中国近期在 1992 年和 1993 年都发生过小的海啸，不过能量都很小，1992 年在三亚发生的海啸波高只有 70 多厘米，损失也不大。从史书上看，从公元前 47 年到 2000 年 5 月，中国大的海啸发生过 29 次，多数都只是引起恐慌。

于福江研究员介绍，中国靠近太平洋板块，印度洋的地震和海啸还影响不到，并且中国加入了设在夏威夷的太平洋海啸警报中心。

20世纪90年代初期美国和日本在深海布设了观测仪器，探测水底地震的发生和水位的变化。美国布设在西海岸深海里的探测点大概10个左右，足够完成海啸的预警。但是这种探测设备的军事用途也十分明显，不仅可以监测到海啸，更可以监测到地下核试验，放置在深海不同深度的水听器可以监听潜艇的活动和通信。

"不过，海啸预报比地震探测还要难。因为海底的地形太复杂，海底的变形很难测得准。"于福江的话语中暗含担忧。

上面的报道将历史背景与对科学家的采访有机融合起来，使读者对事件有更全面、深入的理解。

事实上，好的解释性报道，很少只采用单个信源的观点，往往列出多个权威人士的看法，对于争议大的议题常常列举多方意见。

第二节　灾难性新闻的现场采访

一、记者，灾难的最先应答者

采访突发事件，要求记者用最快的速度赶到现场。记者需要忙中有序，临行前尽可能做足准备，采访中注意保护自己与同伴的健康、安全，才能顺利完成任务，尤其前往人生地不熟、甚至言语不通的海外时，更是如此。新华社记者范蕾在《中国记者》上撰文，总结他采访菲律宾特大泥石流灾难的经验教训时，谈及由于对灾难现场天气和地面环境了解不够，当其他记者都"全副武装"——雨衣、雨裤加雨靴，进入现场时，他和搭档不得不穿着牛仔裤加旅游鞋在泥泞中跋涉，对工作造成很大不便。

记者属于有一定职业危险性的工作。平时养成良好的安全习惯，紧急时刻甚至可以救命。比如坐车要系好安全带，采访战争要戴上钢盔和穿上防弹衣等。

以下是对记者赶赴海外采访突发重大灾难与事故任务前，应该做的基础准备的一些建议①。

第一，了解你将到达的采访地。事件发生地离你的位地有多远？事发地与

————————

① 杨晓白编译：《美国人如何报道灾难》，载《青年记者》，2008（6）。

你所在国关系如何？你曾经到过事发地吗？你熟悉当地吗？你通晓当地的语言吗？如果有语言障碍，抵达前是否已雇好翻译？能否在出发前就拿到当地的地图？你和你工作的机构在当地设有办事处吗？有谙熟本地情况、交游广泛的本地助手或联络人吗？你工作的机构能给你提供多大程度上的后勤保障？本国政府或其他企事业组织若在当地设有驻地机构，你或你工作的机构与他们的关系好吗？他们能给你开展工作提供些什么有利条件？你或你工作的机构与本国派往事件发生地的救援机构或其他外交人员的关系好吗？他们能给你开展工作提供些什么条件？

第二，当地有什么流行病？确定在出发前自己是否已打好了预防针、带上充足的疾病防治工具、药品，并对可能染上的疾病有了一定程度的了解？

第三，了解当地的天气状况、交通状况、通讯状况。保持通讯的畅通是最关键的。记者在出发前，最好就如何与后方如何交换信息准备好数套预案。

第四，可能要在现场停留很长一段时间。重大灾难或事故现场往往一片狼藉。你需要准备好食品、水、雨具、保暖衣物、口罩、消毒用品、备用电池甚至任何工作需要的设备。如果是摄影摄像记者，要准备好器材可能受损情况下的备用措施。

第五，初到现场的时候，要对周围环境进行调查。首先，确定附近是否仍存在危险，如附近建筑是否可能再次坍塌，余震有多频繁，或者是否还有泥石流。其次，小心被污染的水、血液或可疑物品，避免与之接触。再次，重大的灾难或事故，可能造成治安问题。例如，在卡特里娜飓风现场采访时，美国记者发现他们需时时注意避开抢劫者。如果是对恐怖袭击进行报道，记者更要特别小心，避免成为恐怖分子的袭击对象，或成为恐怖分子用来进行经济或政治勒索的对象。一旦发现了危险，要立刻离开现场。最后，要服从警方和救援人员的指挥，尤其不能只顾完成好自己的工作，妨碍拯救行动。

第六，完成工作后，要及时与人交流，以缓解心理压力。这个人可以是同事或了解你工作的朋友，或是经历过类似场景的人，但是必须确信这不会对你的职场关系造成影响。

第七，如果长时间与惨祸现场打交道，造成噩梦不断、严重抑郁或是持续地冷落家人和朋友，要向专业的咨询机构寻求帮助。

二、如何采访悲痛的当事人和震惊中的目击者

在灾难与事故现场，记者采访当事人、救援人员、目击者的困难，往往不只是技巧方面的问题。"绝大多数的受灾者或其家属，在经历了灾害和失去亲人之后，都面对着一堵'悲痛之墙'。这墙阻挡着他们向前看，阻挡他们超越

刚刚破坏了他们生活的灾祸。他们不愿想过去，不愿想未来，他们此刻只愿活在现在并承受着此刻的悲痛。然而，记者却不得不接近他们，冒犯他们忧伤的空间。"在这样的时刻，乔·海特、《俄克拉荷马人》灾难报道小组组长建议记者应该这样做①。

第一，刚刚接触采访对象时，对方可能正惊魂未定或者受了伤。要平静地向对方介绍你自己，并且询问他们是否需要医疗帮助。如果对方需要，要立即为他们寻找医疗人员。

第二，不要随便进入私人房屋，或者打扰那些明显处于悲伤状态的人。不必非得采访最伤心的人。对于一些人来说，说出他们的痛苦是发泄的方式，对于另一些人来说，悲伤则是一件很个人化的事。所以，一些人愿意在伤心时与你交谈；而另一些则人不希望被打扰。要有耐心，等到对方与记者有眼神接触时再接近他们。在接近对方之前要调整自己，讲话时保持镇静，降低语调。记者的紧张或者喘息不定会进一步刺激采访对象。如果采访时机已成熟，要向对方解释采访到的信息将被如何使用。

第三，记者不可能从现场得到每一个故事，尤其是在别的媒体记者已经采访过的情况下。如果采访对象不愿重复讲述可怕的经历，要尊重对方的选择，可以留给他（或者他们）联系方式，告诉他你愿意在他想继续诉说时倾听。如果有人态度恶劣，不要以同样的态度对待对方（要注意，以镜头对准对方随时有可能导致对方的激烈反应）。只需要说："我再次对你遭受的不幸表示难过。"如果可能，给对方留下自己的联系方式，然后迅速离开。

第四，要有合适的开场白。不要上来就问最难回答的问题，不要问诸如"对你儿子的死你有什么感受"这样的问题，而要以具体的问题开始，例如，死者是个什么样的人，他的生平情况，他喜欢什么，他和亲友平时如何相处，灾难事故发生时他打算做什么事，或者正要往哪里去……然后就是倾听！记者犯的最大的错误就是自己喋喋不休。

第五，不要进行任何催促、逼迫式的提问，要尊重事实和思考而不是跟着对方的情绪和感觉走。永远不要问："你觉得怎么样？"可以问："发生了什么？""你如何经历那些的？"或者"你看到或听到了什么？"如果采访对象哭了，暂时停下来，问他是否需要水或纸巾，或者安静一会儿。记者也是人，在采访中难免投入感情，甚至可以落泪，但千万不要为了达到某种效果或目的而装假。

---

① 杨晓白编译：《美国人如何报道灾难》，载《青年记者》，2008（6）。

第六，一旦完成了采访，要礼貌地询问是否可以再次打电话给对方，从而确认一些事实或是细节，同时要记下采访对象的详细联系方式。如果借用对方的照片，要告知对方你将会很快归还。道谢，并询问对方是否需要其他帮助，或是需要自己替对方通知什么人。

第七，如果受害者看起来非常惊恐或是严重受伤，要尽量与他在一起直到救援来临。

1999 年，中国驻南联盟使馆被炸，中央电视台主播敬一丹采访了遇难者家属。她的第一句话是深深地致歉："真不应该在这个时候来打扰你们，但是全国的观众都非常惦记你们……"这种委婉、关切的表述，体现出的"感同身受"、"推己及人"的体谅与真诚，才是开展工作的基础。

谨慎对待目击者陈述，是记者现场采访时需要特别注意的一个问题。巨大震惊与冲击，可能造成目击者记忆上的混乱，尤其是当事件发展迅速，或者目击者明显对事件投入情感时。美国心理学家盖泽尔曼和费希尔对记者提出了建议[①]。

第一，要求目击者"从总体上"重构整个事件。要求他们对事件现场进行描述，这样可以刺激他们的回忆。

第二，告诉目击者：不要认为某些细节不重要，就犹豫是不是该把它说出来。

第三，让目击者以不同方式回忆事件。"你已经把整个事件从头开始对我讲了一遍了，现在，让我们从你印象最深刻的地方开始再来一遍，或是从最后开始倒着来一遍。"

第四，让目击者变换角度思考。"试着从现场其他人的角度来思考这起事件。"

三、如何采访灾难中的儿童

记者有责任带着激情和敏感来报道事实，然而，当孩子成为灾祸的受害者时，他们理应得到特殊关怀。不管新闻报道的竞争压力有多大，保护孩子免受进一步的伤害始终比获得新闻线索优先！不幸的是，记者普遍缺乏在常规情况下采访儿童的经验，更别说是在灾祸袭来的艰难时刻。学者杨晓白编译的《美国人如何报道灾难》[②] 一文对此讲了一些基本原则。

---

① ［美］梅尔文·门彻：《新闻报道与写作》，454 页，北京，华夏出版社，2003。

② 杨晓白编译：《美国人如何报道灾难》，载《青年记者》，2008（6）。

（一）开始采访的一般性原则

第一，如果可能，采访或者拍摄孩子之前要得到监护人的允许。如果找不到监护人，而孩子又是重大新闻中的当事人，要与编辑联系、商讨决定如何进行采访。如果可能，要请监护人或者孩子认识的成年人一起接受采访。

第二，要跟孩子的监护人解释清楚，准备刊发的新闻是关于什么内容的，采访的内容将被如何使用（比如头版新闻、特写等）。

第三，采访环境要尽量安静，可以缓解孩子的紧张情绪。要花些时间与孩子交谈，比如孩子的兴趣爱好等，赢得孩子的信任。

第四，如果孩子很小，那么，记者要蹲下来，使自己眼睛的高度与孩子的眼睛同高，可以先与孩子的毛绒玩具讲几句话或是一起玩一个小游戏。如果话题会使孩子难堪，可以选择与孩子并肩而坐，以使孩子在回答问题的时候不必盯着记者看。

第五，告诉对方你的名字，并以浅显易懂的语言介绍记者的工作内容。摄影记者可以给孩子看一下携带的摄影器材，并简单讲解如何使用。

第六，一定要记住，你是在工作。采访孩子并不代表你要表现得像个孩子。

第七，提醒你采访的孩子，他的名字或是照片将会被刊发，所讲的话会出现在报道中，被其他人看到或听到。

（二）尽可能给孩子更多的主动权

第一，告知孩子，他们可以选择拒绝回答不想回答的问题。

第二，拿出采访本，让被采访者能够看到他们说的话正在被记录。

第三，告诉孩子，他是自己生活中的专家，所以他的回答没有对错之分。有时候孩子会为了取悦成人说一些你想听的，而不是实话实说。

第四，用开放式问题提问，比如问"最困难的是什么"而不是如"你害怕吗？"这样的问题。

第五，对被采访的孩子的话要及时予以反馈，并给他们纠正错误的机会。

第六，要了解孩子的思维特点。小孩子可能很难按时间顺序来回忆事件，但他们可能会记得灾祸袭来的时候他们在玩什么玩具。小于 13 岁的孩子提供的一些数据细节很可能不准确，要通过其他途径进行核实。

第七，不要以居高临下的口气与孩子对话，不管对方年龄有多小。要尊重对方的感受和他们描述事情的思路。CNN 编辑凯西·斯洛博根曾采访一群孩子，孩子们在采访中非常开心地交流他们对一位在"9·11"事件中失去生命的小朋友的回忆。当摄像师建议，孩子们的情绪不适合这个忧郁的主题时，斯洛博根示意他继续拍摄："他们是孩子，这就是他们要表达的。"

第八，采访结束，要对孩子表示感谢。让他们知道，他们的贡献很重要。

（三）了解孩子的心理特点

第一，没有监护人的允许，尽量不要刊登孩子的照片。一个受伤孩子的照片当然容易打动人，但也可能会伤害孩子的自尊。

第二，要询问孩子的父母，有没有什么话题或细节会使孩子很难回答。即使孩子同意，也不要使用可能会伤害孩子自尊心的内容。孩子可能会告诉你所有的事情，但是并不代表你有权利发表，如孩子的尿床问题等。

第三，回忆灾祸事件会触发孩子的紧张情绪，要对对方的强烈反应有所准备，或者可以请别人提供帮助，如请孩子的老师或是家庭成员在场。

第四，要注意采访的时长。9 岁以下的孩子不宜超过 30 分钟；10 岁至 14 岁的孩子不宜超过 45 分钟。如果孩子开始显得无聊或是开始走神，可以休息一下，当然这也可能是孩子告诉你他精神上已经过度紧张的一种方式。

四、练就对付欺骗的火眼金睛

"关于拐卖儿童的事怎么样了？"在纽约的一位制片人问。

"什么拐卖儿童？"我问。

"他们说有很多灾区孤儿被拐卖去做性奴隶。"

"你说的'他们'指谁？"我又问。

"大家，"制片人说，"现在到处都在报道这件事。"

"我们去调查一下，"我答道。

"做新闻就像在玩电话游戏。有人报道什么事，其他人就跟风。事实的真相随之消失得无影无踪。"[1] CNN 主播安德森·库柏采访南亚海啸灾区时发现，由于担心那些因海啸而与父母分离的孩子可能会被拐卖，救援人员为了引起人们的关注，夸大，甚至编造整个事件。

库柏调查到当地官方档案中只有两起关于诱拐儿童的举报，而且均未得到确认，于是又去核实《斯里兰卡日报》头版刊载的，所谓"两个孩子遭骑摩托男子绑架"的报道。他雇佣了一名当地报社的记者做向导，到警察局核实举报，寻找失踪孩子的姑姑以了解他们平时的情况，到事发地访问目击者，找到"骑摩托的男子"，到医院核实该男子所述的经过，在医院太平间寻找孩子尸体并找到埋葬孩子们的墓地……最终，库柏发现事实与报纸的报

---

① ［美］安德森·库柏：《边缘信使：一部讲述战争、灾难和幸存的回忆录》，18～20 页，武汉，湖北长江出版集团，2007。

道完全相反：海啸发生后，饭店经理案那达·希尔瓦和几个同事将两个孩子从倒扣的汽车底下拖出来。男孩已经死亡。在饭店附近居住的一名叫拉·哈马斯里的男子拦下一辆摩托车，飞车将尚有一丝余温的女孩送往附近的医院抢救，可惜没能救回来，而当地媒体，却错误地将见义勇为者写成罪犯。

重大灾难往往造成事发地一片狼藉，并伴随着混乱的治安和令人心惶惶的流言。这时候进行采访，除了必须克服恶劣的物质条件，记者还得小心翼翼，避免以讹传讹，沦为流言的传声筒，前往不熟悉的外地或国外采访时更是如此。

一些欠发达国家或地区，平时社会问题就很严重。外界对其所知不多，早已形成了不太好的印象。就像库柏所调查的斯里兰卡拐卖儿童传闻，之所以未经查实就被当地报纸采信，相当程度与该地贩卖儿童犯罪行为猖獗的社会问题有关。重大灾难事故爆发时，记者们蜂拥而至拼抢新闻，他们因为不熟悉事发地的社情民意，难免道听途说。更有甚者，有的记者为了追求轰动效应，还会有意无意夸大传言，编造事实。

不负责任的失实报道，轻则引发不必要的恐慌，严重时可能误导应对危机的方向，引起外交纠纷乃至国际冲突。库柏采访中发现的问题，并非罕见，那么，人们对下述情况也不应感到意外：为了各种经济或政治目的，被采访者不惜说谎、造假来蒙骗记者；记者出于自己某些信仰，或者顺从编辑部的意图，或者收受钱财主动参与、编造谎言；某些强力集团，如一些国家的政府，为了操纵舆论，故意制造假象……

危机时刻，记者在自觉遵守新闻道德与伦理外，应练就一双对付欺骗的火眼金睛，就像库柏所做的那样，不想当然地听从传言，核实！核实！再核实！

五、现场采访的指导性原则

以下，是关于如何着手进行现场采访的一些建议①。

第一，重点关注人。找到准备报道的人与众不同的点：个性、喜好、环境、信仰。

第二，精确。仔细与当事人核对姓名、事实和引用部分。因为，当你第一次与当事人谈话的时候，他们或许正心烦意乱。再次核对能够确保精确，同时还可能为记者提供更多的信息和可供引用的材料。

第三，尽量避免不必要的血腥场面描写。新闻是直达人心的工作。记者报道时应问一下自己：这样的场景是否与报道有关，是否会对特定的受众产生不

---

① 杨晓白编译：《美国人如何报道灾难》，载《青年记者》，2008（6）。

必要的伤害？俄克拉荷马城大爆炸之后，很多赶到现场的记者有意避免描写爆炸后人的肢体悬挂在树上摇晃的血淋淋的场景，虽然明知这样可以招揽更多的读者。

第四，引用受灾者亲友的描述来刻画人的生活，特别是关于人们如何克服困难的故事。

第五，要不断问自己：公众需要知道些什么？报道是否过量？过犹不及，社会需要报道的事情远远不只是灾难。

第三节　常见重大自然灾害的报道

重大自然灾害报道涉及最多的是因恶劣气象造成的死亡和巨大的破坏，如暴风雪、飓风、龙卷风、洪水、沙尘暴、干旱、热浪、冰雹、蝗灾、雷电灾害等。由于这些灾害大多可以事先预警，所以，预测性新闻是这类报道极重要一个类型。严重的地质灾害，如大规模的泥石流、强震、海啸、火山爆发等，不像气象灾害那么常见，但人类目前尚无法解决准确预警问题，一旦爆发让人猝不及防。人们不但特别关注对这些灾害的救援行动，对其他国家或地区减灾抗灾措施和经验教训的学习总结也分外认真。从事国际报道的记者在这些方面往往大有作为。

在国际新闻报道中，不是所有的灾害都需要报道。一般来说，造成重大人员伤亡或损失、影响较大，或者比较突然的灾害，容易成为国际新闻，但也不尽如此。加州森林火灾常发，近几十年却几乎次次都受到世界大范围的关注。撇开美国新闻媒体的世界话语强势因素，众多好莱坞明星住在该处的事实，很大程度影响了许多其他国家编辑室的新闻抉择。而中国国内媒体之所以给予2008年11月加州大火较大重视，除了娱乐新闻没完没了地告诉民众又有哪些明星的豪宅被大火吞噬外，更因不少华侨华裔的家宅也牵涉其中，民众关心这些同胞的安全和财产损失。

所以，国际新闻报道中判断突发重大自然灾害的标准，除了考虑伤亡和损失情况，还要从历史和地域因素、灾害影响范围与程度、新闻贴近性、异常性等多方面综合进行考虑。

一、与自然有关的灾害

（一）报道注意事项

在报道与气象有关的灾害新闻时，下列几个方面需要多加注意，虽然并非每篇稿件中都用得上，但留意了这些方面情况会使报道更丰满。

死亡情况包括死亡数目，死者的情况，死亡原因等，这些一般在导语或开头两段交代；致伤情况，包括原因，伤势，处理情况；受灾的人数和状况，应该特别关注无家可归的人，他们的数量和生存状况。

事发地、事发地所在国和国际社会的反应与行动。

抢救工作，包括对灾民、设备、房屋等的安置与处置；疏散情况，包括人数、去向、生活状态；救援与救济，主要是政府和各种组织机构实施的救援行动、进程和效果；救灾的措施，包括政策、技术、物资、经费、主要举措；参与救灾的人员数量及构成，是否有军队参与，他们的兵种和数量。

人们在灾害中正面临的困难，如食品、取暖、照明、饮水、住处、医疗等方面遇到的困难。

造成的破坏、损失。有关数字最初只能是估计，因此，在报道估计的损失时通常应取较低和较保守的数字，在以后的补充报道中可以根据情况调整数字。但是，在补充报道中把数字降低是比较被动和难堪的事。

灾区疾病控制情况。

是否出现犯罪，包括当地政府机构采取的预防、控制犯罪的主要措施以及涉及的执法行动，如对在灾害发生时趁火打劫、入室偷盗或阻挠、破坏救灾行为的打击等。

与气象有关的统计数字，如温度、降水、能见度、风速、洪水的水位等。

灾害历史及其具体历史记录，包括灾区发生同类灾害的历史记录、同类灾害在事发地所在国和世界发生的频率、同类的重要历史性灾难事件、以及具体数据，如过去最高降雪量、洪水的最高水位等。

对次生灾害及灾难带来的中长期环境、经济、政治和社会影响的预告和警报，如对农作物收成的预告，对公路、民航、水上交通的警告，甚至还可能是关于比赛、演出推迟的报告以及为减轻、抵消上述影响，事发地、事发地所在国和国际社会采取的相关措施。

目击者、亲历者陈述及专家评估、预测与评论。

英勇行为。

灾害产生的原因，值得总结的经验教训。

灾区的清扫和重建。

获取上述材料的来源很多。很显然，气象局和气象专家是重要的消息源。其他记者也可以去警察局、消防队、民政机构，了解灾情和救援情况和损失情况，去医院、红十字会、其他急救组织，了解伤亡和抢救情况和灾情发生后是否发生疫情，去民航中心、机场、码头、火车站，了解交通是否受影响。

（二）异常气候引起的"突发"灾难

异常气候引起的洪水、酷热、干旱、冰雪灾、蝗灾等重大自然灾害，开始时往往并不那么令人瞩目。一段时间后，灾害达到相当程度，才"突然"引起大范围关注。这时，记者们常常使用综合报道的方法，以期给读者一个整体的而不是零散的印象，同时也使报道具有一定深度。

【合众国际社马德里1984年9月27日电】题：西班牙百年奇旱

"这不是泥土！这是尘土！"在旱魃肆虐的西班牙南部地区，身材矮小的农民福斯托·洛佩斯把他的骡子赶到一旁让它休息，然后从地上捧起一把褐色的干土。他看着手里捧着的干土从指缝间慢慢地漏下去。

洛佩斯同千百万居住在干旱的西班牙南部地区的人们一样，正经历着百年来最严重的旱灾。据统计，目前那里每平方米土地需要32加仑雨水，否则这个地区赖以为生的葡萄树和橄榄树都将枯死。这些树一死，将使埃斯特雷马杜拉、安达卢西亚和西班牙中部地区的人民失去他们的大部分收入。

由于连续两年干旱无雨，使本季的葡萄酒和橄榄的产量减少了一半。据农业部统计，水果、谷物和牲畜的全部损失为1亿5千万美元。

整个西班牙南部干旱地区的上百个村庄的水井都干枯了。饮用水要用卡车运来，每天隔两三小时按定量分配一次。

阿尔门德拉莱霍市的胡安帕丰说："如果在圣诞节前还不下雨，到明年春天，葡萄树和橄榄树都不会发出新苞。这就意味着一场灾难。"这座位于葡萄牙边境附近的山城有22000人。

"不下雨就没有粮食，没有粮食就没有工作，这个地区就全毁了。"他说。

在有150万人口的安达卢西亚省会塞尔维亚，饮用水减到每天只供应7小时。今年全国蓄水量降到容积的27%，而去年还是60%。

几个世纪的干旱使南部地区的人民学会怎样在严重缺水的情况下生活下去。可是如今就连渔猎地区的官员们也都跟着农民和城镇供应计划人员叫起苦来了。

"今年，候鸟是幸运儿，"中南部地区雷亚尔城自然保护区负责人佩德罗·莫利纳说，"这些鸟儿同其他动物不一样，它们看见没有水就飞走了。"

格拉纳达市市长安东尼奥·哈拉预言："如果不严格实行全面的配给

供水，到了圣诞节就会出大乱子。"

……

"我们需要水井和更多灌溉渠道。"埃斯特雷马杜拉市的一位农场工人胡利奥·埃尔南德斯说。他让访问者看了"在这个当令季节长得小得可怜的橄榄树"。

在马德里西南部的卡塞雷斯地区，67个城镇和村庄在政府的帮助下，打了101口水井。这至少可以保证大约8万人用水两个月。

"但是葡萄酒和橄榄的产量都减少了50％以上，"当地农民发言人伊格纳西奥·巴罗说，"对我们来说，一年就是从这个9月到下一个9月，所以我们真正进入了第三个干旱年。"

人们把灾情看得非常严重，以致西班牙红衣主教马塞洛·冈萨雷斯·马丁最近率领一群虔诚的教徒穿过托来多的大街祈祷求雨。这种做法打破了天主教的传统惯例。

农业部的官员担心今年春播迟了会给下一年带来灾荒。

"农民能忍受各种各样的困难，"阿尔门德拉莱霍的埃尔南德斯说，"我们只有一件东西不能让它丢失，那就是希望。但是，失去希望的日子可能很快就要到来。"

灾害有时会带来一些让人意料不到的后果，请看下面的报道。

【《华盛顿邮报》8月17日】欧洲的热浪给数以百万计的人带来了痛苦，但对于酿酒商皮埃尔·阿吉拉来说，这种反常天气带来的可能是欣喜和兴奋。

这是因为，这种天气似乎正带来最适宜的温度、湿度和光照，而这正是酿酒商们求之不得的。随着气温居高不下，法国业内人士说，2003年可能成为酿酒史上非常好的年头，像1997年和1976年一样，甚至可能像1947年——法国的酿酒商们提到这一年，眼里总带着梦幻般的敬意。

但眼下仍然有担心的理由。阳光可能太灼烈了，炙烤着土壤，晒伤了太多葡萄。一场大雨或者暴雨可能损毁葡萄园。葡萄可能失去最佳的平衡——既不太酸，也不太甜。而且葡萄种植者可能错过收获的最佳时机——既不太早，也不太晚。

阿吉拉说："这永远是一种平衡——自然界就是这样。"站在自己66英亩的种植园里，阿吉拉看着天空说："对我们来说，老板就在那儿。"

但总的说来，他保持着酿酒商所需的乐观情绪。他说："如果这种天气持续下去，今年肯定是个好年头。"

为了确保能酿造好酒，今年的收获季节将比往常早得多——两周或者三周以后开始。大部分采摘工作将在 10 月份之前完成。由于太多的葡萄被晒坏，2003 年酿造的葡萄酒将比往年少，因此价格可能提高。

灾后救援、重建通常蕴涵着不少商机。这本是重要的商业信息，可有的记者报道时口气把握不当（尤其当灾难与本国关系不大时），甚至以兴奋的口吻进行，表现得缺乏同情心，这可能引起读者反感。因此，媒体报道灾难时必须注意道德、伦理问题，写作"因祸得福"的报道不能走得太远，否则新闻价值观会受到质疑。记者在报道这类国际新闻时尤需注意分寸，否则容易被有心人利用，挑起他国民众，特别是受害国民众对其所在媒体，乃至所在国的恶感。

（三）地质灾害

灾难性新闻报道中最惊心动魄的莫过于地震和火山爆发。它们的破坏力，使其踪迹始终吸引着人们的注意。而它们又行踪不定，常常是不请自到的"不速之客"，更令人们对它们普遍怀有莫名的恐惧和敬畏。

因此，只要有"地动山摇"，媒体一般都有闻必录，不论它们是在人迹罕至的山野，还是在大洋深处。有时小震是大震的前兆，但新闻报道的规模和投入的力量仍然是根据灾情而定的。常住人口密集的地区有较大的灾情，媒体一般都会派记者前往现场采访。

1995 年 1 月 17 日凌晨，日本阪神发生里氏 7.2 级强烈地震（新华社发）

地震预报在全世界都是难题；人类对火山爆发的预见性更高些，但亦未能解决准确性问题。这使得想要抢到第一条新闻的记者面临更多危险。1991 年 6 月日本云仙岳火山陡然喷发时，虽然大部分居民都被疏散了，但 16 名记者和数十名火山专家、消防队员、警察，却被时速 200 公里、温度 1000 多度的岩浆顷刻吞噬。

进行有关地震、火山报道需要特别注意以下问题。

第一，注意报道随后发生的余震或可能再次发生的火山喷发。

第二，报道中注意提到由此引起的其他灾害，如海啸、泥石流、山体滑坡、水灾、火灾、空气污染、疫情等。

第三，准确运用术语。在地震报道中，记者需要用到很多术语。这些术语在

1985年9月19日，墨西哥城发生强烈地震（马占成摄）

使用时必须准确，因为它们表示不同的含义，用得不当会产生歧义。

第四，要报道引起此次发生地震、火山喷发的原因，介绍地震、火山知识和抗震、减灾常识，以消除人们的疑虑。

第五，注意报道在灾难中发生的奇迹。

第六，注意对人为因素加剧灾情的揭露和批评。针对印度1992年地震，有媒体指出"豆腐渣工程"使许多新建筑物倒塌，给人民的生命和财产带来了损失。

第四节　常见重大事故的报道

世界上每天都在发生着大量事故。在国际新闻中，哪些值得报道，哪些作为重要新闻报道，用哪种形式进行报道，各家媒体有不同的看法，主要由其受众群来决定。

对突发重大事故进行新闻报道，首先要考虑的是事故的大小、造成的损失，尤其是生命财产的损失情况。两辆卡车相撞，无人伤亡，就没有太大的报道价值，除非车内装有化学毒剂或其他可能引起危害的物品，或者造成多人死亡；而2003年8月14日美国、加拿大部分地区发生大面积停电，造成航班停飞和电话中断，损失200亿美元至300亿美元，这便是条重要新闻，不仅需要报道，而且需要进行相当规模的报道。

其次，要看事故有无特殊性。例如，某国一城市的一座公寓发生火灾，无人伤亡，这一般不会报道，而若同样的火灾发生在一个世界著名的文化遗迹，就值得报道。

最后，要看同类事故是否连续发生，背后有无必然原因。例如，某路段经常发生翻车事故，或近期某国的养老院接二连三地发生火灾。这样的灾害性新闻需要报道，但其落脚点应该更多地放在揭示事故背后的原因上。有时，这类报道将扩展为调查报道或深度报道。

在国际新闻报道中，一般事故的报道以消息为主，只要交代清楚事故本身即可。即便如此，有时写出一条只有几段的消息也要颇费一番周折。因为大多事故报道无法预先准备，一旦发生，记者必须迅速收集材料、抢发新闻。此外，事故发生后各方面都忙于抢救伤员和处理善后，场面混乱，给记者采访带来困难。最难的问题是，由于经费不足、人手不够等多种原因，记者可能无法及时赶到事故现场。

尽管如此，在报道一桩事故时，记者必须想办法搞清下列基本事实。

第一，伤亡人数、伤势及伤亡者情况（如年龄、性别、国籍）。需要指出的是，在事故报道中，有关伤亡的情况一定要放在导语中，这是稿件写作的基本要求，而其中有无同胞或著名人物、重要人物，又是重点。第二，事故的经过，最好能引用目击者或警察的叙述来表达。第三，事故发生的时间。第四，事故发生的地点。第五，事故发生的原因。有关事故原因的分析要来自权威部门，如警方、事故调查负责人等。原因一时不能查明的，也要用诸如"事故原因正在调查之中"或"现在还不能确定事故的原因"等这样的话作交代。

重大事故新闻报道材料的收集应注意如下事项。

第一，要有畅通的信息渠道。事发地的媒体值得特别关注，因为它们通常比外来的驻地记者或临时的派出记者更谙熟本地情况，渠道更多、网络更广、关系更深。此外，记者或媒体在当地一些重要部门要有可靠的消息来源。

第二，及时向多个有关部门了解和核实情况。比如，飞机失事后，应马上向航管部门、机场、航空公司或警方等多方同时进行联系，更快了解事故发生的确切情况（但不保证能了解到全部真相）、方便后续追踪。1987年，一架从洛杉矶飞往旧金山的飞机失事后，美联社很快就报道了失事的原因，而通常飞机失事原因的调查要持续好几个月。该飞机失事后，美联社记者马上给联邦航空总局打电话，并从那里了解到飞机失事的原因：一名满腹怨气的航空公司职员枪杀了机上人员，导致飞机从23000英尺的高空俯冲下来。

第三，参加新闻发布会。事故后，有关方面一般都会召开发布会，向新闻界介绍事故的相关情况。这样的发布会一定要参加，会上可以了解到一些基本信息，也可以就个人想知道的问题提问，还可能找到一些关键人物了解更多的情况和细节。

第四，尽可能创造条件到现场采访。这点至关重要。记者到现场，不仅要采访人，如目击者、幸存者、遇难者的亲属、营救人员、警察、事故调查负责人等，了解许多细节，掌握活生生的素材或找到其他的新闻线索，还要代受众去看、去听、去触摸，感受当时当地的气氛。

第五，调查、报道事故背后深层的原因和由此引发的政府或社会行为。这是记者深入报道突发重大事故最重要的目标之一。例如，2003年2月，韩国大邱地铁火灾。在对纵火犯的调查、追踪和随后的司法行动后，地铁火灾引发了人们对地铁安全隐患的重视并采取的措施等。

一、车祸、火灾事故

车祸、火灾的报道是最多最常见的事故报道。在我国，关于机动车事故和一般性火灾的新闻，通常被压缩成一两段，与其他短消息放在一起登在报纸不起眼的地方，或者是电视新闻里几幅图片伴着解说词一带而过，内容一般只需交代5个新闻基本要素就可以了。与我国的传统做法不同，在西方发达国家，车祸和火灾会得到报纸、电台和电视台，尤其是地方媒体的着重报道，如果造成死亡，经常会成为头条。不少刚入行的记者开始写特稿，就是从采写本地车祸或火灾事故开始。

（一）车祸事故

国际新闻中的车祸报道与国内新闻报道车祸的方式差别较大，一般分成两类：一类是本国民众或华侨华裔在海外遇险遭难，特别是牵涉人数较多时，得到国内媒体大篇幅报道。此时，媒体一面频繁与本国使领馆、当地政府部门、医院和幸存者联系，密切追踪同胞在海外得到救治的情况；一面报道国内家属的状态以及他们赶赴海外处理事件的过程。另一类报道，事关明星、名流或政治人物。戴安娜王妃在巴黎遭遇车祸不幸玉陨最是典型。

1992年11月14日戴安娜在巴黎的资料照片（新华社发）

通常有关车祸的动态新闻，要交代肇事原因、消息来源，明确是警方的看法，还是公路部门的分析，在提到车祸造成的后果时，除了死伤情况，有必要交代天气状况以及是否有交通堵塞和道路关闭等重要问题，要交代肇事车辆前往的目的地和车中人员的有关情况，如去上班还是去度假等细节。

车祸报道特别容易流于一般化，容易写成公式化的千篇一律的稿件："×日×地发生××车祸（撞人、相撞、翻车），死×人，伤×人，伤者已被送进医院。警察正在调查事故原因（或肇事者已被拘留）。"而有经验的记者通过现场采访，可以在大量如出一辙的事故中找到有意思的材料，不但能绘声绘色向读者重现事故过程，还能发现普通人难以发现的问题。2003年7月，美国洛杉矶发生一起一86岁老人驾车肇事，撞死9人、撞伤45人的恶性交通事故。《人民日报》的驻地记者对这一事件进行了报道。

【《人民日报》华盛顿7月16日电】7月16日下午，一位86岁的老翁飞车冲进美国加利福尼亚州洛杉矶西部海滨圣莫尼卡市中心的一个露天农贸集市，当场撞死9人，包括一名两岁的孩子，此外还有45人受伤，其中15人伤势严重。现场蔬菜水果散落满地，街道一片狼藉。伤者哭叫的喊声及死伤者的鲜血令现场一片混乱。下午2时以后现场被警方封锁。

圣莫尼卡海滩是洛杉矶著名的旅游点，当地的金黄色沙滩与优美的海岸风景每年夏天都吸引着无数游客。集市位于海滩，每周只开放一次。附近的农民和渔民把新鲜的蔬菜水果和海产品运到这里出售，而洛杉矶的市民也开车到这里采购。据警方估计，当时有近万人在集市上。

下午1时50分左右，一位满头白发的老者开着一辆快速行驶的小汽车闯入集市，估计时速为100公里左右。人们躲闪不及，因而酿成特大事故。这位老者名叫罗素·威勒，他开的是一辆1992年出产的暗红色别克小汽车。这辆车横冲直撞，一直向前冲了相当于3个街区的距离。因为肇事车辆速度太快，也根本没有刹车，许多购物者和摊主当场被撞倒，许多摊位的帐篷也被撞得支离破碎。撞飞的木块、铁片造成更多的人受伤。许多停放在路边的车辆也被撞得面目全非。

事发时，老人显然失去了对车辆的控制。一名叫克里斯曼的目击者称，老头当时显得完全迷糊了。他走下车时，看上去十分迷惑。克里斯曼说，当时还有一名妇女被压在车下面，当老头被逮捕后，约10个人一起将汽车抬起，救出了那名妇女，所幸她仍有呼吸。

圣莫尼卡市警察局长称，肇事老翁已被送往当地一家医院接受检查。据称，老人并没有醉酒，也没有精神病史，目前正在接受警官的讯问。

在美国，汽车司机的年龄没有上限，而且由于子女和父母一般分开居住，所以经常可以看到高龄老人开车外出，不时有他们出车祸的报道。老年司机肇事已成为美国的一个社会问题。

报道说清了肇事老人的年龄、姓名和所驾汽车品牌，再现了事故过程，展示了事故现场，介绍了背景。更难得的是，记者将此事故与美国老龄司机肇事多发这一社会问题联系起来，使报道具有了深度，增加了报道的实用价值。

（二）火灾事故

国际新闻中的火灾事故报道，一般有六类。第一类同前面谈及的车祸一样，由于本国民众在海外或居住在国外的留学生、华侨华裔遇险遭难。第二类是人为引起的，或者天灾人祸共同作用的、影响较大的火灾，如森林大火。第三类是大型集会、庆典或游乐场所等发生火灾，造成多人死伤的惨剧。第四类是其他重大灾难带来的火灾。第五类涉及灾难教育和灾难经验教训总结，比如某个人如何使用特别的法子从大火中逃过一劫，或者哪些重要防范火灾的经验值得借鉴；第六类则与纵火有关，因为这样的事件通常涉及谋杀，甚至有极其复杂的内幕，如历史上著名的"国会纵火案"。

1. 注意事项

在国际新闻报道中，伤亡重大的火灾，如韩国大邱地铁火灾和 2001 年 11 月奥地利山地火车火灾等，得到多国媒体的重视；一般的火灾，以消息体裁报道，说明事实，加上必要的解释就可以说处理适当了。

火灾动态报道的注意事项有：地点、死伤情况、起因、时间、损失、保险与善后情况等。

著名地标，或者特殊时间发生的火灾，即使没有造成伤亡或伤亡和损失都较少，也应该报道。例如，2001 年维也纳索菲音乐厅毁于一场大火，这场普通火灾之所以引起超乎寻常的关注，其新闻价值在于作曲家约翰·施特劳斯和指挥家卡拉扬曾在此演出。2000 年元旦，荷兰阿姆斯特丹一家歌舞厅用彻夜狂欢的方式迎接新世纪，但彩灯短路酿成火灾，狂欢夜变成一场噩梦，特殊的时间点使该事件被广泛报道。

2. 纵火案

纵火案的极端性，常常引起公众超乎寻常的关注，因此记者努力挖掘其真相，并在写作时用尽各种手段来展示其故事性。

可有些时候，真实事件的戏剧性远远超过任何剧作家的想象，而那些嗅觉灵敏、消息灵通而又富于洞见力的记者，却能在奇怪事件发生时就嗅出其中的阴谋味道，用搜集到的资料准确地拼凑出事实，推导出富有远见的结论。下面是法新社记者在 1933 年 2 月 28 日、柏林"国会纵火案"发生第二天所写的报道。时至今日，这篇报道解读、预测事件的准确，仍然令人惊叹不已。

【法新社柏林 1933 年 2 月 28 日】题：神秘的大火烧毁了国会大厦

昨晚一场迅猛的大火烧毁了柏林的德国国会大厦。立法会议大厦被烧成灰烬。警察逮捕了一名在火场附近的年轻人，并且指控他是纵火犯。这个嫌疑犯被辨认为是共产党员。希特勒政府立刻把这场大火说成是共产党策划阴谋。人们今天引用了希特勒的话说，"现在你们可以明白了，德国和欧洲从共产主义那里能期望得到的是什么。"

美联社今天清晨报道说戈林利用这场火灾作为借口将国会中 100 名共产党员全部逮捕。被捕的政治家们将不能参加法定的离目前不到一周的选举活动。

昨晚 9 点，1 名在国会巡逻的警察首先发现浓烟。在发出警报之前，这位警官向从现场逃跑的几个人打了几枪。他说他抓到了其中 1 人，就是那位被说成是共产党员的年轻人，他的名字叫马里努斯·范·德尔·卢贝。

等消防队员到来时，大火已向四处蔓延。无论是谁放的火，显然他是在堆在地毯上的家具上点了一根火柴。国会大厦中的木板镶条、木椅和桌子都很干燥，它们很容易着火。火舌伸向了这座优雅的、意大利文艺复兴风格的大厦顶端，使装饰华丽的玻璃天花板塌了下来。

上万柏林人听到大火报警声立即冲到警察在燃烧的国会大厦四周所设置的路障边。希特勒、戈林和副总理巴本也在人群中。勇敢的消防队员在烧塌大厦圆屋顶之前扑灭了大火。他们还抢救了珍藏无数宝贵文献的图书馆和阅览室。

希特勒总理指派戈林负责调查纵火案。在黎明前，警察逮捕了共产党员，并在完全调查清楚之前把他们拘留起来。今晚，兴登堡总统签署了一项紧急命令，中止宪法保证的个人自由、出版自由、私人财产和邮政通讯秘密。在选举前，共产党的报纸，涉嫌的共产党集会处都被封闭。柏林的许多方面开始变得愈来愈像个警察国家。警察有持枪的纳粹后备军做后盾，乘坐装甲车在市区各处巡逻。

希特勒的反对者们对他的指控共产党要对国会纵火案负责表示怀疑。他们不知道共产党这样做能希望得到什么，还奇怪 24 岁的被指控有纵火罪的荷兰人会带着所有能鉴别他们身份的证件以及他们的共产党员证而就擒。

对共产党新的制裁是自一个月前希特勒就任总理以来政府不断加剧镇压的自然结果，在他获得权利之后的第 3 天，他没有任何理由就下令搜查共产党员的家。所有共产党的会议不是被取消就是被严格控制。昨晚纵火之前，许多共产党员因为不断增长的骚动已转入地下。共产党不是唯一被攻击的对象，天主教徒也遭到希特勒的打击。20 多名州长和警察局长被戈林免职，并任用国家社会党人代替他们。当选举临近时，大多数德国人都处于恐慌状态。希特勒很明显地希望他们能够转向他的纳粹党，并把国家社会党的纲领作为唯一的可能解救德国的纲领。

二、地铁、火车事故

地铁、火车事故不像机动车事故那样频繁，一旦发生却伤亡惨重，一般都会引起全球性关注。在这类事故中，由司乘人员操作不当、疲劳、饮酒、超速行驶，或者路面状况不好、天气等因素而酿成惨祸的，不像机动车事故中那么多，更多源于设计、管理不当。因此，记者在报道时，除持续报道事故进展外，查找原因、总结经验教训也非常重要。

2003 年 2 月 18 日，韩国大邱市地铁发生火灾，造成 100 多人伤亡，请看《日本经济新闻》记者如何总结该起惨祸的经验教训。

【《日本经济新闻》2 月 19 日报道】题：大邱地铁火灾为何酿成重大惨剧

韩国大邱市地铁纵火案酿成了重大惨剧，导致大批人员伤亡。这一事件之所以造成如此严重的后果，偶然因素虽然存在，但以下一些重要原因也是无论如何不能漠视的：

台阶狭窄

犯罪嫌疑人纵火是在 18 日上午 9 时 50 分左右，正好是地铁列车减速接近中央路站的时候。据目击者对警方说，3 号车厢的一名男子突然泼洒塑料牛奶瓶中的易燃物，然后用打火机点燃。瞬间，大火伴着浓烟，迅速向四周蔓延。

9 时 55 分，地铁中央控制室向消防局报了警。9 时 57 分，察觉到火灾的传感器开始工作，自动切断了地铁车厢和车站的电路。于是位于地下 3 层的中央路站内一片漆黑，乘客乱作一团，而且自动停电前，几乎在发生火灾的同时，站台对面正好有一列地铁驶入，车厢被点燃，导致灾情加剧。

嫌犯乘坐的地铁车厢车门开着，而站台对面的列车驶入车站时，车门却因停电而无法打开。

地铁车站怎么会一片漆黑呢？有关人士对此提出了质疑："列车车厢会在发生火灾时自动断电。但是为了方便乘客避难，车站一般不会停电。"

一般来讲，车厢和车站的电力供应是由两个系统进行的。

防止火势蔓延的防火卷帘门关闭，切断了乘客的生路。警方说，中央路站除了有 4 个出口外，还有与地下商店街相连的通道。但是，在察觉火灾后，地下商店街入口处的防火卷帘门自动关闭，以致乘客无法逃生。

警方指出，"中央路站的台阶要比其

2003 年 2 月 18 日，韩国大邱市地铁发生火灾（新华社发）

他车站狭窄。"早上上班高峰过后，当时的地铁乘客大多是老人。

装修材料

火灾在发生 3 个半小时后才被扑灭，12 节车厢全部被烧毁。据大邱地铁公司介绍，被烧毁的全是德国西门子公司制造、韩国韩进公司负责内装修的车辆。地铁车辆是在 1997 年 11 月大邱地铁开通的同时投入运行的。

被烧毁的地铁车辆与日本的地铁车辆一样，地板和座椅采用了不易燃烧材料。有人认为，从火势蔓延到站台对面的地铁车辆来看，车辆的材料和结构可能存在问题。

从车辆的内壁猛烈燃烧的情况来看，警方认为，车厢内的纸张和塑料广告加速了火势蔓延。此外，冬季乘客大多身穿大衣，衣服也助长了火势蔓延。

有害气体

在这起地铁纵火事件中，专家特别关注车辆的猛烈燃烧现象。专家分析说，地铁隧道火灾特有的大量烟雾加剧了灾情。

早稻田大学建筑防灾专业教授长谷见雄二以 2000 年发生的奥地利缆车火灾为例指出："地铁车站和隧道发生的火灾容易产生浓烟，灭火工作不易开展。停电很可能导致乘客陷入了极度恐慌。"

关于这起火灾加剧的原因，长谷见推测："在密封的车厢内发生火灾，产生了大量有害气体。几乎所有的乘客都处在浓烟之中并深受其害。"

三、飞机事故

（一）飞机失事报道

一般来说，飞机失事，无论是大型民航客机还是小型飞机或直升飞机，都会成为突发重大事故，得到新闻界的重视，这已经成为一种惯例。

【新华社德黑兰 2 月 20 日电】伊朗通讯社 20 日报道，一架伊朗军用运输机 19 日傍晚在东南部城市克尔曼附近的沙赫达卜地区坠毁，机上302 人全部遇难。

这架飞机是从东南部城市扎黑丹飞往克尔曼途中坠毁的。据报道，飞机失事是当地山区气候恶劣所致。救援人员已经赶到现场，有关部门也已开展调查。

报道说，飞机上除 18 名机组人员外，乘客都是伊朗革命卫队成员。

伊朗政府已经发表声明，向死难者的家属表示慰问。

伊朗国家电视台稍前报道说，飞机于当地时间下午 5 点 30 分左右与地面控制台失去了联系。

飞机失事，除了最初的消息，一般还会有关于救援情况、搜寻残骸、原因调查等方面的后续报道。

【法新社德黑兰 2 月 20 日电】经过一天的搜寻，伊朗搜救人员 20 日找到了 19 日失事的一架军用飞机的残骸和部分遇难者遗体。这架苏联制伊柳辛型运输机是在伊朗中部城市克尔曼附近准备降落时坠毁的，机上 284 名伊朗精锐共和国卫队成员和 18 名机组成员已被证实全部遇难。

一名伊朗官员说，飞机撞到了山上，并发生了爆炸。救援人员使用直升机搜救，但因为暴风雪天气而受阻。

从前面列举的例子，可以总结出一些飞机失事报道要点①。

第一，死伤人数，事故发生的时间、地点以及官方公布的失事原因，飞机坠毁造成的后果：火灾或其他破坏及这一地区以前是否发生过坠机事故。

第二，飞机飞行的起点和终点、航空公司和航班号、飞机失事前的航向。

第三，飞机的型号：生产厂家、发动机的数量、飞机的造价及同一型号的飞机或是同一家航空公司以前发生过的坠机事故。

第四，乘坐这趟班机的本国人、本地人和海外同胞，乘坐这趟班机的名人，遇难者身份（国家、家乡），生还者名单，受伤者情况。

第五，飞机发生故障时的海拔高度，天气情况和飞行状况，飞行员最后说的话，空中交通管制员、政府官员和航空公司的声明和评论。

第六，搜救行动：现场的警方、消防队和急救队，如果飞机失踪了，是谁发现的飞机残骸，怎样发现的；死者的遗物。

第七，官方的调查。

第八，幸存者（如果有的话）的目击陈述及地面目击者的目击陈述。

第九，不寻常的事件。

第十，葬礼（如果有的话）。

如果记者采访到足够多的材料、生动的细节，就可以在消息之外再写专稿或特稿。

记者在抢发这类稿件时，一定要注意核实基本事实——在忙乱中，有关部门提供的情况可能与事实有出入。

---

① ［美］梅尔文·门彻：《新闻报道与写作》，448 页、449 页，北京，华夏出版社，2003。

2000 年 1 月的最后一天，一架飞机在洛杉矶附近坠毁，机上 88 人无一生还。当时正在家中休假的美联社记者威尔森，因家就在事故地附近而被紧急召去采访。他与海岸警卫队一起来到散落着飞机残骸和遇难者遗体的海面，写出了非常有现场感的报道。

　　【美联社奥克斯纳德，加利福尼亚】阿拉斯加航空公司一架由墨西哥飞往旧金山的 MD-83 型客机于星期一在洛杉矶西北部的太平洋海域坠毁，机上共有人员 88 名。飞机失事前曾报控制系统失灵。事后很快便发现遇难者的尸体。

　　日落前，飞机及小型船只已汇集到位于木谷角的残骸散落区域。数小时后，在鱿鱼捕捞船强烈的灯光照射下，数条小汽艇及一艘海军的船只继续进行着搜寻工作。

　　……

值得指出的是，最初民航部门提供的消息说失事的飞机是架波音 737，从墨西哥飞往洛杉矶。威尔森通过现场采访，了解到那是一架麦道公司生产的 MD-83 飞机，其目的地并非洛杉矶而是旧金山，由于途中发生机械故障而改道洛杉矶。

（二）军用飞机事故报道

记者、媒体获悉军用飞机失事的线索，不像民用飞机那样易得。报道军用飞机事故，通常受到各种限制。涉及军事秘密，或者当政治局势处在紧张或冲突的状态下尤其难以获知准确信息，所以，记者和媒体必须使尽浑身解数搜集资料、挖掘线索。媒体从各种渠道获得的信息可能不一致，这时，不妨标明消息源，都报道出来。

"冷战"期间，美军一架载有 4 枚氢弹的轰炸机与加油机相撞坠毁在格陵兰，请看法新社报道当时这起轰动事件的三则新闻。

　　【法新社华盛顿 1966 年 1 月 22 日电】国防部今天公布一架载有核弹头的巨型 B-52 轰炸机昨天在格陵兰坠毁。公报说，弹头上未上雷管，故无核爆炸的危险。飞机坠毁时，机上有 7 人，2 人丧生。

　　搜寻人员今天使用雪车直升机，继续在冰天雪地、黑暗无光的北极圈内搜寻 B-52 轰炸机坠毁后失去的氢弹——可能有 4 枚之多。

　　美国国防部不肯说明飞机星期日坠毁时究竟失去核子弹几枚，但据某方面消息是 110 万吨级的氢弹 4 枚，爆炸力等于 440 多万吨炸药，较"第二次世界大战"在广岛投下的不知大几千倍。格陵兰属丹麦，故丹麦政府要求美国对此事加以说明。丹麦禁止载有核弹的飞机在它领土上飞行，但丹麦首相克拉格说，无法阻止飞机作紧急降落。这一次正是飞机企图作紧急降落时，坠毁在北极星湾冰封的海湾中。

在哥本哈根，丹麦群众在美大使馆前举行抗议示威。

搜索员携带火把在冰点以下气候中工作。他们走过冰封的海湾，已发现部分的机骸。但据国防部说，机骸有些部分因在坠毁时发火烧热，可能穿过厚冰，沉入海水之下。

这架价值1000万美元的B-52是以纽约勃拉茨堡空军基地为基地，当时是在2000英里外巡逻，因为美国轰炸机不断沿北路飞行，以防战争猝然爆发。飞机坠毁的地点是在格陵兰西北部。这是一片全日多不见阳光的地方。

今天两家丹麦报纸指责美国欺骗丹麦政府，经常派携带核弹或氢弹的战略轰炸机飞越格陵兰，尽管两国订有协议，在丹麦领土或领空上不得出现核武器。

报纸援引一名在这个空军基地当了2年消防员的丹麦人的话说，在去年一年里，装备有氢弹的B-52轰炸机有三四次在图勒作紧急降落。

500名示威者今晚在丹麦首都的街上沉默地游行，抗议有消息说一架美国B-52轰炸机携有未装雷管的核弹在格陵兰坠毁。

【法新社西班牙阿尔梅里亚1966年1月22日电】西班牙人士今天说，已经在这里附近的海底找到了一个"放射性的物体"，这可能就是一架美国战略轰炸机上星期一坠毁时丢失的那枚原子弹。

未经证实的消息又说，西班牙和美国的军舰正准备把它从700米深的海底捞到海面。这个物体是在离海岸5英里的地方被侦查到的。

这架轰炸机在同一架空中加油机相撞而爆炸的时候，上面载有4个"核装置"。其中3个"核装置"在由美国和西班牙几百名军队和国民卫队进行了大规模的陆地和海上搜寻之后已经被找到。

熊熊燃烧的汽油蔓延到一个广泛的地区，这个地区今天仍旧被封锁着。在这期间省卫生机构的负责人今天同美国和西班牙的医疗队进行了会谈。这些医疗队正在对搜寻地区的人、动物和植物进行检查，查看有没有放射的痕迹。

【法新社西班牙帕罗马雷斯23日电】在上星期美国官员被问到战略空军司令部的B-52轰炸机同KC-135喷气加油机相撞时机上是否载有核弹时，采取了沉默态度。

在官方保持了3天多的沉默之后，美国空军当局最后承认了这架坠毁的轰炸机上载着"没有引爆装置的"核武器。这架 B-52 上的 4 个机上人员用降落伞跳到了海里，被渔船救起。另外 3 个机上人员和 KC-135 上的 4 个机上人员在 2 架飞机相撞时殒命。

自那时以来，上百个美国空军人员一直在搜寻。他们是乘着直升飞机和观察机搜寻的。

今天西班牙各报在检查当局封锁 6 天之后第一次提到这架美国轰炸机携带着核武器的事实。

匿名消息源一般来说会降低新闻的可信度，但涉及军事的报道采用匿名消息源的做法比较普遍，受众对此做法通常也给予理解。

（三）异常坠机的预测报道

一些不同寻常的坠机可能牵涉恐怖袭击、政治谋杀等因素。人们难以忘记，1994 年 4 月 6 日晚，搭载着卢旺达总统哈比亚利马纳的专机失事（又说是被火箭弹击落），成为卢旺达大屠杀的直接导火索。

谙熟情况、嗅觉灵敏的优秀记者，可以在正式结果公布前从非正式渠道预先获知某些情况，或者推测出问题所在。这时有两个问题需要解决：第一，如何确保预测不要出现大的偏差。第二，什么时机、用什么方式推出预测或了解的实情。

若主要是推测，记者写作时需留有余地，要尽量多用事实、资料，少评论，尽量引导读者运用记者提供的资料自行导出结论。观点最好通过权威人士之口给出，并尽可能多元。若预先获知内情，编辑部要精心考虑推出的时机和方式，既要抢新闻，又注意保护消息源。下面就是对异常坠机一篇典型的预测报道，阅读时请注意作者如何援引消息来源所述的内容以及背景的作用。

据俄塔社 8 月 24 日报道，当地时间当天晚上 10 点 56 分左右（北京时间今晨 3 点 56 分左右），一架俄罗斯图-134 客机在莫斯科以南大约 200 公里的图拉地区坠毁；另一架图-154 客机差不多同时在莫斯科以南大约 960 公里的罗斯托夫附近失踪。目前，尚无有关生还者的消息。

俄塔社援引俄罗斯紧急情况部的消息说，坠毁的图-134 客机上大约有 42 人，失踪的图-154 客机上可能有 44 人。此前，俄塔社报道说，图-154 客机在第一架飞机坠毁后 3 分钟也坠毁了，但后来改报说这架客机失踪，目前还没有找到。

坠毁的图-134 客机是从莫斯科飞往俄罗斯南部城市 Vologograd 的；失踪的图-154 客机则是从莫斯科飞往俄罗斯的黑海东岸港市索契的。目前，普京正在索契度假。

莫斯科的一名匿名空管官员表示，俄罗斯当局没有排除恐怖袭击的可能性。据报道，有目击者看到图-134 客机在坠毁之前发生爆炸。

据美联社报道，俄罗斯驻联合国常驻代表杰尼索夫在获悉两架客机坠毁的最初报道后表示："我们应该看看这是否是恐怖事件。"一名美国国务院高官在华盛顿表示："我们非常关注这个消息。我们将密切关注事态发展，并找出原因。"目前，美国国土安全部密切关注事态进展，但没有加强美国的安全警戒措施。

8 月 29 日，俄罗斯联邦车臣共和国将举行总统选举。最近几年来，俄罗斯多次发生爆炸事件，造成数百人死亡，其中大部分爆炸据称是车臣叛军所为。

"图-154"型和"图-134"型飞机是原苏联民航的主要机种，目前俄罗斯及原苏联国家的大多数民航仍在使用这种型号的飞机。

四、航天事故

"'哥伦比亚'号航天飞机与地面控制中心失去联系。"

CNN（美国有线广播网）播音员急促的声音从电视里传出。"失去联系"这几个字一下子使新华社国际部的一位值班编辑绷紧了神经。

"会不会出事？"这位编辑一边扭大电视的音量，一边想。一分钟后第一条快讯"美国宇航局与'哥伦比亚'号航天飞机失去联系"发出。此刻是北京时间 2003 年 2 月 1 日 22 点，那一天也正是中国农历新年初一。

几分钟后，新华社华盛顿分社发回了一系列的报道。

【新华社华盛顿 2 月 1 日电】美国国家航空和航天局 1 日宣布已与预定要降落的美国"哥伦比亚"号航天飞机失去联系。

【新华社华盛顿 2 月 1 日电】美"哥伦比亚"号航天飞机在降落前与地面控制中心完全失去联系。航天飞机上共有 7 名宇航员。

（快讯）美"哥伦比亚"号航天飞机可能已解体。

【新华社华盛顿 2 月 1 日电】美国宇航局 1 日宣布与"哥伦比亚"

2003 年 2 月 4 日，一个可能是"哥伦比亚"号航天飞机燃料电池的金属球在得克萨斯州纳科多奇斯郊外（新华社发）

号航天飞机失去通信。

美国有线电视新闻网（CNN）的实况画面显示，该航天飞机在进入大气层后可能已经解体。

（快讯）"哥伦比亚"号航天飞机可能解体，地面听到巨大声响。

【新华社华盛顿2月1日电】美国"哥伦比亚"号航天飞机在降落前与地面控制中心完全失去联系。航天飞机上共有7名宇航员。美国有线新闻网播出了航天飞机看上去解体的画面，并报道地面上有人听到了巨大的声响。

"哥伦比亚"号的"科学研究之旅"原定从2001年开始，但由于技术故障和航天飞机调配等原因，发射日期一直被推迟到了今年1月16日。

"哥伦比亚"号总共搭载了6个国家的学生设计的实验项目，其中包括中国北京景山学校学生设计的"蚕在太空吐丝结茧"实验。

（简讯）美国宇航局紧急寻找"哥伦比亚"号航天飞机下落。

【新华社华盛顿2月1日电】美国"哥伦比亚"号航天飞机1日在即将返回地面前十几分钟与美国宇航局控制中心失去联系。

美国有线电视新闻（CNN）报道，"哥伦比亚"号在进入大气层后，可能已在6.3万米高空解体，并有可能在美国得克萨斯州坠毁。航天飞机上有6名美国宇航员和1名以色列宇航员。

美国有线电视新闻网电视画面显示，航天飞机飞越得克萨斯州上空时，拉出数道而不是正常的一道白烟，表明航天飞机很可能已经解体。

美国宇航局目前还没有正式宣布宇航员遇难，但佛罗里达州肯尼迪航天中心降落场已降半旗。

美国宇航局在与航天飞机失去通信联系后宣布进入紧急状态，并派出搜救人员前往得克萨斯州航天飞机部件可能坠落的地点，搜索航天飞机残骸和宇航员。

有报道说，在得克萨斯北部地区，有人在当地时间早上9时听到"一声巨响"，这与美国宇航局宣布与"哥伦比亚"号失去联系的时间恰好一致。

一位目击者告诉美国有线电视新闻网说："我们听见了隆隆声，持续了大约一分半钟，感觉就像你家后院里跑过一列火车似的。"

设在休斯敦的美国宇航局控制中心已要求有关地区的居民，"如在达拉斯沃思堡附近发现航天飞机残骸，请不要接触，因为航天飞机上所用的燃料可能对人体有害，发现者应立即报告当地的执法当局"。

白宫官员说，正在马里兰州戴维营休假的美国总统布什已经得到有关与航天飞机失去联络的通报，正在密切跟踪事态的发展，并计划返回白宫处理紧急情况。

美国国土安全部发言人说，目前没有迹象表明"哥伦比亚"号失事与恐怖活动有关。

"哥伦比亚"号航天飞机是 1 月 16 日发射升空的，原定于 2 月 1 日美国东部时间 9 时 16 分（北京时间 22 时 16 分）返回地面，但在美国东部时间 9 时与地面控制中心失去了联系，当时的飞行高度是 6.3 万米，时速 1.9 万公里。出事前，航天飞机机组人员没有向地面控制中心报告任何反常情况。"哥伦比亚"号是美国最老的航天飞机，1981 年首航。

执行此次航天飞行任务的共有 7 名宇航员，其中包括以色列首位宇航员伊兰·拉蒙。

据报道，在为期 16 天的飞行中，航天飞机机组人员共进行 80 多项科学实验。

"哥伦比亚"号此次共搭载了包括中国在内的 6 个国家的学生设计的实验项目。除中国学生的"蚕在太空吐丝结茧"实验外，美国、以色列、澳大利亚、日本和列支敦士登等国学生也设计了实验项目，分别涉及太空飞行对蜘蛛、蜜蜂、鱼、蚂蚁等的生长及其习性的影响等。

（快讯）美国宇航局证实 7 名宇航员遇难

【新华社华盛顿 2 月 1 日电】美国宇航局发言人 1 日在新闻发布会上证实，"哥伦比亚"号航天飞机上的 7 名宇航员已全部遇难，航天飞机解体坠毁事件是一次"灾难"。

"哥伦比亚"号航天飞机 1 日在美国东部时间 9 时（北京时间 22 时）许返回地面过程中与地面控制中心失去了联系，后在得克萨斯州中北部地区上空解体坠毁。

……

由于航天事业高度的政治和军事敏感度，当事故发生后，媒体会特别关注各方面的情况以及事故的影响。请看 1957 年，在紧张的"冷战"气氛中，路透社如何报道各方面对美国卫星试验失败的情况（阅读时，请注意不同驻在地的记者消息来源、采访对象、报道切入角度和报道重点有何差别，学习西方记者如何将意识形态倾向隐藏在客观报道里的技巧）。

【路透社华盛顿 6 日电】国会民主党议员星期五对"先锋"式卫星火箭发射的失败感到沮丧，他们认为这是对美国威望的一次"痛心的"和"可耻的"打击。

　　华盛顿对在卡纳维拉尔角进行的失败的试验的反映是从失望和沮丧一直到下面这种达观态度——在执行这种有雄心的计划时一定要预计到有挫折。

　　然而，各方面都要求重新努力把一颗美国月亮射到天空中去。参议院多数党领袖德克萨斯州参议员约翰逊说：这是"我国历史上一次最轰动一时和最可怕的失败"。"他们为什么不把这种卫星制造得完美无缺而在它被射到天空以后再在卡纳维拉尔角宣布呢？"

　　参议院军事委员会主席鲁赛尔提出了类似的看法，他说，这次失败是"对我们已经在降低的世界威望的一次严重打击"。他说："最好是看到一颗卫星在天空中奔驰而不要对一次没有把握的试验虚张声势。"

　　在纽约，美国火箭学会主席特劳克斯海军中将说："试验是在科学人员受到压力，是在全国瞩望的情况下进行的。正是由于这种原因，如果试验成功的话，我倒会感到意外。"

　　参议院—众议院原子能委员会主席达拉姆说，这次失败是"非常不幸的和令人非常失望的"。他说，事前的宣传搞得过火了。

　　参议院多数党领袖约翰逊说："每当美国宣布一个大事件——而且在我们面前失败时，我内心总感到畏缩。我想你们大家都知道，这就是那颗我们大肆吹嘘，发射已迟的而且很糟糕的卫星今天上午所发生的事情。"

　　虽然五角大楼各部门对这个问题都保持着一种难堪的沉默，但是国防部长麦克艾罗伊在他今晚前往伦敦时给人们的印象是，他对这次失败并不感到惊奇。

　　消息灵通人士说，美国"先锋"卫星今天的失败远远比官员和专家们担心的糟糕得多。

　　这些人士说，卫星的失败说明西方亟需在技术上进行合作。很大一部分公众和国会人士把美国的落后归咎于三军之间的竞争。

　　【路透社卡纳维拉尔角6日电】全国广播公司评论员德雷耶事后不久在广播中说："我们应该笑我们自己——这是民主制度的特色。但是这是一个全国感到失望的时刻。进展总是得来非易的，我们现在感到的是全国性的悲痛。"他的话反映了美国人对失事的失望情绪。

　　失事时阳光和煦，寒冷而有微风，这种天气不致妨碍火箭冲上天空。

　　"先锋"试验卫星无法到外层空间和俄国卫星会合的事实，是使星期五的股票市场跌价的主要原因。飞机—导弹公司的股票每股跌了一元到两元。主要钢铁、汽车、金属和铁路股票每股跌了几分几角到一元不等。

今天的事故，使制造这种火箭的最后部分的马丁公司的股票被大量抛售。由于要出售的股票太多了，所以纽约证券交易所不得不暂时停止这些股票的交易。这家公司当时的股票价格为 37 元，跌了 3/4。

【路透社伦敦 6 日电】（内部通报）迪布尔需要尽快地得到关于卡纳维拉尔角发射卫星失败的各种反映。

星期五美国发射地球卫星失败，使美国在世界上的威信遭到新的严重打击。这次失败是在各国积极为巴黎盟国最高级会议进行准备的最后阶段发生的，而在巴黎会议上美国的领导地位将遭到严重考验。

来自卡纳维拉尔角的这个消息使国务院遭到一种令人心灰意懒的打击。在过去两三天里，官员们一直注意到这项发射卫星的试验日益引起欧洲的嘲笑。他们当初所能希望的充其量不过是：美国至少会在这次竞争中露一下脸，即使发射的小月球和俄国的大型人造卫星比起来太小了而且太晚了。这枚运载火箭的爆炸使这种希望暂时粉碎了。

几乎再没有比这次发射失败的情况更糟糕的了。为发射卫星进行准备的一切情况，随着工作的进展，都逐步透露出来，因此使这种戏剧性的紧张气氛变得更加严重了。

从同俄国的军备竞赛方面来说，"先锋"计划的失败没有很大的重要性。但是从心理和政治角度来看，造成的损害肯定是相当大的而且可能是非常大的。各盟国和各中立国家一样，都认识到苏联已经赶到强大的美国前面了。

【路透社联合国纽约 6 日电】外交人士星期五对于美国第一次发射卫星的工作失败表示遗憾。

苏联代表索波列夫得知失败的消息说："那太糟了。"问到莫斯科是否可以给予技术帮助时，他回答说："无可奉告。"

印度代表梅农说："真可惜，我希望它已飞上去了。"

五、海难事故

（一）民用船只事故

海难的报道应该说与空难大同小异。由于海难的生还机会相对空难要大一些，因此关于的营救情况在报道中应多加体现。此外，就像空难需要介绍天气状况一样，海难应该交代当时的气象情况和事故地点海域的水温，因为这与事故的发生和营救有密切的关系。此外，航道等相关情况也应有所介绍。

【合众国际社伦敦 1912 年 4 月 20 日电】题：泰坦尼克号遇难

　　北大西洋发生了一件不可思议的事件："不会沉没"的泰坦尼克号在船身破了一道大裂口后载着 1000 多人沉入大海。午夜时分，该船与一座冰山正面相撞，享有盛誉的防水舱却无济于事。事故发生时，泰坦尼克号正在以 21 海里的时速在有冰海域快速前进——有人也许会说是在大摇大摆、威风凛凛地前进着。数小时后，这艘世界上最大最豪华的客船在若无其事的伴奏声中从海面上消失了。

　　5 天前，当这艘船驶离英格兰的南安普顿开始它开往纽约的处女航时，船上大约有 2340 名乘客和船员。在事故中大约有 1595 人遇难，只有 745 人得救，其中很多是妇女和儿童。如果船上的救生船不是只够一半的人员使用的话，得救的人会更多。有两只满载从泰坦尼克号逃下来的人的救生船被泰坦尼克号下沉时形成的漩涡卷进海底。

　　显然，大多数乘客没有意识到出事。船与冰山相撞时，轮船只是稍稍颤动一下，没有激烈地颠簸。一开始，乘客们对此并没有在意，他们仍在舱内穿衣服，准备去吃饭。

　　阿奇博尔德·格雷西上校可能是在泰坦号上等到最后而又幸存下来的唯一的人。"我费劲地抓到铜栏杆，"他说道，"抓住后我就拼命不放。船下沉时，我在水中旋转起来，好像转个没完。后来我浮出水面，看见海面上一大片乱七八糟的残骸。"

　　约翰·雅各布·阿斯特上校就不如他幸运了。一位幸存者看见他勇敢地帮助他的新婚妻子上了救生船，点支烟后，他又帮助其他妇女上救生船，而他自己却随船沉没了。船长也沉没了。船上大多数的工作人员和他们的妻子拒绝援救，她们在船上与丈夫手拉着手，随着泰坦尼克号沉入大海。

如何使客观报道有意义？合众社这篇经典报道就是完美的诠释。仅寥寥几处，直露记者的观点、看法，更多却是通过"在事故中大约有 1595 人遇难，只有 745 人得救，其中很多是妇女和儿童"这样看似平直、实则精心的叙述间接表达出来。

　　现代海运以货运为主。油轮漏油会造成重大的环境灾难，是媒介报道海难时重点关注的对象。原油泄漏事故造成的经济损失也不可低估。1995 年，韩国发生的一次原油泄漏事故中，大约 5000 吨原油漏入其南部海域，因此造成的直接经济损失达 443 亿韩元，政府还为此后 5 个月的清污行动支出了 220 亿韩元。

如何让新闻"动"起来？一个好的方法便是利用直接引语。记者要巧妙搭配被采访者的话，将事故发生经过、应对措施、事件影响一一道出，做到条分缕析，重点突出。

常见的海事事故还有火灾、轮船相撞和倾覆等，以人为事故为多，记者报道时，要注意总结经验教训。

【新华网雅典 7 月 25 日电（记者 梁业倩）】题：希腊比雷埃夫斯港发生油轮起火事故 8 人丧生

希腊政府海运部 25 日证实，希腊比雷埃夫斯港 24 日发生一起油轮起火事故，目前已造成 8 人丧生，另有 4 人受伤。

据希腊媒体报道，一艘悬挂巴拿马国旗的油轮 24 日下午在比雷埃夫斯港的佩拉马船坞接受维修时突然起火，随后发生爆炸。消防人员经过 4 个多小时的努力将大火扑灭。事故伤亡人员多为油轮维修工人，遇难者中包括 1 名菲律宾籍船员。

事发后，希腊海运部长武尔加拉基斯发表声明，向遇难者家属表示慰问，并表示将对事故原因展开调查。25 日中午，1000 余名维修工人在希腊海运部前举行示威游行，要求改善船坞工作条件，随后又同试图阻止示威的警察发生冲突。

（二）军用舰艇事故

俄罗斯"库尔斯克号"潜艇在 2000 年 8 月的失事，可以说是近年发生的最悲惨的海难之一。各国媒体都将这起海难作为重大新闻予以报道。媒体除了报道事故本身、打捞工作进展、失事原因调查等消息外，还集中报道遇难将士，介绍他们的家庭、生活和亲友对他们的怀念等。

真正的灾难和事故报道，应当关注人的因素——遇难/险的人、被救出的人、救援/助的人、失去/忧心亲人的人、无家可归的人、被迫迁徙的人……表现人们的生活以及他们间的关系发生的剧烈变化：他们失去了什么？他们的悲痛表现在什么地方？他们怎样生存下来的？他们怎样克服困难的？他们的精神状态怎样？他们有相互帮助吗？其他人对他们的援助迅速有力吗……

新闻是直达人心的工作。人情是现场报道的灵魂，就像《星期日泰晤士报》采访"库尔斯克号"艇长遗孀的报道所展示的那样。

俄罗斯海军的爱情与死亡

"在梦中他穿着军服向我走来，他说了些亲昵的话，然后与我道别，随后就永远地消失了。"

　　这是俄罗斯编号"K-159"的核潜艇的资料照片。2000年8月12日，俄海军北方舰队所属"库尔斯克号"核潜艇在巴伦支海参加军事演习时失事沉没，潜艇上的118名海军官兵全部遇难。

　　对伊琳娜·利亚钦娜来说，8月13日本应是个值得庆祝的日子——她的儿子格列布这一天满21岁。格列布是俄罗斯一所海军学院的学员，他父亲也出自这所学院。两天前，他本来准备加入俄罗斯海军第一流的核潜艇"库尔斯克号"。他的父亲、"库尔斯克号"舰长根纳季·利亚钦就要带领这艘潜艇驶向巴伦支海，执行一项历时3天的任务，但在最后一刻，格列布得到了参加另一次演习的命令。

　　格列布很失望，但伊琳娜安慰他说，他们父子还会有很多机会在一起工作，而且这次两人离家的时间都不长：根纳季在吻别伊琳娜和15岁的女儿达莎时对她们说，他周一之前就会回来。

　　伊琳娜回忆道："他每次长时间离家，达莎总会送他一个小娃娃，他会把娃娃带在身边，直到他回来。我总是开玩笑地要他别拈花惹草，而且不许他喝一点儿酒。但这次我们没有像往常那样去做。他只是走几天而已，没有什么大不了的。"

　　但在格列布生日那天，种种传闻开始在伊琳娜所居住的核潜艇部队驻地维佳耶沃小镇传播开来。这座城镇位于莫斯科以北1200英里处。居民们开始说，"库尔斯克号"发生了可怕的事情。

　　伊琳娜在首次接受西方报纸采访时说："我一整天都处于眩晕状态。电话一直没有断过，越来越多的亲戚在听说出事后打电话来。那天是我儿子生日，但我只知道是'库尔斯克号'正沉在海底。"

　　当夜，她梦见了丈夫，这使她不再对传闻抱有怀疑。"这是我最后一次见到他。在梦中他穿着军服向我走来，他说了些亲昵的话，然后与我道别，随后就永远地消失了。第二天早晨，我竭力让自己相信他还活着，但在内心深处，我知道他已经死了。"

　　直到第二天，俄罗斯当局才证实了小镇居民的担忧。等到俄罗斯政府证实艇上118名成员全部遇难时，已经是一个星期以后的事了。在这期间，俄罗斯海军拒绝了世界其他国家的援助。"库尔斯克号"沉没是俄罗斯海军最严重的一次灾难。

　　不像其他很多遇难者家属那样，46岁的伊琳娜不愿意向军方当局兴师问罪。她认为她丈夫信任海军，因此她也相信——特别是现在她已经失去了亲人，需要保护的只有他的遗产。她说："我向来知道，根纳季的工作很危险。每次他出海我都很紧张。但我明白一名海军军官的全部生活是什么样的。你不应提出疑问，也没有资格认为别人亏欠你什么。现在归罪于人于事无补。"

……

在伊琳娜眼里，根纳季是一个与她志同道合的沉静而雄心勃勃的年轻人。他少言寡语，讲求实际，行事果断坚定。他从来不会在社交的繁文缛节上浪费时间，而且有时诚实得叫人受不了。正是这些品格令伊琳娜对他着迷，也为他赢得了每一位与其共事的军人的尊敬，他因此得到迅速提拔。

她回忆道："他高大英俊，我爱他。与他在一起时，我感到平静而安详。他非常有耐心。我们常常一块儿长时间散步，手挽着手，他静静地听我说话，听我诉说梦幻般的故事，他总是充满着深情。"

两人结婚时，伊琳娜21岁，根纳季20岁。他们在俄罗斯度过了俭朴的蜜月后，一分就是两年时间。她迁到莫斯科读书，他到列宁格勒去接受潜艇军校学员训练。根纳季似乎命中注定事业辉煌，他被分配到维佳耶沃工作，那是在荒无人烟的巴伦支海海岸位于北极圈以北的地方。

"我尊重他（儿子格列布追随他父亲的足迹）的选择，并支持他。我为他而自豪，倘若我丈夫地下有知，也会为他感到自豪的。"

维佳耶沃是前苏联戒备森严的地方之一，由于它是一座军事城镇，进城受到各种严格限制。居民都是在俄罗斯北方舰队服役的海军军官和水兵。只有他们的近亲才可以入内。但在苏联时代，在那里工作薪水较为丰厚，而且商品供应比其他城市要好。

伊琳娜说："最终我们团聚了。我们有足够的钱，根纳季有一份好工作。我们很幸福。最艰难的时期是根纳季离家好几个月的时候。"

20年以后，维佳耶沃过去的各种特权所剩无几了。唯一不变的是，这座城镇依然保持着强烈的团体感。共产主义崩溃使海军基地遭受沉重打击，作为"库尔斯克号"潜艇舰长，根纳季的月薪只有180英镑。当伊琳娜的公寓在电视中出现时，公众大为震惊。街区入口处的信箱锈迹斑斑，油漆片片剥落，它无情地暴露了俄罗斯海军日薄西山的现状。

伊琳娜的命运继续与俄罗斯海军紧密相连，因为她的儿子格列布依然决心追随父亲的足迹。伊琳娜伤心地说："他父亲出事后，格列布知道我为他的职业选择而担忧。我告诉过他，如果家里不会再有其他海军军人，我会高兴一些。但我必须尊重他的选择，并支持他。我为他而自豪，倘若我丈夫地下有知，也会为他感到自豪的。"

国际新闻记者究竟为何采访？采访些什么？上面"充满感情的记录"，诠释着新闻工作为什么对社会、对人类如此重要。颇有意味的是，即使是在这样看似"纯而又纯"的悼亡报道中，亦暗含着对"俄罗斯海军日薄西山的现状"的间接描述。

涉及潜艇、军舰的海事事故，是全世界媒体极力追逐的事件。但浩瀚的大海中，特别是在海下发生的事故，不像发生在军机上的事故那么显眼，很可能在有关国家的极力遮掩下不为公众所知。媒体获得这类新闻线索的难度非常大，采访更是难上加难，即使报道出来，可能也只是寥寥几句的事故简介。若非苏联解体后俄罗斯海军陷入混乱，媒体几乎不可能如同报道车祸一般，追踪"库尔斯克号"那种级别的攻击性潜艇失事。大多时候，媒体不得不借助报道一些人事异动或反常现象，间接公布事故的后果、影响。这种时候，记者若有、或者能采访到优秀的军事专家，就大有帮助了：专家可以提供许多评论、推断，补充专业背景与历史知识。

第六章　吸引眼球的事件

——政治新闻报道

如果询问世界一些大媒体的记者："你们的新闻主要集中在哪些事件上？"几乎所有的记者都回答说：当然是政治事件；如果调阅世界大通讯社的稿件或者翻阅一些世界上的著名报纸，便会发现：多数稿件或者重要版面上刊登的稿件，基本都是政治新闻。

第一节　政治新闻——记者追访的重点

一、网状结构中的政治新闻

先来看法新社的一组报道。

【法新社日内瓦 1965 年 8 月 25 日】题：德一教授谈一些国家的人工流产情况

据今天有人在这里举行的节育会议上说，世界上人工流产比例最高的国家匈牙利在 1964 年每出生 100 个孩子的同时就另有 140 个孩子流产。

东德罗斯托克大学梅赫兰教授说，1955 年以后，在所有的东欧国家里，流产是合法的，并且几乎是免费的。他对这个情况作了以下的回顾。

1. 苏联：从 1955 年起，合法的流产就被看作是要被更普遍使用的避孕方法所代替的"紧急"和暂时的措施。

2. 匈牙利：经济和社会条件是 30％流产的原因。匈牙利当局正设法通过改进孕妇的生活条件和分配避孕药物（然而，这些避孕药物都不是免费的）来降低这样高的流产率。

3. 南斯拉夫：流产是免费的，但是由一个社会医学委员会控制。在申请流产的人中有 10％到 20％的人要被拒绝。避孕药物可以免费得到。

4. 捷克斯洛伐克：流产在 1957 年曾经是免费的，但是自 1962 年以后就收费了。合法和非法的流产数字大大下降，不过仍然是节制生育的主要方法。

5. 罗马尼亚：流产是免费的。1961 年，在布加勒斯特，每生 1 个孩子的同时就另有 13 个孩子流产。几乎没有什么人使用现代的避孕法。

6. 波兰：流产是合法的。

7. 东德：它是唯一流产只能由于医学上的原因才是合法的社会主义国家。避孕药物普遍可以得到。

朝鲜的金德日博士说，对一项全国性计划来说，只一次就解决的方法是最重要的，特别是在农村地区。自 1962 年这项计划开始以来，已有 25 万人安了子宫内部装置——避孕环。

【法新社莫斯科 1966 年 10 月 6 日】题：苏报大力鼓吹发展爵士音乐

曾经一度被苏联当局鄙视为颓废之物的爵士音乐现在正受到官方的批准和支持。

苏联电视今晚向大部分青年听众播放了一个现代爵士音乐会的节目，这些音乐是苏联作曲家的作品。在音乐会上表演的三个五重奏乐团和一个乐队是由莫斯科和列林格勒的音乐家所组成的。苏联作曲家协会主席替音乐会作了介绍。这个音乐会是比赛性质的，胜利者将参加在华沙和布拉格举行的国际比赛。

听众们对音乐会的节目"热烈鼓掌"。又据音乐专家说，尽管参加表演的音乐家们"缺乏信心"和"不够成熟"，但他们显示了对西方爵士音乐的最近趋势有"深刻的研究"，并很好地"同化"了它们。《共青团真理报》今天发表了一篇文章，支持在苏联发展这种"年轻的艺术形式"。文章说，报纸已经收到"大批"要求在全国各地举行爵士音乐会的信件。

《共青团真理报》今天发表了莫斯科音乐家联合会领导人瓦诺·穆拉杰利谈论爵士乐的一篇文章。他指出苏联爵士乐取得了成就，并强调说，这种艺术体裁"在苏联有向前发展的最良好的土壤"。

穆拉杰利满意地指出，"全力关怀青年的兴趣是共青团正在作力所能及的一切来帮助年轻的爵士乐。"

同时，这位作曲家对爵士乐队缺乏专业训练的情况表示遗憾。

瓦诺·穆拉杰利建议在学校里开设爵士乐系。他认为，只有使接班人受到高度的专门训练，才能巩固苏联爵士乐由于当代音乐家的天才和热情而取得的成就。

【法新社莫斯科 1979 年 10 月 2 日电】题：在苏联买东西的学问

在苏联买东西是一门生活的学问。购物者想买某件东西时，必须倚靠直觉和运气。发现想买的东西后，必须有足够的耐性来排队。为了买一块肥皂，有时得排 3 次队。有一次，我们进了一家商店，该店正在出售毛线。家庭主妇们在此展开了一场激烈的争夺战，失败者的孩子们冬天不会有毛衣穿。

在苏联，没人排队购物的地方只有卖面包的商店，除此之外的任何场所，人们都得排队等候购买稀缺的商品。发工资的时日，你可以看见，在和平大街的一家鞋店外，有五六百人挤着买鞋，这是莫斯科最常见的现象。外国人看见这样的现象会感到惊讶：大商店的一堆堆货物前必有一行行主妇排成长队，就像小鸡追随母鸡在觅食，而这却是苏联人的日常生活。

在苏联，身边带钱是生存的不二法则，便于立即抢购商品，即使这东西并非必需品。记者曾采访一位排队买婴儿装的年轻人，他说，他还是单身汉，买婴儿装是打算拿去和一个女售货员换一双冰鞋。有些东西现在用不上，但将来肯定有用。

表面上看，法新社发布的消息中，第一则是专业会议新闻；第二则是文化新闻；第三则是社会新闻，与政治并无关系；但三则消息其实都可以当做政治新闻，乃至意识形态竞争的材料：第一篇隐示共产主义国家"合法"而"免费"的流产漠视人命；第二篇歌颂爵士乐（作为西方发达国家流行文化一个典型代表）不可抗拒的魅力；第三篇直接描绘苏联民众低下的生活水平。

由此可见，即使表面上是"纯而又纯"的新闻，也很难撇开政治元素。政治新闻往往与其他类型的新闻相互渗透、交融，形成一种网状结构关系。难怪新闻学在独立而成一个学科前，被称为政治学的一个分支。

政治事件，一直是记者重点追访的对象。而对于在地球村追风裁云的记者来说，国际政治事件当然是他们工作的焦点所在。

对突发重大新闻事件的反应能力和对政治新闻的追访能力，是世界重量级媒体影响力所在。这一点，在路透社、美联社、法新社和新华社等世界性大通讯社上表现得特别明显：政治新闻在通讯社的发稿量中占有很大的比例，如果将同政治有联系的其他新闻都计算在内，这类新闻通常要达到发稿量的一半左右。

二、吸引眼球的国际政治新闻

世界各地每天发生的大大小小的政治事件难以计数。除了重大突发政治事件外，由哪些常规政治事件产生的政治新闻能得到世界性的普遍关注呢？一般来说，政治领域发生的重要新闻，包括主要国家或重要地缘政治地区国家首脑和政府领导人的变更、政府组成、政策发布、政治性谈判或会议、国家和政府领导人的访问、国际组织和地区性组织的活动、国家和政府间的磋商等。

就如下面的报道显示的。

【新华社华盛顿 12 月 21 日电 记者杨晴川】题：组阁安排显示奥巴马稳中求变

在圣诞节前一周，美国当选总统奥巴马就已基本完成组建白宫和内阁团队的工作。这一显露雏形的施政团队人事布局，既体现出奥巴马统筹兼顾的用人策略，也一定程度地反映他日后施政稳中求变的基本走势。

执政班底多用"对手"

从目前基本组建成形的内阁班底看，奥巴马重视阁员人选的从政经验，重用民主党内"对手"和共和党人，希望借此实现党内外精英政治资源的整合。

在奥巴马的内阁中，副总统拜登、国务卿人选希拉里和商务部长人选理查森都曾是奥巴马民主党预选中的对手。农业部长人选维尔萨克曾任希拉里全国竞选委员会共同主席，劳工部长人选索利斯是希拉里在众议院的支持者。在这方面，奥巴马与历史上另一位从伊利诺伊州走出的总统林肯有相似之处。林肯在组阁时曾重用 3 名党内预选对手，他的"对手内阁"被传为美谈。

奥巴马还重用共和党人，尤其是提名长期为共和党政府效力的现任国防部长盖茨留任。运输部长人选拉胡德也是共和党人。

此外，奥巴马内阁班子人选当中有半数是民选官员，包括 6 位现任和前任国会议员、3 名现任和前任州长以及 1 名前任市长。这显示出他注重经验的用人思路。

美国著名政治刊物《库克政治报告》主编查理·库克认为，奥巴马倾向于重用经验丰富且能经受政治考验的人。奥巴马也认为，经过选战考验的人，更善于倾听选民呼声。

"中间色彩"意味浓厚

就政治立场而言，奥巴马内阁成员"中间色彩"浓厚，只有劳工部长人选索利斯被认为是"民主党左派"。在最重要的 3 名阁员中，国务卿希拉里是民主党温和派，国防部长盖茨与共和党关系密切，而财政部长盖特纳则是无党派人士。

在 20 名已确定的内阁人选中，有 8 人与主张走"中间道路"的民主党温和派组织"民主党领导人委员会"关系密切，包括未来白宫办公厅主任伊曼纽尔、内政部长人选萨拉萨尔、商务部长人选理查森和农业部长人选维尔萨克。

奥巴马本月 1 日宣布国家安全班子名单时，已明确表达了这种体现中间路线的政策取向。他说，美国需要将军事手段与政治、外交和经济力量结合起来运用，以维护美国利益，维护国家安全。

"民主党领导人委员会"创始人弗罗说，奥巴马已履行了组建"后政党时代内阁"的竞选诺言。

医疗能源"新政亮点"？

美国舆论认为，尽管振兴国民经济和保障国家安全很可能将成为奥巴马就任后的两大要务，但从其经济、国家安全团队成员的选择来看，他执政后在救市、伊拉克战争和贸易等一些当前最紧迫议题上不太可能全盘推翻布什政府的政策，很可能推行渐进式改革，因此短期内难有显著成效。但在医疗保健、能源、环保和教育这些两党分歧较大、被布什政府相对忽略的领域，奥巴马任命的有关官员则更有可能推陈出新，或可成为见效更快的"新政亮点"。

奥巴马提名民主党重量级人物、前参议院多数党领袖达施勒兼任卫生与公众服务部部长和白宫医疗保健政策主管，统管新政府医疗保健体系改革，显示出其大力推行医改的决心。

获得能源部长提名的华裔科学家朱棣文一直主张采取更为积极的政策应对气候变化问题，他将协助奥巴马进行较大幅度的能源和气候政策改革。奥巴马的教育、住房和劳工部长预计也将采取与布什政府有明显区别的政策。此外，奥巴马还在白宫内增设了医疗保健、能源和住房政策的协调机构，也显示出他将加大这些领域的改革力度。

《华盛顿邮报》20日公布的调查结果显示，七成美国民众对奥巴马在过渡时期的工作表示满意，并对他的总体政策给予积极评价。这表明，尽管奥巴马就任后将面临一系列严峻挑战，但他无疑已具备了推行"新政"的良好民意基础。

三、写作国际政治新闻的诀窍

国际政治角力错综复杂、波谲诡秘，使得报道国际政治的新手工作起来常常感觉千头万绪、迷雾重重、难以下手。那么，写作国际政治新闻有没有什么诀窍呢？

美国著名政治学家、传播学者哈罗德·D. 拉斯韦尔，给出一个经典的指南——"谁得到什么？何时和如何得到？（Who gets what, when and how?）"——拉斯韦尔《政治学》一书的这一概括，不仅是西方政治学家普遍引用的，对于什么是政治或者什么是政治学研究对象的经典性表述，也可以指导采写政治新闻的记者开展工作。

【法新社布鲁塞尔1994年4月6日电】题：欧共体认为社会问题不宜列入世界贸易组织的工作计划

美国和欧洲联盟在如何把社会条款写进国际贸易协定问题上始终存在

着严重的意见分歧。

发展中国家认为这是莫伊保护主义，工业化国家认为这是反"社会倾销"的手段。这场辩论将影响到为批准关贸总协 1993 年 12 月 15 日达成的协议而召开的马拉喀什（摩洛哥）部长会议。

欧共体负责对外贸易关系的专员利昂·布里坦说："我们和美国一致同意在马拉喀什必须对社会条款问题进行讨论。但是，美国提出的方案引起了争论。"布里坦还说，"如何使有关社会条款的讨论在新的世界贸易组织中进行，这个问题仍需要解决。"

美国人采取了强硬的立场，并且威胁说，如果马拉喀什会议不把社会标准写进世界贸易的职能，美国就抵制部长会议发展的声明。

法国政府在这个问题上很积极。它认为，世界贸易组织"应当讨论对国际贸易有影响的问题，如环境和社会事务问题。"

欧洲和世界各国的工会组织认为，工会自由、集体谈判的权利、最低就业年龄、平均对待、禁止强迫劳动是国际贸易协定签字国必须尊重的"最低限度"的社会措施。

但是，联盟成员国对这个问题意见不一致。英国和葡萄牙没有批准国际劳工组织的关于童工的条约，他们担心把社会条款写进国际贸易协定。

3 月底，欧洲联盟对社会权利方面"什么是可行的，什么是合法的，什么是可限制的"问题进行了辩论。

负责发展的专员曼努埃尔·马林强调说："如果能够采取贸易报复措施来捍卫社会权利，这将只会使人们担心贸易保护主义得到加强。"

鉴于这个问题的爆炸性，布鲁塞尔委员会认为现在不应把社会方面的问题列入世界贸易组织的工作计划，并主张采取灵活态度，同发展中国家和东南亚新工业化国家就这个问题进行讨论。

这些低工资的国家拒绝社会条款，他们认为这种条款是工业化国家加强贸易保护主义。他们的反对态度使马拉喀什会议面临着危机的危险。

这正应了报道老手们常说的一句话：政治新闻的写法——永远是各派政治势力博弈的故事。

第二节　选举是政治报道的重要领域

选举新闻在某些特定的时间里仿佛是无穷无尽的。负责政治新闻报道的记者可以整年以选举作为题材进行报道。在国际新闻报道中，选举同样是重要的报道领域。

有些国家的选举特别受到世界关注。美国的国会选举、总统选举就是典型的例子，其超级大国的地位，使其他国家不得不特别关注美国选举对本国的影响：热门候选人更支持自由贸易还是倾向贸易保护主义，秉持何种的政治理念，准备实行怎样的外交策略，与本国亲近吗？等等。此外，某些热点地区的选举结果对地缘政治有重大影响，也会受到全球性的关注。例如，哈马斯在选举中获胜的消息一经传出，中东的局势立刻变得更加紧张。而在苏东剧变、颜色革命中，西方媒体对其进行的连篇累牍式的报道，简直赶得上对自己国家选举热心程度的关注，这背后更直接有国家间政治博弈的影子。

一、报道选举的注意事项

美国新闻学者杰克·海敦在《怎样当好新闻记者》中写道："政治记者要了解选举法，了解政党的工作情况。他们要注意党内的派别斗争和权力斗争。要学习政治科学、历史和理论，要寻找适用于目前政治的历史先例。"

世界各国的选举有很大差别，报道的内容和方式有不小的差异。如何从中找出指导性的、规律性的原则，帮助人们更好地报道选举？这里以美国总统选举为例，来说明报道选举的注意事项。

美国大选的程序概括起来大致分为三个阶段，新闻报道基本沿着这三个阶段进行：第一，竞选前的活动，包括候选人申请、选民登记、初选以及共和党和民主党大会。第二，竞选，包括介绍候选人、竞选策略、演说、民意测验、选举预测等。第三，选举，包括选举的具体日期、选举结果和选举后的有关事项。

2003 年 8 月 11 日，美国总统布什（中）在 2004 年总统大选竞选连任资金筹募活动时发表讲话（新华社发）

2004 年美国总统大选在 2003 年 9 月 1 日拉开帷幕。德国通讯社发了下面的稿件。

【德新社华盛顿 9 月 2 日电】题：美国总统竞选运动在劳动节拉开帷幕

2004 年总统竞选按惯例在 9 月 1 日劳动节（9 月的第一个星期一）这天拉开帷幕。美国总统乔治·布什在劳动节演讲中保证向国人提供更多就业机会，并宣告反恐战争取得胜利。数位有望成为民主党总统候选人的民主党人也在这天露面着手进行竞选。

　　劳动节标志着长达 14 个月、令人精疲力竭的竞选运动开始启动。这天布什总统在俄亥俄州的一个建筑工地向国际施工工程师协会的一小群人发表了演讲。与此同时，民主党参议员迪克·格普哈特和约翰·克里分别在南卡罗来纳州和新罕布什尔州发表演说，预计本周晚些时候电视台将播出他们的首次电视广告。

　　东部的俄亥俄州是共和党的一个关键州，布什在该州 2000 年颇有争议的选举中只以 4% 的选票领先民主党候选人戈尔，但这里大规模的制造业却在经济不景气期间遭受重创。由于对经济萧条如何使自己的父亲竞选连任的努力以失败告终记忆犹新，布什表示他打算把精力放在经济（可能是他的最弱项）上。

　　对民主党而言，他们将把精力放在 9 位竞相争夺公众注意力和领先位置的民主党人身上。前佛蒙特州州长霍华德·迪安目前在民意测验中领先并得到众多年轻的民主党人的支持。他还在对布什政府的攻击中独树一帜，抨击现政府未能在伊拉克战争结束后制订有效的计划。但是，估计迪安不太可能取得最终的领先位置，因为民主党的忠诚干将在尚不清楚克里和格普哈特之类的中间派议员表现如何之前不会轻易支持他。

　　近在眼前的两件大事是：明年初将在艾奥瓦州召开非正式但极为重要的（选定候选人的）政党地区会议；明年 3 月在新罕布什尔州将召开党的候选人选拔会。

　　选举的前期报道最吸引人的是预测性报道。前期报道中记者重要的任务之一是收集资料。虽然美国本土的记者和世界各大媒体记者对美国总统选举报道的角度不同，但是从积累资料的角度看，占有的资料越多越详细越好。

　　新华社驻美国首都华盛顿的记者多次报道了美国的总统选举。由于通讯社发稿的要求，这些记者必须从头至尾记录选举的所有重要事件。在前期报道中，一般要重点收集下面这样一些资料：

　　第一，候选人和政党。第二，竞选对手的主要情况，包括年龄、所在的州、职业和其他背景材料。第三，有关选区的情况，包括哪些选区支持共和党，哪些选区支持民主党。第四，民意测验的结果，包括哪些候选人的呼声高？为什么呼声高？第五，有关选区的社会经济情况，包括社会阶层的构成，宗教、种族和人种的组成。第六，两党的主要分歧。第七，两党的竞选战略，包括策略和手段，如是否逐门逐户地游说，是否设立宣传台，是否在电台和电视台购买下全部节目时间等。第八，财团的支持背景，这是非常重要的材料，一般情况下，记者都会尽力弄清这一点，因为这对预测选举结果至关重要。第九，投票开始时间以及当天的气候情况等。

收集材料时，有两方面的材料含有重要讯息：选民登记人数和候选人的介绍。

选民人数的多少直接反映了选民对待大选的态度，这一数字虽然不一定完全针对参选候选人本人，但却可以反映选民对当时政治事态的看法。《匹兹堡新闻邮报》政治记者弗兰克·M·马修斯曾经这样报道阿勒格尼县1977年美国选举的选民登记情况。

阿勒格尼县在4月份的预选到10月4日登记日期截止期间已登记的选民人数创造了新纪录，但是仍然比1972年总统选举中有资格参加投票的选民总人数少119196人。

选民人数的减少反映了选民的冷漠态度，它不一定是针对即将举行的福特——卡特竞选，但确实显示了人们对1972年以后发生的水门事件和性丑闻的几年的政治厌恶。

在那几年中，成千上万的选民干脆不去投票，而两年不去投票以后，就会被自动地从登记册中除名。

在登记和重新登记中的选民人数的大量增加，也是由新近的邮寄登记的方便所致。

无论如何，选举局局长肯尼思·迪克松告诉记者说，登记表上增加了73159个新名字，全县登记的选民总数为：民主党531393人，共和党244500人。

全县合格的选民总数是8001679人，其中包括无党派人士和小党成员，而1972年的总数是920875人。

选民人数的增加有利于民主党……

杰克·海敦在《怎样当好新闻记者》一书中写道："有时选举前的报道要简单介绍一下竞选人——并对可能的结果作些暗示。"他举了这样一篇稿件。

6个月前，拉姆齐县大多数人都记不得在什么时候乔·卡恩没有当他们的众议员。

能记得的人也得追溯到18年以前。

但是，在卡恩出人意料地退休以后4个多月的今天，他的选民正在从众多的候选人中挑选他的继承人。

他们缺乏实践，因此完成任务不容易。

十之八九，党内提名的候选人将是州议员布鲁斯·文托。他现年35岁，有时搞劳动保险并有一个意大利天主教徒名字使他处于有利地位。

但也可能是州审计员罗伯特·马特森。他 28 岁，很著名，曾有几十次成为报纸上的新闻人物，以证明他是纳税人利益的保护人。

还有可能的是约翰·康诺利。他 44 岁，是一个爱尔兰天主教徒。他没有担任公职，但长期参与州和地方的政治。

所有这 3 个人都被认为是 9 月 14 日初选潜在的获胜者。这次预选的胜利相当于大选，因为国会众议员第四选区严重倾向于民主农业劳动党。

预料的结果不管是什么，都将是很接近的。为文托竞选所进行的民意测验表明，在 7 月下旬，可能参加投票的大多数选民还没有最后下定决心。

……

有了选举前报道的铺垫，选举中的报道就有了基础。这一阶段报道的中心，是以最快的速度报道选举的结果。时效在很大程度上决定了一家新闻机构对该次选举报道的成败。

选举的结果就是谁胜谁败，如果结果同选举前的预料不同，那么就要尽快报道谁是出乎意料而失败的，谁取得了意外的胜利。要快速报道选举结果。最重要的是要掌握选票统计的情况。某一个候选人的支持选票达到一定数量时，选举的结果就基本确定了。

接着，编辑和记者要对胜败的原因进行分析。如果选举的结果同预测的不同，就要进行解释性的报道，要说明选民参加投票的多少，有没有跨党派的集团投票以及获胜者的竞选是否起到了关键作用等。

获胜者和失败者的讲话同样是需要认真报道的，因为此时他们的讲话同竞选中讲话的调子会有很大的不同。他们的讲话会对未来的政治局势产生影响，将会决定发展的趋势，决定经济以及社会等各方面的走势。

要注意的是，媒体报道选举结果时既需争取时效，也要谨慎下结论。在 1948 年的总统选举中，当时的共和党候选人杜威在民意调查中领先，几乎所有的评论员都说他会击败竞民主党候选人杜鲁门。杜鲁门在纽约州和宾夕法尼亚州投票中落败后，美国媒体纷纷宣布杜威胜出。《芝加哥论坛报》为了抢时效，提前发出"杜威击败杜鲁门"的头版新闻，结果杜鲁门在选举团投票中以303 对 189 票击败杜威。

二、做好选举的解释性、背景性报道

长期从事国际报道的人都了解，做其他国家与地区选举报道时，向不熟悉外国历史、政治与选举制度的本国民众进行介绍与解释是很必要的。因此，解释性、背景性报道是选举报道重要的组成部分。西班牙《趣味》月刊 2003 年 3 月号上刊载的一篇报道，就在解释上做得比较精彩。

"如何制造候选人"

不是一套高雅的服装或一个合适的发型就能够赢得选举，但这足以影响到选民的投票。因此，竞选形象顾问班子要研究选民的爱好，并对候选人进行"包装"，使之具有理想的形象。

让选民信服不是件容易的事，政治家很清楚这点。因此，他们拥有了解所有竞选手法的顾问班子，这些手法可以使竞选的天平朝对自己有利的方向倾斜，而且往往决定了选举的胜败。

理想领袖应该什么样？

挑选候选人有两种方法。第一是必须选适当的人选。在很多情况下，将由政党本身选出一名突出的成员。西班牙和拉美政治顾问马科斯·马加尼亚评论说："在这种情况下，应对其品德进行分析并研究如何推销他。另一种挑选方法是深入选民，询问他们寻求什么样的人，从而设计出一位适当的候选人。在这种情况下获胜的可能性很大。"

为了弄清一位优秀领袖应该具备什么条件，研究必不可少。进行民意调查和与各社会阶层代表举行会议，目的就是了解选民寻求什么样的人，审视候选者是否符合选民的期望。

顾问们分析民意所要求的形象，并确定每种特点（如外表、诚实、智力等）对选民意向的影响。西班牙一个政党的顾问豪尔赫·拉瓦格说："在历史发展中，理想候选人的模式发生了巨大变化。过去寻求的是智者，战争期间要求的是英雄，60 年代和 70 年代赞美具有表演能力的人，现在偏爱可以同人们打成一片的人。"

要将失败降到最低

我们所研究的情况包括：选民要从候选人那里谋求什么、我方候选人及其对手的形象以及各自所在政党的情况。应该了解的另一个关键是：大多数选民为什么参加选举？是为了一个政党、为了一位候选人、为了一项提案，还是为了改变一种具体形势？汇总所有信息，并考虑到竞选纲领中选民最多能够掌握的几个要点，我们可以制定尽可能好的战略来达到目的。奇怪的是，这个目的并不经常是赢得选举胜利——或者是由于不愿意，或者是由于不可能。

马加尼亚提醒说："一次，一名候选人请我搞一次不为获胜但又不能表现很差的竞选活动。他不想获胜，因为他对其政党为他选择的职位没兴趣。还有一次，一名候选人预计只能得到约8%的选票，而对手几乎可以得到70%。我们对他说：'很明显你不会赢得总统职位，我们将竞选的重点定为让你取得反对派领袖地位。'在这种情况下，获得15%将被认为是胜利。"

……

别让细节成为绊脚石

一旦调查完毕并制定出战略，我们就会得出这样的结论：外表是非常重要的。因此，这方面的工作必须加强。马加尼亚认为："塑造男人要比塑造女人容易得多。可以对男人做许多事，稍加润色就足够了。染成白发还是去掉白发？打领带还是穿运动衫？一切取决于选择的战略。"如果我方候选人与对手相比显得过分年轻和缺乏经验，那么就给他加些白发，使他显得"有经验"。如何对待小胡子或大胡子？小胡子对一定的容貌有利，但是可能成为对手攻击的目标。只要尊重事实就行了。马加尼亚说，选民不是很喜欢大胡子。相反，眼镜问题不大，只要样式不过时即可。至于服装，"选择两三种适合他的服装，再做10套到15套同样的服装，供整个竞选活动期间使用"。

改变发型、修整牙齿、减轻体重……这些细节在投票时不起决定性作用，但也不容忽视。几颗不整齐的牙齿或肥胖的下巴可能会转移公众对一项政治建议的注意力。注意细节会使人们觉得候选人更具吸引力。

……

理想领袖表现应该什么样

学会在镜头前如何使大多数选民得到这种印象？无疑要通过媒体，特别是电视。拉瓦格说："控制媒体是政治家的必修课。"如果有必要，候选人得学习正确发音、遣词造句，培养即兴讲演和辩论的能力。最基本的要求是：在20秒到40秒钟的讲话中表明自己的主要想法。如果用时较长，讲话会被打断，讲话有被断章取义的危险，或者没有表达清楚想说的内容。

有一条不成文的规矩：在电视中不能穿白衬衣，因为强烈的反光会使脸部变暗，也不能穿条纹衬衣，因为看上去会产生不舒服的跳动感。

如果发现我们的候选人过去的污点或是不清不白的事件，会有什么情况发生？该如何来应付？加以掩盖、为之辩解，还是换候选人重新开始？在这种情况下，候选人对公众的影响取决于许多因素，例如，他所处的社会阶层和所犯过错的类型。一般对经济性质的罪行较为宽容，但并不仅限于此。马加尼亚说："一次，候选人之一曾在其他国家杀过3个人。对手政党的顾问们决定将此事公之于众，给他致命的打击。在一次电视记者招待会上，一个记者问这位候选人是否真的杀过3个人。他回答说是真的，并自我辩解说：'如果为了我的国家，我还会这样做。'一句话定乾坤，他成了英雄。政治史上有许多人摆脱了有疑点的过去继续前进。"

……

竞选的"自我安慰"精神

由于候选人是全国关注的焦点，他们如何承受如此大的压力？政治心理学专家恩里克·奥赫达说："顾问们向候选人传授放松和控制抑郁的技术。候选人也越来越多地依靠心理学家的帮助，但这种帮助是秘密的，因为担心会被曲解。"这里指的是极端情况，例如，哥伦比亚总统阿尔瓦罗·乌里韦在竞选运动中曾遭受过15次谋杀。

最后，在经历了精疲力竭的竞选阶段之后，终于到了投票日。候选人去投票，发表准备周密的讲话和等待。他们将准备好应对各种可能的结果：胜利、体面的失败，或遭受灾难。这段时间内媒体会不断报道有关的评论和图像。

如果最后目的落空，那么想想人们投票选举的可能并不是最好的候选人，落选者就会觉得心理平衡了。马加尼亚举了一个很能说明问题的例子："若干年前，在某南美国家有3名候选人参加总统选举：一位仪表堂堂的大学校长，教养无懈可击；一位电视主持人，没有竞选班子，也没有政治纲领；一名受人尊敬的女律师，声望很高。最终谁是获胜者？是电视主持人。"

第三节　访问引人注目

人物的显要性和重要性决定了访问的新闻价值。有人说，某些国家的总统或总理被关在电梯里哪怕是几分钟，都可以成为重要新闻。大国首脑的访问具有很重要的新闻价值，世界媒体会争相报道。

一、访问的采访

对于记者来说，采访和报道访问有时是非常枯燥的，有时却非常有吸引力。

（一）访问前的采访准备

在采访领导人访问的全过程中，准备工作是十分重要的一环。访问采访的准备工作有很多，包括资料、技术设备、发稿计划等多个方面。

（二）访问的采访重点

国家元首和政府首脑出访一般都是连续访问几个国家，日程安排也非常紧张。因此，随访记者如何选择采访的重点是一个十分重要的问题。

出发和抵达的消息虽然比较简单，但在整个报道中却十分重要，对通讯社的记者来说尤其如此。因此，不少媒体都会抢发出发和抵达的快讯。但是，访问采访的重点是会见、会谈、记者招待会和专访。

会见一般分为两种，即大范围和小范围会见。在访问中，一些领导人为了表明会见的重要性和他们私人之间的友谊，通常会给会见设定一个范围，比如只限定两位主要领导人和译员，或主要领导人和主要陪同人员。

会谈同会见一样，也分为大范围和小范围两种，以显示其重要性的不同。

记者招待会是访问报道中媒体报道非常注重的部分。由于记者可以提问，因此很有可能获得比较多的新闻。一些领导人考虑到记者招待会上发出的信号会在世界上广泛传播，也愿意在记者招待会上透露新闻。这就使记者招待会成为访问报道采访的重点。

专访当然是最理想的，但在一般情况下，媒体很难获得专访的机会，因此不少媒体利用自己所属国家是被访国的条件，寻求专访的机会，这样做往往会成功。

二、访问稿件的写作

采访领导人，尤其是国家元首和政府首脑的访问，一般会使参加采访的记者十分兴奋，因为通常这类稿件会引起受众的关注或刊登在报纸的头版，而采写这些稿件的记者也可能因此而成名。

2003 年 5 月 11 日，韩国总统卢武铉启程对美国进行访问，引起了媒体的广泛注意。这主要是因为，卢武铉的这次访问不仅是他担任总统后的首次出访，而且访问的背景有其特殊性，是在朝鲜核武器危机处于微妙的情况下进行的。对于这次访问，各国媒体都做了比较多的报道。如中国发行量最大的日报《参考消息》5 月 13 日用这样的标题报道了这次访问。

2003 年 5 月 14 日，时任美国总统布什（右）在华盛顿白宫会见时任韩国总统卢武铉（新华社记者吕明响摄）

和平解决朝核危机　调整韩美军事同盟
卢武铉访美目的明确

【共同社汉城 5 月 11 日电】韩国总统卢武铉 11 日起程前往美国之前发表声明说，他此行将重点讨论朝鲜核问题以及重新调整韩美军事同盟等问题。

卢武铉说："我将在发展韩美关系、和平解决朝鲜核问题以及促进双边经济合作方面与布什总统进行密切协作。"

他还说："如果有关各方和国际社会密切合作，（朝鲜）核问题就能和平解决。"他同时强调，他将在此次访问中竭尽全力，以最终促成朝鲜核问题的和平解决。

美国的一家网站对卢武铉的访问作了更为详细的报道。这篇稿件不仅向公众传达了卢武铉访美的信息，更为重要的是交代了与访问有关的问题，使受众对这次访问有了更深一层的理解。

【美国外交政策聚焦网站 5 月 11 日电】题：着眼于不同目标

韩国总统卢武铉即将对美国进行的访问将向布什传达公开和私下的两个信息。公开的信息是：韩国希望进一步加强与美国的关系，并和平解决朝核危机。私下的信息是："布什先生，请不要帮我们把事情弄糟。"

卢武铉一直希望加强南北合作，认为可以效仿东西德模式最终实现统一。

但美国却另有打算。布什总统自上台以来，就把美朝关系引向外交绝境，甚至在将朝鲜列入"邪恶轴心"之前，布什政府就一直以推翻平壤政权为目标。为此，它一直反对任何可能延长平壤政权生命的政策，希望通过经济制裁和外交孤立来迫使朝鲜政权垮台。如果这些战略还不够的话，布什政府也已拟定了一些军事计划，包括对朝鲜的核设施进行外科手术式打击。

而在朝鲜看来，伊拉克战争证实了他们的担心，即落后就要挨打。潜在的核计划还不足以成为谈判的筹码，实际拥有的核武器方能阻止美国发动攻击。

对于被排除在 4 月份美中朝三方会谈之外，韩国方面并未表现得很在意。此外，卢武铉还作出了在韩国并不受欢迎的支持美国打击伊拉克的决定，这向美国传递了一个信息：我们支持你的伊拉克战争，如果你支持我们的和平。

卢武铉的实用主义态度引起了美朝的不同反应。朝鲜愿意达成协议，而美国目前仍不愿谈判。但实际上布什政府所期望的目标是一个糟糕的目标，它可能导致东北亚地区的军事动荡、经济危机和难民潮，同时无法确保实现民主，也无法保证大规模杀伤性武器不落入恐怖分子之手。因此，美国应在卢武铉访美期间听取这位"和平先生"的意见。

对于高层领导人的访问，媒体可以做一些兼带评论性的深度报道，比如，对访问需要解决的问题提出看法，对访问的前景作出预测，对访问的局限性进行阐述。但是，撰写这类稿件的前提是，编辑和记者对所面临的报道主题要有深刻的了解，对访问本身在世界局势发展中可能起到的作用要有比较符合实际的估计。

5月13日，卢武铉启程访美两天之后，俄罗斯最大的通讯社——俄新社的政治观察家德·科瑟列夫发表了一篇文章。这篇题为"解决朝核问题亦需'路线图'"的文章比较深刻地阐述了韩国和美国总统会晤中的一些关键问题。

【俄新社莫斯科5月13日电】美国总统布什同韩国总统卢武铉5月14日的会谈是久拖未决的朝鲜危机的关键时刻。双方如不达成协议，就不可能解决朝鲜问题。因为不管危机如何发展，包括用军事方式解决，美国都离不开韩国。韩国也不能就如何对待平壤问题同美国进行无休止的争吵。

据白宫新闻秘书说，两国总统将讨论如何以"和平解决北朝鲜核问题的真正伙伴的身份"一起工作。他们可能会对平壤23日至25日在北京谈判时将提出的建议作出某种答复。当然，布什最终宣布自己的立场，估计要在日本首相小泉纯一郎韩国之行后访问华盛顿的时候。

果真如此，这将是一个重大成功。十分明显的是，卢武铉及其班子不再反美，而是努力同布什政府建立良好关系。可以证明这一点的，不仅是他在访问前夕发表的几次谈话，还有他不顾韩国上下的一致反对，突然决定支持伊拉克战争（就在这场战争开始的那一天）。

现在任何国家对外（当然也包括对内）政策所依据的都是证券市场的情况。美国在去年秋天丧失了作为韩国头号伙伴的地位，中国占据了第一位。中国去年在吸收外国投资方面超过了美国，成了世界第一，它吸收的投资达510亿美元。现在对韩国（也包括日本以及整个亚洲）来说，经济生存首先取决于中国，然后才取决于其他国家。这就使任何对外政策的制定受到限制：既要同美国交好，又不能得罪中国。

但是对太平洋地区，包括对俄罗斯来说，主要的不是美韩这次能在多大程度上达成妥协。现在缺少的是最主要的东西：没有一个解决朝鲜半岛所有问题的明确而且能被该地区所有国家，包括朝鲜所接受的计划。同巴勒斯坦调解一样，缺少一张通向朝鲜半岛和平与稳定的"路线图"。

现在议论的是如何进行谈判：是一对一呢，还是通过中间人（就像4月底在北京谈判一样），还是进行多边谈判。现在清楚的只是需要谈判的问题。

不难推测，头号问题是不使朝鲜拥有核武器。在这一点上，与此有关的各方——俄罗斯、中国、日本、韩国，当然还有美国的意见是一致的。北朝鲜也如此。平壤当局这几个月在干的就是一件事：用自己的核意图来促使美国保证不侵犯朝鲜，同朝鲜进行经济合作以及恢复对朝鲜的燃料供应，等等。

第二个问题是"花多少钱"。也就是说，如何才能说服或者迫使朝鲜同意。摆到桌面上的是北朝鲜的生存问题。这个国家在一年前开始经济改革，但是不管有没有改革，如果得不到邻国的援助，平壤都将难以维持下去。这里指的是人道主义援助，首先是能源援助。

众所周知，朝鲜危机是去年秋天美国拒绝为北朝鲜根据1994年协定供应的重油引发的，而绝不是因为平壤承认有核计划而引起的（现在知道，平壤并没有承认有核计划）。如何帮助北朝鲜克服能源困难这个问题不解决，朝鲜问题就不可能解决。可能出现的是它的邻国最怕的混乱和难民潮。

第三个问题是朝鲜半岛经济合作的未来。这意味着北朝鲜的邻国要对北朝鲜的发展项目进行大量投资，但是只要冲突的关键者，即北朝鲜和美国不作出稳定的保证，这些国家是不会这么做的。

如果韩国总统的华盛顿之行没有对这三个问题作出明确解答，那么北朝鲜的邻国只能在今年夏秋提出一个能够稍稍缓解该地区经济和人道主义紧张气氛的临时政策，然后再考虑能够解决朝鲜半岛"核问题"的政策。

访问结束时，路透社和新华社都采写了消息，但报道的选材、角度有很大的不同，这体现了两家通讯社各自的立场背景、报道方针和对世界重大问题的态度。

【路透社华盛顿5月14日电】美国和韩国总统今天发誓说，将与国际社会一道实现对朝鲜核武器的"切实和不可改变的清除"。

美国总统布什与来访的韩国总统卢武铉在白宫进行首脑会晤后发表的联合声明说："卢武铉总统和布什总统重申，他们不会容忍朝鲜半岛存在核武器。"

声明说："他们非常关切地提到了朝鲜最近有关核废料的再处理和拥有核武器的声明，以及朝鲜方面提出的展示和转移这些核武器的威胁。"声明指的是平壤在上月的北京会谈中的一些言论。

声明还说："他们强调，朝鲜方面的一些升级举动只会导致朝鲜的更严重孤立和使朝鲜陷入更加危险的境地。"

声明说，卢武铉总统和布什总统对这场已经持续了7个月的核危机最终能够和平解决很有信心，但声明又说，"一些对朝鲜半岛和平与稳定越来越大的威胁要求有关各方考虑进一步的措施"。

【新华社华盛顿5月14日电】美国总统布什和来访的韩国总统卢武铉14日在白宫举行会谈后重申，双方将与有关国家共同努力，以和平方式解决朝鲜核问题。

布什在会谈后举行的记者招待会上说，他在会谈中向卢武铉保证美方将继续致力于和平解决朝鲜核问题。卢武铉则说，此次访美打消了他出访前的所有担忧，使他对解决朝核问题充满希望。

布什和卢武铉在会谈后还发表了一项联合声明。声明说，两国"将不会容忍"朝鲜拥有核武器，并将致力于通过和平手段，以"彻底、可核查和不可改变的方式"消除朝鲜的核武器计划。

声明说，两国领导人对朝鲜有关其他制造和拥有核武器，并说要展示或输出这些武器的言论表示严重关注。声明还提到需要考虑采取进一步的步骤维持朝鲜半岛的和平稳定，但没有说明要考虑采取哪些步骤。声明同时还表示，美韩等捐助国对朝鲜的食品援助将继续进行，不受政治问题的影响。

两国总统在声明中还说，双方将就有关驻韩美军调整计划问题进行密切磋商。这项计划将可能部分削减驻韩美军的规模，并调整他们的驻地。声明说，把驻扎在朝韩军事分界线非军事区的美军向南迁移的行动应根据朝鲜半岛和东北亚的政治、经济和安全局势谨慎进行。

国际报道中，政治立场与观点的不同会造成经常出现这种"一个事件、各自解读"的情况。

三、花絮的作用

访问稿件也可以写一些比较有趣的事，通常称之为"花絮"。"花絮"在写作上的要求是短和生动，基本写的都是小事。

2003年10月20日至21日，在泰国首都曼谷举行的亚太经合组织第十一次领导人非正式会议上，一些媒体发的"花絮"很有意思。

【美联社曼谷10月20日电】美国总统布什昨天模仿玉佛寺的佛祖，摆出一副安详、沉思，而非喋喋不休的模样。

布什与夫人劳拉在曼谷游览了玉佛寺，这是泰国最神圣的标志性建筑之一。

布什在谈起这座可追溯到1782年的色彩明亮的建筑物、金色的塔尖和光彩夺目的镶嵌物时说，"它极富灵感"。

发言人斯科特·麦克莱伦说，布什总统和夫人在玉佛寺里脱掉鞋，径直走到靠近玉佛的地方，并称赞"真漂亮"。

【美联社曼谷10月20日电】与泰国国王和王后昨晚一同享受国宴的美国布什总统及其随行官员感到十分愉悦，这次国宴也给他们上了一堂有关泰国每日问候方式的复杂礼仪的速成课。

布什总统和夫人劳拉在富丽堂皇的扎克里宫殿摆出的迎宾队列中站定自己的位置，在他们旁边的是国王普密蓬，此外还有王后诗丽吉及其他王室成员。

随同布什来访的助手在听到念到自己的头衔（而非名字）时，逐一走向迎宾队列。所有人被告知切忌伸手去握国王和王后的手，而以从腰部以上做小角度倾斜这种泰式礼仪表示问候。

由于国王极为尊贵的地位，他对此所做出的唯一回应就是几乎无从察觉地向客人的方向微微点头。

【美联社曼谷10月19日电】恐怖主义和自由贸易可能是中国和泰国领导人会谈的重点，然而抢走新闻头条的却是大熊猫"创创"和"林惠"。

泰国总统他信在18日同胡锦涛主席会谈时向他保证，两只大熊猫目前安然无恙，看样子在它们的临时家园里过得很愉快。

据《曼谷邮报》头版的一篇报道说，从中国借来的象征友谊的两只大熊猫于一周前抵达泰国，现住在北部城市清迈的动物园里。

【法新社曼谷10月20日电】为美国总统布什出席这次在泰国举行的亚太经合组织首脑会议安排的安全措施过于严密，以至于总统本人今天都被牵住了手脚。

20名与会领导人每人间隔一分钟抵达政府迎宾馆，问候泰国总理他信并进入休息大厅，这时泰国安全官员在场为这些领导人打开车门。

当一名专门指派为布什服务的官员上前试图打开车门让布什走下车时，却发现车门紧锁。

消息人士说："这位官员打不开车门，于是布什马上挪动身体，移到车的另一边，自己开门走下了车。"

收看现场直播的电视观众可以清楚地看到这位安全官员费力地扳动车门把手，并向车内张望。

泰国消息人士说，美国总统布什和俄罗斯总统普京是唯一自带轿车与会的领导人。据说布什带来的安全人员达 2000 人。

【美联社曼谷 10 月 20 日电】澳大利亚总理约翰·霍华德在曼谷的隆比尼公园里迈着轻快的步伐行走的时候，他可能注意到，亚太地区的另一位重量级人物从他身边疾驰而过。那个人就是美国贸易代表罗伯特·佐利克。

佐利克曾经是一名马拉松选手，他在曼谷期间，每天早上都与其他跑步者绕着人行道奔跑。这下可把紧随其后的保镖累得气喘吁吁。

商务代表团的一位发言人说："他跑得实在太快了。不论他去哪里都做大量的跑步锻炼。"

佐利克在离泰国之前每天要跑上 8 公里。他说，"跑步使我有机会看看泰国人民的日常生活"。

在读了报道会议的严肃消息之后，读一读这样的"花絮"，颇可轻松一下。不要小看这样的"花絮"，它有时是善意的调侃，如美联社报道布什参观玉佛寺；有时是关注公关形象的反应，如佐利克长跑健将的形象；而布什乘坐的轿车出事故的法新社报道，则有些深长的意味在后面了。写作这样的文章，对记者的观察力和幽默感，都是一种考验。

第四节 革命、政权变更与政治暗杀

一、影响深远的革命

大国，或者在地缘政治中具有重要地位的国家，其政局动荡，发生政变乃至革命，对整个世界的政治、经济和军事的格局都会产生深远影响。对这样重大的事件，报道水平的高低取决于记者对事件当事方的了解程度以及对整体和局部局势判断与把握的深度。能经受时间检验的报道，不仅仅是历史，而且往往也会成为传奇。就像斯诺对中国革命走向的准确预见一样，美联社对俄国革命的报道多年后也成为了经典。

【美联社莫斯科 1917 年 11 月 7 日电】题：布尔什维克在俄国夺取政权
今天（俄历 10 月 25 日）俄国政府在今年一年中第二次被推翻，这次革命的组织者是激进的布尔什维克党。

这是一次不流血的军事政变，因为首都的军队没有做任何抵抗。布尔什维克从亚历山大·克伦斯基总理的临时政府手中夺取了政权。临时政府是今年3月沙皇尼古拉二世退位之后成立的。

布尔什维克党认为，"十月革命"（因为当时俄国仍在使用已经过时的儒略历）只是星星之火，但它将引起其他国家的革命。从流亡地芬兰刚刚返回俄国的布尔什维克领导人弗拉基米尔·列宁指出："这只是迈向世界革命的第一步。"

利昂·托洛茨基将是新成立的革命政府的首脑。不过人们普遍认为列宁将成为决策人。新政府立即公布目前要做的几件事：进行和平谈判，把土地重新分给农民，举行人们盼望已久的苏维埃代表大会的选举。

布尔什维克的行动立即得到工人苏维埃组织——全俄工人委员会代表大会的支持。列宁曾把这次革命的日期定在这个工人苏维埃组织第2次年会期间，以赢得包括这个组织在内的所有较大的革命政党的注意和支持。

布尔什维克是否能得到全国其他地区的支持还不清楚。目前他们仅仅控制了彼得格勒。据说，参加这次革命的只有3万人。

克伦斯基已经逃到莫斯科。人们认为他会设法在那里纠集一支忠于他的部队。一些人希望这场革命会以米凯尔大公领导下的君主立宪制而告终。米凯尔大公曾经在沙皇退位时被提名做继承人，但是后来遭到临时政府的排斥。

克伦斯基的临时政府从一开始成立就注定要被推翻。俄国沙皇被迫退位就是因为俄国在战争中一再失利和老百姓普遍挨饿，克伦斯基也丝毫不会比沙皇做得更好。临时政府并没有沙皇手中所拥有的那种权威去强迫他的士兵们为它作战，也没有足够的军事力量来赢得战争，但它又不肯按照德国人提出的条件结束这场战争。结果，战争一直拖下去，政府也失去了公众的支持。

布尔什维克轻而易举地夺取了政权，尽管他们计划中的大部分内容在事先就被他们内部持不同意见者泄露给了报界。

几周前，布尔什维克组织了一个军事革命委员会来领导这次起义。军事委员会便开始把政府军改编成革命部队。等到政府决定把忠于自己的部队调回来时，布尔什维克的势力已经十分强大，并且占领了政府大厦和通讯中心。据报道，列宁已经发出命令，重新分配大产业所有者的财产。

二、令人生畏的政变

仅次于战争的军事政变和政治暗杀，是当今世界政治方面重要的暴力性突发事件。其诱因常见的有大国博弈、宗教冲突、种族仇恨、军阀混战、利益集团冲突等，复杂多样，是国际新闻重要的报道内容。

（一）没有被"愚人节"愚弄的采访

政变作为一些国家政治局势变化的重要事件，主要发生在亚洲、非洲和拉丁美洲的一些国家，并成为众多媒体报道的重要政治题材。下面这篇稿件记录了记者采访 1981 年 4 月 1 日发生在泰国的一次政变。

政变发生在愚人节

随着口令声和枪栓拉动的响声，我们乘坐的车子戛然而止。

在沙袋垒成的掩体后面，数十名头戴钢盔的士兵隐约可见。他们手中冲锋枪黑洞洞的枪口指向我们。这时，从掩体里走出一名军官，看了我们一眼，然后冷冷地问道："你们是什么人？上哪儿去？"

"我们是中国记者，知道发生了军事政变，准备去陆军司令部采访。"我用英语回答。

"有证件吗？"军官问道。

看过我们的证件，他一挥手，示意关卡放行……

那是 1981 年 4 月 1 日清晨，一个普通的愚人节。

前一天晚上，我和几位同事都睡得很晚。临睡前，大家互相提醒，愚人节要注意假新闻，编发消息要核实。

天还没有大亮，床头柜上的电话突然响起。我意识到可能发生了什么事，迅速拿起听筒。

"发生政变了，赶紧起床，准备出发采访。"听筒里传来首席记者杨木急促的声音。

为了通行方便，我们借用了中国驻泰国大使馆的一辆小车。刚上车，杨木就对我说："一位朋友打来电话，告诉我泰国陆军起事。经同另外一位记者核实，看来确实。"

我一面听着，一面打开车里的收音机。收音机里传出阵阵军乐声。"国家电台不会在愚人节搞这样危险的假新闻，军人肯定是利用这样一个日子搞政变了。"我向杨木作出这样的判断。我们一面交谈，一面沿着空荡荡的马路前行。

车行至曼谷市中心的泰国国家体育场门前时，发生了开头描述的一幕。

过了关卡之后，我们驱车直奔总理府。往日只有荷枪士兵守卫的宏伟的白色建筑大院门口，两辆坦克各居一侧，炮口指向前方。坦克的后面有一队士兵在走动。我们下车，向士兵示意欲靠近他们，一个士兵坚决地作了停止前行的手势。我们只好回到车上，继续前行。

杨木很有经验。他对我说："军队政变，一般要占领电台、电视台和政府要害部门。我们先到国家电台和电视台的所在地看看，然后去内政部、外交部，最后去陆军司令部。"此后，我们的车一路上都没有遭到阻拦，顺利地从电台、电视台绕到内政部、外交部，又原道返回到达陆军司令部的门口。

陆军司令部门口也有坦克把守，但看上去军人对记者比较宽容。10多名当地电视、报纸记者三三两两地围在一起，互相交流前一天晚上发生的情况，士兵也不加干预，只是荷枪注视着，对新来的记者则要检查证件。

我加入了记者交谈的小圈子，渐渐地对前一天晚上的事变有了比较清楚的了解。

昨晚9时，曼谷市区灯光闪烁，车来人往。然而，位于大城路的国防部长官邸却格外宁静。朦胧夜色中，一队士兵静悄悄地围住了官邸的小楼。此时，61岁的总理兼国防部长、陆军总司令炳·廷素拉暖正在官邸的小楼上处理政务。

几个军官推门而入，其中有第四骑兵团团长马依上校、第二步兵团团长巴乍上校等少壮派头目。他们要炳总理作出选择：要么参加政变，宣布推翻自己的政府；要么辞去总理职务，交出政府权力。

在泰国，虽然早已实行了君主立宪制，但王权至今仍是至高无上的。如果没有国王的认可，任何政变都难以成功。炳总理巧妙地利用了泰国政坛这种特殊权力制约结构，以此次举动要谒见国王恩准为由，乘小汽车紧急进入位于曼谷市内的王宫禁地，并留在宫内。

陆军司令部门前的记者越聚越多。杨木要回分社组织报道，我留在那里继续采访。一位德国女记者直到上午9点多才赶到现场。一见面，她就懊悔地说："听到电台广播政变的消息，我想起今天是'愚人节'，以为是电台的恶作剧呢。幸亏我是杂志的记者，否则肯定要被解雇了。"

整个上午，以陆军上将讪·集巴滴马为首的政变集团没有向记者发布任何消息。然而，在这段时间里，被政变集团占领的电台、电视台却不断重复播出一个又一个的命令和通告，称炳总理已辞去总理和陆军总司令，企图告诉民众，政变已经成功。

但是，刚刚进入下午，记者中就传出这样的消息：国王和炳总理已经到达泰国的东部城市呵叻，组成了维护国家安全联合总指挥部，并亲任总指挥。一些带着收音机的记者立即调试不同频道，设法收听呵叻电台的新闻，但由于信号太弱，在曼谷很难收到。下午3点多钟，从呵叻传来消息，炳总理已在呵叻电视台露面并发表讲话说他仍是总理和陆军总司令。国王同炳总理一起赴呵叻的消息也得到了证实。

此时，记者中议论最多的是双方是否可能开战。曼谷市周围地区有部分支持政变的部队，呵叻地区则是忠于炳总理的部队。双方实力相当，若开战必有一搏。但是，直到4月1日的深夜，双方只加强了"电波战"，没有武装部队调动的消息。

第二天一早，我和另一名记者又赶到陆军司令部。由于陆军司令部事实上已成为政变集团的指挥部，所以记者主要集中在这

1981年4月2日，泰国"革命团"成员巴乍上校在王家田演讲，解释政变目的，表示要与政府军抵抗到底（新华社马胜荣摄）

里采访。刚到那里，一位同军方关系密切的泰国记者就对我说："海军和空军已明确表示支持炳总理，他们所属的电台、电视台开始转播呵叻电台、电视台的全部节目。"从实力上讲，泰国陆军举足轻重，海军和空军力量有限。但是，由于空、海两军电视台、电台在"电波战"中助了炳总理一臂之力，政变集团在宣传上已从优势逐渐变成劣势和守势。

我借了电话，向分社报告了解到的情况。突然，天空响起了飞机的轰鸣声。记者们赶快找地方隐蔽。我找到一个墙角，蹲着往天上看，只见4架战斗机在上空盘旋，而且越飞越低。我心里一紧，以为要空袭了。于是赶紧拨通了分社的电话。当我再次抬头时，战斗机已经飞远了，而另一架小型飞机由远而近，向市区散发传单。一些传单飘到陆军司令部门前，上面写着炳政府是唯一合法政府，政变是非法的等标语。记者们估计，空袭暂时还不太可能。

4月2日的形势变化如此之快，恐怕是政变集团始料不及的。2日上午，海军和空军两位参谋长在呵叻电台发表讲话，否认参与政变。接着，

四个陆军军区中的第二、三、四军区的司令又在电台发表了反对政变的谈话。下午，在陆军中颇有影响的前总理一江萨·差玛南乘直升机飞到呵叻，表示不支持政变集团。

整个下午，我都在陆军司令部的门口观察院内的动静。3点钟以后，司令部院内的一些军官有的交头接耳，有的急匆匆地进出于各办公室，神色有些慌张。

事实上，2日早晨，以炳总理为首的维护国家安全联合指挥部已经发布命令，要求政变部队于这天下午3时前撤回各自驻地，不许抵抗。在这个时限前撤回的部队将来可以从宽处理，这对政变者及盲从者起了很大的攻心作用。

这段时间，守候在陆军司令部门前的我，几乎得不到什么确切的消息，有关的消息都是泰国记者通过收听电台得知，然后转告给我的。虽然如此，我还必须坚守岗位，因为政变的指挥部在这里。

夜幕已经降临，记者们都没有离开。当时，我和其他记者预感可能发生突变，但又说不清究竟会发生什么样的变化。我一面注视着陆军司令部院内的动静；一面寻找可供隐蔽的地点，以便一旦双方交火，可以有个藏身之处。结果整夜都是静悄悄的，似乎什么事也没有发生。后来，我才知道，当天晚上政变集团的领导成员、原警察总监蒙猜借口回家洗澡，从曼谷投奔呵叻。此后不久，炳总理指挥的部队悄悄地包围了政变指挥部。讪·集巴滴马上将乘着夜色逃出了陆军司令部。另外两名政变骨干在曼谷市内视察政变部队时被捕。

4月3日上午9时40分，炳总理领导的政府军不流血地占领了曼谷。一场政变就此平息了。

上面是关于一次政变采访的全景式回忆文章，从中可以看到驻外记者如何获得线索、怎样追踪事态发展的大致流程。这次采访可以说是有惊无险——记者虽然已作好双方交火的准备，但政变被不流血地平息了。

安全，是进行这类采访所冒的头号风险。泰国政变素以"平和"著称，但即便如此，记者所冒的风险也是相当大的。

（二）政变的预测性报道

政变事前往往有相当多的征兆。事前能否预闻新闻线索、事发后可否深入跟进，对记者与媒体平时消息网的建设水平是一大检验。某些特别出色的专家学者，也可能在政变发生前就从蛛丝马迹或特殊渠道预知、预测到事变信息。

追踪他们的研究成果，与他们保持密切联络，是媒体和记者培养消息源、抢发新闻的基础所在。

预测报道十分考验记者拿捏问题的分寸——既要摆明理据，又要保持一定的模糊度，不能把话说得太满太死。

下面是路透社报道美国专家预测戈尔巴乔夫将被推翻的新闻，其中有很多值得学习的技巧，尤其是如何交叉运用多位专家的话说明预测的理据。

【路透社华盛顿 1990 年 6 月 20 日电】题：美专家赛姆斯估计戈氏可能被他解放出来的力量所推翻

苏联总统戈尔巴乔夫在美国越来越被看成是一位敢于解放有权势的改革派力量的领导人，但是最终可能被这些力量所推翻。

卡内基国际和平基金会苏联问题专家迪米特里·赛姆斯说："历史将把戈尔巴乔夫看成是一个打开闸门，但是无法控制洪水，而被洪水淹没的悲惨人物。"

他说："我们将到达了解戈尔巴乔夫真实情况的时刻。"

这个时刻可能在苏联共产党于 7 月 2 日开始召开至关重要的代表大会时出现。有越来越多的迹象表明，戈尔巴乔夫可能利用这些会议来放弃首脑的职务，以便围绕他的苏联总统的地位建立一个新的权力中心。

戈尔巴乔夫星期三（20 日）在俄罗斯共产党代表大会上暗示这个问题时说：

"我认为一些同志对待总书记和总统非常随便。这不是我（个人）的问题。明天，或者说 10 天至 12 天以后，可能有另一位总书记。"

美国官员推测，戈尔巴乔夫的目的是为了使自己同他的国家的经济失败保持疏远的关系，办法是建立一种法国式的总统制。根据这种总统制，总统集中力量处理外交和安全事务，政府担负处理经济事务这项吃力不讨好的任务。

国务院的一位官员说："对戈尔巴乔夫来说，最紧要的两件事是拯救国家和拯救自己。拯救国家和自己比拯救共产党更重要。"

他推测，戈尔巴乔夫甚至可能设想建立某种联合政府，吸收非共产党人参加，以便分担处理这个国家问题的责任。

根据这个方案，雷日科夫总理将成为这个国家经济衰落的替罪羊。但是分析家们不相信戈尔巴乔夫能够推卸掉最后的责任。

赛姆斯说："戈尔巴乔夫打算通过牺牲雷日科夫来拯救自己，但是，鉴于人们普遍把经济一片混乱的责任归咎于他本人，很难看到这种办法将在多大程度上生效。"

据传统学会对外政策问题负责人金·霍姆斯说。

"现实情况是,他把越多的制宪权力集中在手里,他失去的权力就越多。苏联地位虚弱这种现实最后将会对戈尔巴乔夫的英雄形象产生不良影响。"

波士顿大学苏联问题专家拉阿南说,美国人仍然在考虑戈尔巴乔夫的问题,好像他们有简单的答案。

他说,"人们把市场经济作为一种万灵药加以推广,但是付出了价格上涨和失业率增长的代价,它大概不是一个轻而易举的解决办法。这些问题是可能找不到解决办法的问题。美国人感到很难接受这一点。"

他还说:"戈尔巴乔夫已经使所谓的一种长期的精神不适变成很可能是致命的疲劳。"

赛姆斯指出,综观戈尔巴乔夫在历史上的地位,迄今他仅仅摧毁了旧的结构,但是却没有建立起取而代之的新结构。

戈尔巴乔夫在党代会上将面临重大抉择,要么与全心全意的改革共命运,要么看着党分裂,产生权力进一步分散瓦解的潜在灾难性后果。

赛姆斯说:"他在摧毁庞大的旧结构方面干得比较好,但不是一个好的建设者。我们仅仅从远距离赞扬这样的人。但是,与他们生活在同一战场上的人却认为他们不那么值得赞扬。"

他说:"戈尔巴乔夫必须完全放弃旧的政权,放弃旧的控制方式。最终判断领导人的标准不是看他们能摧毁什么,而是看他们能建立起什么。"

三、形形色色的政治暗杀

暗杀的历史源远流长,动机相差很大,必须具体问题具体分析:有的为了钱,有的是复仇,有的出于义愤,有的为了政治或宗教理想,有的出于国家利益,有的是想作出一些惊天动地的事历史留名……当然,最古怪的动机莫过于美国青年约翰·W·欣克利。他在1981年3月30日向从华盛顿希尔顿饭店走出的里根总统连开6枪,目的竟是希望以此举博取好莱坞明星朱迪·福斯特的垂青。

(一)改变世界的政治暗杀

政治暗杀的对象,一般都位高权重;刺客一旦得手,难免风云变色,因此,政治暗杀从来就是国际新闻报道的重中之重。

人人都是"事后诸葛亮"——现在的人们当然都知道"奥地利王储在萨拉热窝遇刺"是"第一次世界大战"的导火索。这次政治暗杀事件不仅破坏了欧洲本来就难以保持的平静，而且把整个世界引向了灾难深重的战争深渊。但在刺杀当日以及之后直至战争爆发那段动荡的时间里，媒体如何在混乱形势中理出头绪，给读者清晰的分析、准确的预测？下面路透社的两篇报道，以寥寥数笔，便把一个复杂的过程、纠结的事态勾勒得明明白白，显示了记者报道政治新闻的深厚功力与高超技巧。

【路透社伦敦 1914 年 6 月 28 日电】题：奥地利王储在萨拉热窝被刺

今天欧洲到处感到冲击波的压力，因为塞尔维亚民族主义者暗杀了奥匈帝国的王位继承人大公弗朗西茨·斐迪南德和他的妻子霍恩伯格公爵夫人。当他们的汽车穿过波斯尼亚萨拉热窝的大街时，他们双双中弹身亡。查明行刺者是个 19 岁的波斯尼亚学生，叫加夫里洛·普林西普。他从手枪里射出 7 粒子弹。一粒子弹击中公爵夫人的胃部；另一粒子弹击中大公的脖子，几乎是立即身亡。公爵夫人在送往医院的途中身亡。

警方报道普林西普对行刺毫无悔悔之意。暗杀者告诉一位法官他要替受压迫的塞尔维亚人报仇。迹象表明这些暗杀活动是塞尔维亚组织的政治阴谋的一部分。

这天的早些时候，有一次暗杀大公的未遂企图。他和公爵夫人正驱车前往萨拉热窝市政厅参加一个招待会，突然一颗炸弹扔到他们的汽车上。一位目击者说："由于大公反应迅速和沉着，炸弹没有达到目的。他从汽车座位上拾起炸弹，扔到大街上。我几乎不能相信我的眼睛。"

炸弹爆炸时，8 人受伤，包括大公的副官。警察逮捕了一个叫加布里诺维克斯的年轻人。他们说他是一个在黑塞哥维亚当排字工人的塞尔维亚民族主义者。据说他也没有悔悔之意。

在第一次事件后，队伍继续前往市政大厅，大公在那里气氛地宣布："诸位先生，真是令人不能容忍。我们来到萨拉热窝访问却有人向我们扔炸弹。"开始，大厅里的群众不明白大公在谈些什么，后来，当他们得知有一个人试图用炸弹杀害他时，很多人欢呼起来。

有人告诫弗朗西茨·斐迪南德不要到波斯维亚去，但是他没有理睬。一位塞尔维亚部长说巴尔干半岛对奥匈帝国很是反感。令人啼笑皆非的是，在皇室家族中大公比任何其他人都更倾向于在这紧张地区做些让步。他曾希望给予斯拉夫人更多的自主权，甚至可能在巴尔干半岛创立第三个君主国。

整个欧洲似乎对这些暗杀活动有一种不祥的反应。从罗马教廷发来的报道说，庇护教皇重病在身，当他听到这个消息时正在祈祷。他昏厥过去并不得不由他人护送他回房间。威廉二世中断了波罗的海的一次赛马，匆忙回到柏林。弗朗兹·约瑟夫皇帝病倒了，他说，"可怕，太可怕了，我悲伤极了。"在伦敦，《每日新报》写道："这次暗杀对欧洲来说像一次雷鸣。"伦敦《泰晤士报》说它使世界的良心在发抖。

【路透社伦敦 1914 年 7 月 31 日电】题：欧洲列强摩拳擦掌

一个月前，一名年轻的塞尔维亚民族主义者在萨拉热窝开枪时，从他的手枪里射出的子弹可能是一场欧洲战争的第一枪。暗杀大公弗朗西茨·斐迪南德夫妇事件破坏了欧洲本来就难以保持的平静。这块大陆是个炸药桶。各国迅速武装起来，耗竭他们的国力并使全世界震惊。

德国已跃上军费开支的首位。它决定大幅度扩军，德国军费预算增加了 50%。它去年花费了 14 亿马克，今年预算猛增到 22.44 亿马克。而且并不只是德国一个国家，俄国花费了 18 亿卢布，英国和法国也并不落后许多。

过去在俄德之间存在的友谊已完全消失，而奥地利和俄国之间在巴尔干半岛的竞争愈演愈烈。两国都想在这一地区扩大他们的势力。俄国担心奥国将通过进攻塞尔维亚和加强它在巴尔干半岛的势力对暗杀大公事件进行报复。沙皇尼古拉二世上星期很显然和法国总统安克雷讨论了他所关心的问题。会谈后几小时沙皇就宣布他支持塞尔维亚，尽管有迹象表明暗杀大公在塞尔维亚是有计划的。

德国也向奥地利施加压力，证明它在巴尔干半岛是难以对付的。这个月上旬，威廉二世收到德国驻维也纳大使捎来的一封信。

德皇在页边的空白处写道："机不可失，时不再来。我们必须永远把塞尔维亚消灭掉。"对于在巴尔干半岛使用武力的问题，奥地利一直在犹豫。但是这次暗杀和德国的压力结束了这种举棋不定的状况。上星期，维也纳向塞尔维亚发出最后通牒。奥地利要求准许它援助塞尔维亚警察调查暗杀事件。塞尔维亚表示抗议，但是最后同意了。

很明显，德国担心一旦俄国人完成了重新武装自己的任务之后，将在 1916 年向德国进攻。为此，德皇和他的政府可能正在筹划向俄国发起先发制人的进攻。那样，德国在其西侧将会发生麻烦。俄国和法国结成盟国 20 多年，毫无疑问法国想从德国手中夺回阿尔萨斯和洛林。不列颠是否参战还不太清楚。

（二）新新闻主义笔下的政治暗杀

新新闻主义（News journalism）又译作"新集纳主义"，被认为是 20 世纪实务新闻学最激进的一种报道理论。它最显著的特点是将文学写作的手法运用于新闻报道，重视对话、场景和心理描写，大力着墨于细节刻画。新新闻主义发展的高峰出现在 20 世纪 60 年代。对新新闻主义，业界、理论界一直存在较大争议。反对者认为以这种混淆新闻和文学的报道方式写出来的新闻作品其真实性和准确性值得怀疑，指责其玷污了客观、公正的崇高新闻理念。

"第二次世界大战"后，随着民主制度在世界范围内的普遍确立，单个政要的作用不再如以前那般至关重要，牵一发动全身。而日益激烈的新闻竞争也改变着记者报道新闻的方式。李良荣曾经指出："新新闻主义其实为新闻特写与通讯体裁的写作提供了全新的借鉴范式，甚至可以说是提供了变异的可能性。"这种情况发展到极致，便出现如同好莱坞拍片一样报道总统遇刺的做法：

"我看见历史在爆炸……"合众国际社记者梅里曼·史密斯这样描述他所看到的美国总统约翰·肯尼迪遇刺的情景。

那是 1963 年 11 月 22 日中午，肯尼迪总统的车队在去集市的途中穿过达拉斯市中心。总统要在集市向用午餐的听众讲话。

合众国际社是世界上相当有影响的一家通讯社。史密斯担任过 22 年的白宫记者，是一位享有特权的人物（一般来说，通讯社的记者要比其他记者离总统近一些，因为他们随时都会发稿）。当天，坐在集体采访车内的史密斯比在后座的主要对手——美联社记者以及其他两名报业联营的记者地位要优越得多：他坐在汽车的前排，靠近车载无线电话机。

当肯尼迪的车子在行车路线的尽头慢慢转弯时，子弹出膛了。时间指向 12 点 30 分。总统的轿车以及随行的警察和特工人员飞速离开。史密斯后来写道："我们的车大概只停了几分钟，但就像停了好长时间。人们看到历史在眼前爆炸了，甚至对最训练有素的观察家来说，一个人的理解力也是有限的。"当集体采访车在高速公路上行驶时，史密斯拨通了合众国际社达拉斯分社的电话，找到了西南分部经理威廉·帕耶特。12 时 34 分，合众社"A"线发出了这样的消息：

【合众国际社达拉斯 11 月 22 日电】今天在达拉斯商业区，有人向肯尼迪总统的汽车开了三枪。

合众国际社在纽约的总部发出"达拉斯，这里给你让路"的通知，要求其他所有分社的发稿都要限制，以保持达拉斯线路的畅通。在集体采访车上，史密斯抓住电话不放，美联社的杰克·贝尔用劲推他的后背，大吼道："史密斯，把电话给我。"汽车开到帕克兰医院时，史密斯把电话扔给贝尔，冲向肯尼迪的汽车。他看到总统和得克萨斯州州长约翰·B·康诺利倒在他们妻子的怀里。史密斯打听总统的情况，听到特工处的克林特·希尔说："他死了。"史密斯在一片混乱中跑进医院。他设法打通达拉斯分社的电话，开始口述后来获得普利策奖的那则报道。史密斯的"快讯"和消息挤进了线路。比平时长的"快讯"有些凌乱，一时失去了通讯社的正式风格。

　　快讯：肯尼迪严重受伤，可能因身中刺客子弹而受了致命伤。

　　杰克·法龙在分社做记录，后来人们把写出这篇流畅的稿件的功劳归功于他。这篇报道匆匆送上合众国际社的广播线路。几分钟后，美联社证实了这个可怕的消息。下午1时32分，美联社发了一条快讯："两位牧师说肯尼迪已经去世。"这时，美国全国的电视机几乎都打开了。在纽约市，观众收视率从30％急升至70％。在哥伦比亚广播公司，克朗凯特急忙冲进新闻编辑室，开始播报第一则详细报道。他和其他电视网的同行都得到了美联社的快讯。哥伦比亚广播公司的电台已经通过丹·拉瑟在得克萨斯的报道，宣布总统已去世。接着是美联社的报道予以证实。下午1时35分，合众国际社说："快讯，总统去世。"克朗凯特眼泪汪汪，其他数百万美国人也是这样。

　　晚了一步的路透社，其综合报道言简意赅：

肯尼迪遇刺丧命（主）

约翰逊继任美国总统（副）

　　肯尼迪总统今天在这里遭到刺客枪击身死。

　　总统与夫人同乘一辆车中，刺客发三弹，命中总统头部。

　　总统被紧急送入医院，并经输血，但不久身死。

　　官方消息说，总统下午1时逝世。

　　副总统约翰逊将继任总统。

　　而史密斯绝不想浪费手中大量的一手素材，他在第二天清晨发出特写，详细地描述了整个过程，并因此获得普利策奖。

"我看见历史在爆炸……"

　　【合众国际社华盛顿11月23日电】这是一个十分迷人的、阳光和煦的中午，我们随着肯尼迪总统的车队穿过达拉斯市的繁华市区。车队从商业中心驶出后，就走上了一条漂亮的公路，这条公路蜿蜒地穿过一个像是公园的地方。

　　我当时就坐在所谓的白宫记者专车上。这辆车属于一家电话公司，车上装着一架活动无线电电话机。我坐在前座上，就在电话公司司机和专门负责总统得克萨斯之行的白宫代理新闻秘书马尔科姆·基尔达夫之间。其他三名记者挤在后座上。

突然，我们听到 3 声巨响，声音听起来十分凄厉。第一声像是爆竹声，但是，第二声和第三声毫无疑问就是枪声。

大概距我们约 150 码或 200 码前面的总统专车立刻摇晃起来。我们看见装有透明防弹罩的总统专车后的特工人员乱成一团。

下一辆是副总统林顿·约翰逊的专车，接下去是保卫副总统的特工人员的专车。我们就在这后面。

我们的专车可能只停了几分钟，但却像过了半个世纪一样。我亲眼见历史在爆炸，就连那些饱经风霜的观察家，也很难领悟出其中的全部道理。

我朝总统专车上望去，既没有看见总统，也没有看见陪同他的得克萨斯州州长约翰·康诺利。我发现一件粉红色的什么东西晃了一下，那一定是总统夫人杰奎琳。

我们车上所有的人都朝司机吼了起来，要他将车向总统专车开近一些。但就在这时，我看见高大的防弹玻璃车在一辆摩托车的保护下，嚓叫着飞速驶开。

我们对司机大喊："快！快！"我们斜插过副总统和他的保镖车，奔上了公路，死死地盯住总统专车和后面特工人员的保镖车。

前面的车在拐弯处消失了。当我们绕过弯后，就可以看到要去的地方了——帕克兰医院。这座医院就在主要公路左侧，是一座灰色的高大建筑物。我们向左边来了一个急转弯，一下子就冲进了医院。

我跳下汽车，飞快跑到防弹玻璃车前。

总统在后座上，脸朝下，肯尼迪夫人贴着总统的身子，用双手紧紧将他的头抱住，就像在对他窃窃私语。

……

专门负责总统夫人安全的特工人员克林特·希尔正靠在专车后面。

"他伤势有多重？克林特，"我问道。

"他快死了，"他简单地回答说。

我已记不起当时的详细情景。我只记得一连串急促的吆喝声——"担架到什么鬼地方去了……快将医生叫到这儿来……他来了……快，轻一点。"在不远的地方，还有可怕的抽泣声。

147

我抄一条小路径直冲到了医院的走廊上。我首先看到的是一间小办公室，这儿根本不像办公室，倒像一个电话间。办公室里站着一个戴眼镜的男人，他正在摆弄一大堆乱七八糟的表格。在一个像银行出纳台那样的小窗口，我发现木架上有一部电话机。

"怎样接外线？"我气喘吁吁地问道。"总统受伤了，这是紧急电话。"

"拨9，"他边说边将电话推到我身旁。

我连拨了两次，终于接通了合众国际社达拉斯分社。我用最快的速度发了一个快讯：总统在穿过达拉斯的大道上遭到枪击，总统伤势严重，可能是致命的重伤。

我正打着电话时，抬着总统和州长的担架从我身边经过，由于我背向走廊，直到他们到距我75英尺或100英尺的急救室门前，我才看见他们。

我从窗口外的人的脸上突然出现的恐惧神情上知道他们已过去了。

我站在通往急救室的淡褐色走廊上，一边向合众国际社打电话报告枪击时的情况，一边紧盯着急救室外面，看会出现什么新情况。这时，我眼前展开了一片忙乱的景象。

白宫新闻秘书基尔达夫上气不接下气地在走廊上跑来跑去。警官拼命地嚷嚷，"让开！让开！"两位神父，手里提着紫红色袈裟的衣角，紧跟在一名特工人员后面走了进来。一名警官中尉手捧一大瓶血浆走到走廊上，一位医生也来了，他说要将所有的神经外科医生都叫来。

神父从急救室里走了出来，说总统接受了天主教的最后圣礼。他们说，总统还活着，但昏迷不醒。总统办公室的人员陆续来到了，他们乘的车在我们后面，由于交通阻塞，被迫姗姗来迟。

当时在医院中急需电话，我将电话看得像生命一样重要，紧紧抓住不放。我不敢离开那儿，怕失去与外界的联系。

这时，我看见基尔达夫和白宫另一名工作人员韦恩·霍克斯从我身边跑了过去。霍克斯边跑边喊："基尔达夫马上要在护士值班室发表声明。"

护士值班室就在上一层楼的尽头，我急忙撂下手中的话筒，紧跟在他俩后面。当我们一到值班室门口，就听见里头在大声地喊："请

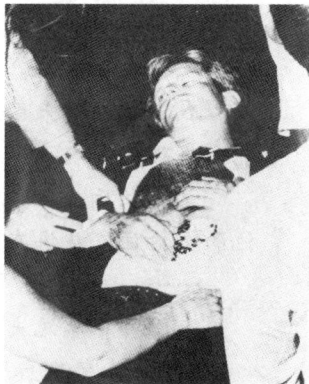

1968年，罗伯特·肯尼迪正在竞选美国民主党总统候选人期间被暗杀（新华社稿）

安静!"基尔达夫抑制住自己的感情,宣布说:"约翰·肯尼迪总统约在一点钟逝世。"

……

我们在离总统专机约 200 码的跑道边跳下车时,基尔达夫看见了我们。他示意要我们赶快。我们跑到他跟前,他说,机上只能上来两名记者,约翰逊就要在机上宣誓就职,飞机然后就立即起飞。

我看见跑道旁有一排公用电话间,问是否有时间让我向我的上司报个信。他说,"上帝保佑,要抓紧时间。"

接着,又是一场电话战。达拉斯总机占线。我拨华盛顿,所有电话都占线。我又拨合众国际社纽约分社,终于接通了。我告诉说,新总统就要在飞机上宣誓就职。

……

仪式只进行了两分钟。在东部时间下午 3 点 38 分结束,过了片刻,总统就斩钉截铁地宣布:"现在立即起飞!"

专机驾驶员詹姆士·史温达尔上校立即启动右舷的发动机。这时,有好几个人走出了飞机,其中包括威斯汀豪斯广播公司记者锡德·戴维斯。由于飞机载人有限,白宫官员只允许两名报业联营记者留下。我和罗伯茨被选中了。实际上,我们在机上也没有座位。

在东部时间 3 点 47 分,"空军一号"的起落架离开了跑道。史温达尔将这个空中庞然大物一下子升到了 41000 英尺的高空,飞机以每小时 625 英里的速度,向华盛顿郊外的安德鲁斯空军基地飞去。

当总统专机达到巡航高度时,肯尼迪夫人离开了卧室,向飞机后舱走去。这里是所谓的家庭起居室。就在这里,她曾同肯尼迪、同亲人和朋友们一道叙谈和用餐,度过了许多令人兴奋和激动的时光。

肯尼迪的遗体就停放在这里,是由一群特工人员抬上飞机的。

……

当我们乘坐的直升飞机在暮色中盘旋,就要在白宫南草坪降落时,谁会料到,6 小时前,约翰·肯尼迪还是一个欢快活跃、笑容满面、精力充沛的人啊!

史密斯抢报肯尼迪遇刺,是新闻史上津津乐道的轶事。若逐句分析其特写的写作技巧,完全能就此做一篇论文。可这没有意义,因为写作功底固然重要,但在这篇特写里,记者的观察才是报道的核心。这篇文章其实能当做一部惊险片的剧本大纲。

像剧作家一样组织报道，这是强调体验的所谓"新新闻主义"提倡的写作新闻的方式。它建议记者在报道真人真事时，融入小说的写作技巧，注重人物的内心世界，重视对话、场景和对事件的细节刻画，对传统的"客观性"理论提出挑战。1973年，在汤姆·沃尔夫（Tom Wolfe）和约翰逊（E. W. Johnson）联合编辑的《新新闻主义》一书的绪言中，其概述了"新新闻主义"写作手法的四大特点：第一，采用一幕幕场景与画面组合的结构描写事件，避免使用传统新闻报道中的历史叙述方式。第二，每一幕场景由一个特定人物来呈现，即通过一个亲历事件者（如作者本人）的所见所想表现场景。第三，大量运用人物间的对话，集中使用对人物的社会生活地位有象征性作用的细节（如人物的姿态、习惯、举止、表情、家庭布置、对上司下属的态度等），采用文学的表达技法。第四，描写细节，烘托气氛。可见，这种新闻写作方式很适合用来报道戏剧性强、场景重要、冲突激烈、气氛紧张、发展曲折的新闻事件。

（三）阴谋被挫败的政治暗杀

政治暗杀的戏剧性让挫败暗杀图谋成为同样重要的新闻事件，记者可以就此写出引人注意的稿件。2003年10月19日，英国《星期日泰晤士报》报道的"暗杀普京总统的阴谋"，就是一个比较典型的例子。

暗杀普京总统的阴谋

戴维·莱帕德

伦敦警察厅反恐处逮捕了俄罗斯情报部门的一名变节特工，从而挫败了一起暗杀俄罗斯总统普京的阴谋。

被捕的这名前克格勃少校是受过专门训练的职业杀手，也是伦敦警方在上周末接到举报后抓获的第二个俄罗斯人。据称，这两个人试图游说英国的俄罗斯流亡者参与暗杀行动。

伦敦警方昨晚证实，这两个人一个40岁，一个36岁，都是上周日在伦敦被捕的。他们已于17日获释，前提条件是返回莫斯科。

按照这些人的阴谋，普京将在出访时被一名狙击手开枪打死。伦敦警方在九天前侦破了这起阴谋。此前，他们收到了前俄罗斯联邦安全局官员亚历山大·利特维年科的一份详细的书面陈述。

3年前叛逃到英国的利特维年科说，他认定，刺客——他以前在克格勃的同事是潜伏在联邦安全局的间谍。据他所知，这个叛徒是联邦安全局的一名职业杀手。他的书面陈述共10页，是当着两名英国资深律师的面起草的。

　　据说，这名特工在跟利特维年科的几次电话联络和一次会面中大致描述了暗杀计划。他对利特维年科说，普京必须被推翻。了解此次调查内情的人士透露："他告诉利特维年科，普京必须被干掉。"

　　本报得到的材料显示，上述两人于本月早些时候从莫斯科抵达伦敦，并住进埃奇韦尔大道的希尔顿大都会饭店。其中一人打电话给利特维年科要求立即见面，地点约在莱斯特广场一家面馆外面的长凳上。

　　见面后，这位俄罗斯特工——代号为P少校——说，他认识联邦安全局负责普京出访安全事务的一名高级军官。在普京出访期间，这位军官可以事先通报其行程路线，以便于刺客进行筹划。据知情人士透露，P少校声称，暗杀行动将由车臣分裂分子来完成，他们将在普京路过的某个地方端着狙击冲锋枪突然冒出来。这位知情人士还说："P少校表示，普京必须被推翻是因为他在掏空国库，最终会让所有人都进监狱。"

　　利特维年科告诉侦查人员，刺客让他约见了不久前刚刚在英国获得避难权的俄罗斯大亨鲍里斯·别列佐夫斯基。他们显然希望别列佐夫斯基为这次行动提供经费。

　　朋友们说，利特维年科和别列佐夫斯基担心这是有人想设计陷害他们，于是马上报了警。

写出这样稿件，前提条件是记者要有新闻来源。这种来源可能是不愿透露姓名的人士，也可能是情报机构或警察局的新闻官。最重要的是，新闻来源一定要权威和准确，否则会招惹很大的麻烦。

第七章 为难题而聚首

——国际会议的采写

对于采访国际会议，报道国际新闻的记者常常既向往又发憷。向往，是因为一般来讲这类会议都有比较重要的主题，有重量级的人物参加，报道这样的会议，可以抓到大新闻，有时还能发出几条独家新闻；怵它，通常则是因为小小会场上演的新闻战称得上白刃战，更担心在大量的文件和一个又一个的会议中找不到有价值的新闻。

第一节 考验记者水平的难题

采访国际会议是从事国际新闻报道的记者所要面对的难题之一。其难点概括起来有如下几个方面。

一、竞争激烈

一般重要会议都会提前预报。许多媒体会派出优秀或者有经验的记者去争抢时效、挖掘独家新闻和发掘有深度的稿件。1991 年 10 月在西班牙首都马德里召开的关于中东问题的和平会议。会议中心发出记者证 5000 多个，CNN 一家就去了 100 多人。1990 年 7 月，西方七国首脑在美国的休斯敦聚首。据美国新闻署的统计，蜂拥而去的记者有 4300 人。如此多的记者，其中不乏高手，要想在其中脱颖而出，难度可想而知。

二、进入会议现场和接近重要人物十分困难

不少重要的国际性会议通常都是闭门会议。有的在会后举行记者招待会，有的甚至不举行记者招待会。与会者也不肯回答记者的问题，只给记者短暂的拍照和摄像时间。1993 年，在西雅图举行的首次亚太经济合作组织领导人非正式会议上，尽管 300 多名记者凌晨 3 点就赶往会议所在地——布莱克岛，却只能在码头拍照和摄像。摄影、电视和文字记者在领导人落座之后被允许分批进入岛上的一座木屋 3 到 5 分钟，但不能提任何问题。会议只允许每位领导人带一名高级助手上岛，但助手也不能进入领导人的会议室，只能在附近的房间里随时准备提供咨询，领导人的译员只能在工作室进行同声翻译。采访这样的会议，要取得第一手材料就有很大的难度。

三、重要新闻往往被淹没

重要新闻往往淹没在开幕、闭幕、发言、讲话、辩论中。有的会议准备有大量书面材料，有议程、议题、时间和地点安排、与会者的发言稿、建议、主张、声明等，林林总总，还有新闻发布会、吹风会。这些都能帮助你了解情况，但也会让你一时不得要领，陷入某些程序性的新闻而忽视了重要的有价值的新闻。而有些会议，会上只是姿态，重要的是会下的幕后交易。对于这样的会议，报道的难点就是如何挖出这些幕后新闻。

四、有的会议比较枯燥，有的比较专业

一些比较专业的会议，如国际质谱学会议、国际信息技术会议、国际数学大会等，当记者被专业词汇、术语难倒时，是很难找出有价值的新闻的，更不要说写出深入浅出的报道了。因此，报道这些会议需要一定的专业知识，也需要掌握一定的技巧。

五、"马拉松"式的会议需要耐心和体力

新华社前驻日内瓦首席记者张振东说，1993年四五月间在日内瓦召开的世界人权大会第四次筹备会议，连续开了20天。记者们被拖得筋疲力尽。会议最终在凌晨结束时，记者们还必须坚持发稿。这样的经历可以说每个采访过会议的记者都曾经有过。新华社记者王怀智在一篇回忆文章中写道，1977年6月，他参加在巴黎召开的国际经济会议（又称南北对话）的报道。由于分歧大，会期一再延长，最后竟连续开了40个小时。由于传言对话要告吹，记者们都聚在会议厅屏气以待，以至于喝空了大厅酒吧的上千瓶啤酒、饮料和咖啡。当时，路透社记者在一篇报道中称它创下了现代外交史上的纪录。经常报道会议的记者有句行话，叫做"熬会"。

六、"意想不到"不是常态，但必须有准备

1991年年底，在塞内加尔首都召开的第六届伊斯兰国家首脑会议上，由于意见分歧，阿拉法特的意见被部分代表否定，一气之下，他退出了会场。能否及时得到这样的新闻，也是报道会议的难点之一。

包括地区性会议在内的国际会议，是国际事务的重要组成部分。从事国际新闻报道的记者必须学会和掌握采访国际会议的技巧。世界上每年召开的会议几万个，即便在尼泊尔这样的小国，一年也会有几次国际性会议。例如，2003年1至8月间，南亚区域合作联盟会议、国际信息技术会议、保护青少年合法权益国际会议等国际和地区性会议，就在尼泊尔的首都加德满都召开。至于在被称为国际会议城的日内瓦，常设的国际组织和政府间机构多达几百个，知名

的就有联合国欧洲总部、联合国所属的贸发会议、人权委员会、联合国开发署、联合国难民署等，还有如世界卫生组织、世界知识产权组织、世界贸易组织等国际组织，它们每年召开的大小会议数月超过一万。因此，有的新闻机构设有专门采访会议的记者，对一些重要的、连续性的国际会议进行专职采访。新华社在纽约联合国总部和日内瓦联合国机构办公地万国宫内都有办公室，有记者负责采访重要的会议。

第二节　判断会议重要性的原则及其常见类型与报道重点

一、判断国际会议重要性的原则

国际会议这么多，记者如何判断会议的重要性呢？可以从以下三个基本原则[①]着手。

第一，会议是否讨论实质性问题。不同会议的重要性不一样。一般来说，级别越高的会议引起的关注越多。有时要看会议的特点，到底务虚还是务实，是否讨论实质性问题。例如，就解决朝鲜半岛核问题举行的"六方会谈"虽然只是副部级会议，但由于涉及敏感的国际热点问题，备受全球瞩目。第二，会议与中国的关系（接近性）。第三，会议是否契合记者所在媒体的特点。

二、国际会议的常见类型与报道重点

国际会议虽然很多，但大体上可以分为以下几类。

（一）联合国及其所属机构的会议

包括年会、例会等，如联合国大会、人权委员会会议；特别会议，如联合国安理会关于伊拉克问题的特别会议、专门会议、气候变化框架公约缔约方会议等。这些会议有的至关重要，有的空泛得很。许多新闻机构会根据会议的重要程度决定所派记者的人数和报道的规模。

（二）重要国际性会议

如国际经济发展会议（南北对话）、中东和平会议、西方八国首脑会议、亚太经济合作组织领导人非正式会议等。对于这一类会议，大的新闻媒体都会认真策划并派出经验丰富的记者前往采访报道。

---

① 　江爱民、寒天：《国际新闻的采访与写作》，224～226页，北京，中国广播电视出版社，2005。

（三）国际组织的重要会议

如不结盟国家首脑会议、石油输出国组织会议、国际货币基金组织会议、世界贸易组织会议等。这类会议一般例会多，由于牵涉到与会国的切身利益，往往需要相互协调、相互妥协，可报道的内容自然不会少。

（四）重大地区性会议

如欧盟会议、非盟会议、阿拉伯首脑会议、东南亚国家首脑会议、加勒比共同体首脑会议、安第斯条约组

1995 年 10 月 22 日至 24 日，150 多个国家的领导人聚集联合国总部，发表了《纪念宣言》（新华社发）

织首脑会议等。这类会议一般不着重报道程序，如开幕、闭幕、某某人发言，而应该抓住一些带有趋势性的问题，发出有新意的稿件。

（五）专业性会议

如世界气象会议、万国邮政会议、世界环境会议、国际防沙治沙会议、世界水问题会议等。这类会议技术性、专业性强，一般的媒体不大重视，但随着科技的发展，人口、环境等问题的日益突出，这类会议越来越受到媒体的关注。事实上，这类会议中有不少讨论的是与人们生活息息相关的问题，如水问题、荒漠化问题，有相当重要的新闻价值，可以很好地进行报道。一些专业会议折射出各种力量之间的矛盾斗争，如在国际电讯联盟会议上，各国争频率的分配，这实际上反映了许多国家反对大国对太空垄断的意向。

（六）紧急的临时国际和地区会议

除了预先确定会期的会议外，一些会议是在突然的情况下召开的，也就是紧急的临时国际和地区会议，如 2003 年 3 月，联合国安理会关于伊拉克问题的紧急会议、2003 年 4 至 5 月间在沙特阿拉伯召开的海湾合作委员会紧急会议和伊拉克周边国家紧急会议。这类会议比较重要，主题十分明确，大多针对当时国际或地区局势，一般会期不长，但往往矛盾尖锐，斗争复杂，难以一时解决问题。采访这样的会议最重要的是尽早了解会期并及时赶到现场，集中优势兵力、派遣优秀的记者进行采访。同时，记者对有些问题会后需要继续跟踪和研究，为后续会议的采访做好准备。

（七）重要国家领导人之间举行的重要会晤

这些会晤严格地来说不能称之为国际会议，但其重要性绝不亚于一次重要的国际会议。如 2000 年朝鲜和韩国首脑首次会晤、1990 年 12 月初美国总统乔治·布什和苏联总统戈尔巴乔夫在马耳他的"非正式"会晤。对这些会晤，世界上几乎所有大的新闻媒体都及时派记者前往采访。为采访 1990 年 12 月的美苏首脑会晤，2400 名记者拥到马耳他这个岛国。

（八）政府、国际组织间举行的谈判

如越南和美国的巴黎谈判、美苏裁军谈判。这些谈判有双边的、多边的，虽不以会议的名称出现，但实际上也是有关国家和方面之间举行的双边或多边会议。这些谈判往往进行得非常艰难，为各自的利益斤斤计较，讨价还价。会议大多如马拉松比赛，谈谈停停，历经几个，甚至上百个回合。上面提到的两个谈判就历时多年。对这样的谈判，一般都要突出重点，报道着重在突破和进展方面，也要有预测和评论稿件。

（九）部分国家和国际组织举办的论坛

如亚洲经济论坛等。报道这些论坛的侧重点在于权威人士的新观点。

第三节　会前准备

有经验的记者都知道，采访国际会议，会前的准备工作十分重要，准备越充分，到现场采访时，心中就越有数，有的放矢，即使临时遇到棘手的问题，也能够比较顺利地解决。

除少数紧急会议，一般会议的准备工作至少从会议召开前一个月就开始了，几个月时间也不算长。对有些重要的会议，有的新闻媒体安排专人长年跟踪、研究。尽管各类会议的内容不同，但准备工作可以说大同小异，大致可以分为技术准备和业务准备。

这里着重介绍业务方面的准备，主要包括以下几个方面。

一、了解会议背景

第一，会议召开的背景，对于了解会议本身非常重要。背景有时是某些会议召开的原因，有时可以改变会议原定的议题或改变与会方的立场，甚至还可能决定会议的成败。了解清楚会议的背景，会议的主旨也就清楚了。如美、英、西三国首脑亚速尔会议，当时美国和英国等国家准备对伊拉克实施军事打击，但遭到联合国众多成员国的反对，于是他们决意要绕过联合国使用武力。如果了解这一背景，那么对会议的议题和结果就会有比较准确的判断，报道会议就有了比较好的基础。

第二，与会者的背景和他们对会议议题的立场，对于记者发现新闻线索来说，非常重要。以联合国安理会关于伊拉克问题特别会议为例，如果在会前对主要国家的态度十分清楚，并了解它们采取这一立场的原因，那么，一旦他们的态度有很细微的变化，记者就会捕捉到，甚至可能挖掘背后的新闻。

第三，了解关键人物的背景，如东道国的领导人、会议的主席、重要国家的代表等。这些人的一举一动都是新闻点。对亚速尔会议的三位与会者，如果清楚美国总统布什的父亲老布什就任美国总统时曾发动海湾战争，也许可以在稿件中提上一两句；如果了解英国首相布莱尔过去总是紧跟美国步调的历史，也许可以推测出他在这一次会议上的态度；如果了解西班牙首相阿斯纳尔在国内一片反对声中依然支持美国打击伊拉克，也许就可以在稿件中向人们解释这又是为什么。总之对他们的背景了解得越详细越深入，就越能写出更为丰满、生动的稿件来。

二、了解会议本身

可以同会议主办方联系，或访问有关网站。一般来说，目前召开的影响较大的国际会议都有官方网站。这些网站会为记者提供很多有用的信息，包括会议的主题、主要议题、日程、与会者、有关组织简介以及会议地点、交通情况、安全情况介绍等。这类官方网站一般不会谈论有关会议的焦点问题，不会发布各方分歧等类的信息，因此还需要记者访问其他一些非政府组织和研究机构的网站，从他们的评论、研究性文章中提炼新闻线索。但是需要注意的是，除非交代消息来源，否则非官方网站提供的事实必须经过核实才能在稿件中使用，这对于维护媒体的声誉是十分重要的。

三、掌握会议的专门用语

国际会议，特别是专业会议所讨论内容，可能有一套"自己的"语言。这些词语大多是缩略语。与会代表发言、记者招待会上，这些词语时常被用到。记者在准备过程中应尽量多地掌握这些用语。

四、制定报道方案

采访国际会议前，只要有时间，记者最好事先拟定报道方案。这样，既可以给自己之后的采访报道活动提供一个指南，也可以让编辑部心中有数，方便之后发稿。做到以上几点，知道会议将讨论些什么问题，有可能出现什么情况，并对它们进行了研究，拟定报道方案，采访会议的准备工作可以说做得差不多了，报道会议就容易多了。

但记者需要认识到，准备工作只是报道会议的第一步，绝不要以为做好准备就可以顺利完成报道任务。到达会场有困难怎么办？如果是闭门会议，该如何去挖新闻？如何采访到那些编辑部希望你采访到的显赫的大人物？发出的报道能引起希望的反响吗……种种未知的障碍和困难，都等待着记者去一一克服。

第四节 会议的预先报道

除非是就突发事件紧急召开的重要会议，大多数国际会议一般事先都会发布预告。而媒体就重大国际会议进行的新闻竞赛，往往在此时便已展开。一旦编辑部决定对某个重要会议进行巨大投入，那么记者可能得花数周时间为此做准备，并在会议召开前很长一段时间内为这个即将发生的事件做大量预先报道。

会议前的预先报道作用很多：有的是为国家元首举行重要会晤进行暖场，如国家元首重要的出访、来访活动前，通常有关机构会举行新闻发布会，甚至安排本国及到访国重量级媒体的明星记者对领导人进行专访；有的是借此公布本国的一些主要观点和重要立场，争取国内民众与国际盟友的支持；有的预先报道，实际是与会各国会议上政治角力的前奏，或者是通过制造话题预先炒作议题，力图设置会议议程而精心策划的行动。

就在这次峰会上，中国在国际政治议题设置上进行了一次漂亮的策划：会议前由中国人民银行行长周小川在央行网站上发表署名文章《关于改革国际货币体系的思考》"一石激起千层浪"引发媒体热议，而后使该议题成为 G20 会议报道的焦点之一，最后使之成为下一次峰会的议程。

各家媒体对此议论纷纷，从标题里可见一斑。

G20 峰会召开在即 中国挑战美元独霸时代

周小川国外遭媒体"围追堵截"

中国为什么倡导新货币体系

以新储备货币替代美元 中国建议获联合国支持

屠光绍详解金融中心新使命：人民币国际地位是"必选项"

吴敬琏力挺周小川：须对美元发行机制"上套"

周小川理想主义 PK 奥巴马现实主义

创建超主权货币"中国声音"意在长远

谢国忠：美国"印钞"刚开始中国须积极自救

焦瑾璞："超主权"储备货币是理想目标

汇丰经济学家：美元储备货币地位长期内面临挑战

G20各方立场基本确定：发展中国家希望拓展发言权

外媒热议：G20峰会前的"货币战争"

IMF总裁：中国提出探讨新国际储备货币"合理"

……

《金融时报》对此专门发表社论《中国计划终结美元时代》。

美国总统予以回应。

奥巴马说，他上任两个月以来，提出了全面的策略，"全方位"地应对经济危机，目前已经初见起色。但他促请国民给予他更多时间，以等待更长远的成效。奥巴马同时表示，反对建立国际储备货币，认为时机尚不成熟。他表示，美元仍然坚挺。

会议结果显示中国精心策划行动取得预想效果。

G20九月召开第三次峰会 将讨论超主权货币。

英国首相布朗表示，二十国集团G20今年九月将于纽约召开第三次金融峰会，讨论超主权国际储备货币的议题。

俄罗斯总统梅德韦杰夫当日亦表示，俄罗斯赞成设立超主权储备货币的设想。

第五节 如何从会议中寻找新闻

一、尽早获得采访资格并赶往会议地点

要采访国际会议，先要获得采访资格。目前国际恐怖活动十分猖獗，重要国际会议对安保问题十分敏感，对记者资格审查严格。多要求记者事先获取采访资格。因此，一旦确认要采访某个国际会议，记者应尽早申请采访资格和办理相应证件，以免耽误工作。及时到达会议所在地点，这一点看起来并不复杂，但是在紧急情况下，却极能考验媒体和记者的活动能力，也是会议采访成功的首要前提。

二、会场踩点，了解会议的筹备情况

记者抵达会议所在地后，应尽快进入角色，到会场和新闻中心了解情况，及时与大会新闻联络处和新闻官取得联系，并迅速建立尽可能多的信息渠道。

一般来说，记者踩点时需弄清以下几个方面的基本情况。

第一，及时与大会新闻联络处和新闻官取得联系。

第二，新闻中心、会场、新闻发布厅的位置以及这些地方相互之间的距离，记者入住处与这些地方距离远近，交通状况。

第三，能否进入会场？若能进入，该如何寻找较佳的录音、拍照、摄像位置；若无法进入，怎样弄到一手资料？

第四，新闻发布厅的环境如何？是否需要提前占位？如何占位？

第五，会场、新闻发布厅、新闻中心的通讯情况，尤其应注意如何解决传送图片、视频等大容量文件的问题。这对记者在之后的工作时能顺畅发稿非常关键。

第六，如有多个会场同时举行重要会议，如何解决采访问题？与同事、同行合作，还是找会议组织者帮忙？

同时，记者应着手对会议相关的情况，如周围气氛、安全措施、居民心态、城市、街道环境等进行采访。采访这些情况并不一定马上发稿，但在日后稿件中这些材料用上的可能性很大。

三、参加记者招待会

记者招待会是记者报道会议经常参加的重要采访活动之一，可以从中获得很多资料。记者参加记者招待会，是在代表编辑和受众了解有关事件、提问。记者招待会也是驻外记者最常参加的采访活动，不只限于采访会议。

当有突发重大事件发生时，记者在有关方面的记者招待会上争先提出他们最关心的问题并获得明确的答案。

有的会议举办的记者招待会、吹风会很多，有每天例行的，有大会东道国举办的，有大会主席、发言人举办的，也有各国与会者举办的，还有临时为突发的某事举办的……要想全部参加显然不现实，那么就要有所选择。

会议召开前的记者招待会通常由东道主举行，主要介绍会议的议题和程序。参加这些记者招待会不一定写稿，但对了解会议的日程十分重要。此外，会议主席、发言人举行的记者招待会一般应该参加，其他国家记者招待会可以选择重要的参加。

因某些突发事件而举办的记者招待会一定要参加，因为这样的事件事出突然，又往往比较重要，才会专门开发布会来介绍或作出某些解释。

会议闭幕时的记者招待会往往比较具有新闻价值，但由于经常出现所有主要与会方举行记者招待会来阐明自身立场的状况，时间上可能冲突，新闻机构只能就自己的人力、根据具体情况进行选择。

对初学者来说，参加记者招待会有一些需要注意的基本事项。

参加记者招待会时，记者除了确保录音笔或录音机正常工作外，必须做到像没有录音采访设备一样认真做笔记，因为最好的机器也有可能在最不合时宜的时候发生故障，而记者在写稿时通常都必须用上许多内容和一些直接引语。

记者要尽量设法坐在引起主持人注意的位置，准备好要提的问题。记者的问题一定要简洁明了，切中要害，因为一般情况下记者是不可能有第二次提问机会的。同时，记者还要善于对别人提的问题进行追问，争取了解到更深层的材料。此外，切莫在自己的问题得到回答后便掉以轻心。记者也一定要注意听别人提的问题，识别有新闻价值的材料。

例如，在联合国参加记者招待会，意味着许多国家常驻联合国的记者集中采访一个（或多个）新闻发布者，因此竞争非常激烈。抢机会提问，便是采访中的竞争。记者争得提问机会后，应避免提出别人刚刚问过或联合国秘书长等新闻发布者已经对某事件作出反应的问题，要擅于提出最重要的问题，把问题问到点子上。所提问题要进行浓缩，使其简洁明了，容易理解。记者应善于从别人的提问和新闻发布者的回答中抓取新闻素材，还要擅于从别人的提问中进一步追问，以对所要报道的内容有深刻的了解。在前述联合国总部发生历史上首次枪击事件举行的记者招待会上，一位衣着时髦的西方女记者在争得提问机会后，用较长时间来说明联合国总部入口处对面几乎每天都有人示威，联合国能否派人去阻止这些活动，免得吵闹会影响联合国总部的安全问题——在紧急召开的记者招待会上讲这种本属于建议性质的话，离题太远。她又将提问变成了演讲，话语冗长，结果被主持人打断，白白浪费了难得的提问机会。

四、会议现场采访的技巧与注意事项

（一）会议现场采访的注意事项

不少国际会议是闭门会议，记者想要进入会场十分困难。有些会议只允许有"拍照机会"……无论如何，对于能参加的会议，记者一般要尽量参加或者选择重要的参加。记者要想方设法争取进入会场。如果实在进不了，也要争取离会场近一些，离会议代表近一些，在各国代表进出会场之机堵截他们，向他们提问，这是各国记者经常采用的办法（有些代表也愿意利用这一场合向记者阐述自己的立场）。有的会议没有记者席，不少记者早早地到达会场以抢占有利地形。但是，早到并不意味着一定要坐在第一排，第一排也许并不是最佳位置。应该坐在一个既能看到会场全貌、听到主要与会者讲话，又能观察听众和周围情况的地方。同时，会议如果有同声翻译的话，应注意选择正确的语言，如果没有，要设法解决语言问题，如与其他国家的记者合作。

会议开始前，记者最好能知道各位与会者的座位，并给他们每人作个编号或画张他们座位的草图，这样做笔记时更方便。此外，用这种办法还可以使自己在万一不知道某人的姓名或不能准确地拼出他的全名（这点很重要）时，事后再作补救。安排好座位后，记者要做的是拿到现场散发的文字材料，如发言稿、会议讨论的决议的副本等。

除了听发言外，记者同时必须注意其他事情。录音笔或录音机无法记录讲话人的面部表情和手势，而这些有时比讲话本身还重要。例如，许多记者都听说过前苏联国家元首赫鲁晓夫 1960 年 9 月 20 日在联合国大会发言时脱下鞋子敲桌子的事，但未必记得住他讲了什么，抗议的又是什么。这说明，对这一细节的描述远远超过了其他方面的描述。仅仅记录讲话者的话并不能表示其音量和声调以及他和与会者之间的相互反应。记者应当注意讲话者的表情、动作，或许可以从他的声音中听出某种弦外之音。与此同时，记者也应该注意听众的反应。

有时，报道讲话人比报道他的话更重要。他讲话的内容可能是新闻也可能不是新闻，而他本人的到场或在会上发言这件事却是新闻，如 2000 年韩国总统金大中到平壤会晤朝鲜国防委员会委员长金正日。金大中到达平壤本身就极具新闻价值。

在会议现场采访时还应该注意会场内外发生的事。例如，会议讨论时争论是否激烈，某人发言时有无掌声、笑声，还是有嘘声。有没有人抗议或退场。

有时新闻会发生在会场外，这就要看记者能否抓到和有没有判断力。2003 年 6 月，在法国埃维昂举行的八国首脑峰会的前一天，4500 人在法国举行抗议示威并同防暴警察发生冲突，这就是会场外的大新闻。

要特别强调的是，除非有急稿要发，否则会议结束后，记者不要忙着离开，有些精彩的稿件很可能产生在会后。记者或许可以联系到一位重要人物进行采访，或许还可以提些问题，或证实某些事，还可以借机听听与会者的反应。

（二）采访发言人和专家学者

一个国际会议可能有很多发言人，包括东道主或大会主席的发言人、与会各方发言人。东道主发言人了解会议的进程，与会方发言人主要是阐述自己的立场。各类发言人会经常到新闻中心向自己熟悉的记者透露情况。能干的记者，通过发言人可以了解许多不在会议简报资料和记者招待会上发布的会议内幕和细节。

相对那些显赫的重要人物，专家学者通常比较健谈，更加平易近人，急于宣扬自己的观点。采访国际会议的记者因此必须重视这个新闻富矿。专业性会议更是如此。

在这方面，新华社前驻西班牙记者颜为民有很深的体会。

2000 年，第 15 届国际质谱学会议在西班牙巴塞罗那召开。一开始颜为民甚至连质谱学是个什么东西都不明白。为了报道好这次会议，他采访前来参加会议的中国代表，了解了这门学科涉及前沿科学和蛋白质工程，并大致了解了这门学科在世界范围内的进展情况。由于中国代表团的领队与大会主席、国际质谱学学会副主席埃米略·赫尔皮非常熟悉，颜为民便通过她采访到了大会主席并写了稿件。在稿件中，他引用了赫尔皮的话"在人类基因组草图绘制成功以后，科学家们所要完成的下一个重要课题是蛋白质组工程，而质谱学研究成果将在其中发挥不可替代的作用"。由于赫尔皮是这方面的权威，他的话说服力强，令人信服，报道也就有影响。在专家的帮助下，一个生僻、专业的会议报道顺利完成了。

（三）在会议的网路中心寻找新闻线索

随着传播技术的革新，比较重要的会议新闻中心一般都提供网站查询服务，这是及时、全面了解会议情况的重要手段。会议主办方常常在短时间内将会议的有关文件上传到官方网站，供记者阅读下载。同时，记者还可以及时看到外国通讯社、当地媒体的有关消息。

（四）问出高质量的问题

在国际会议，特别是重要的国际会议上获得提问机会的记者，若能问出精彩的问题，很容易"一问出名"，不但为自己所服务的媒体获得荣誉，而且能为自己在以后的重要场合获得提问机会打下良好基础。2009 年，伦敦 G20 峰会期间，中央电视台经济频道记者芮成钢在美国总统奥巴马新闻发布会、英国首相布朗的新闻发布会上，都是唯一获得提问机会的中国媒体记者。其提问与回答都十分精彩，成为新闻发布会上的小高潮。

央视芮成钢访奥巴马：美国利益和世界紧密相连

奥巴马：好。我还有时间再回答几个问题。我来挑一个记者。

（场下记者举手，不时发出喊声）

奥巴马：好，我想让这边的这位先生提问。他一直非常执著。

芮成钢：芮成钢，来自中国中央电视台。既然全球的领导人一直在讲要给发展中国家更多的话语权和投票权，那么我就想问两个问题而不是一个问题。第一个问题是代表中国问的。

奥巴马：我可能只选择其中一个问题回答。

（奥巴马笑）

芮成钢：当然可以。

奥巴马：问两个问题总是有风险的。

芮成钢：首先，您和中国国家主席在此次峰会上进行了成果颇丰的会谈。在克林顿时期，中美关系被克林顿概括为"建设性战略伙伴关系"。在小布什时期，（形容中美关系的）关键词是"利益相关者"——当时的布什政府希望中国在国际事务中担当负责任的利益相关者。您是否已经有了一个自己的关键词（来定位中美关系）呢？那当然不会是所谓的G2，对吧？

我的第二个问题是代表全世界问的。虽然我们一直在讲全球性的对策，但政治本身却是非常本土化的，正如您刚才一直优先选择美国和英国的记者提问，不过这倒没有什么。（奥巴马笑）问题是，您如何确保糟糕的本土政治不会干扰或消极地影响到正确的国际经贸往来合作？谢谢，总统先生。

奥巴马：你问的问题都非常精彩。关于第一个问题，你的美国同行们可以告诉你，我最不善于用关键词或短语对事务进行概括了。所以（对于中美关系）我到目前为止还没有想到用什么精辟的短语来概括。不过你要是有什么建议，不妨告诉我。（笑）我会很高兴地使用它。

至于本土政治，你看，我是美国的总统，不是中国的主席，也不是日本首相，我不是参加峰会各位的首脑。我最直接的责任是让我们美国的人民生活得更好，这才是他们选举我到这个职位的目的。这也是前面几个问题中所提到的，为什么我来这里（参与20国峰会）能够帮助美国人民就业、购买住房、培养孩子上大学、实现我们所说的"美国梦"。衡量我的标准，就是要看我是否能有效地满足美国人民的需要和解决他们所关心的问题。

但是在现在这个各国相互依存相互融合的时期，我的另一个职责就是带领美国人民认识到：我们国家的利益和命运和世界是紧密相连的。如果我们忽视或者放弃那些遭遇贫穷的国家和人民，我们将不但放弃了经济和市场发展的潜在机遇，而且最终失望会转变为暴力的冲突反过来伤害我们。如果我们只关注美国的下一代，而不是全世界所有下一代的教育问题，那么我们将不仅仅会失去某一个探索到新能源来拯救地球的伟大科学家，我们会使全世界的人民更易于陷入反美的情绪之中。

所以，如果我现在作为美国总统是称职的，是有作为的，那么部分的作为就将体现在我帮助美国人去深刻理解：他们的利益和你们的利益是相连的。这是个持续不断的任务——因为它往往不容易被人理解。

　　有些时候大家的短期利益是有差异的，这是不容置疑的，保护主义就是一个经典的例子。你可能会想：如果你保护你的本国市场不被惩罚，而别的国家都不实施保护主义，你在短期就会有切近的利益。所以，我要向大家解释为什么保护主义从长期来看，对经济和生产力有副作用，这很重要。但同时，在美国国内我们也要实行某些政策，为那些由于全球化而遭遇损失的人们建立经济的保障与过渡，这也非常重要。我觉得这是每一个政府都需要考虑的。

　　会有人因为一个贸易协定而遭受损失，会有公司因为自由贸易而关门破产。政府如果不在这种情况下帮助这些企业转型，帮助他们找到新的就业机会，长此以往，就会让这些人陷入只顾自身利益的狭隘当中（而一叶障目不见泰山）。不是吗？

芮的第二个问题特别精彩，"绵里藏针"，使奥巴马用了 6 分钟——几乎比回答别的记者提问多了 1 倍的时间来回答。

第六节　写好会议新闻的诀窍

一、会议新闻的写作特点

2003 年 3 月 16 日，美国、英国和西班牙的首脑在葡萄牙的亚速尔群岛举行会议，讨论军事打击伊拉克的问题。一些通讯社就此发出了消息。

　　【法新社葡萄牙亚速尔群岛 3 月 16 日电】美国总统布什今天说，如果安理会不能在 24 小时内批准为伊拉克战争铺平道路的决议，他将推动改革联合国。

　　这位美国领导人利用与英国首相布莱尔和西班牙首相阿斯纳尔联合举行的记者招待会警告联合国说，17 日它必须决定是否支持华盛顿的强硬立场。

　　布什在关于伊拉克危机的首脑会议结束后说："我们希望明天联合国能行使它的职能。如果不能的话，我们都需要退一步，设法想清楚在我们进入 21 世纪的时候，怎样能使联合国运作得更为有效。"

　　这位美国总统说："明天对世界来说是一个关键时刻。明天我们将决定外交途径能否奏效。"

　　有人问明天是否是分歧严重的安理会对决议进行表决的最后机会，外交窗口是否会就此关闭，布什肯定地说："我说的就是这个意思。"

【共同社亚速尔群岛 3 月 16 日电】美国总统布什 16 日在与英国和西班牙首脑会谈后表示，"17 日是我们确定通过外交途径（解决伊拉克危机）是否可行的日子"。这意味着迫使围绕对伊拉克行使武力的新决议草案而出现分裂状态的联合国安理会要做出最后选择。

美国政府强烈意识到，在通过决议案没有眉目的情况下，继续就决议案展开外交努力没有意义，反而只会使反战和反美的国际舆论扩大。而且，美英两国军队合计约 30 万人已经部署在伊拉克周边地区，在当地气温即将上升的情况下，如果迟迟不开战，从军事上讲将对作战不利。

法新社的报道巧妙使用直接引语报道事件，日本共同社的报道更注重提供分析、解释。

多数会议是枯燥的，但是会议新闻的报道却精彩纷呈。

在报道会议时，最重要的是告诉读者发生了什么，而且为什么这些事情他们应该关注。从前面的例子，可以概括出会议新闻写作的几个特点。

第一，突出实质性内容。报道会议像报道其他新闻事件一样，最重要的是把会议的实质性新闻点"突"显出来。会议的新闻焦点可能是会议本身，可能是会上某人的发言，也可能是公报、宣言。亚速尔会议的主题是：在联合国安理会可能否决对伊拉克实施军事打击决议的情况下，协调三国立场。这是当时全世界关注的焦点问题。法新社和共同社的这两篇报道都在导语中就直截了当地揭示了主题，而淡化了会议本身。这是会议报道的常用手法。有时会议内容很多，如果不能很好地提炼实质性主题的话，就可能"眉毛胡子一把抓"，分不清主次，把最具价值的新闻淹没在其他没有太大价值的新闻之中。

第二，突出关键人物。在亚速尔会议上，美国是主张对伊拉克实施军事打击的最关键国家，因此它的态度至关重要。虽然是三国领导人的联合记者招待会，两家通讯社的报道都突出报道了美国总统布什的讲话。由此可以看出，突出关键人物也是会议报道的重点之一。参加会议的人很多，发言者也少不了，泛泛地报道这人说了什么，那人说了什么，往往使文章显得杂乱无章，空洞乏味，读者读起来也会觉得不得要领。

第三，使用直接引语。使用直接引语可以增加报道的可信度和现场感，恰当地使用引语能起到画龙点睛的作用。会议是人参与的活动，因此在报道会议时更要尽可能使用直接引语，让稿件更真实可信，并且读起来不那么死板。

第四，提问带来现场感。法新社的稿件专门写到了"有人问""布什肯定地说"，一问一答的场景把受众带到了记者招待会的现场。在实践中，记者招待会要写出现场感确实不容易，巧妙运用问答，容易营造出读者想要的现场氛围。

第五，要有综合、分析。写会议新闻不能就会议写会议，要给受众提供背景与解释，尤其当会议议题比较重要时，要有加强分析、解释与预测。共同社关于亚速尔会议的报道在提供背景与解释方面就做得十分出色。

二、会议新闻写作的基本要素与模式

会议新闻基本要素包括：会议的目的、时间、地点、日程、会期、主要活动、讨论和辩论、与会者和权威人士的评论以及受会议决定影响的人士的反应、背景、不同于会议日程的活动或言论、下次会议的安排。会议新闻写作的基本模式为：第一，会议采取的主要行动或关键人物的主旨发言。第二，会议的目的。第三，对会议主题或主旨的放大，包括谈论主题的直接引语。第四，会议背景。第五，会议的相关行动。第六，人物动态与各种名人趣事。

三、写出有特色的会议新闻

（一）避免落入会议新闻的"套路"

在实践中，要写好国际会议新闻并不容易。许多会议与会者众多，发言者滔滔不绝，各种文件堆积如山，有的会议枯燥乏味，有的专业性极强，有的会议能通过几十份声明、决议和各种文件。一些国际组织的年会、例会，通常有固定的程序和模式，因此也使得会议报道比较容易形成"套路"，如写某时某地某些人召开或出席某会，然后是会议讨论、会议认为、会议要求或某人强调、某人呼吁、某人重申。有人戏称这是给会议"穿衣戴帽"，只要改了时间、地点，就可成为下一次会议的新闻。不幸的是，这样的会议报道在今天的通讯社、报刊的稿件中还绝非仅有。有一则会议报道是这样写的。

【新华社马尼拉8月7日电】为期两天的第七届东南亚国家联盟财政部长会议7日在马尼拉闭幕，会议讨论了当前全球和地区的经济形势，地区金融合作行动取得的进展以及加强地区金融合作及援助机制等问题，并制定了"东盟一体化路线图"。会后发表的《部长联合声明》说，东盟地区2002年经济增长强劲。今年一季度，大多数国家保持了4.4%的增速。尽管非典型肺炎影响了东盟地区各国第二季度的经济发展，但下半年的经济增长将保持良好势头，增速预计将达到4.3%至4.9%。声明说，财长们决心促进金融、企业结构的调整，加强金融体系。会议对东盟各国在金融领域的合作取得的成绩表示满意，并表示将继续执行"清迈倡议"，建立国内和地区债券市场，探索地区协作和援助机制的其他模式，并对建立亚洲债券基金表示欢迎。

这样的稿件显然不是精彩的会议新闻稿件。

（二）写出会议的特色

报道国际会议应该写出会议的特色，写出该次会议与别的会议、同类会议的不同之处，报道新的信息、新的情况、新的变化或新的形式等。试看下面一例。

【新华社平壤6月14日专电】朝鲜领导人金正日和韩国总统金大中今天下午在百花园国宾馆举行第二次首脑会晤。这次会晤与昨天的会晤有一些不同之处。

首先是参加会晤的人员规模大为缩小。金正日和金大中昨天举行首次会晤时，金大中的正式随行人员数十人在座。但今天会晤时，参加的人只有朝鲜亚太和平委员会委员长金容淳和金大中的特别助理林东源、外交安保首席秘书黄源卓、经济首席秘书李基浩等寥寥数人。

第二个不同之处是，金正日昨天着一身夹克衫"人民服"，今天却身穿中山服饰的正装，与金大中隔着大型会谈桌相对而坐。昨天会谈时，两位领导人及其他与会者均在沙发上就座。因而，今天会晤的气氛较昨天的显得更为正式。

另外，今天与会者都准备了资料夹，这表明在今天的会谈中，双方将就更多的实际问题进行讨论。

会谈开始前，金正日与金大中进行了轻松愉快的谈话，席间不时爆发出爽朗的笑声。

昨天中午，金正日和刚刚抵达平壤的金大中在百花园国宾馆举行了近半个小时的首次会晤。朝鲜媒体报道了金正日前往机场迎接金大中的盛况，但对两位领导人在百花园举行的首次会晤未作任何报道。

1. 分门别类、按一定顺序

美国—欧盟首脑会议年年开，有固定的程序和模式。对于这类比较重要、可报道内容较多的会议，在写作上可以按问题的重要、次重要，新闻的最新、次新等顺序逐一在报道中体现。法新社的这则报道就是一例。

【法新社华盛顿6月25日电】在转基因食品、国际刑事法院和中东问题上的严重分歧今天给一年一度的美国—欧盟首脑会议蒙上了阴影，双方都不愿作出让步。几个月来，这些分歧一直困扰着大西洋两岸的关系。

急于修补因伊拉克战争造成严重裂痕的美国总统布什和欧盟领导人强调，他们共同致力于全球反恐战争，打击有组织犯罪，推动中东和平进程、解决阿富汗和巴尔干问题。

尽管都努力把伊拉克问题抛在脑后，但布什和现任欧盟轮值主席希腊总理西米蒂斯仍无法回避在一些问题上的分歧。

虽然双方起草了联合引渡条约，但他们对国际刑事法院仍持有不同立场。华盛顿对此强烈反对，而欧盟全力支持。

尽管双方同意今年晚些时候开始就大西洋两岸的"领空开放"航空条约举行谈判，但在久拖不决的转基因食品贸易争端上，没有取得任何进展。欧盟仍因为转基因食品问题对美国实行事实上的禁令，美国为此向世界贸易组织提出异议。

虽然双方都支持中东"路线图"计划。但他们对巴勒斯坦好战组织"哈马斯"的态度仍旧存在差异，美国希望欧洲宣布"哈马斯"为非法的恐怖组织。

在与西米蒂斯举行的联合记者招待会上，布什对大多数紧迫的分歧置之不理，只是强调了一个问题，他呼吁欧盟对"哈马斯"采取行动。

这种写作手法不失为一种简要的、经济的报道方式。

2. 突出重点，化整为零

对于比较重要、内容又较多的会议，还可以采用突出重点，化整为零、化长为短的方式，也就是把一个会议的重要内容按问题分成若干篇独立的报道，或综合在一篇大文章中，以小标题相分隔。

【《日本经济新闻》5 月 20 日文章】题：修复关系的首脑外交

美国：考虑建立"有选择同盟"

为了修复因伊拉克战争而受损的美欧关系和重建国际秩序，八国集团首脑将开展一连串外交活动，他们的意图和战略也各不相同。

美国准备修复与欧洲的关系。不过，布什政府的世界观和外交政策的核心并没有改变。布什政府因伊拉克战争胜利而加强了自信，真实想法是期望欧洲方面作出让步。美国准备根据欧洲方面的态度，考虑与支持美国路线的国家单独建立一个"有选择性的同盟"。

追求国家利益的美国希望通过前往世界各地消除威胁来实现世界的和平与稳定——拥有这种思想的保守派被称为新保守派。以国防部为中心，新保守派占据着布什政府的核心位置。

欧洲各国希望建立具有统一货币和单一市场的"大欧洲"，也具有与美国的"单边主义"进行对抗的意义。欧洲与新保守派的世界观产生分歧是自然而然的。此外，美国国内舆论对于反对伊拉克战争的法德俄非常严厉，虽然国务院重视与欧洲进行对话，但是在外交舞台上却无法自由行动。

美国并未因美欧关系的恶化而忧心忡忡。其原因之一是美国在军事领域的优势地位。欧洲各国军队总的预算规模仅为美国的 2/3。前美国国防政策委员会主席理查德·珀尔指出："欧洲的军队已经衰退到可有可无的地步。"保守派的有识之士预言："美国将只与英国、意大利和西班牙三国合作。"

英国：试图充当美欧调停者

英国外交的课题是为美欧进行调停。虽然英国力图在八国集团首脑会议前修复美欧关系，但是成果却乏善可陈。布莱尔首相因为追随美国而被揶揄为"布什的布莱尔狗"，在欧洲内部，也遭德法冷眼相看。

英法两国负责欧盟问题的部长 9 日举行了会谈，强调了欧盟加强团结的重要性。但是，在伦敦举行的协商维持伊拉克治安问题的 15 国军事官员会议，却没有邀请法德两国。德法等欧洲 4 国首脑则把英国排除在外，协商了欧盟防御问题。布莱尔首相在战争刚刚结束的 4 月底就飞往莫斯科，与俄罗斯总统普京举行了会谈。但是，他却被调侃道："萨达姆总统一定坐在大规模杀伤性武器上藏在某个地方吧！"英国各家报纸都以"未能修复关系"为题进行了报道。

在英国政府内部，批评政府重视美国姿态的国际开发事务大臣克莱尔·肖特于 12 日提出辞职。在外交领域没有得分的布莱尔首相准备在八国集团首脑会议上把焦点放在欧洲非常关心的中东和平问题上。

俄罗斯：维护在伊经济权益

俄罗斯总统普京将根据实利战略来出席八国集团首脑会议。俄罗斯的打算是，在围绕解除对伊制裁的协商中，将坚持强硬的原则，以此为谈判的基础，

从美国那里获得让步，维持俄罗斯在伊拉克的经济权益等实际利益。

俄罗斯以美国国务卿鲍威尔的访问为契机，把两国在反恐战争和防止大规模杀伤性武器扩散问题上能够达成一致的课题放在了前面。

普京在战争开始时，就强烈谴责美英对伊动武违反了国际法。由于俄罗斯比法德两国更起劲地反战，因此在伊拉克重建问题上，也很难放弃"联合国结束核查是解除经济制裁条件"的公开论调。

俄罗斯采取在保持面子同时从反美政策上撤退的做法，是为了在对伊债权和油田权益方面从美国那里获得让步。在美国国务卿鲍威尔 14 日访俄时，俄罗斯国家杜马批准了《俄美削减进攻性战略武器条约》。这是表示俄罗斯愿意与美国进行对话的信号。美国也理解俄罗斯方面的立场，预

计两国在 6 月 1 日的美俄首脑会谈前将继续努力修复双边关系。

法国：努力修复法美关系

法国总统希拉克的课题是修复与美国的关系。但是，法国仍准备坚持多边主义，希望通过让欧洲具有与美国对抗的能力来维持国际秩序。第二次担任东道主的希拉克是八国集团首脑会议中最年长的首脑，他正为自己在现实与理想中进退两难而感到苦恼。

希拉克 13 日在致布什的信中，用美国的方式称呼布什是"亲爱的乔治"。在沙特阿拉伯发生炸弹爆炸事件后，希拉克又表示"将同美国携手与恐怖主义作斗争"，营造出了亲美的气氛。

另一方面，在美国媒体报道法国与伊拉克勾结后，法驻美大使 15 日致信美国政府和国会表示抗议。希拉克 19 日与挪威首相举行会谈时也表示，在美国提出的解除对伊制裁的决议案中，"联合国的作用不充分"。

法国当初准备把环境和非洲发展问题作为八国集团首脑会议的主题。但是，事前举行的环境部长会谈，在未触及美国反对的《京都议定书》问题的情况下就草草收场了。

德国：力图化解德美坚冰

德国总理施罗德在去年秋天的大选前曾处于不利地位，由于他表示反对攻打伊拉克，表现出反美的立场，在最后关头获得了德国国民的支持，以微弱优势再次当选。不过，修复被认为是"第二次世界大战后最差的"对美关系的道路依然非常漫长。德国将不得不进行夹缝外交，在关注法国与俄罗斯动向的同时，摸索向美国靠近的途径。

"我们坦率地、友好地交换了意见。"施罗德总理 16 日与美国国务卿鲍威尔举行会谈时，表示支持解除对伊拉克的经济制裁，力图化解与美国之间的坚冰。

不过，被认为将进行 1 个小时的会谈仅持续了 36 分钟。而鲍威尔顺便与一直表示支持美国的反对党基督教民主联盟主席默克尔进行的会谈则持续了 30 分钟。这显然表明鲍威尔对施罗德极为反感。在伊拉克重建问题上，施罗德依然坚持"联合国主导"的原则。这是因为，如果施罗德向美国靠拢，将导致舆论远离自己，与法俄的步调也很可能出现不一致。

这种写作方式，好处是主题突出，化繁为简，并能有足够的空间展开报道。世界水论坛有 38 个主题，300 多场分组会，如果一一报道太烦琐，也没有必要。《日本经济新闻》的《修复关系的首脑外交》一文，以不同的角度报道了同一主题，将与会各国的不同心态、与会目的都分别集中在相应的一节内，极大地方便了阅读。

这样的写法，也有利于报纸、电台等媒体根据需要有所选择地剪裁。编辑部门在处理这类稿件时，可以采用连续报道的方式，也可以采用组合报道、集中发布的形式。报道时还可以配以评论、背景、资料、花絮，甚至社论，以强化冲击力。

3. 落脚于会议成果

这是种经典的报道会议的手法，为记者们广泛使用。

【埃菲社日内瓦5月21日电】第一个限制烟草的全球性公约——《烟草控制框架公约》——今天在世界卫生大会（WHA）上获得世界卫生组织（WHO）192个成员的一致通过，各成员将在6月16日开始正式签署这一公约，只要有40个成员批准，公约就立即生效。

《烟草控制框架公约》最重要的内容之一是，WHO各成员承诺全面禁止烟草广告与任何烟草促销和赞助活动。公约在本国（地区）生效之后的5年之内，政府应采取法律措施有效地禁止上述活动。

公约还建议缔约方政府采取威慑性的金融和财政措施，依据情况，禁止或限制向外国游客销售烟草或进口免税烟草制品。

公约要求WHO各成员采取或鼓励有关方面采取有效措施，确保室内工作场所、公共交通和其他公共场合免受烟草的侵扰。在公约生效后3年内，应采取措施防止烟草制品的包装含有虚假、误导或欺骗性宣传的信息，应避免产品包装给人留下有害成分低于其他产品的印象，例如标明"焦油含量低""柔和"或"清淡型"等。此外，所有的包装上还要用醒目的文字提醒消费者注意该产品对健康的威胁，警示性文字所占面积应占包装主面的30%至50%。

公约指出，提高烟草价格和增加烟草税收是控制烟草消费的最有效的措施，这些措施特别有利于减少年轻人的烟草消费。

WHO的专家指出，烟草价格上涨10%就能减少富国4%的需求量。公约禁止向18岁以下的未成年人销售香烟，公约规定，WHO各成员应采取相应措施，使未成年人无法通过自动贩售机购得香烟。

……

WHO总干事格罗·哈莱姆·布伦特兰指出，公约的通过使数十亿人的生命得以拯救，并对保护未来几代人的身体健康具有重要意义。她说，对全球公共健康而言，"这是一个历史性的时刻"，表明了国际社会对抗健康威胁的愿望。

负责保健事务的欧盟委员戴维·伯恩说，公约的通过具有历史意义，证明WHO的192个成员一致认为应将人民的健康放在首位。他指出，在全世界的共同承诺下，控制烟草将成为保障健康和发展的基石。参加世界卫生大会的美国代表则说："我们能够并且应该让烟草的威胁成为过去。"

经过训练，写出类似上文的会议结果报道并不难。但发表的文章要如下面路透社的报道那样富于洞见、细节栩栩如生，就很考验记者的政治眼光与观察功底了。

【路透社雅尔塔1945年2月11日电】题：雅尔塔三巨头筹划未来

今天，三巨头在雅尔塔举行的会议告一段落。三巨头之一，约瑟夫·斯大林似乎比以往任何时候都更加不可一世。在过去的几个月里苏联取得了巨大的军事胜利。这使斯大林在与罗斯福总统和丘吉尔首相研究分割战后世界的会晤中处于明显的优势。

对德战争尚未结束，但三巨头一致认为这不过是个时间问题。罗斯福似乎特别急于结束美国在欧洲的军事行动，以便将全部力量投放到对日战场。而在丘吉尔和斯大林看来，军事行动已排到第二位了，二人都打算把新欧洲分割为不同的政治势力范围。

丘吉尔和斯大林在这盘棋中不是新手。早在去年10月莫斯科会晤中（罗斯福没有参加），他们二人就像两个躲在屋子后面的赌徒密谋过此事。丘吉尔拿了一张像是记分卡样的纸条提议说，把罗纳尼亚划给苏联，希腊划给英国。斯大林没有表示反对，可是等他回国之后他又将匈牙利和保加利亚归入苏联的势力范围。

在雅尔塔，丘吉尔和罗斯福不能否认斯大林在莫斯科会晤中所取得的胜利。丘吉尔紧握双拳。而罗斯福意识到斯大林是以其强大的实力行事，在德黑兰会议上，他还没有这种实力。

在罗斯福看来，苏军由东欧扑向德国是势不可挡的。而西欧的同盟国全都疲惫不堪，步履艰难，没有一个国家强大得足以阻挡斯大林。德国是一片废墟，法国则是一盘散沙。

罗斯福憎恨共产主义制度，但对斯大林本人却颇有好感，而且他似乎也信任他。罗斯福说，这位苏联领导人要做的一切"就是保证他的国家的安全。我想，如果我把我能给的一切都给了他，而又不索取任何回报，那么，我的行为理应高尚，他也就不会再要求别的东西，而会为建立一个和平而民主的世界工作。"

在雅尔塔会议上，斯大林对巴尔干国家的影响以及最近的军事占领没有受到任何盘问。波兰问题争议最大。斯大林对波兰东部的入侵已经既成事实。斯大林争辩说，这一地区的居民主要是乌克兰人和白俄罗斯人；要想驳倒他的论点是困难的。罗斯福和丘吉尔同意让斯大林将苏联的边界移至寇松线以西，但是他们推迟了对波兰以何处为边界从德国收回领土的问题做出裁决的时间。

斯大林在组建波兰新政府方面也取得了重大胜利。伦敦流亡政府早已被冷落在一边。卢布林委员会被一些国家攻击为苏联的傀儡。现在要由卢布林委员会来组建一个新的政府。

三位国家首脑一致认为，在德国失败后，应对它予以惩罚、分割、占领，并由同盟国共同管理。经过反复讨论，斯大林终于作出让步，同意给法国一块占领区，条件是由美国和英国的占领区中割出一部分来。但是，斯大林拒绝在对德的最后战略中与其他盟国合作。

在赔款这个敏感的问题上，罗斯福和丘吉尔同意斯大林的意见，德国必须赔款 200 亿美元，其中半数要交给苏联。

罗斯福由于担心法国或是英国集结到太平洋上，于是同斯大林就对日战争问题进行了私下会晤，斯大林同意在德国投降 3 个月后与日本交战。作为报酬，斯大林得到千岛群岛、萨哈林岛南部和满洲铁路。罗斯福没有与另一盟国首脑蒋介石商量，尽管他在拿蒋的财产做交易。

三巨头还一致同意成立一个新的世界性的组织，取名为联合国。

4. 提供历史和背景资料

重要的会议一般都要配发背景和资料。大通讯社和重量级媒体一般都建有专门的资料室，配发背景资料的工作常常由编辑部来做。但有的会议或者是第一次召开，或者特别专业，编辑部的资料室现成材料不多，或者没有，那么记者就应在会议现场有意识地收集资料，把它们整理出来。有时这些材料没准能成一篇受欢迎的报道呢。请看下面这篇由法国埃维昂八国集团峰会官方网站提供的资料（难免带有它所想要宣传的那些内容）。

【法国埃维昂八国集团峰会官方网站 5 月 16 日文章】题：关于八国集团的一些问题

1. 八国集团是何时、由谁发起成立的

1975 年，当时的法国总统德斯坦邀请德国、美国、日本、英国和意大利领导人到巴黎郊区的朗布依埃城堡开会。按照法国总统的设想，这是一次小型委员会的非正式会晤，目的是讨论当时正受石油危机影响的世界经济。参加会议的领导人一致决定这一会议将每年举行，并邀请加拿大与会。这样 1976 年便形成了七国集团。1998 年的伯明翰峰会上俄罗斯正式加入，从而形成了八国集团。

2. 八国集团的组成情况如何，为什么是 8 个而不是更多或更少？

八国集团的成员国包括德国、加拿大、美国、法国、意大利、日本、英国和俄罗斯。欧盟也派欧盟轮值主席国和欧盟委员会主席参加八国集团的会议。八国集团向其他国家长期开放尚未提到议事日程。不过，自 1996 年起八国集团的成员加强了与其他国家、国家集团或机构，尤其是南方国家的对话。一些国家被邀请出席会议，如卡纳纳斯基斯峰会期间一些非洲国家应邀出席有关"非洲发展新伙伴计划"的会议。

3. 八国集团有什么作用？

有人认为八国集团什么事都能管，也有人认为正由于八国集团管得太宽，因此它实际上毫无作用，因为它并没有任何实际的决策权。不过，八国集团的作用是实实在在的，也是十分重要的。它首先具有强大的协调和促进功能，尤其是在经济领域；另外，八国集团成员国之间的默契是许多国际机构正常运作的必要条件。

4. 八国集团是如何运作的？

八国集团既不是一个机构，也不是一个国际组织。它不具备法人资格，也没有常设秘书处。它不能采取任何强制性的措施。因此，它不会与联合国、世贸组织或其他国际金融机构产生竞争关系。这是一个工业化国家的俱乐部，它通过定期的会晤与磋商，协调各国对国际政治和经济问题的看法和立场。八国集团部长级会议或国家元首及政府首脑峰会后发表的公报正是为了表明这种团结一致的决心以及八国集团愿意作出的政治或金融承诺。

2002 年 6 月 26 日，八国首脑会议期间 8 国领导人合影（新华社发）

……

西方新闻机构一向比较重视资料工作，一旦发生大事，能马上提供相关的资料。这几年来，从事国内新闻和国际新闻报道的机构和媒体也加强了资料的收集、整理、写作工作。

5. 特殊会议的特殊报道

有些特殊的国际会议，本身有很高的戏剧性或娱乐价值，对这类会议的报道因此可以突出趣味性，就像美国一家报纸对首届国际侦探公司年会报道的那样。

本报讯 他们走起路来，皮鞋并不吱吱作响，他们也不用撇嘴角示意来代替说话，他们更无意照着什么人的下巴猛击一拳。

这十几个于昨晚在舍尔曼旅馆集会的貌不出众的人，都是不折不扣的私家侦探。在那里，他们召开了战后首届国际侦探公司年会。

为首的是大名鼎鼎的纽约侦探雷埃·斯琴德勒。与会者中还有测谎器的发明者里奥纳德·吉勒，兰辛公司的乐·莫因·斯尼德博士，他曾任密执安州警察局法医部主任以及克拉克·赛勒，此人是洛杉矶的鉴别笔迹和文件的头号权威，曾参与休德堡之子被绑架一案的破案工作。

从表面上看，他们同电影中的侦探如阿兰·赖德、汉弗莱·博加特、迪克·鲍威尔之流完全不同。前者是英俊小生，而他们都是五六十岁的秃顶老头。

但是他们中至少有一位说了几句话，赞扬电影中的侦探。依阿华川苏城的哈里·路易说："这些家伙说话口气蛮大，不断闯祸。但是，不管怎么说他们把事情办了。"

综上所述，国际会议内容的不同决定了各式各样会议新闻的写作方式。除了消息，会议报道可以采用其他体裁，如"侧记""散记""综述""新闻分析""特写""专访""记者手记""日记"等。

第八章　用望远镜和显微镜观察

——经济新闻报道

在全球化趋势日益加剧的今天，国与国、地区与地区之间的联系日益紧密。一国或一地区发生的事件不再是孤立、特殊的事件，或多或少地会对其他国家和地区产生影响。全国性和全球性的经济事件和经济发展趋势，常常直接影响各行各业和人们的日常生活。发生在美国的"9·11"恐怖袭击，使全球的航空业、旅游业受到严重的打击，进而影响到了世界经济增长；2001年下半年，日本试图通过日元贬值改变进一步衰退的经济，此举对亚洲国家形成了货币贬值的巨大压力；中国经济的高速发展，刺激了国际钢材需求。如此等等，不一而足。

经济全球化，使国际经济新闻涵盖的领域不断扩大，报道深度不断加强，报道形式更加丰富多彩。经济新闻稿件在媒体所占的版面、时间段越来越重要，成为头条新闻的频率越来越高，成为各类媒体不可缺少的内容。

第一节　国际经济新闻报道的着眼点

一、反映世界经济形势的现状与变化

国际经济新闻首先应该反映世界经济形势的现状与变化，要反映各种矛盾和斗争，通过对复杂多变、纷纭繁冗的世界经济现象的报道，使读者了解国际形势变化根本因素和它们之间的相互关系。

随着经济全球化加深，有关世界经济宏观层面的报道在国际经济新闻中的比例越来越大，如报道经济全球化的发展进程以及人们对它的不同看法和态度；报道美国经济在持续10年增长后出现了滑坡，最近又出现复苏迹象及对世界经济的影响等。

【路透社华盛顿4月2日电】据世界银行今天发表的一份报告说，世界各国的经济政策制定者们在推动不断萎缩的全球经济方面，已经无计可施。

世界银行说，世界上最有影响的中央银行美国联邦储备委员会已经没有多少削减利率的余地，如果增长能像预期的那样略有上升，预计该委员会今年可能保持现有利率不动。

世界银行 2003 年《全球发展财政报告》说："目前经济形势的一个令人担心的特征可能就是：宏观经济政策正在接近极限。"

世界银行在报告的结尾部分说，事实上，今年和明年的政策更有可能是这样一种情况：刺激作用下降，或者是带有"限制性"，而不是扩张性。

在报告发表的前一天，知名游说组织国际金融研究所说，全球经济开始面临严重的问题，需要富国的一致努力来促进增长。

世界银行说，伊拉克战争是经济发展前景的一个主要危险，可能造成今年上半年世界经济增长下降 750 亿美元至 1000 亿美元。但是，即便没有这场战争，世界经济仍然疲弱。

世界银行没有对致命性严重急性呼吸道综合征的发作可能对经济产生的影响做出任何估计。世界发展最快的地区东亚受到这种疾病影响的程度最为严重。

世界银行预计在高收入国家里，经济复苏缓慢。美国的经济增长率今年有望达到 2.5%，2004 年达到 3.5%。但是，这些预测还会受到一些不利因素的影响，如战争久拖不决。

欧元区的经济预计今年将增长 1.4%，明年上升到 2.6%，预计中的今年上半年的利率削减将会起到帮助作用。日本的经济预计今年只增长 0.6%，2004 年达到 1.6%。

在汇率问题上，世界银行说，美元的疲软，尤其是与欧元、日元和人民币的兑换，会有助于恢复全球经济的平衡，但是又说，处理好这种变化存在困难。

发展中国家的增长预计今年达到 4.0%，明年上升至 4.7%。

东亚和太平洋地区将领先于其他地区，增长速度将达到 6.4%，略低于去年的 6.7%。

世界银行对南亚的经济发展前景表示乐观，说今年该地区各国中央银行的现行政策可以起到支持增长、控制通货膨胀的作用。印度、孟加拉国、巴基斯坦和斯里兰卡 2003 年的总体经济增长率为 5.3%。这个地区 2002 年的经济增长率为 4.9%。世界银行预计，在今后 3 年内，南亚地区的外国直接投资也将增加。印度是这个地区经济的龙头老大，它的经济改革将带动印度外国直接投资的增加。

二、关注国际经济变化的新动向、新情况和新问题

国际经济报道应该密切注意国际经济变化的新动向、新情况和新问题。对于国际经济生活中出现的新情况，也就是目前虽然处于萌芽状态，但却有可能

代表新趋势，如 20 世纪 90 年代，全球范围出现了企业兼并的动向，特别是一些大企业、大公司之间进行的兼并动向，国际经济的报道应当反映这一现象和人们对这一现象的不同认识，同时也要报道在新的条件下，社会生活中可能出现的问题，如劳动力过剩而产生的就业危机，企业的改组与工人改行转业的问题及在某些行业竞争的加剧等问题。

记者与编辑应当敏锐地发现这种动向和趋势，但不要囿于某种观念，而应当根据事实的发展首先进行客观报道，让受众对新的情况作出判断。在 2007 年至 2008 年粮价飙涨一年后，新华网上江涌一篇对世界粮食市场进行考察的报道，就体现了其对国际经济变化新动向的洞察。

直面世界粮食危机：一场"沉默的海啸"不期而至

当前，一场"沉默的海啸"不期而至，这就是世界粮食危机。成因复杂的粮食危机应和着美元危机、资源危机与次贷危机，正对世界经济乃至国际秩序产生广泛而深远的影响。

……

近年来，由于世界粮食生产量低于消费量，不足的供给不断消耗着粮食库存，导致库存不断下降。据联合国粮农组织估计，目前全球粮食储备已降至 1980 年以来的最低水平，仅能满足 50 多天世界消费。不过，也有国际粮食专家认为，衡量粮食安全的储存—消费比率，2006/2007 年度为 20.7%，预计 2007/2008 年度为 19.2%，均高于 18% 的安全警戒线，因此断言当前的粮食危机源于高粮价导致的恐慌，而并非真正的粮食短缺。无论恐慌也好，短缺也罢，世界粮食价格大幅度上涨已是不争的事实。2005—2007 年国际市场粮食价格普遍暴涨了一倍，有的地方甚至涨了两倍，今年以来上涨势头更加迅猛。经济学家使用"农业通胀"（agflation）新概念，来描述多年未见的农产品持久、普遍、大幅上涨这一现象。

……

综合因素"造就"粮食危机

当前世界粮食危机成因复杂，除了多种供给与需求因素外，还有粮食市场的人为操纵以及民众的心理预期等。

粮食供给总体相对稳定，但影响供给稳定的因素不断增多。首先，经济全球化、经济金融化使世界大宗商品价格日趋联动。油价上涨导致化肥、农药等农用物资价格上涨，相关运输费用提高，从而抬高食品生产成本与售价。其次，气候变化尽管对粮食生产的影响越来越大，但不应是此次世界粮食危机的主要因素。气候或天气这一变量早已成为农业、粮食市场的一个常量。就世界经验来看，气候或天气导致粮食产量变化的上下幅度不过 1‰ 至 2%。再次，忽视粮食生产与储备。农业比较收益较低，粮食种植则更低。因此，在追逐高利润动机的驱使下，很多发展中国家越来越忽视粮食生产与储备。印度拥有亚洲面积最大的耕地，气候条件优越，"绿色革命"曾使印度在过去很长时间里粮食自给有余、储备充足。但正是由于长年丰衣足食而忽视粮食生产与储备，导致近年来印度粮食产量无法满足国内需要。严峻的现实使印度政府认识到，粮食生产低迷"已经严重威胁到印度整个国民经济的健康发展""粮食安全甚至比石油、天然气等能源安全对印度普通百姓的生活更加重要。"

......

粮食市场的操纵与危机的心理预期。世界粮价上涨与粮食生产、贸易的垄断关系密切。在粮食产量上，美国、澳大利亚、巴西等国居垄断地位，仅美国，粮食年出口量占全球份额常年稳定在 35% 左右，其中小麦则高达 60%。美国和南美的巴西、巴拉圭、阿根廷大豆总产量超过世界大豆产量的 90%。目前，世界上四大跨国粮商（ADM、邦吉、嘉吉和路易达孚）垄断着世界粮食交易量的 80%。粮食生产潜力也主要集中在发达国家，尤其是美国。美国的粮食政策直接影响国际市场粮价的高低。值得注意的是，粮食危机与金融危机一样有类似的"自我实现"效应，即危机的酝酿、生成到恶化与人们的心理预期密切相关，心理预期的恶化带来危机的不断恶化。当生产减少、储备下降、价格上涨以及随之而来的粮食禁运、出口管制、限额购买乃至社会骚乱等负面消息不断被报道后，人们的恐慌心理就会与日俱增，由此导致争购与价格不断上涨的恶性循环，粮食危机也因此不断升级。

三、反映出国际经济活动的复杂性和关联性

随着经济全球化进程的变化，各国之间在经济上相互关联，相互依存。这就决定了国际经济现象的复杂性和关联性。经济本身是有联系的，发达国家之间、发展中国家之间、发达国家和发展中国家之间的经济关系，错综复杂，有合作协调的一面，也有矛盾分歧的一面；经济又与政治、外交、军事交织在一起，相互影响、相互作用。国际经济新闻的报道要根据实际情况，把这些复杂的关系在报道中清晰表述出来，读者才能看出经济作为本质的东西所起的基础性作用。

如美日之间有着共同的战略利益，但在经济上一直存在着矛盾，最典型的

是美日之间的贸易战。欧盟国家之间在经济上既有合作也有矛盾，只是不同时期某一个方面比较突出罢了。下面这篇文章，反映的就是法国同其他欧盟国家在财政赤字问题上的分歧。

【英国《金融时报》9月13日报道】欧洲各国的财政部长今天向法国发出最后一次强烈呼吁，要求它解决日益上升的赤字问题，否则它在欧元区的伙伴将考虑采取对法国不利的措施。

法国财政部长弗朗西斯·梅尔将于9月24日提交2004年的财政预算计划。目前梅尔面临很大压力，要求把预算赤字控制在欧元区规定范围之内。

荷兰财政大臣赫里特·扎尔姆带头要求梅尔采取果断措施，解决赤字问题。扎尔姆声称，假如法国无视欧盟的《稳定和增长公约》，"我们都会陷入很大麻烦"。

扎尔姆在意大利湖滨度假胜地斯特雷萨发表讲话，重申他将竭尽全力促使欧洲法院执行欧盟的《稳定和增长公约》。

在为期两天的欧盟各国财长会议上，梅尔遭到欧元区其他11国财长的冷落。此前，梅尔已明确表示明年法国不会遵守欧盟的《稳定和增长公约》。

法国说，预计在2004年它将违反该公约对赤字上限的规定——不超过国内生产总值的3%。如果这样的话，那将是法国连续第三年违反《稳定和增长公约》。

为了避免和法国发生互伤感情的冲突，欧盟委员会曾表示，如果梅尔能拿出具体的证据来表明他对削减赤字是认真的，那么它可以考虑取消对法国的罚款。

另一方面，荷兰和奥地利等国则希望欧盟委员会对法国处以罚款。爱尔兰和卢森堡等国家表示，它们希望负责经济和货币事务的欧盟委员佩德罗·索尔韦斯灵活处理法国的赤字问题。

在发达国家和发展中国家贸易中，焦点问题是关税和农业。下面这篇报道反映的是2003年世界贸易组织第5次部长会议上，双方围绕这些问题的争论。

【新华社坎昆（墨西哥）9月13日电】世界贸易组织第五次部长级会议举行4天来，发展中国家已经形成三大集团，以集体的力量对抗发达国家的强大攻势。

几天来，包括巴西、印度、中国等在内的二十一国集团分别与美国、欧盟等举行了会议，就农业等议题充分表达了自己的看法和主张。二十一国集团代表了世界上 63％的农村人口，51％的世界总人口，农业产量占世界总产量的 20％。

12 日，拥有 77 个成员的非洲、加勒比和太平洋地区国家集团、拥有 52 个成员的非洲联盟和以孟加拉国为首的 30 多个最不发达国家结成联盟，共同维护他们的利益。该联盟说，当前的谈判没有考虑到联盟有些成员是地球上最贫困国家的现实，联盟要求世贸组织采取必要措施帮助他们融入世界贸易体系，并要求世贸组织提高决策和执行过程的透明度。

此外，会前由多米尼加、洪都拉斯、肯尼亚、尼加拉瓜、巴拿马和斯里兰卡等 23 个国家宣布成立的联盟已经扩展到 33 国。该联盟的目标是把"战略产品"（指与国民经济发展密切相关的农产品）和"特殊保障机制"这两个议题纳入农业问题谈判。这些国家深感在农业问题上单纯依靠特殊与差别待遇不足以实现减少贫困和发展的目标。

12 日晚，印度和马来西亚代表中国在内的 70 多个成员致信新议题谈判协调人，强调在当前情况下，他们需要进一步了解世贸组织有关投资与贸易、贸易与竞争政策、政府采购透明度和贸易便利化四个议题（即所谓"新加坡议题"）的含义，因此在"没有明确一致同意"的情况下，不能启动"新加坡议题"的谈判。

面对发展中国家的集团作战，美国对加入二十一国集团的一些国家采取了分化政策。据报道，美国对中美洲一些国家表示，如果他们脱离二十一国集团，将增加从这些国家进口产品的配额。

专家分析，二十一国集团、三十三国集团以及新成立的联盟之间的相互影响将成为主导农业谈判的重要因素，而农业谈判是决定会议成败的关键因素之一。

此外，国际经济报道要注意经济与政治、外交、军事的联系性，要把这种联系在报道中体现出来，使受众意识到经济变化背后隐藏的因素。2003 年 9 月，玻利维亚群众反对本国天然气通过智利出口北美地区，为此举行抗议示威，最终导致了总统桑切斯辞职。这件事的背后，反映的是玻利维亚与智利的关系。长期以来两国积怨甚多，历史上曾交战，失利的玻利维亚割让了沿海大片领土，丧失了出海口，成为内陆国家。天然气出口这个经济问题，引发了总统辞职的政治风波，但其本质依然是经济：出海口的丧失影响了玻利维亚的经济发展。

日本《东京新闻》2003 年 10 月 17 日的一篇报道直言不讳地道出了经济与政治的关系。文章指出，日本和墨西哥有关自由贸易协定谈判破裂，根本原因在于日本大选在即，政府和自民党不愿意失去农民的选票，尽管这样做会使日本的贸易处在被动局面。

【日本《东京新闻》10 月 17 日报道】尽管部长们两天来不分昼夜地谈判，但是日本同墨西哥的自由贸易协定谈判 16 日还是决裂了。这是因为日本的大选在即，农民是政府和自民党的主要票源，日本不想放弃死守"农业"的姿态。墨西哥农产品的关税没有被撤销，日本的农户当前在外国农产品的威胁方面暂时放下了心，但是包括农业领域的第一个正式自由贸易协定谈判受挫。日本的贸易政策面临一筹莫展的局面。

10 月 3 日，在墨西哥总统访日前，日本经团联、日本汽车工业协会等产业界负责人拜访了首相官邸，他们强烈要求官房长官福田康夫顺利推进谈判，并最终达成协议。

但是，在谈判的主要障碍，即撤销猪肉的进口关税方面，农水省及有关议员强烈反对。也可能是福田的脑袋里想的也是大选，他只是回答说："我希望想办法达成协议。"

产业界之所以要求及早缔结自由贸易协定，是因为日本产品平均被征收 16.2％的关税。在墨西哥政府的招标等方面，同缔结了协定的美国及欧洲相比，日本的地位也极其不利。经济产业省测算，日本因此在出口方面造成的损失 1999 年全年约达 4000 亿日元。

其中问题更严重的是汽车产业。墨西哥对日本车征收的关税现在是 20％到 30％。如果谈判一直这样拖下去，从明年 1 月 1 日起，汽车的关税将一下子提高到 50％，实际上是禁止日本车进口。缔结了自由贸易协定的欧美车实际上不征收关税。欧盟去年对墨西哥的汽车出口急剧增加到 11 万辆，比缔结自由贸易协定前增加 4 倍多。

摄像机和数码照相机等方面的出口厂家也把拉美看成是今后有巨大潜力的市场，希望维持在那里的销售能力。但是无法同没有关税的美国制品抗衡。

在很多情况下，墨西哥政府的招标对象也仅限于自由贸易协定的缔约国。例如，在墨西哥国营石油公司的第一个巨额招标中，日本企业就被排除在外。

因这次谈判决裂，产业界最担心的事情有可能变成现实。

2003 年 10 月，日本首相小泉纯一郎与俄罗斯总统普京在曼谷参加 APEC 会议期间会晤，这则新闻可以作为"要人行踪"或者"外交活动"来报道，但美联社的报道，开门见山地指出小泉会晤普京的目的是为了一条价值数十亿美元的石油管道问题，并使受众感觉到日本与俄罗斯之间石油管道问题背后深层的政治因素。

【美联社曼谷 10 月 20 日电】这是日本一心渴求的项目：一条价值数十亿美元的管道，穿越西伯利亚把石油送到太平洋岸边，用简单的船运满足能源短缺的日本不断增长的需求。

但今天，小泉纯一郎首相与俄罗斯总统普京会面时不得不接受一个不确定的回答。东京的请求得到这种回应已成为家常便饭。

小泉昨晚抵达曼谷，参加为期两天的 APEC 领导人会议。他把与普京的会面当做首要事务。不愿透露姓名的日本代表团官员告诉记者，小泉敦促普京在即将举行的俄罗斯总统大选后尽快访问日本。

俄罗斯大选将在明年 3 月举行。访问日期尚未确定。

在 APEC 首脑会议期间抽空举行的这次 45 分钟的会谈中，小泉还强调，两国需要根据两位领导人一年前签订的一项行动计划，扩大贸易和文化交流。

日本官员说，两位领导人今天都认为，应当继续考虑石油管道项目，而两国应为开发西伯利亚油田进行合作。他们同意在今年 12 月中旬俄罗斯总理米哈伊尔·卡西亚诺夫访日期间进一步讨论这个问题。

四、关注国际经济变化的连续性

国际经济报道还应该注意连续性。例如，美国经济形势在 20 世纪 90 年代，保持了持续的增长，2001 年以后陷入了衰退，直到 2003 年的第三季度才出现复苏的迹象。国际经济新闻报道应该反映这种经济变化的连续性。

经济新闻的连续性不仅表现在一个重大事件的报道的始终要有连续性，一个事件的某一过程（如经济危机的某一阶段）的报道也有延续性，而且还表现在预测方面。

【新华社华盛顿 9 月 12 日电】据美国《华尔街日报》12 日公布的最新调查结果，许多经济学家认为今年下半年美国经济的增长速度将高于原先的估计，可能出现近 4 年来的最快增速。

接受调查的 53 名知名经济学家预测，美国的国内生产总值以季节调整后的年率计算第三季度将高达 4.7％，第四季度仍将达 4％。这一预测明显高于 8 月份预测的 3.6％和 3.8％的增长速度，为 1999 年下半年出现 6％以上的增长率以来的最高增速。

第二节 国际经济新闻报道的内容和功能

一、国际经济新闻报道的内容

经济新闻内容十分广泛，涵盖的范围相当大，包含生产、分配、流通、消费等所有经济领域以及从经济角度切入报道的所有新闻，如政治的、文化的、军事的、灾难等突发事件。传统上，经济新闻分为四种类型，即政经新闻、财经新闻、产经新闻和消费新闻。国际经济新闻的报道，从经济学理论、流派、研究动向到企业管理理念、模式、营销手段，从国与国、地区与地区之间的经济关系到各国的资源、人口、经济政策，从人们的衣食住行、流行时尚到生老病死等，大致有这么几个主要方面。

（一）国际经济关系

国际经济关系在很大程度上决定着国际政治关系，它是政治关系的基础。同时它又错综复杂，是国际经济报道的重点所在。在这中间主要应该反映经济的全球化浪潮和国际与地区性经济组织的活动。

经济的全球化浪潮，主要指发达国家与发展中国家之间经济发展的不平衡，不合理的国际经济秩序等，包括通常所说的南北关系（发达国家与发展中国家之间）、南南关系（发展中国家之间的关系），以及发达国家间的合作与争端，如美欧、美日之间贸易摩擦等。

国际与地区性经济组织的活动。这类经济组织很多，如国际货币组织、世界贸易组织、联合国粮食及农业组织、东南亚联盟、亚太经合组织、石油输出国组织等，对于他们的例会、年会等活动应该积极报道。对有些重要组织的决策、公告、预测和年度报告等也应该加以报道。此外，对这些组织本身也可以介绍。

（二）重要国家的宏观经济政策

这些政策包括开支政策、税收政策、利率水平、重大经济战略和方针等，它们对国家的经济运行有决定作用。因此，一旦某国，特别是重要国家的有关政策发生变化，都应该及时报道。例如，1998 年 9 月之后，美国连续 3 次下调利率，世界上的主要媒体每次都及时报道。需要特别指出的是，在报道这些经济政策变化时，尤其应该报道导致这些变化的原因并对这些变化的影响进行分析，只有这样才能使报道丰满和有深度。

任何国家的宏观经济政策绝不是随意制定的，通常以经济增长率、通货膨胀率、失业率等经济指标为依据。因此，国际经济报道应该特别关注这些指标的变动，并对它们变动的原因作出分析。

（三）市场

市场状况与发展趋势是人们非常关注的信息，特别是涉及食品、能源等基础资源市场动态的报道与预测。例如，2008年3月底，粮价再一次飙升，世界银行发出警告：由于粮食价格达到连续6年来的最高点，墨西哥、也门等33个国家可能面临"社会动荡"。事实也正是如此，食物短缺引发的抗议浪潮席卷了埃及、菲律宾、几内亚、墨西哥、摩洛哥、塞内加尔、乌兹别克斯坦和也门等国。2008年世界市场原油价格猛涨，发达国家民众出行立刻受到很大影响。这些国家的媒体开始连篇累牍报道动态，组织讨论政府应如何更快寻找替代能源，施加压力要求政府促使欧佩克增加原油供应。

（四）国际贸易

国际贸易状况与趋势以及各国围绕国际贸易进行的政治角力是国际经济报道主要的报道对象之一。其中充满了各种复杂的斗争与阴谋，记者很容易据此写出跌宕起伏的精彩故事。

（五）行业经济状况

行业经济状况是反映经济状况的长期指标，应该给予一定的重视，如上面提到的关于世界钢铁需求的报道。中国的需求使世界对钢铁的需求上升4.3%，表明了中国的经济正在快速增长。过去西方经济的支柱产业为钢铁、汽车、建筑业，随着经济、技术的发展，一些新兴的产业，如信息、保险、金融产业已经逐步取代传统产业成为新的经济增长点，对此也应该给予更多的关注。

（六）财经新闻

财经新闻包括股市、汇市、期货。由于与金融市场的联系和联动日益密切，加之具有世界经济"晴雨表"的功能，财经新闻已越来越受到媒体和读者重视财经新闻报道。

（七）著名公司与明星企业家的故事

人总是新闻最鲜活的因素，经济新闻也不例外。在人们普遍对战争持否定、厌恶态度的现代，财富英雄与他们建立的事业，就像《荷马史诗》一样被人传诵。

（八）服务类经济新闻

服务类经济稿件由于能为集体或个体的受众提供难以替代的服务而受到欢迎。

二、国际经济新闻报道的功能

由于经济全球化进程的加剧，国际经济新闻从来没有像今天这样受到人们的重视，在社会生活和人们的日常生活中发挥越来越重要的作用。其主要功能包括以下几个方面。

第一，深入浅出地介绍和评析宏观经济形势。在经济运行的关键时期，它能及时介绍世界经济的发展变化，分析各地区经济之间的相互影响。

第二，及时、准确地传播重要的、有价值的经济信息。

第三，揭露和批评经济活动中出现的问题，发挥公众舆论的监督作用。这方面最典型的例子是2001年关于美国安然公司破产的报道。安然公司在申请破产之前，曾名列世界500强公司第七位，然而美国著名的财经杂志《财富》在对安然公司2000年度股价和市盈率进行认真分析后，发表了《安然公司股价是否高估?》一文，指出安然公司的财务有"黑箱"。随后美国的《华尔街日报》《纽约时报》、NBC等媒体都对安然事件作了大量的报道，揭开了围绕安然公司财务的种种黑幕。最后安然公司不得不承认虚报财务并申请破产。现在，媒体的这种监督功能在经济活动中正越来越多地发挥作用。

第四，传播经济知识。经济新闻所传播的新信息、新动向、新经验从广义上来说都属于知识的范畴，而从事经济活动的具体生产知识、商品知识、政策与法规知识等是经济新闻所传播的内容，与经济活动相关的历史知识、科技知识、地理及其他知识也常常出现在经济新闻中。

第五，指导经济生活。经济新闻对经济生活的指导主要表现在促进经济生产、商品流通和引导消费等方面。

下面这篇美国《休斯敦纪事报》的文章，是针对许多消费者在商家的促销面前不能保持冷静而写的，目的是指导人们更理智地花钱。

　　你加入了一个健康俱乐部，但每月只去一两次。你的钱包里塞满了巴恩斯—诺布尔公司和加普公司的礼券，它们都是你承诺会尽快消费掉的。上个月你打的手机超过了预付金额，超出部分要支付高昂的电话费。但你自信这种情况不会再度发生。

　　以一项新研究的话来说，你是一名过分自信的消费者。

　　这种日复一日的盲目自信从来没有像现在这样造成严重的经济后果。随着经济体系的日益复杂，交易中越来越少涉及普通的货币。人们更需要提前筹划开支，需要选择购买何种医疗保险，并预测自己刷卡花的钱是否超出了收入。他们必须在种类繁多的长途电话付费方案、接入互联网方案和健身方案中取舍，决定哪种最经济。

斯坦福大学和哈佛大学的经济学家们最近的研究发现，消费者很少成功。这些失误带来的收入损失对很多家庭造成重要影响。

健身俱乐部会员制是一个尤其明显的研究案例，可能是因为它为人们的过分乐观提供了两个机会。首先，人们过高地估计了去健身房的次数。此外，他们购买去得越多越便宜的高额健身卡，为这种表面上的省钱而庆幸。

加州大学伯克利分校的经济学副教授斯特凡诺·维尼亚和斯坦福大学的金融副教授乌尔丽克·马尔门迪尔最近收集了新英格兰地区 3 家健身俱乐部的数据，他们和大多数健身俱乐部一样，提供 3 种基本的计费方式。人们可以选择每次 10 美元的按次付费，购买 70 美元左右的月卡或者 700 美元左右的年卡。

如果他们打算每月至少去 7 次健身房——即每周两次左右，办月卡似乎比较合适。很少有健身迷选择每次付 10 美元。这时候，你必须问问自己去健身房的频率是多少。对买月卡的过分自信的消费者来说，答案是大约每周一次。

在这项研究中，办月卡的健身者的健身频率大概就是这样。因此，他们每次健身的费用相当于 17 美元。教授们发现，每 5 名月卡使用者中只有一人因为月卡而省了钱。6 个月后，采取逐次付款的健身者少花 150 美元。

教授们引用小说《布里奇特·琼斯的日记》里的一篇为他们的发现作结论："4 月 28 日，星期一。本月去健身房的次数：0 次。今年到今天为止去健身房的次数：1 次。健身房年卡费用：370 镑。"

现在让我们把这种过分自信的现象推广到整个消费经济。

今年人们将花 400 多亿美元用于购买零售礼券。顾问公司贝恩表示，五年前这个数字仅为 130 亿美元。

如果代价在未来付出，好处却近在眼前，好处就会使人们忽视代价。对巴利健身俱乐部、美国银行、巴恩斯—诺布尔公司和其他公司来说，消费者的过分自信带来了数以百万计的预期外利润。对很多家庭来说，每年它会造成数百美元的损失。

在这个薪水增长赶不上通货膨胀的时代，谦虚保守一点是很可贵的。

第三节　怎样采访和写作国际经济新闻稿件

国际经济新闻报道体裁多种多样，因此不能用任何一种简单的类型来界定。例如，许多国际经济新闻采用报道会议、演讲、专访和介绍书籍的方法，有些则借用侦查案件、报道战争的手法……如果要将它们划分或者归类的话，不同的人有不同的看法。有人将它们分为消息、通讯、评述三个系列。有人分为消息、特写及专栏、社论、广告四大类，也有人主张分十几类。一般而言，经济报道通常分为动态消息、通讯和特写、评论三大类。

一、对经济记者的几条忠告

就采访与写作而言，国际经济新闻与其他题材的采访与写作没有太大的区别。但由于经济新闻报道的专业性和敏感性较强，记者需要具备经济学、经济史、社会学、政治经济学、国际关系学等方面理论基础，才能很好地开展工作。

第一，经济记者必须具备一定的专业知识，否则不仅不能报道好经济新闻，甚至会闹出笑话。例如，"国民待遇"（national treatment）指外国公司在所投资的国家可以享受与该国企业同等待遇。有人把它按字面翻译为"国家处理"，让人不知所云。如果报道中经常出现这样那样的漏洞，那么读者对报道的可信度就会产生疑问。

此外，如果记者尽说外行话或对采访的问题似懂非懂，会使采访对象认为你无知而不愿意接受采访。曾经担任过美国总统经济顾问的加德纳·阿克莱说过，他希望看到采访经济新闻的记者具备两个条件：学过一门经济学，而且，这门学科要考试及格。这种说法可能有些绝对，但说明做经济报道的记者的确需要具有一定的专业知识。

但现实是，过去中国新闻机构派往国外的记者中有专门经济方面知识背景的经济记者不多，而且专修国际经济的可谓凤毛麟角。当然，这种状况这几年正在逐渐改变。面对快速变化的经济，即使有经济知识背景，也不能怡然自得地坐吃老本，还要不断更新知识，否则便无法把握复杂多变的经济现象及其本质。

第二，记者必须具备多重视野。经济学虽然有宏观、微观之分，但报道经济新闻的记者必须具备多重视野。因为实际中的经济报道很少只涉及一个层面。例如，美国的"次贷风暴"造成全球性的经济危机，国际社会为此召开了G20峰会。这种有全球影响的宏观层面经济新闻，被许多国家的媒体以大篇幅报道；而当记者报道经济危机中失业人士的生活状况以及政府与社会的救助措施时，新闻又从微观层面进入宏观层面。

第三，记者要保持头脑清醒，与采访对象保持一定的距离，不要让私人关系影响记者对问题的思考和判断。尤其在采访企业和企业界人士时，不要被一些表面现象所迷惑。在多数情况下，企业和企业家总是不愿意媒体报道对他们不利的新闻，有时甚至会利用媒体去传播一些为其特定利益服务的"新闻"。安然公司的财务问题被揭露出来之前，曾被媒体称为最具创新精神的企业。因此，经济记者在采访中更需要多想几个为什么，从多个角度去思考，多请教专家和业内人士，而不是偏听一面之词。

第四，经济报道需要更多的积累和调研。一般来说，经济新闻中很少有突发性的新闻，就是股市暴跌也会有些前兆。这就要求记者平时要格外细心，从一些经济现象的蛛丝马迹中发现问题。

与其他新闻的准备不同，经济新闻的积累和调研不能"临时抱佛脚"，要日积月累。采访人物新闻时，记者可以突击找一些关于此人及其职业的材料来看。采写经济稿件时，这样的准备工作需要做，但更多的是平时积累的知识和材料。

1997年亚洲经济金融风暴乍起，泰国货币泰铢连连贬值。一开始人们并没有十分重视。但有的记者敏锐地意识到它将酿成一场金融危机，其影响将波及全球，并对此及时作了报道。事实证明，这场金融风暴不仅打击了亚洲经济，而且波及欧美和拉美国家，其影响持续了好几年。记者的这种"先见之明"并非信手拈来，而是建立在大量调研的基础上，绝非一日之功。西方通讯社和大报，都有研究专门问题的经济记者，他们通常对经济的某一领域有非常深入的研究，称得上或者就是这一行的专家。《第三次浪潮》的作者托夫勒就曾担任过记者。

第五，经济报道经常需要运用数字，但数字一定要准确，运用时需要多一分严谨和慎重。数字使用不当或不准确，会产生歧义或不良后果。曾有记者在一篇报道世界石油市场的消息中提到，美国的石油库存增加到了630万桶。这个数字使人产生疑问：美国已经发生了严重的石油危机？因为美国每天消费的石油就在1800万桶以上，如果库存只有600万桶，美国这个"车轮上的国家"早就已经瘫痪了。

二、努力培养消息来源

相比之下，记者采掘经济信息的难度要比挖掘一般新闻大得多。各国类似《阳光法案》这样强制信息公开的法律，使政治事务、公共事务的透明度相对较高。然而，经济事务，尤其是商业范围内的大部分活动，普遍是私人的、秘密的，了解内情的人很少，并且受到《商业秘密法》等法律保护。上市公司按《证券法》等法律的规定，必须披露公众需要了解的信息，但这些信息的专业性却在真相与公众之间造起了一堵高墙；没有上市的公司并非铁板一块，他们要向政府各部门递交许多报告，这些报告是公众了解这些"独立王国"的极好来源。《华尔街日报》记者诺曼·米勒于 1964 年获得普利策奖的报道，就是在官方对美国最大的以色拉油出口商——联合植物油公司的破产进行调查时，从文件中挖出的线索。

【本报新泽西州贝荣讯 记者诺曼·米勒】题：大宗沙拉油诈骗案

正在这里的大型储油库调查"沙拉油失踪案"的执法机构认为它们碰到了一起大骗局，这起大骗局会使比利·埃斯特斯的骗局相形见绌。

两周前，全国最大的植物油出口商——联合植物油公司提出了破产的申请。这个公司曾赊购了大量豆油和棉籽油。但是，当纽约产品交易市场上这类产品价格下降，芝加哥商会和联合公司的股票经纪人根据合同要求赔偿 1900 万美元的损失时，联合公司却拿不出钱来。

其结果之一是华尔街一家大保险公司——依拉·豪普特公司破产了，它曾代表联合公司购买了一些期货。其结果之二是，许多大商人原以为他们买得的豆油、棉籽油、鱼油和其他食油在联合公司的油库或其他有关系的公司的油库里贮存着，当他们突然开始清点货物时，发现这些商品都失踪了。

很明显，这些大批失踪的商品永远也不会找到，原因很简单：它们根本就不存在。

十多个专门与商品打交道的公司都不知不觉地上当了。为了购买这批货物，他们欠下了银行成百上千万美元的债务，不知道为之担保的竟是一些伪造的仓库提货单。

损失之大令人震惊。要求赔偿损失的金额现已达 4100 万美元，还有一些要求正在提出。据接近官方调查小组的人士透露，损失最后估计为一亿美元或超过这个数目。比利·埃斯特斯是用一些根本不存在的化肥作为套取借款的担保，他的案子比起此案来，所涉及的钱款数目要小得多。

保险公司并不能赔偿所有的损失。对库存商品的保险一般不赔偿诈骗引起的损失。有些储油公司，因为油库联在一起，会在持有毫无用处的提货单的商人的压力下，付出大笔款项。并非所有公司都是如此。一些商人和银行也会因购买或借钱给别人购买这些无影无踪的货物而损失巨款。

联邦调查局和其他一些机构还在进一步调查有多少美国和外国公司投下这笔冤枉钱。他们在调查了两周以后，还仍然在掩盖事实真相的迷魂阵里转来转去。

迷魂阵的核心就是联合公司，其董事长蒂诺·迪安吉利斯多年来就与保险和交易委员会、税务局以及破产申述法庭发生过瓜葛。执法当局已揭露，联合公司是在储油公司的一些雇员的协助下卖出这些根本不存在的食油的，这些雇员通过开假提货单从联合公司分得好处。这里，应该提一句，大多数储油公司没有上这些腐化的雇员的当。

要从成堆的报表、数据中嗅出某个企业或某个方面的异常气息是非常困难的，带有很大的运气成分。在行的记者偶尔能自己发现问题，但绝大多数时候还是必须依赖其他人提供的线索。从事经济报道的记者与政治记者一样，需要在各种部门或机构有自己的"深喉"。培养消息来源，因此成为报道经济新闻的记者最重要的日常工作之一。他们希望找到并与这样一些人或机构建立长期关系：能提供内幕消息；掌握大量数据或报告；对世界、某个国家、行业、企业的经济状况与发展趋势有深入研究；能深入浅出地分析复杂的事件，把记者说不清楚的情况解释得清清楚楚。

这些人或机构，通常包括监管部门或机构、行业协会、调查咨询公司、专家、学者、竞争对手、企业内部人士和前雇员。

三、解决"三难"问题的经验和方法

人们常常说报道经济新闻有"三难"，即难写、难懂和难以留下印象。这固然与经济新闻专业性强、术语多、数字多不无关系，但症结还在理解和写作技巧上。《华尔街日报》流行这样一种说法：二流的记者能把事情向专家说清楚；一流的记者则能把事情向一个中学生说清楚。可是，现在有的经济报道则是"内行不愿看，外行看不懂"，单调、枯燥的问题难以解决。许多媒体的记者和编辑已经积累了不少经验和方法，可以把经济新闻写得通俗些，贴近生活一些，生动一些。如可以采取"做故事、做调查、做数据、做观点"的信息处理方法。

（一）通俗化

经济新闻的专业性与写作的通俗性是一对矛盾，要想化解，需要记者在中间"穿针引线"，有人把这称之为"翻译"，也就是说要把比较专业的问题用通俗平易的话讲出来。

请看下面的报道。

第一则报道的是原中国人民银行行长戴相龙在一次记者招待会上答记者问。

中国国内某媒体报道的导语内容如下。

中国人民银行行长戴相龙今天在九届全国人大一次会议例行的记者招待会上说，今年我国确定的经济增长目标是必要的，也是可实现的。为实现这一目标，中央银行将坚持适度从紧的货币政策，适当增加货币供应量，保持国际收支平衡和人民币汇率稳定，有效地防范和化解金融风险，以促进国民经济在结构调整中保持适度快速增长。

美联社报道的导语则简单明了。

中国人民银行行长戴相龙今天说，为了战胜亚洲金融危机，中国将增加投资，放宽对银行的限制并整顿金融秩序。

美联社用"增加投资，放宽对银行的限制并整顿金融秩序"这样通俗的话，大多数读者都可以看懂和理解。而中国国内的报道中的"适度从紧的货币政策""适当增加货币供应量""适度快速增长"，使读者读起来感到费劲。

第二则为原国家外汇管理局局长吴晓灵有关人民币贬值问题答记者问，中国国内某媒体的报道内容如下。

吴晓灵强调，人民币不贬值不是政治承诺，是中国的基本经济层面所决定的。当前，我国国内经济增长，物价稳定，国际收支双顺差，此外还有1400多亿美元的外汇储备；另一方面，人民币贬值弊大于利。贬值或许对出口有利，但会恶化一国的贸易条件，使进口工业品和技术变得昂贵。贬值还会动摇人们对经济和货币的信心。中国人口众多，国内市场广阔，这是中国经济增长的基础。因此，不能靠贬值扩大外需，带动经济发展。

再来看法新社的报道。

在招待会简短的开场白上，吴女士在重申人民币不贬值的承诺的同时，也指出在这个问题上人们有一些"评论和心理压力"。她指出，中国有1400亿美元的外汇储备，外加中国人个人手中的800亿美元，"我们为什么要贬值呢？"但她也承认，"谁也无法预言一种货币会不会贬值"。

中国国内媒体报道"贬值或许对出口有利，但会恶化一国的贸易条件，使进口工业品和技术变得昂贵"。何为"贸易条件"？它是指一个国家的出口与进口商品价格之比，若不加解释，一般读者恐怕会感到困惑。而法新社没有用"基本经济层面"或"贸易条件"之类生硬的术语，而是用普普通通的一句话："中国有1400亿美元储备，外加中国人个人手中的800亿美元，'我们为什么要贬值呢？'"简单明了。

（二）把经济新闻与百姓生活结合起来，使普通百姓感兴趣

一条钢铁价格上涨的新闻，除了业内人士和经济专家，一般读者不会太关心。记者大都也就事论事地报道它上涨了几个百分点，对市场有什么影响就了事了。但美国芝加哥《每日新闻》报记者罗伯特·赖文却用大量事实，揭示了钢铁涨价与普通百姓的关系，把本来很枯燥的报道变成了大众关心的新闻，而且他的写法也很生动。

最近钢铁价格上涨，这将会对你的购买力发生怎样的影响呢？

用来制造30加仑热水器的钢材将涨价21美分——这个消息，是阿姆科钢铁公司透露的。这家公司是继内地钢铁公司之后第二家宣布其产品涨价的钢铁企业。

阿姆科公司发布的消息还表明：用来制造一台家用煤气炉的钢材将涨价32美分，自动洗碗碟机为16美分，冰箱为28美分，洗衣机上的自动烘干装置为15美分。阿姆科公司争辩说，热轧钢板、带钢以及冷轧钢材每吨仅涨价2～3美元，这是"微不足道的"，因而不会带来严重后果。

汽车工业和家用电器工业是钢铁工业产品的主要用户。从星期二起，它们也将提价。

专家们预料，消费者遭到的打击，将远远超过阿姆科公司的估计。比如说，该公司说，制造一台冰箱所用的钢材提价28美分。实际上，这台冰箱将涨价20～30美元。这是因为制造冰箱的机器是钢铁的，钢材涨了价，机器自然也得涨价。

比如，一台普通车床过去价格是2800美元，现在则为3000美元。

（三）使经济新闻具有现场感

如何使经济报道具有现场感？新华社记者关于美日汽车贸易高级谈判（1993年）的消息就是一个很好的范例。

【新华社日内瓦6月26日电】美、日汽车贸易高级谈判今晚在日内瓦以坎特向桥本赠送一把竹刀的戏剧性场面开始。

美、日汽车贸易谈判延续已近两年，至今未获任何结果。美方5月16日宣布，若双方在6月28日之前仍然达不成协议，美国将从这一天开始实施制裁，对日本输往美国的13种豪华轿车征收百分之一百的惩罚性关税。这将给日本汽车制造商每年造成59亿美元的损失。

为了避免爆发贸易战，双方4位副部级官员自本月22日起在日内瓦紧张地展开了谈判，但进展甚微。双方于是决定提高谈判级别，由美国贸易代表米基·坎特和日本通产大臣桥本龙太郎直接晤谈，以作最后努力。

坎特与桥本的谈判于日内瓦当地时间晚8点半开始，开始前安排了一次简短的与记者会面，让记者拍照的活动。他们满面笑容地走向记者，站定之后，坎特出人意料地向桥本亮出了一把在日本剑道中所使用的很长的竹刀，说："这是我特意给您带来的。"坎特接着面对记者说："桥本大臣精通此道。剑道的精神就是勇敢、诚实、正直和耐心。"桥本应声答道："毫无疑问，和坎特先生晤谈是需要耐心的。我非常希望我们能礼貌地进行会谈。"桥本抓住竹刀的一头，对准自己的脖子，说："这可要使我损失惨重喽！"说完双方大笑。

有记者问，双方的谈判是否必须在 28 日前结束？桥本答道："美国定下的期限与我们毫不相关。我们不能在美国的法律约束下谈判。我们只想按照国际规则和世界贸易组织规则进行谈判。我也想告诉你们，这场谈判是非常艰难的。"

记者问坎特，最后期限定在哪一天？坎特说：6 月 28 日。记者又追问："会不会延长？"已经转身退场的桥本扭过头来答道："这是'美国造'的期限。"

在坎特和桥本会晤之前，双方在日内瓦进行了副部级谈判，其主要内容是美国要求日本开放汽车市场，增加购买美国生产的汽车及零配件，并在国内增加销售美国汽车的网点。

记者通过"坎特赠刀""桥本操刀比划""桥本欲走却止为答话"等几个场景和两人几段对话的描写，把现场的唇枪舌剑和谈判背后的勾心斗角刻画得十分传神。

某些经济报道，如就经济议题进行探讨的学术会议、为解决经济问题而安排的国家间磋商……都是国际经济新闻报道的富矿。在这些场合进行的辩论、博弈通常具有戏剧性，报道这些争斗，可以使经济新闻动起来，具有现场感，改变人们对经济新闻仅仅罗列一些数字，或者只是报道结果的刻板印象。

（四）运用对比手法

在国际经济报道中，运用对比手法的例子屡见不鲜。下面这篇报道是《华尔街日报》关于俄罗斯经济一组报道中的一篇。它细致地记录了莫斯科一个普通家庭的生活状况，而这个家庭在 7 年前曾经在《华尔街日报》上露过面。当时苏联刚刚解体，俄罗斯实行"休克疗法"，西方经济学家曾满怀希望地预言：经过短暂的艰难时期，俄罗斯和东欧的一些国家的经济将会大幅度增长。7 年过去了，情况又是怎样呢？《华尔街日报》追踪这家人的生活，事实上是对以前报道的续写。这种续写是为了通过对比，更加生动地反映俄罗斯经济的真实状况。在行文当中，对比时时可见，即使读者没有看过以前的报道，也能通过这篇稿件得到一个比较完整的印象。这组报道获 1998 年普利策新闻奖。

在街上，斯维塔娜·斯塔罗勃夫总是设法压抑着她的愤怒。但一旦回到自己的公寓，她总是感到自己近乎崩溃。

午夜时分，这个 43 岁，体格健壮的卖肉馅饼的街头小贩常常在她的公寓里来回踱步，她的脑海里满是卢布贬值、物价飞升和空空荡荡的商店。她说她的丈夫是个吸血鬼、懒鬼、醉汉，她的丈夫则埋怨她是个唠叨的婆娘。在许多个夜晚，两个人是分开来过的。他住在他们俩新买的公寓，而她常常在他们过去的公房里凑合着过夜。

当这对夫妻第一次出现在这张报纸上的时候，他们担心的问题是随着社会主义制度的解体，他们在新的市场经济中的生存问题。斯维塔娜形容起那时的情形时说："我们好像是被扔进了一个大缸，然后被告知要自己爬出来。"

有一度，他们俩以为快爬到了大缸的边缘。他们得到了一套新的公寓，买了新的彩电和索尼录像机。他们在私营企业找到了工作，加班加点挣外快。

但是斯维塔娜和其他那些靠工资养家糊口的人们，在市场经济之路上的挣扎，得到的更多的是焦虑和疑惑。1991 年，当他们的国家迅速地朝着资本主义迈进的时候，他们担心的是不让自己落伍。现在，他们不知道自己会走向何方，更不知道他们的国家会走向何方。

俄罗斯的金融危机让他们重新回到了大缸的中央。他们的收入锐减，物价却在飞涨。他们在私有化了的企业里没有股票，没有固定的工作。有一度，他们似乎是从经济改革中得到了好处。今年 40 岁的斯塔罗勃夫曾是个建筑工人，他曾为莫斯科一家新开的商业银行铺地砖，赚了些钱。如今，那家银行已经倒闭了。

从一个层面上来说，斯塔罗勃夫夫妇之间的争吵同任何夫妻间的争执没什么太大的两样。但从另一个角度而言，他们之间的矛盾也反映了俄罗斯社会的动荡。社会经济的动荡往往会增加人们生活的压力，甚至影响到人们的健康。最近俄罗斯的报纸上充斥着血淋淋的报道：南俄罗斯的一个锁匠在两年里没有拿到一分钱的工资，就把自己活活烧死了。在首都，一个年轻人的存款随着银行的破产而消失，他的未婚妻又离他而去，他便以自杀的方式结束了自己的生命。

就像绝大多数的俄罗斯人那样，斯塔罗勃夫夫妇并不准备上街游行以表达他们的不满。他们并不认为推翻现行的制度会给他们带来什么好处。他们希望的是有人能给他们带来一个稳定的社会。那些在位的所谓"民主"人士给他们带来的幸福，并不比共产党人给他们的多。"对于民主，我们还没有准备好，"斯塔罗勃夫说，"我们真的不大懂什么是民主。俄罗斯需要一个强硬的领导，虽然不是像列宁或斯大林那样的，但我们要一个强硬的领袖。"

斯维塔娜通常在早上九点开始工作。她的工作地是一个人头攒动的集市。工作时，她穿着一件油渍斑斑的围裙。集市里有各式各样的蔬菜和水果摊，空气里弥漫着大蒜的味道。在苏维埃时代，斯维塔娜在一个国营的仓库里拿着一份微薄的工资。她对于市场经济一无所知。

今天，她赚多少完全取决于她能卖出多少肉馅饼。她的老板不再是国家，而是一个中年女人。这个女人经营着一个卖肉馅饼的连锁店。她每天必须卖出 70 个馅饼，才能挣 50 卢布。那也意味着她必须一天工作八个小时，中间几乎不能休息。她说她比任何人卖出的馅饼都要多。当没人来买馅饼的时候，她也帮着隔壁的摊位堆堆白菜，赚几个外快。"在旧的制度里，只有那些敢偷的人才能赚几个额外的钱。现在，我为我自己工作。你朝着人家笑，人家也朝你笑。人们都在尝试一种新的生活。"

她一度梦想自己做生意。但这样的梦想已经烟消云散了。现在又回到了原来的地方：如何生存。她的老板把肉馅饼的价钱从 3 卢布一个提到了 5 卢布，那就意味着买的人会减少。

在苏维埃时代，为了买食油和牛奶，斯维塔娜常常要排几个小时的队。现在，大多数的商品很容易就可以买到，但问题是他们没有足够的钱去买。斯维塔娜的收入从 8 月中旬起就没有什么变化，而物价却上涨了 67%。如果换算成美元，她的收入大约为 3.75 美元一天。

她的丈夫，也就是斯塔罗勃夫，最近失业在家。由于没人有钱造房子，大多数建筑工人都失业在家。

他们等了 16 年才得到一套两居室的房子，在 13 楼。楼房里那窄小的电梯经常出故障，常常停在三楼就下不来了，他们经常得走上三楼，再坐电梯。

在他们搬到这套房子以前，他们和两个孩子挤在一间窄小的公房里。三年之前，他们才得以搬离。现在这套房子以每月 250 美金的价钱出租给了 9 个来自乌克兰的工人。

在他们一家搬入新房子的时候，莫斯科的建筑市场正兴旺。斯塔罗勃夫每月能带回家正常的工资。有时候他还能带回家一些额外的钱。他为家里买了新的冰箱、电视。

他从他工作的银行建筑工地上偷了一些粉红色和黑色的大理石，用来装修他们的新公房。来自另外一个装修工地的灰色地毯也铺在了他们家的客厅。斯维塔娜买来了架子、墙纸和照明设备。"都是最便宜的，"她说。

……

（五）写"人"的活动

从事经济活动的"人"的出现，可以使经济新闻"活"起来，"动"起来，这是增加经济新闻可读性的有效办法。有的经济新闻比较枯燥的原因就是因为只单纯地报道事件、政策、数字，就像人们常说的"见物不见人，见措施不见人，见数字不见人"。当然，经济报道中写人，其着重点在经济活动中人的活动、人的思想、人的喜怒哀乐。写经济新闻人物，与写别的人物略有不同，侧重写人物是如何进行经营活动，如何进行决策的，强调其作为企业界人士、政策制定者，与别人有什么不同之处。经济新闻中有了人的因素，就容易写得"活"一些，读者就更爱看一些。2003 年 6 月 15 日，英国《金融时报》刊登介绍甲骨文软件公司创始人埃利森的文章，就是着眼于他如何在软件界出"坏招"来与对手竞争这一点的。

高科技产业界的坏孩子明年就要跨过 60 岁的门槛了，可他还是一直忙忙碌碌，四处宣扬自己的主张，可谓年事越高越不服老。他预测说，这个当年自己参与创建的行业已经迈入了艰难的中年。他以老资格公司领导人的口吻说道，硅谷热火朝天的兴盛时代的的确确已经结束了。

不要相信这些话！尽管举手投足间透着十足的成熟，埃利森的恶劣行径仍然可以车载斗量。

按照常理，安然丑闻发生以后，现在大家都死死地盯着公司管理状况，头头脑脑们应该保持低调才是。可埃利森恰恰不是这样。

这位甲骨文软件公司（第二大独立软件公司）的创始人做了件出格的事情，对竞争对手——软件制造商仁科公司进行恶意收购。这种事情在硅谷可是大忌：依靠雇员贡献知识资本的高科技公司非常脆弱，经不起这种计策的打击。

他曾经与圣何塞机场发生冲突，仅仅为了让自己的私人喷气飞机在晚上 11 点以后着陆，而那是违反规定的。这样一个人，似乎注定总是要与人斗来斗去。对于这位甲骨文软件公司的老板来说，胜利意味着一切。他打赢了与机场的争斗。

现在，如果他真的决心收购仁科公司，那么华尔街下的赌注会支持他赢得这场收购之战。情形要么是这样，要么他就会让人们对仁科软件公司的未来产生怀疑，觉得他也许会毁了这家公司的远大前程。

对埃利森来说，过去两年间美国企业界进行的深刻反省就好像从来没有发生过。仁科软件的首席执行官克雷格·康韦抱怨说，公司老板们这些天要为"正直、诚实、道德"这样的问题担忧。他指责埃利森的行为简直

"恶劣"。硅谷几乎无人认为这样的描述有什么不当，尽管他们对他能如此轻松地搞垮对手倾慕不已。

在硅谷，人们都相信这个被大家称为"拉里"的人又在紧锣密鼓地施展他的惯用伎俩了。普费弗先生就说："就像 The Who 乐队唱的那样，'见了新老板，才发现是换汤不换药'。"

看来埃利森在过去 20 多年里肯定已经多次得逞。他的成就令人艳羡，尽管十年前他在甲骨文软件公司的账目问题上与证券交易委员会发生冲突，最近又被查出雇用私家侦探刺探对手微软公司的隐秘。

埃利森是个大器晚成的开发商，30 多岁以前一直碌碌无为，婚姻不幸，大学辍学，当个电脑程序员都干不长。这些都和软件界神童的形象毫不搭界，尽管他在当时的确显示了敏锐的思维和过人的自信，这两种素质至今仍是他突出的特点。

高科技行业内唯一比他更具备企业家非凡素质的人就是比尔·盖茨。跟盖茨一样，埃利森也是从 IBM 那里交上大运的。

盖茨开始走运，是由于 IBM 决定采用微软的软件作为该公司生产的个人电脑的操作系统，这个决定使微软的软件成为现成的标准配置。对于埃利森，则是由于 IBM 公司研究人员取得突破，开发出了关系型数据库——一种新的储存和检索方法，用以处理存储在公司电脑系统里的冗长信息。埃利森在 1977 年凭着 1200 美元和两个朋友创建的甲骨文公司，是第一家为这项技术找到巨大商业市场的公司。

埃利森原本可能要花好长时间找到一个生活目标，但自那以后，他就不屈不挠地走了下去。他把自己塑造成为实干家兼自学成才的成功人士。

私下里，他待人体贴周到，魅力十足，一点也不像某些人说的那么爱出风头、自私自利。他有推销员的天分，善于倾听和奉承。然而与他共过事的人说，他也缺乏耐心，对未能达到他的苛刻标准的员工相当严厉。

作为实干家，埃利森在行业精英中少有志同道合者。

尽管埃利森取得了成功，然而一些问题还是使他烦恼不已，其中最突出的就是他渴望得到认可，却常常难以如愿。这使他与比尔·盖茨的个人竞争好像尤其明显。埃利森在甲骨文公司的个人资产价值 185 亿美元，这使他成为世界上最富有的人之一，但还是比不上盖茨的 310 亿美元，因此他似乎总是跟盖茨过不去。

那么埃利森到底有多坏？当然，他说的很多话在硅谷没被当回事。他关于高科技产业已经成熟，不会再造就新一代年轻的拉里·埃利森们的论断，遭到了怀疑。当然他可能会说，作为"山中之王"，他最希望看到的是硅谷创造性毁灭的轮回走到尽头。

可接下来就是他对仁科公司的恶意收购。一个敬重他的竞争者表示，埃利森这一手玩得极妙，就在仁科公司准备花费数十亿美元收购规模小一点的 JD 爱德华公司时，给它来了个釜底抽薪。不过此人说，埃利森唯一的错误就是对受害者的这一刀捅得有点深了。如果不买下这家公司而是令它遭受重创，他就会面临法庭判决的巨额赔偿。

法庭诉讼已经大张旗鼓地展开了。埃利森说，他收购仁科公司的初衷是真诚的，他只是想给仁科的股东们一个选择。不管真相如何，他肯定能使自己在接下来的好几个月里处于公众注意的中心。

（六）在报道中穿插背景和解释，帮助读者了解经济事件的来龙去脉、内在联系，从更广阔、更深的层面理解新闻

由于经济新闻专业性比较强，头绪也比较多，所报道的事件有时又与过去的事有联系。所以，报道要想获得成功，需要记者提供背景与解释，使对问题不甚了解的读者有个清晰、完整的认识。更为重要的是，成功的报道往往可能揭示表面现象背后的症结所在，这正是读者最需要的，这样的报道当然也就会受到他们的欢迎。2003 年 9 月，世界贸易组织在墨西哥的坎昆开会，路透社发表了下面这篇文章，通过回顾世贸组织的历次谈判，指出近年来发展中国家与发达国家的矛盾加剧，其根本问题是农业。

【路透社华盛顿 9 月 8 日电】人们经常把贸易自由化比作自行车——除非不断前进，否则就会翻倒。

在世界贸易组织的支持下，近 150 个成员本周将在墨西哥的坎昆开始新一轮的谈判，以进一步放开世界贸易。

全世界的目光都将集中在这里，静观这辆贸易自行车是否会翻倒。

美国和欧盟正在农业关税和贸易问题上与发展中国家展开较量。另外，针对世贸组织谈判进展缓慢的情况，美国开始执行自己的政策，与挑选出来的世贸组织成员进行双边谈判。

如果这些问题在坎昆得不到解决，这辆世界贸易自行车很容易翻倒。但除了膝盖受伤以外，还有更多问题处在危险之中。

19 世纪末全球化发展迅速，后来在 20 世纪初，许多国家开始构筑贸易壁垒。

在"第二次世界大战"结束后第一次贸易谈判以来的 50 多年里，共进行了七轮世界贸易谈判，参与的国家越来越多，涉及的贸易额也越来越大。这些谈判成功地取消了许多壁垒。

但现在有许多人认为，这些成绩已岌岌可危。美国贸易代表罗伯特·佐利克说："我们或许会让前辈们的成绩在争端、狭隘的利益和不稳定中悄然逝去。或者我们可以保持过去50年的势头。"

由于许多穷国觉得他们的担心受到忽视，1999年12月在世贸组织西雅图会议上发起贸易谈判的努力以失败告终。埃及对外贸易部长优素福·布特罗斯·加利说，这次失败表明，美国和欧盟不能再指望发展中国家"紧随其后或者完全同意，就像在乌拉圭回合一样"。

在2001年11月于卡塔尔的多哈举行的世贸组织会议上，穷国的担心被摆在了议事日程的首位。当时正值"9·11"事件之后，世贸组织成员在对美国的同情以及对再次失败会损害脆弱的世界经济的担心之中，草率达成了发起世界贸易谈判的指令。

接下来是即将在坎昆举行的世贸组织会议。人们对多哈会议发起的雄心勃勃的谈判能否在2005年1月之前完成非常担心。

农业是谈判的主要症结。

墨西哥前总统埃内斯托·塞迪略告诫，自从多哈会议以来"人们的怀疑情绪急剧上升"，因为贸易谈判代表未能在最后期限之前解决农业和其他对发展中国家至关重要的问题。印度商业部长阿伦·贾伊特莱伊说，如果发达国家试图削减穷国的壁垒同时继续关闭自己的农业市场，那么谈判注定会失败。

美国和法德两国因伊拉克战争而陷于紧张的关系使情况更加复杂。虽然有改善的迹象，但分析家们认为，这种裂缝的长期影响仍然难以预料。

虽然1994年的乌拉圭回合贸易协议第一次把农业纳入了这个以规则为基础的贸易体系，但许多分析家认为，实际上在放开农业市场方面并未取得什么进展。富国对农民的补贴每年超过3000亿美元，其中欧盟和美国提供的补贴最多。

（七）科学地运用数字，让数字为报道生辉

经济新闻数字多，这是不争的事实。多数经济记者对数字可以说"爱恨交织"。在很多情况下，不用数字说明不了问题，用多了或用得不合适则会给读者带来阅读困难，影响传播效果。英国著名科学家霍金在写《时间简史》时曾说"多一个公式，少一千个读者"。虽然科学公式与数字不能完全相提并论，但这句话对在经济新闻报道中科学、巧妙地运用数字还是有借鉴意义的。

大量的数字、术语，使人读起来磕磕绊绊，相信大多数读者都记不住那些数据，而且对普通读者来说，也不大会明白这些数据意味着什么。很可能的

是，读者看到这一堆数字，会赶紧把目光跳开，去读自己感兴趣的新闻。

然而，多用数字并不一定都会使新闻枯燥，让人费解。数字用好了可以给文章添彩增色。请看美联社的一篇关于通货膨胀的报道。

【美联社电】通货膨胀使语言和美元一起贬了值。

比如说，你想形容某种东西的价格便宜得不可想象，可以说它"不如粪土"。可是，眼下连土也不便宜了。

负责修建 64 号州际公路的伊利诺斯州公路局官员说，1972 年，每方土的价格是 72 美分，去年猛增到 1 美元 30 美分，上个月又增加到 1 美元 55 美分。

鸡饲料以前和"便宜"是同义词，但是两年间它的价值翻了一倍。每包足够把一只小鸡养大的 100 磅鸡饲料现在价值 9 美元半 —— 比一只鸡的价钱还要贵 2 美元。

美国有句成语是："不比一张大陆币值钱。"

大陆会议发行了大量没有准备金的货币，导致了恶性通货膨胀，使得这些货币的价值比用来印刷它们的纸张还要低。但是，因为通货膨胀，一张保存完好的 1776 年发行的大陆币最近两年从 15 美元上涨到 40 美元。

而印刷纸，比如你手里的标准新闻纸现在的价钱是每英担（100 磅）11 美元，而 15 个月以前是 8 美元 50 美分。

如果问你为什么而生气，以至于你会说："用炸药把他娘的炸了。"而自从去年以来，不同级别的炸药的价格上涨了 22％到 40％。现在每磅炸药价值 2 美元 3 美分，比一年前贵了 68 美分。

最后还有一句殖民主义者带来的土语："还不如小炉匠的骂人话值钱。"小炉匠现在差不多已经绝迹了。不过，在森特雷利正好有一个，他每干 1 小时的活，价钱是 8 美元。

每当这位小炉匠用他丰富的腔调骂一句话，假设他因不小心用锤子砸了自己的手指而骂了那么 15 秒钟，他就得为这句 15 秒的骂人话所花费的时间支付 2 美分半。

该报道篇幅不长，完全靠数字来说明问题。由于它运用巧妙，加上语言幽默，让人既能感受到无处不在的通货膨胀之沉重，又可以在轻松中读完整篇文章，一如一幕悲剧，让观者笑中带泪。

在新闻实践中，一个为记者们广泛采用的手法是，把单个的数据进行换算或折算处理，如 2002 年 6 月 14 日《人民日报》的文章"战胜饥饿重在行动"，是这样处理数据的：

目前，全世界每天因饥饿死亡的人达 2.4 万，相当于每 4 秒钟有一人饿死；据统计，穷国欠富国的债务高达 2.8 万亿欧元，相当于法国、英国和奥地利三国全年国内生产总值的总和。

报道将每天的死亡人数换算成死亡频率，突出其死亡人数之多，比较容易让读者感受和认知情势的严重性。同样，将负债金额折算成几国的国内生产总值的总和，更利于读者直观理解。

此外，将数字进行对比也是常用的方法，对比产生的反差，往往能产生强烈的效果，前面美联社报道通货膨胀的文章里就大量采用这种手法。

现在媒体更多的用图表形式来处理成组的数据，如用柱状表示数据的横向或纵向比较，用圆形切割图表示数据的比例分布，用曲线图表示相关经济领域数据的发展走势。这样处理数据更直观、形象，从而使读者更容易理解和接受。2001 年 12 月 31 日，美国《商业周刊》刊登了《2002 年美国经济前景》的深度分析与预测性报道，就是分别用 6 个图表来展现 6 项不同的经济指标，预测美国经济将在 2002 年复苏的趋势，让读者一目了然。

四、"华尔街日报"式的写作技巧

（一）小人物与大事件

即使是小报都很少能拥有《华尔街日报》那样广泛的读者。作为美国屈指可数的几份全国性发行的严肃大报，它的销量一直名列前茅，对于一份专业的经济类报纸来说，无啻是"世界奇迹"。

《华尔街日报》的长盛不衰与美国经济的发达是分不开的，但它之所以能脱颖而出，当然也有其自己的独门秘籍，其中颇为厉害的一招就是"华尔街日报"体——从与重大新闻事件有关的某一有趣的人物或者小故事写起，然后从小故事中引出大事件，最后再折回去照应开头的新闻报道方法。多年来，该报的记者对这种体例情有独钟、乐此不疲。

专业的经济新闻写起来宏观深奥又容易枯燥乏味，却因与读者的切身利益息息相关而广受关注，于是《华尔街日报》的记者率先使用了一种"以小见大"的讲故事的报道技巧，打破了普通人阅读专业经济问题的障碍，自然令其大受欢迎。而且，这种选择一些普通人的故事来讲大道理的技巧，还有另外的"红利"——容易把读者带入报道中，使他们身临其境感受"与我有什么相关"，或者"有什么重要性"。例如，受众也许对微软公司的一项改革不感兴趣，但如果从一个被提升的年轻程序员写起，这篇报道便有可能吸引读者读下去；有的读者对养老金制度变动的影响摸不着头脑，但如果将一个中年人作为例子剖析，读者就容易理解了。

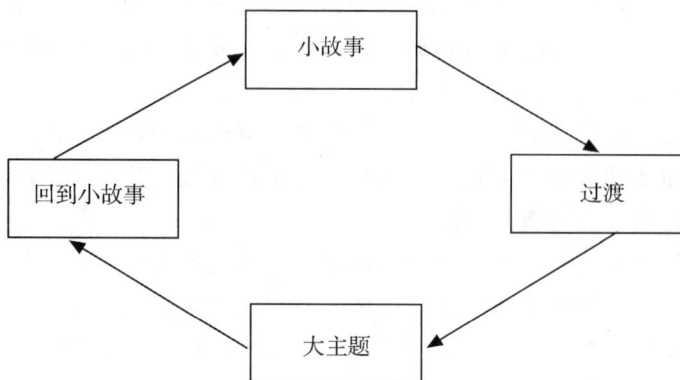

"华尔街日报"体新闻的结构

(二)"华尔街日报"体的写作技巧

近几年，有人认为"华尔街日报"体已经日渐衰落，原因是写作难度太大，令不少记者望而却步，这其实是没有真正理解它的精髓和适用范围所致。掌握了合适的技巧，使用"华尔街日报"体进行写作并不困难。

第一，需要"以小见大"的新闻事件通常都比较大，往往与重大经济、政治、军事和社会问题有关，而且非专业人士未经清楚的解释难以理解或了解其全貌，譬如大政方针对公众日常生活的影响等。第二，"以小见大"常常是以小事情见大道理。第三，"以小见大"实际是一种由特殊到一般的方法。第四，"以小见大"是方便读者理解"与我有什么相关"，或者"有什么重要性"。最后，风趣幽默是使一切文章吸引人的不二法门。把握了这几点，写作"华尔街日报"体的报道就比较轻松了。

"华尔街日报"体概括来说，首先将重点放在某个独特的方面，通常是人，随后向要报道的主题过渡，再展开主题，最后写一强有力的结尾或作一总结性的阐述。具体来说步骤如下。

开章，叙述一个引人入胜的故事，以吸引读者的目光。

第二部分是过渡段，使读者自然地从一开始描写的人物转到报道的主题上去。在这段里，要让读者了解到为什么要写这篇报道，内容通常包括采用倒金字塔写法时导语部分的内容。这种从特殊到一般的过渡段通常在离开章不远的地方。

过渡段后的部分解释或阐明报道的主题。这部分在行文上可以用"倒金字塔"体，按材料的重要性来安排顺序。

最后是结尾。这一点与"倒金字塔"完全不同——"倒金字塔"写法越接近尾声越不重要，而用"华尔街日报"体写作必须有一个强有力的结尾，才称得上好的报道。

《财富》以沃尔玛荣登世界 500 强榜首来反射美国产业结构由制造业向服务业转型的历程与意义。

服务业公司荣登世界 500 强榜首

一个出售廉价衬衣和钓鱼竿的商店是如何成为美国实力最强的公司的？沃尔玛百货公司的发迹史可以浓缩为以下三个阶段：1979 年它全年的销售额为 10 亿美元；到 1993 年，一周就能达到这个数额；在 2001 年则仅需一天之功。

这是一个惊人的故事——这个 1962 年始创于阿肯色州乡村地区的沃尔玛百货公司就这样在今年一跃登上了《财富》500 强的榜首。公司创始人萨姆·沃尔顿一面千方百计提高销售额，一面以先进的信息技术降低成本。他以严格的"10 英尺规则"（向在这距离之内的顾客致意）鼓励员工更多地销售。换句话说，他是当今经济戒律——服务规则——的第一位传道者。事实上，沃尔玛百货公司是第一个跃居《财富》500 强榜首的服务业公司。1955 年，当《财富》杂志第一次公布它对美国最大公司的排名时，沃尔玛甚至尚未问世。那一年，通用汽车公司是美国最大的公司，此后不是通用汽车公司就是另一个大公司——埃克森公司独占鳌头。沃尔玛的成就还标志着一个更重要的经济转变——从生产商品向提供服务转变。1953 年美国制造业的就业人数占总就业人数的比例达到最高点——35%，从此就逐年下降。根据劳工统计局的数字，到 2010 年结束的这个 10 年里，制造业将创造 130 万个就业机会，而服务业创造的就业机会将高达 2000 万个。换一个角度看，今天在服务业中工作的人数是其他行业的 4 倍。即使在制造业中，服务在业务经营中所占的比例也越来越大。

随着美国人的富裕程度日益提高，消费变得越来越复杂，人们开始把更多的钱花在服务方面——看电影、旅游、抵押买房、为房屋保险、偶尔到豪华饭店度个周末。经济学家称这种现象为需求变化；本刊则认为这是本年度评出的 100 家最大公司中有 64 个是服务业公司的主要原因。

在未来几年，10 种发展最快的职业中只有 3 种（软件工程、护士和电脑支持）能够赚到中等收入，其余的都可称作沃尔玛式的职业——收银员、售货员、食品服务，以及诸如此类的职业。总之，同过去相比，服务业正在提供更多很不错的就业机会。

这条新闻通过强调"沃尔玛百货公司是第一个跃居《财富》500强榜首的服务业公司"的意义以及沃尔玛的成就"标志着一个更重要的经济转变——从生产商品向提供服务转变",反映服务业的发展趋势、前景及其重要的经济意义。

在国际经济新闻的报道中,适当借鉴《华尔街日报》的写法,对化解经济报道的"三难"问题大有裨益。

第九章　沟通世界的桥梁

——文化新闻报道

文化搭起世界沟通的桥梁。民族间、地域间和国家间的文化交流不断发展。佛教文化从印度传入中国，并一度成为中国人的主要宗教信仰之一；大唐文化东渡日本，为大和民族所学习借鉴……

经济全球化使人类历史上第一次出现了任何产品，包括文化产品，全球生产、全球销售的状况。数字技术和网络技术的飞速发展，使文化传播更加快捷，覆盖范围更为广阔。美国畅销书《谁动了我的奶酪?》走红全球，在世界各地卖出 2000 万册以上，被翻译成中文后，在不到 4 个月间开印 9 次。好莱坞大片《泰坦尼克号》由 7 个国家的 30 多家公司协作完成，16 家技术公司负责特技制作，索尼公司负责音乐制作，最后在世界各地发行放映，票房收入超过 18 亿美元。

第一节　作为桥梁的文化新闻

一、文化新闻的定义

文化，从广义上来理解，是人类在社会历史发展过程中创造的一切财富，包括物质财富和精神财富，特指精神财富，如文学、艺术教育、科学等；狭义的理解，则指社会的意识形态和与之相适应的制度和组织机构。文化新闻与主要以政治、经济、科技等事件为题材的新闻有所不同，它以传递文化信息为目的，主要反映文化领域的理论、流派、管理制度和近期的文化活动、文化事件和文化现象、文化名人最新言论、行踪以及各项文化事业发展状况等。这种新闻带有浓厚的意识形态色彩，其涵盖的内容十分广泛，包括历史、地理、教育、出版、文学、艺术、休闲、娱乐、民风民俗等各个方面，有较强的知识性、趣味性和娱乐性。

随着生活质量的提高，人们对精神生活的需求也不断提高。与之相适应的，是文化新闻在新闻报道中的比重正在逐步加大，在读者中的影响也越来越大。

就国际文化新闻而言，它主要报道世界各地的重要文化活动，如著名电影节、重要展览、评奖活动以及世界范围内的文化名人、新人的事业发展情况，当然也包括带有浓郁民族和区域特色的民族文化。近年来，由于全球化和科技的发展，国际文化新闻呈现崭新的局面，无论是报道的内容和形式，还是传播的手段和速度，都出现了前所未有的变化。

二、吸引人的文化新闻

(一) 文化与社会不可分割

文化存在于社会中，社会的存在由文化构成。文化发展了社会，文化陶冶了社会，社会给文化提供了基础平台。文化，从来都与社会不可分割。

西班牙《世界报》有关电影艺术戒毒魅力的报道，就是文化与社会紧密关系的一个佐证。

【西班牙《世界报》11 月 4 日 记者 玛丽亚·赛恩斯】题：电影艺术展现戒毒魅力

电影是社会现实和人类历史的真实反映，它让我们哭泣、欢笑、痛苦和尖叫。每当我们坐在银幕面前，我们总会经历强烈的情感体验。

电影艺术在银幕上表现出来的巨大力量还能帮助人们戒毒。西班牙戒毒援助基金会正在用电影来帮助人们抵御毒品的诱惑。这家基金会的发言人表示，电影能够"让人们开阔眼界、增长知识、进行怀疑和思考、改变生活方式、开拓创造力、成长和生活"。

多年来，这家基金会一直进行着一项名为"电影与价值教育"的活动。在基金会的电影放映厅中，常年向中小学生们播放经过精心挑选的电影。基金会发言人表示，他们希望用电影来培养青少年的"价值观、生活态度以及社交能力"，从而减少他们在将来接触毒品的可能。

基金会为不同年龄的孩子选取了不同题材的电影。12 岁到 14 岁的孩子可以在这里看到《怪物史莱克》和《我想成为贝克汉姆》这样的影片。14 岁到 16 岁的孩子则可以看《科伦拜恩的保龄》或是《你是我的英雄》。基金会发言人表示，这些电影能够帮助青少年培养良好的情趣，并潜移默化地培养青少年的责任感、与家人和朋友友好相处的能力以及健康的生活方式。

基金会还希望，让孩子们多看电影能培养他们对电影的兴趣，使他们的业余生活更加丰富。基金会的发言人说，"吸毒其实是完全可以预防的。去电影院看看电影，多参加户外运动，阅读……这些都能帮助青少年抵制毒品的诱惑，远离毒品的危害。"

在青少年成长的过程中，来自朋友的影响对抵御毒品非常重要。许多孩子就是在朋友引诱下开始吸毒的，因为他们不想让自己与朋友们有什么不同。因此，《怪物史莱克》这样的影片能够让孩子们明白，并不是所有朋友的建议都应该接受，与众不同没什么不好。

（二）文化与政治、经济的关系越来越密切

文化作为人类物质世界的精神反映，历来与政治和经济有密切联系，并带有特定的时代特征。人首先必须吃、喝、住、穿，然后才能从事文化、艺术等活动。一个民族或一个时代一定阶段的经济发展，构成了国家制度、法律、艺术以至宗教观念的基础；而文化，反过来又对经济、政治发展起作用。

进入 21 世纪后，随着经济全球化进一步深化，文化与经济、政治相互交融，相互促进的趋势更加明显，呈现了经济文化化、文化经济化、文化政治经济交融促进的特征。

经济文化化指在现代经济的发展中，文化的、信息的乃至心理的因素占有越来越重要的地位。文化更多的渗入经济领域，为经济带来巨大的文化附加值。

文化经济化指文化越来越具有经济价值，作为商品和服务进入市场，不但已经形成一门产业，而且在国民经济中具有举足轻重的地位。联合国教科文组织的资料表明①，20 世纪 90 年代，美国文化产品的出口收入已经占到了其外贸总收入的 38%。仅电影一项，1995 年就实现国内外票房收入 105 亿美元，占全球电影票房总额的 71.42%，成为其继电脑、航空、石油业之后的第四大出口支柱产业；艺术业在英国拥有 170 亿美元的产业规模，与其汽车工业不相上下，其旅游收入的 27% 直接来自艺术；日本娱乐业经营收入超过本国汽车工业产值。

文化艺术反映着一定的政治观点和倾向，体现着一定的信仰、价值观。在反对伊拉克战争的示威游行队伍中，当年甲壳虫乐队灵魂人物约翰·列农的歌"给和平一个机会"不断响起，让人感受到文化与政治之间密切的联系。

因为伊拉克战争，布什成为世界各地报刊漫画的对象，阿根廷《民族报》对此进行了别开生面的报道。

【阿根廷《民族报》9 月 15 日文章】题：布什——全世界漫画家的"新宠"

"全世界漫画家，联合起来。"这句话仿佛已经成为这段时间以来全球漫画作者的统一口号。而使得漫画家们能够如此团结一致的，则是美国总统布什。

---

① 黄荆：《开掘文化新闻的深度》，载《新闻前哨》，2005（8）。

布什总统的对外政策已经使他成为全球漫画家新的"共同目标""人们对美国对待全世界的方式越来越担心。而我们这些漫画家就是要将大多数人的想法反映出来。"公认的新西兰最好的漫画家马尔科姆·埃文斯说。

全世界所有接受《民族报》采访的漫画家和幽默作家几乎都这样表示：他们创作的题材正是大众最关心的问题和最普遍的想法。而今天，从澳大利亚到爱尔兰，从黎巴嫩到瑞典，全世界大多数人都在质疑布什采取的政策。

"大多数人都认为，美国如今正在充当世界宪兵的角色，美国发动对伊拉克的战争并不是为了解放这个国家，而是为了掌握对这一地区石油的控制权。"

法国漫画作家日奥在自己的网站上将布什描绘成一个乡巴佬，并呼吁他的漫画迷向白宫发送抗议邮件。

澳大利亚漫画家文斯·奥法雷尔也有同样的看法，这位为《墨尔本快报》供稿的画家说："大部分人对伊拉克战争都有自己的看法，而我则把他们的看法融入到我的漫画中。"

是什么使得布什如此吸引全世界漫画家的眼球？漫画家们解释说，幽默总是针对强权者。"传统上来说，权力总是幽默作家讽刺的对象。"瑞典漫画家里贝尔·汉松说。

"作为幽默作家，我们必须将矛头对准那些强权者。而在国际事务中，美国是漫画中最大的笑柄，"瑞士漫画家帕特里克·夏帕特说。

漫画家们也表示，他们创作讽刺布什的漫画并不是要表达一种反美情绪。"我曾经画过讽刺沙龙的漫画，但这并不意味着我就是反犹太人。"《爱尔兰时报》的漫画作家马丁·特纳说。

即使在伊朗，新闻界在刊登漫画时也小心翼翼地把握着讽刺布什和反对美国之间的尺度。"我们不讨厌美国人。但是我们不喜欢美国政府的侵略和霸权政策。"伊朗漫画家法尔哈德在德黑兰说。

虽然布什已经成为全球漫画界共同的讽刺目标，不过不同地区有他们不同的方式和观点。黎巴嫩漫画家哈桑·布雷贝尔认为，全世界大量出现讽刺布什的漫画，是因为美国政府支持以色列和在伊拉克发动战争。

在欧洲，漫画家们主要针对的是布什关于"老欧洲"和"新欧洲"的说法。"我们总是有很多关于布什的题材。他以救世主的面目出现，要我们相信只有他才能把我们从邪恶世界中拯救出来。"奥地利《标准报》的漫画作家奥利弗·舍普夫说。

英国《金融时报》漫画作者西尔维娅·利别金斯基说，在英国已经掀起了"反布什浪潮"。而由于英国首相布莱尔无条件地支持白宫对伊拉克的战争，英国的漫画"既是反对布什的，也是反对布莱尔的"。

拉美也是涌现大量讽刺布什漫画的地区。"整个拉丁美洲都反对美国的对外政策。"阿根廷漫画家胡安·卡洛斯说，"拉丁美洲总有一种自卑情结，认为自己弱小无力。不过通过漫画，我们至少可以在大象的耳朵上咬上一口。"

这条新闻的政治色彩显而易见。

文化与经济联系越来越密切这一特点，反映在文化新闻的报道中，就是文化经济信息越来越受到人们关注。请看西班牙《世界报》的一篇报道。

【西班牙《世界报》10 月 26 日报道】根据美国福布斯网站的最新统计结果，在 2002 年 9 月到 2003 年 9 月期间，摇滚乐一代巨星，猫王埃尔维斯·普雷斯利是已故世界名人中收入最高的一位，有约 4000 万美元的进账。福布斯是通过已故名人的继承人收入得出这一排名的。

猫王的女儿莉莎·马列·普雷斯利是他唯一的继承人，她连续 3 年排名第一。最近一次发行的猫王精选集在全球销量达到了 900 万张。

排名第二的是漫画人物史努比的作者查尔斯·舒尔茨。他的史努比帝国在这一年内又获得 3200 万美元的利润，这其中只有很小一部分来自漫画的销售额，大部分来自系列漫画"花生一族"中众多人物的肖像权，如今这些可爱的人物形象被印在各种商品上，从玩具到汗衫，应有尽有。

位居第三的是《指环王》系列小说的作者托尔金，有 2200 万美元进账。福布斯称，托尔金的继承人之前怎么也想不到巨著《指环王》竟然也可以搬上银幕。

举世闻名的甲壳虫乐队成员在这一排行榜上也有一席之地：约翰·列农和乔治·哈里森分别位居第四和第五位。列农的遗孀大野洋子现在依然是甲壳虫辉煌的受益者。索尼公司及流行乐巨星迈克尔·杰克逊掌握着甲壳虫部分乐曲的使用权，同样收入颇丰。2001 年去世的乔治·哈里森在这一年度中创收 1600 万美元，他的个人专辑的销量甚至比列农还要多。

上榜的名人大多是国际音乐和影视界的名人，其中不乏玛丽莲·梦露和詹姆斯·迪恩这样的大腕。

文化与社会、经济、政治联系紧密的特点，给文化新闻的报道提出了更高的要求。报道文化新闻的记者不能仅仅停留在对文化事件和文化人物的追访上，写作时，要从政治、经济、社会等多角度对文化现象进行深入分析，揭示隐藏在表面下的问题。

（三）文化新闻的比重加大

文化新闻的竞争已经成为媒体竞争的重要领域。为吸引受众的眼球，各种各样的"独家新闻""现场秀""真人秀"层出不穷。有人为拍摄麦当娜的家居照片，在其邻居家安营扎寨；有人想方设法在迈克尔·杰克逊的私人飞机上安装针孔摄像机，偷拍他因涉嫌性侵犯向警方自首的新闻（这些行为都触犯道德与法律）。《三联生活周刊》2003 年的一篇报道就描述了上述情况。

杰克逊和电视记者的采访游戏

李孟苏

英国媒体把类似巴希尔/杰克逊这种采访称为"采访游戏"。既然是游戏，就没有真实、客观而言。如果一定要讨论什么是真实，采访者提供的就是真实，采访者的角度就是客观的：不管是纸媒体还是电视媒体，都不能完全客观，都有作者的主观意图在里面。当然受众有接受不接受的自由。

和杰克逊一起生活

迈克尔·杰克逊是记者们排在本·拉登、英国女王之后的第三大采访目标。去年年底，英国电视台相继播出几部有关杰克逊整容的专题片，尽管只是资料编辑，但收视率屡屡超过 1000 万。2 月 3 日晚上，英国独立电视台（ITV）播出了该台制作的纪录片《和迈克尔·杰克逊一起生活》，创下 1500 万观众的奇高收视纪录。美国 ABC 电视网花了 500 万美元购买了该片的播映权，2 月 5 日在美国播放，收视率也高达 2710 万。

这部长达 1 小时 50 分钟的纪录片由 ITV 的知名记者、新闻主播马丁·巴希尔（Martin Bashir）担任采访。巴希尔和摄制组成员前后和杰克逊相处了 8 个月。这部纪录片具象表现杰克逊的家——梦幻岛：4000 英亩的面积，摩天轮、云霄飞车、蒸汽小火车等全套游乐设施，以及那个著名的动物园。庄园里有棵大树，树上建有树屋，杰克逊叫它"感恩树"。当巴希尔问他，"你难道不更喜欢做爱或开演唱会"时，他回答："我最喜欢爬树"，然后孩子气地爬到树上。

杰克逊的典型思维方式是：追求虚幻。他的豪宅里有一幅巨幅油画，杰克逊被画成希腊神话中的神，头戴花冠，赤裸上身，被小天使们包围。杰克逊喜欢永远也长不大的小男孩彼得·潘，庄园里到处都是彼得·潘的塑像，数量多过住在里面的人。

提及童年生活，杰克逊看上去很痛苦。从 6 岁起，他就在父亲皮鞭下开始学习歌唱和舞蹈，和 4 个哥哥组成演唱组登台演出。他父亲常常嘲笑他的鼻子，问他从哪里继承来这么个大鼻子？接下来就是一句："这不是我家族的基因。"被问到整容问题时，他求饶，不想回答，最后说自己只做过两次鼻子整容手术。

杰克逊外出旅行竭尽奢侈之能事。他在拉斯维加斯的酒店一住就是数月，除了带上大批随从，还有他喜欢的真人大小的玩偶、电动三轮车。去商店购物，一次消费 100 万美元。杰克逊的 3 个孩子出现在镜头前，要么戴着面具，要么蒙着面纱。杰克逊解释说他的孩子从不见外人，他担心孩子的私生活被曝光，也害怕匪徒绑架子女。他亲自给蒙着面纱的小儿子喂奶，承认这个孩子迈克尔王子二世（昵称"毯子"）是个试管婴儿，孩子的母亲他从未谋面。他告诉巴希尔，他不让孩子和他们的母亲在一起生活，认为他们不需要母亲，家里有很多女性保姆、护士，足以给予他们女性的关怀。

……

追问到 10 年前的男童性侵犯案，杰克逊否认他对那个叫乔迪·钱德勒的男孩有过分行为。至于花 1800 万美元私下了结此事，杰克逊解释说，他不想在官司上花太多精力和时间。

"我被信任的人背叛了"

纪录片在播出第二天，杰克逊就发表声明，提出抗议。声明说："马丁·巴希尔说他会真实、公正地反映我的生活，说他改变了戴安娜的生活，以此说服我信任他。我相信马丁·巴希尔能告诉大家真相，所以才让他走进我的生活。我很吃惊，一个职业记者会不惜牺牲职业道德来欺骗我……我信任的人背叛了我……制作了这样一个骇人听闻、充满偏见的节目。每一个和我有来往的人都知道事情的本来面目是，我的孩子们是我一生之重，我从来都没有伤害过任何孩子。"

1995 年，巴希尔采访了戴安娜。这个实话实说的采访充满人情味，成功地帮戴安娜扭转了公众形象，曾博得公众前所未有的同情和支持。杰克逊接受巴希尔的独家专访，出发点也是希望赢得大家和媒体的同情。播出后的调查显示，有 62％的英国观众同情杰克逊，认为他的出发点是善良的。但英国媒体给他的是：

杰克逊的孩子们很危险，社会服务机构应该调查这个疯子。——《太阳报》

我为什么要和男孩们睡觉？杰克逊说。——《邮报》

杰克逊：我仍旧与男孩们同眠。——《每日镜报》

耻辱，杰克逊。——《每日快报》

大报没有那么偏激，却也极其一致地抨击他的不可理喻，质疑他的精神世界，怀疑他有没有能力做个称职的父亲。

……

这样的反应出乎杰克逊的意料，他自然要指责巴希尔的片子误导观众得出结论——杰克逊是恋童癖。杰克逊的愤怒也有道理，因为一直没有确凿证据证明他有罪。2月12日，杰克逊又抛出录像带，说这是他接受巴希尔采访时用16毫米摄像机秘密拍摄的，里面的内容绝对能证明他是个好父亲，巴希尔也大力赞扬了他的为父之道。

杰克逊的前妻、他大儿子和女儿的母亲，2月6日接受英国一家电视台采访时说："我真是感到伤心，没有人相信迈克尔会伤害我们的孩子。孩子是他生命中最重要的，没有哪个父亲比他更称职。"

一位英国母亲也为杰克逊辩护，她决定送10岁的儿子去"梦幻岛"游玩，以实际行动支持杰克逊。盖文的母亲委托伦敦一家律师事务所向英国电视主管机构提出了投诉。

不可能达到的客观和真实

巴希尔也逃不出舆论。巴希尔今年40岁，父母是巴基斯坦移民。他在BBC做记者时属于让人记不住的角色。后来，他进BBC的政论节目做记者。1995年，不知为什么，戴安娜点名要巴希尔采访她。这个双赢的采访让巴希尔家喻户晓。1999年，独立电视台把他挖了过去，一直到现在，他都在主持一个时事节目《今晚》。

与英国截然不同，美国媒体一致同情杰克逊，批评巴希尔的工作风格不够客观。《纽约时报》认为巴希尔"满脸的同情之下掩藏着冷酷无情和自私自利"；《今日美国》评论巴希尔的采访风格"过分地侵入了受访者"。

实际上，巴希尔就是带着"杰克逊有罪"的观点来制作纪录片的。他在《星期日泰晤士报》上发表的拍摄手记中写道："杰克逊从6岁起就像成年人一样生活。……他从没有按正常人的方式生活过。有多少12岁的孩子一年版税收入20万美元？有多少音乐家财产能达10亿美元？……拍摄期间，我们的关系一直还和睦，但只要提到杰克逊和男孩子们的关系，和睦就变成了紧张。他总是为自己辩解。一直没有确凿的证据表明杰克逊有罪。可怕的是，他身边围着保镖、保姆、助手，这些人为他营造了一个坚固的虚幻世界。不会有人对他说，你和小男孩们一起过夜容易让别人产生怀疑，你把婴儿抱在阳台外有多么危险，这些举动都对你不利。"

这场嘴皮子官司，现阶段充满了喜剧性。节目播出后的一周内，英国大型音像店公布，杰克逊于20年前录制的专辑《惊悚》销量较前一周上升了5倍，《历史》上升了10倍。美国ABC电视网随即和巴希尔签了超过100万英镑的合约，巴希尔眼看着成了百万富翁。

文化报道也成为主流媒体开拓报道资源、增强自身影响力的重要力量。

以新华社为例，文化报道曾是新华社的弱势项目。但近年来，尤其是2007年以来发生显著变化：每天播发的新闻信息中，文化报道的比重正在逐渐增加。文化报道所涉及的领域远远超越了原来的范畴。在文化娱乐领域全面开花，能为媒体用户提供内容广泛、形式多样的新闻稿件。

据新华社负责国内外文化报道的编辑室——社会文化专线不完全统计，2007年头11个月，新华社共播发文化新闻通稿、专线稿10000多条，平均每天播发30条左右；新华社目前常设的文化新闻专栏有"文化视点""文化时讯""文化生活""影视天地""名人明星""文物考古""中外读书"等。几乎所有重要文化新闻都能在当天新华社报道中得到体现，而且，重要的文化事件会有多角度、深层次的反映。其报道的时效性、权威性，使之在竞争激烈的文化新闻报道领域占有了一席之地。据随机抽样调查，北京市场上一家以文化娱乐报道为主的都市报纸，仅在2007年12月19日至23日的5天里就采用了新华社文化报道近20篇。新华社在2007年在向用户征询意见时，很多媒体都对新华社文化报道的突起表示惊讶，认为新华社作为"国家队"深入文化报道领域，在丰富了文化娱乐版面的同时，也让很多报纸的文化记者感到很大压力。

（四）传递范围更广、速度更快

前些年，美国著名记者莱斯顿的一段论述被认为是描述新闻时效的经典："如果说'第二次世界大战'以前，新闻界普遍认为最没有生命的事物莫过于昨天的报纸的话，那么，今天的看法就是莫过于几小时以前发生的新闻了。"在网络时代，他的话显然已经失去了生命力。现在的新闻传播以秒计，如迈克尔·杰克逊去世的消息，分秒之间便传遍了全球。

文化名人，尤其那些娱乐业的国际级明星，影响力不输大国元首，他们的一举一动都备受关注。这些现象反映到文化新闻报道领域，要求报道的时效更快，手段更先进，内容更翔实，更有现场感。时效，使文化新闻同其他各类新闻事件的关系更为密切；时效，使文化新闻更有魅力。

（五）实用性、娱乐性加强，节奏变化更快

由于生活节奏加快，人们更乐于选择轻松愉悦的休闲和娱乐方式。60％的读者打开报纸先看的是文化娱乐消息，而在文化新闻中，娱乐新闻，如影视新片、歌坛新人、流行时尚、明星生活等，拥有大量的受众。此外，实用性的文化新闻同样受到人们的喜爱，如有关演出、新书出版的消息，能帮助人们在多如牛毛的信息中有效地获得有用信息，在"时间就是金钱"的年代，它们受到欢迎是情理之中的事。

下面这篇法新社发布的戴高乐回忆录出版的动态消息，就提供了很实用的信息。

【法新社巴黎1970年10月7日电】预计在11月20日发行的戴高乐将军的《希望回忆录》的第一卷今天突然在法国各书店出售。第一卷的书名是《新生》，它包括1958年至1962年这一时期，首先印行25万册。

第一卷的开头写道："法国有极其悠久的历史，它已生存了许多世纪。

"我要向法国指出的目标只是攀登顶峰，而不是别的目标，只是努力的道路，而不是别的道路。"

七章中的第一章是写体制。

第二章，"海外"是谈解除殖民化。

第三章，题为"阿尔及利亚"。

第四章，写经济。将军在这一章中说，他把"大部分"时间都用在经济和社会问题上，同时他还含蓄地谴责在他离职后发生的法郎贬值。

在第五、六章，戴高乐将军谈到"欧洲"和"世界"。他首先谈到他曾经决心使法国起"一种与其才能、利益和手段相适应的第一流的国际作用"。

接着便谈到同大国的首脑或政府的一系列关系。

在谈到1960年3月赫鲁晓夫访问巴黎，面临着苏联领导人在柏林问题上的威胁时，将军写道："我冷若冰霜，让赫鲁晓夫明白，他一手造成的威胁对我起不了什么作用。"

他提到"还在摸索和丰富知识之时"的约翰·肯尼迪总统。在谈到印度时，将军对美国的年轻总统说："我认为，干预这个地区，将是无止境地卷进去。我预先告诉你，你将在军事和经济方面一步步陷入这个无底深渊，尽管你们不怕受损失和可以付出资金。"

此外，今天文化圈、娱乐圈新人辈出，文化流派、思潮层出不穷。作为反映现实的文化新闻报道，节奏变化也应随之加快。

第二节　文化新闻的主要功能

文化本身的多重性，使文化新闻同样具有多重功能。这种多重性包括传递信息、反映潮流、娱乐民众、引导审美等，而这些功能又都是通过文化信息的传递实现的。

一、文化新闻的主要功能

（一）满足人们精神层面的需求

文化新闻首先要满足人们精神层面的需求。人类基本需求可分为物质和精神两个层面。物质是基础；精神是物质的反映和升华。同追求物质需求一样，追求丰富的精神需求是人类千百年来始终不渝的目标，是人类社会不断进步的动因之一。在生产力极其低下的原始社会，人类利用兽骨、皮毛和石块制作饰品，以满足审美需要。在现代社会，人们在精神需求方面投入的时间、金钱和注意力使人惊讶——据联合国教科文组织的统计，20世纪八九十年代全球印刷品、音乐、视觉艺术、摄影、广播、电视、游戏及体育用品的年贸易额，从950亿美元增至3880亿美元。这个数字还不包括多媒体、软件和其他版权产品的贸易。在日本，人们对文化产品的需求达到总需求的55％，超过了对物质产品的需求。

新闻媒体在传递文化信息，满足人们日益增长的精神文化需求方面发挥着巨大作用。文化新闻以其信息量大、覆盖面广、传播速度快，成为人们获得文化信息的最重要渠道。人们了解的绝大多数文化信息最先是从新闻报道中获得的。

（二）传递知识

传递知识是文化新闻的另一种功能。文化发展具有历史的连续性，是人们在长期社会生产实践中经验和智慧的总结。从这个意义上讲，文化新闻的知识含量一般比较高，内容比较丰富。读者在文化新闻中获得文化信息的同时，也获得了其他的一些知识。下面这篇西班牙《趣味》月刊的文章记述了一支探险队在地球最北端考察的新闻。从报道中人们还可以了解到一些地理知识、动植物知识和关于生态环境的知识。新闻的基本功能之一——传递知识在这里得到了有效地发挥。

世界尽头之旅

原以为很简单，但是到实地去一看才知道恰恰相反。要想确定哪一块陆地离北极最近，还要到一个荒凉偏僻的地区去搜寻。这个地区有海峡和大小岛屿，有海湾和岬角，它们和北极冰川连接在一起，从来没有分离过。

有一支探险队正在那里搜寻。探险队中有一名美国摄影师，名叫盖伦·罗厄尔。本文的图片就是这位擅长高山和冰川景观摄影的著名艺术家的作品。盖伦·罗厄尔已在去年遇难，他从国外回来，乘坐的小飞机在阿拉斯加海岸坠毁。

这支名为世界之顶的探险队由肯·策布斯特率领，他们在狗拉雪橇的帮助下，徒步考察了皮里地区——格陵兰岛上最北面的一个半岛。

1909年以前，从来没有人到过这片荒凉的土地。1909年，美国探险家罗伯特·皮里在人类历史上首次到达北极，他从北极返回时路过此地。

他当时给这个世界上最北面的地方起名莫里斯·杰苏普角，以纪念那时的美国自然历史博物馆馆长，该博物馆为北极探险捐献过5万美元。

现在还有地图将这个地方标为地球的最北端，这个说法早在1921年就是错误的。由劳厄·科克率领的一支丹麦地质探险队在那一年发现在它的北面还有一些小岛，他把这些小岛称为咖啡俱乐部岛屿，并把其中最北面的一个小岛定名为奥达克，以纪念格陵兰岛上曾为皮里探险充当向导的一个爱斯基摩人。从那以后，再也没有人到那里去过。

世界之顶探险队从莫里斯·杰苏普角出发，时间是北极的夏季，只有在这个短暂的季节里，这一小块陆地的冰雪才会融化。

探险队在靠近海岸的地方找了好几天，都不能确定奥达克岛在哪里。他们渡过了好几个封冻的海峡，来到了咖啡俱乐部岛屿。他们在这些小岛上发现了存活于世界上最北端的开花植物：紫红色的虎耳草。它是一种稀少的植物，生长于北美洲的高山上，但是在这里，在与北冰洋近在咫尺的地方，这种植物长得非常茂盛。

罗厄尔后来在叙述那次探险时写道："我们找遍山谷，也没有发现有人来过的痕迹。我们登上山顶，从那里发现了原来只有在直升机上才能看到的小岛。"

罗厄尔看到了一个地方，他凭直觉感到那里可能是奥达克岛。大家就朝那里走去，他们好像走在一个迷宫里，要用全球定位系统才能找到方向。经过艰难的跋涉，他们找到了奥达克岛。用仪器测定的准确位置是在北极以南706.4公里处。

这个位于世界尽头的最北面的地方只是一小块陆地，最长处仅30米，最高点只有60厘米高。

冰川和地球变暖所融化的浮冰使这个小岛的形态不断地发生变化。如果目前地球变暖、海水上涨的趋势继续下去，奥达克小岛就将消失在海水之中。

（三）促进文化交流

文化新闻对于促进文化交流的功能是显而易见的。文化是人类文明和智慧的结晶，是全人类的共同财富。人们常说"音乐无国界"。任何一种优秀的文化艺术作品都会在不同地域的不同民族之间，在不同年龄和不同职业的人群中找到知音，找到欣赏者。

传播优秀文化、让世界各地的人们分享人类精神财富，是媒体的职责之一。许多名作和大师都是通过媒体的介绍才为人们所熟知。在推荐文学新作和各类艺术新人方面，媒体也起着很大的作用。

此外，从人类历史发展过程来看，随着民族的产生和发展，文化具有了民族性，并通过民族的形式发展形成民族传统。不同民族的文化之间存在一定差异，这就需要相互交流，增进了解，消除因文化差异带来的偏见和误解。据美联社报道，美国前教育部长理查德·赖利针对"9·11"事件和伊拉克战争后全球反美情绪高涨的情况说："对外部世界的蒙昧无知会使我们付出相当巨大的代价，我们的国家绝对无法承受这种后果。"他领导的一个"留学战略工作组"在一份研究报告中称，"9·11"事件表明，"美国现在正在为国人对世界的蒙昧无知付出惨痛代价。"报告还称，"美国人对世界的蒙昧无知已经很久了。"美联社的报道还引用美国前驻尼泊尔大使朱利亚·布洛克的话说："我们不但要问问自己，为什么人家讨厌我们，还要问问自己，为什么我们不知道人家讨厌我们的原因。"该工作组呼吁美国派出更多的留学生，到欧洲以外的国家学习了解其他国家的文化。而文化新闻的传播，能在不同文化背景的人们之间架设沟通的桥梁，增进人们彼此的了解，促进人们对文化多元化的理解和尊重，相互学习和借鉴，共同推动社会的和谐发展。

日手机小说下月行销中国

【《日本经济新闻》7月9日报道】题：手机小说将打入中国

日本凸版印刷的子公司数字图书将从8月开始将日本年轻人撰写的手机小说推销到中国，并与中国的有关方面进行合作。《恋空》等人气作品将被翻译成中文，以期在中国开拓新的读者群。

将于中国发售的手机小说包括《恋空》《红线》等100部，都是手机小说网站"魔法之LAND"上的人气作品。

小说的作者将获得相当于销售价格10％的收入。此外还要给移动电话公司和投稿网站的经营公司分成，剩下的部分由数字图书日本和中国的合作方平分。

手机小说大多是由 10 到 20 岁的年轻人通过手机撰写并发表于专门网站上的电子图书的一种。有些完全由外行写手撰写的畅销作品甚至被出版或是翻拍成了电影。代表着日本年轻人文化的手机小说在海外销售还是非常罕见的。

同时，日本还计划将在中国热卖的网络小说介绍到日本。比方说他们计划把在中国拥有 1300 万次下载量且已出版并改编成游戏的《鬼吹灯》系列批发给日本的 100 家手机小说网站。翻译的过程中还将配合文字和画面并加入风景照片和音响效果，以帮助读者更好地理解中国作品。下载一部作品需要 105 日元，如果一个月推出 20 部，那么预计 1 年的下载量就能达到 60 万次。

在中国，村上春树和渡边淳一的小说在书店里相当有人气。如果日中之间十几岁的手机小说作家们能够加强交流，将可能给年轻人之间的文化交流创造契机。

（四）反映社会心态

文化新闻在很大程度上反映了社会心态。文化是一定社会生活的反映，是民意舆情的表现。一种文化现象的出现，一种思潮的流行，即使是一本书的畅销，都有其社会根源。文化新闻通过报道这些文化现象，反映社会矛盾、焦点，引起人们的注意和思考。20 世纪六七十年代猫王、甲壳虫乐队的风靡，反映了社会，特别是青年一代的心态；20 世纪 80 年代美国影坛一度出现以《克莱默夫妇》为代表的一批伦理片，有社会学家指出，这反映了美国社会家庭价值观的回归。美联社 2003 年 3 月 28 日报道，在伊拉克战争前夕，各地反战的诗歌大量涌现，在诗人兼出版商萨姆·哈米尔创建的网站上，贴了 13000 多首诗歌和宣言。

埃尔维斯·普雷斯，"猫王"（中国照片档案馆稿）

下面这篇美联社对流行时尚的解读，不但报道了社会心态的变化，而且还挖掘了造成这种变化的深层社会因素，并评估这种变化的影响，显示出非凡的洞察力。

【美联社纽约 1921 年 5 月 17 日】题：新舞蹈与新时装

纽约州立法机关通过一条法令，给一位州专员以审查舞蹈的权力，在犹他州正在制定一条法令，规定妇女在穿高出踝部三英寸的裙子就要受监禁。在弗吉尼亚，立法者将限制袒胸露背的服装。

全国上下，美国青年异常活跃，他们疯狂反对其父母和祖父母们的道德标准及价值观。根据《纽约文摘》的最新调查，院校的官员和记者中的大多数人认为，在青年中萌发出来的这种对我们时代的反叛，是一种严重道德危机的标志。

新式舞蹈和时装，已成为定罪的主要标志。《纽约大学新闻报》报道，"现在出现最小的衣服，最大量的化妆品，一流的装饰品、扇子和珠宝"，"20世纪竟然出现了打扮得像南海岛野人一样的进社交界的女人，这种情况的确令人吃惊。"

《新墨西哥农业大学报》和《机械技术报》写道，伴着舞曲的节奏，在地板上轻柔起舞，对观者来说是一种愉快的享受。但若是像一个放在燃烧得正旺的火炉上的一只鸡那样旋转着跳来跳去，有时还像将被碰倒的果酱杯一样摇动着身体的话，这不仅含有十足的猥亵，而且是一种违反公共行为标准的冒犯行动。这种行为即使是在公路旁供旅客休息娱乐的酒店、旅社这种不太高雅的地方也是不允许的。

但受人尊敬的《民族周刊》却提出了一个让人不要大惊小怪的观点："基本道德观念并没有发生巨大的变化"。这家周刊安慰人心地写道："所有这些表现好比一个钟摆，从一种压抑或放纵情绪摆到另一种压抑或放纵情绪，每当一个时代的道德观或罪恶观开始厌恶它时，总会出现这样那样的反响。"

（五）引导审美情趣

文化新闻既是一定社会生活的反映，又在很大程度上对社会生活产生巨大的影响和作用。优秀的文化新闻可以引导人们的审美情趣。

随着经济全球化的加快，文化新闻在弘扬优秀文化和人文精神方面所起的作用越来越大。这些作用不是以靠理性、抽象的灌输，而是以潜移默化，靠引导审美和娱乐方式表现出来的。通过媒体的介绍、传播，优秀的作家、艺术家的作品深入人心，作品中所包含的人文精神、道德风范、审美意识，滋润和影响着千千万万的人。

2003年6月21日，一支业余乐队在瑞士日内瓦市政厅大院演出（新华社记者陈威华摄）

路透社在 1907 年对新兴的立体艺术的介绍，虽然很短，但信息丰富、要言不烦。

【路透社巴黎 1907 年 7 月 18 日电】题：立体艺术

一群巴黎艺术家正在一片未被开垦的领域中开拓，在二维画布上表现三维的世界。巴勃罗·毕加索、胡安·格里斯、乔治·布拉克和其他一些人用支离破碎的几何平面来表现各种各样的静物和人物。感官的色彩与结构不见了。这些画家抛弃传统明暗配合的技法（修饰美化他们的表现对象），超越传统去研究摹仿非洲和埃及古老的艺术。他们被那些因歪曲而变得生动有力的假面具和壁画所吸引。巴黎的画家们的作品也同样强而有力。

人类进入新世纪，文化活动日趋活跃。文化新闻报道的职责之一，就是要在纷繁复杂、光怪陆离的文化现象中着力报道主流的、奋发向上的、代表时代精神和具有高尚情操的文化新闻，为社会的进步和发展提供精神动力和智力支持。

二、文化新闻与娱乐新闻

先来看一则新闻。

【中国日报网站消息】题：乌克兰美女总理频换新衣，平均每天不止一套

乌克兰女总理季莫申科素以冷艳决断著称，她对衣着的重视和讲究也是人所共知。这位"美女总理"近日在着装方面创下一项纪录：从今年 2 月正式出任总理以来，季莫申科在不到半年的时间里狂换新衣服，在公共场合的不同着装已超过 200 套，平均每天不止一套。

《俄罗斯报》日前报道称，对于乌克兰总理创下的纪录，舆论有很多不同的说法：有人表示反对，认为总理生活不应该如此奢华；也有人认为无论职位高低，女人就应该有女人样。

知名时尚界专家亚历山大·瓦西里耶夫在谈到季莫申科的衣着时指出："季莫申科属于那种穿什么都得体的女人，她有着匀称的体形、美丽的外表、超凡的能力，这样的女人，哪怕就是国务活动家，也可以充满女人味，并且非常漂亮。"

时装设计师奥克尚娜·卡拉万斯卡娅也强调说，应该为季莫申科鼓掌，支持她向世人证明：女人应该像个女人样，无论处于什么位置，都不要毁去自己的天性，"我要举双手，甚至双脚为她的作风喝彩。"

只看这则新闻的头两段，可以断定，它完全是一条八卦新闻，有趣，但缺乏意义，但加上后两段，立刻便从普通的八卦新闻上升到女权主义的高度。

　　以上，便是学者与批评家们争论不休的娱乐与文化关系的一个简单缩影。

　　"文化"定义的多样性和娱乐新闻的过热，造成文化新闻定义界定的困难与地位的尴尬。在市场竞争的巨大压力下，毫不避忌地造假、侵犯隐私和大肆炒作琐碎的八卦，成为各国娱乐新闻普遍存在的痼疾。娱乐新闻本是文化新闻的一个组成部分，但发展到现在，它在报道内容、报道目的、报道角度和受众层次等各方面都与传统的文化新闻有着显著的区别。部分学者因此将娱乐新闻与其他的文化新闻作了详细的区分①，将娱乐新闻定义为"以影、视、歌三坛的动态信息为报道对象，突出关注'星'们，即歌星、影星行踪及个人生活信息的文化新闻"；而相对于娱乐新闻，传统的文化新闻报道文艺界动态消息，剖析文化现象，在满足受众文化信息需求的同时，引导和提升受众文化品位。这些学者进一步总结出娱乐新闻与传统文化新闻的不同点。

　　第一，报道内容不同。娱乐新闻的报道内容相对集中于报道影、视、歌这三方面的"明星新闻"，而文化新闻的报道内容更加广泛，辐射整个文艺界和整个社会文化生活。

　　第二，报道角度不同。即便是同一个娱乐事件，两者报道的着重点和角度也不同：娱乐新闻重点发掘新闻事件中的趣味性、娱乐性，从事件中找乐，其中花边新闻较多，整体报道不追求深度。而文化新闻更注重寻找文化事件的第二落点，除就事报事的文化资讯外，更注重挖掘事件背后的文化内涵，引导文化潮流，培养审美眼光，担当着文化的守望者。

　　第三，报道目的不同。娱乐新闻目的就是提供轻轻松松的娱乐，更多地迎合观众口味。从某种程度来说，娱乐新闻属于一次性消费的新闻资讯，所谓"过眼不入心"。而文化新闻则要求报道不以浮华引人，要有观察，有思考，能够在寓教于乐中引导和提升观众的文化品位，在提供娱乐的同时还有教育、服务的功能。

　　第四，受众构成及收视目的不同。娱乐新闻的受众消费目的比较简单：了解明星信息，放松心情，以作谈资或满足追星一族对明星们的特殊关注。而文化新闻的受众，除了前述因素外，还有一个重要的因素，就是获取文化知识，提高自身文化品味。

　　国外一些学者认为，过多地沉溺于煽情刺激的娱乐资讯与节目，会使观众"失去鉴赏和理解高雅文化所需的技巧和能力"，因此，"重娱乐轻文化"的现状必须加以改变。

---

　　①　张帆、王羚、盛启立：《把脉文化新闻》，载《现代传播》，2002（3）。

第三节　文化新闻写什么

文化新闻报道的范围十分广泛，内容非常丰富，很难将其一一列出。部分学者将其分为两大类：一类为文化，包括教育、出版、考古等；另一类为娱乐，包括演出、影视、休闲、旅游等。从内容上看，文化新闻可以分为以下几类。

一、重要的文化娱乐活动和文化事件

这是文化新闻中最主要、最常见的稿件，如新片开拍或上映、电影节、奥斯卡颁奖、艾美奖评选、考古发现、艺术品拍卖、大型展览开幕、新作或新专辑发行等。这类新闻以动态新闻居多，但也不乏以动态新闻为由头介绍人物、介绍文化活动背景或解释某一文化事件的报道。随着媒体加大文化新闻报道的力度，这类报道有增加的趋势。

单从艺术而论，《广岛之恋》并非一部特别出色的影片，但这部电影引起的政治风波使之受到广泛关注。请看法新社是如何报道这部影片的首轮播映情况的。

【法新社戛纳 1959 年 5 月 14 日电】题：《广岛之恋》轰动国际电影节

在法国蔚蓝海岸的电影界"高级会议"中，议论纷纭的《广岛之恋》新片 8 日晚和观众见面了。它的首轮献映博得雷鸣般的掌声，但这部片子，在戛纳电影节 5 月 15 日颁奖时却没有分儿，因为它不能参加竞选。因为这部片子内容轰动，在它献映前，即引起过不少外交界和影评界的激烈辩论。

今天该片的演映，果然不负大家事先的期待。它震动了观众的心弦。一般影评家的看法，认为这部片子纵使不认它做杰作，但它是具有强大的感人力量的。今后在国际上，这部片子定然会引起热烈的讨论。

《广岛之恋》是在日本广岛和法国的纳浮斯拍摄的。它是一部法日合作的作品。

故事叙述一对已婚的法国少妇和日本青年，他们在广岛上相爱了。这片子，根本上是一篇恋爱故事，并不含政治动机，但这位 27 岁的赖恩奈导演的片子表现了原子弹的恐怖及法国在德军占领期的黑暗。当时法国通敌的女子是要被剃光头发和受到公众唾弃的。

现在美、法当局双方都否认他们曾试图不让这部片子参与电影节的竞

赛。这部片子原来已被法国评选委员会通过，但又被抽出，最后经电影作家和影评界的纷纷请求，方才获准在会外演映。

电影的前半部描写了广岛的修罗场，它在被炸后的景色，原子博物馆的访问和在医院中同死神做斗争的原子弹受害者。但除此以外，《广岛之恋》却是一个恋爱的故事——无种族、国家和宗教的歧见。

《广岛之恋》的原作家玛嘉烈·杜娜小姐说："向广岛投弹的人，剃光女人头发的人，在广岛牺牲生命的人以及被剃去头发的女子，一律是盲目战争的牺牲者。"

戛纳电影行家们一般的看法，这部《广岛之恋》是优秀的，只是有时对话稍显得沉闷，旋律进行得不够轻快。

二、突发文化事件和热点事件

虽然较政治报道而言，文化新闻报道的突发事件和热点事件相对较少，但对于这类新闻，受众非常关注。其传播速度快，传播面大，经常会成为街头巷尾议论的话题。例如，1980年，列农在家门口遇害。消息很快就传遍了全球，25万封信飞来悼念他，出殡的那天有数百万人在世界各个角落为他默哀10分钟。又如，伊拉克战争期间，有关伊拉克文物被盗被毁的消息也一度成为热门的话题。

三、文化名人的行踪

名人们最近在做些什么，有什么新作，获得了什么荣誉，其私生活方面有什么喜事丑闻等，这些都是受众关心的，也是媒体经常不惜工本抢抓的新闻。下面两则消息就是这类报道。

【美联社纽约9月14日电】美国大牌明星麦当娜撰写了一本儿童读物。这本书将在人们的热切期待中于星期一在100个国家和地区发行。该书的出版商说，首批印出的《英国玫瑰》在美国投放7.5万册，在全球各地共投放100万册。

此书用30种文字出版，其中包括保加利亚文、葡萄牙文等。

该书讲述了4个11岁少女和她们共同美慕的一个漂亮同学的友谊。麦当娜说，这个故事中包含了她自己的成长经历。

她说："我小时候嫉妒心很强，为了各种理由美慕其他女孩子：美慕她们有幸福的家庭，美慕她们比我漂亮、有钱。直到长大后我才知道，想那些问题真是浪费时间。"她说，她为6岁的女儿和3岁的儿子朗读这本书，教他们生活、爱和追求幸福的道理。

【法新社伦敦10月9日电】曾经扮演过詹姆斯·邦（007）的英国演

员罗杰·穆尔因为多年来一直致力于儿童慈善事业，今天被英国女王伊丽莎白二世封为爵士。英国著名摇滚歌手斯汀也因其音乐成就而被授予"英帝国二等勋位爵士"。穆尔在受封仪式后说："这是我这辈子晕场最厉害的一次。"

年过七旬的穆尔因多次主演"007"系列影片而深受观众喜爱。他主演过的该系列影片包括《生死关头》（1973 年），《金枪客》（1974 年）和《杀人意图》（1985 年）等。他从 1991 年起一直担任联合国儿童基金会的亲善大使，为了儿童慈善事业不懈工作。

英国女王每年都会根据英国政府的推荐，向那些为英国做出卓越贡献或有杰出成就的人士授勋。

四、人文知识方面的文化新闻

人文知识方面的文化新闻包括介绍民风民俗、文化遗产、旅游胜地等。由于全球化趋势加快，渴望了解外部世界的人越来越多，休闲娱乐时间的增加也使更多的人有机会走出去。人文知识方面的文化新闻成为了人们了解陌生的人和事的最好途径。下面这篇报道就让人们了解了巴西里约热内卢人助人为乐的精神。

【美国《基督教科学箴言报》6 月 4 日报道】题：找不到好心人？别怪里约热内卢

一个受了伤的人碰翻了保加利亚首都索非亚街头的报摊，没有人帮他收拾；一名妇女的钢笔掉在纽约熙来攘往的人行道上，没有人提醒她；一位盲人需要别人帮忙穿过吉隆坡车水马龙的十字路口，他只能靠自己。在世界上有些地区，找个好心人可不容易。不过，在拉丁美洲，尤其是在里约热内卢，情况可就完全不同了。

里约人最友善

在围绕"真诚的友善行为"展开的为期 6 年的调查中，罗伯特·莱文协调组织了一系列现场街头实验。调查表明，在里约热内卢及拉美地区生活着世界上最友善的居民。研究工作是在全球 23 个城市展开的。好莱坞塑造的典型拉美人都是毒贩子和歹徒。其实，这个地区的人比世界其他地区的居民更友好、更和善、更乐于助人。

莱文是加利福尼亚州立大学的心理学教授。他在研究报告中说："排名最靠前的两座城市都处在拉美地区——里约热内卢和哥斯达黎加的圣何塞。总的来看，我们发现讲葡萄牙语和西班牙语的城市往往是最热心的。我们的排名中还有其他 3 座这样的城市——马德里、圣萨尔瓦多和墨西哥城。每座城市的评分都远远高于一般水平。鉴于其中有些地区存在长期的政治动荡、高犯罪率和一系列其他社会、经济和环境弊病，这些乐观结果就很值得关注。"

莱文手下的研究人员丢下一支钢笔，看看是否会有过路人捡起笔来交给失主。他们观察是否有人帮助一个假装腿上有伤的人收拾散落在地上的杂志。他们等着看有多少人会帮助一位盲人穿越车来车往的马路。

在里约热内卢，人们总是会把钢笔交还给失主，总有人帮助盲人过马路。受伤的人在80％的情况下得到了帮助。相形之下，在新加坡，盲人只在50％的情况下得到了帮助。在吉隆坡，有3/4的钢笔没有交还到失主手中。在索非亚，"受伤者"只在20％的情况下得到了帮助。

文化经济因素的影响

莱文说，无法用单一原因解释拉美人为何会比较热心。除了共同的地理和语言根源之外，居民最友善的城市都是可支配收入较少，生活节奏较慢，本地文化强调社会和谐的城市。

在里约热内卢尤其如此。尽管这里以世界上暴力活动最多的城市闻名，但了解情况的人会滔滔不绝地讲述当地人是多么热情和慷慨。

莱文的研究伙伴阿诺尔多·罗德里格斯说，这是因为里约热内卢的居民为友善待人而付出了极大的努力。

罗德里格斯在报告中说："巴西有一个非常重要的词：simpatico，它是指一系列可取的社会品质——友好，善良，随和，温厚。巴西人想要表现得风趣友善，都非常希望给人以'simpatico'的印象，其中包括竭尽全力帮助陌生人。"

在西方城市的居民当中，这种给人留下良好印象的愿望并不明显，在纽约尤其鲜见。纽约是调查中惟一的一座美国城市，它在23座受调查的城市当中排名第22位。

研究人员发现，在纽约，人们会提醒掉落钢笔的人，或者在可以安全过马路的时候简单地给盲人提个醒，但他们的态度表明，他们不想有进一步的接触。

莱文说，纽约人愿意帮助别人，但不想牵扯进去。他还说，9年前，在对36座美国城市展开的类似调查中，纽约同样排名倒数第二（新泽西州的帕特森是最后一名；纽约州的罗切斯特排名第一）。

……

五、流行时尚

流行时尚不仅仅是流行服装，还包括流行语、生活方式等。下面这篇报道介绍了在美国白领阶层出现的新时尚，从一个侧面反映了社会心态。

【埃菲社纽约8月31日电】文身活动在十几年前还被看做少数人在身体上的一种美化做法，但是在最近几年中发展非常之快，甚至发展到了金融和企业的高层领导群体之中。

文身活动已经成为一种社会时尚，特别是在许多歌唱家、著名演员和运动员中已经广泛流行，同时，经济领域的年轻人也都效仿，而且已经发展到那些迄今仍被认为是保守的领域。

文身或在皮肤上进行彩绘，已经不再是美国旧时代演员的时尚，也不是嬉皮士的抗议符号，更不是飙车青年的一种标志。正如《纽约时报》最近在一篇文章中所说的那样，文身活动已经成为一种现代时尚，就连许多著名公司的经理人员的腿上和胳膊上都有文身图案。他们甚至一点也不担心这样做与他们经常要穿西服和打领带是否匹配。

这种现象在美国已经发展到使许多大公司不得不对职工的着装和是否准许文身进行公开表态。

一项调查表明，福特汽车公司和波音飞机制造公司已经准许经理人员以下的员工可以文身。硅谷的一家律师公司已经有一批青年人进行了文身，他们的身上不仅文有字母，而且还在身体的某些部位上打了孔。

文森特·韦纳曾经是一个投资基金的工作人员，他现在已经辞职，干起了他自己喜爱的工作——文身。他对采访的记者说："文身活动已经不再是一种非正规的文化现象。"

这位在洛杉矶开办文身店的艺术家说，来他店做文身的人中有各式各样的人，从联邦法官到公司退休副总裁，各种人都有，而且每天都有许多人排队等候文身。

由于文身现象的升温，最近几年文身经济也开始成了一项发展最快的行当。

近年来，反映流行时尚的新闻在我国文化新闻报道中有后来者居上的趋势。这一方面是因为流行趋势的千变万化，报道资源丰富，如每年著名的流行时装发布会就有很多；另一方面也是因为这样的报道很受观众欢迎。

六、对文化现象的透视和思考

这类新闻涉及一些影响比较大的题材，往往是从某个现象出发揭示背后深层的含义。例如，经济一体化使有些国家的文化产品大量涌入其他国家，对他国的文化构成侵害。部分媒体对在扩大文化交流的同时，如何保持文化多样性和民族性进行了报道，以引起人们的关注。

【美国《基督教科学箴言报》10 月 20 日报道】题：全球阻击"巨无霸"文化

如果你周日晚上在悉尼看电视，你可以选择美国情景喜剧《人人都爱雷蒙德》，或者其他几部美国电影，包括《女狼俱乐部》等。

其实，在截至今年 4 月的 8 个月中，澳大利亚推出的新电视节目有 76％ 都来自外国，主要是美国。上周，在这种"美国制造"的背景下，新一轮全球文化战役在巴黎拉开序幕。

有关各方将就一项在拟定中的联合国协议开始谈判。这项协议旨在帮助其他国家保护本民族文化，以免被好莱坞所"同化"。在美国看来，这样的协议可能有碍贸易自由和言论自由，同时受损的当然还有——利润。

由加拿大和法国牵头，大约 60 个欧洲国家和发展中国家主张达成一项关于文化多样性的联合国公约。这项公约将使电影、戏剧和音乐一类的文化产品脱离贸易谈判的范围和自由贸易规则的限制，从而使各国政府得以保护并支持自己的文化产业。

这一冲突背后存在的争论是：对文化产品贸易的规定是否应该有别于其他商品的贸易规则？各国政府在全球化背景下保护民族特色时应该扮演什么角色？

这场冲突使美国和其他少数成员与联合国教科文组织的大部分成员产生了对立。

法国总统雅克·希拉克在上周联合国教科文组织大会上发表讲话时说，如果这样一项公约得以通过，"担心失去独特身份的国家和民族就能以更大的信心向世界敞开大门"。

相反，美国代表团负责人特里·米勒却说："一项控制文化理念、文化产品或文化服务自由流动的公约，是用简单方法来应对全球化，是试图与世界其他地区隔绝开来的极好的例子。"

米勒在接受采访时还说："应该由个人来决定自己该看什么。政府为什么要把自己的决定强加在公民身上？"

这项公约的支持者说，政府干预远远不会限制人们的选择，相反，却是保证人民有多种选择的惟一途径。

联合国教科文组织官员估计，关于这个问题的谈判将持续两年。在此期间，争论可能将"集中在如何界定文化以及文化的表现形式是否不同于其他商品"等问题。

米勒认为，"文化"意味着语言、历史和宗教，而不是表达它的艺术作品。

加拿大遗产部长希拉·科普斯则认为："一本书显然与一团毛线不同"，因此不应受限于同样的贸易规定。"如果你要求在一本书里看到自己的语言，这算反竞争吗？"她问。

科普斯说，加拿大实施的强硬文化政策"确保了思想的自由流动，也为我们自己的面孔和声音保留了一席之地。如果书籍、电影、电视和音乐都没有对你自己的反映，那么，有一部分文明就缺失了"。

她担心，把文化贸易问题留给世贸组织"将使世界退化为一个巨大的购物中心"。

随着网络技术的发展，全球上网人数不断增加，而全球所有网站中，超过75％的网站设在英语国家，因特网上的内容也以英文占绝大多数。据统计，在因特网上，英文约占80％，法文占3.5％，世界上其他众多的不同语系只占2％，中文只占千分之几。对此，一些国家表示不满和忧虑。下面这篇报道就反映了这一内容。

【美国《国际先驱论坛报》11月10日报道】题：意大利努力保持母语的纯洁性

英语正在侵蚀意大利语，使它变得越来越难听得懂。这种难懂的语言叫英语化意大利语。

罗马大学教授克劳迪奥·焦瓦纳尔迪说："意大利语中混进了许多英语词，使人听起来像是在讲英语。"他说，有些夹在意大利语中的英语词已非英语原来的意思，只有年轻人和专家才能破译这些词。

焦瓦纳尔迪和语言学家里卡尔多·瓜尔多合写了一本《英语化意大利语手册》，已在10月份出版。焦瓦纳尔迪在这本手册中说，英语对意大利语的玷污比专家们认识到的还要广泛，已经引起令人担忧的后果。

焦瓦纳尔迪说："这些英语化意大利语，离开上下文，谁也不知道它们的意思。它们既不是英语，也不是意大利语。"

在欧洲，法国比意大利更注意捍卫母语的纯洁性。但是，随着欧洲一体化进程的深入，哪一个国家都不愿意另一个国家的语言——特别是英语——比自己的母语占优势。

语言学家们说，跟其他欧洲国家相比，意大利政府在国内外推广意大利语方面做得很不够。这种情况也许很快就会有所改变。上个月，内阁已经通过一项改革方案，要增加意大利文化协会的人员和资金。

综上所述，文化新闻是当前新闻竞争的主要阵地之一。文化新闻真正要在读者中获得信誉，建立权威，不应该仅仅停留在文化现象的报道上，而是应该通过对文化现象的透视，分析揭示更深层的问题。

第四节　文化新闻怎么采写

一、文化新闻的"文化味"

文化新闻，首先是新闻，从这点上讲它与其他各类新闻并无区别。但是，它是以文化的现状、历史的变化为题材的，这又使其具有了独特性。一篇受到好评的文化新闻报道，除了新闻性外，还应当发掘出新闻内在的文化底蕴、精神实质、思想内涵及其当代色彩，这便是文化新闻的"文化味"。具体来说，文化新闻要"文化"。这个"文化"指的是文化内涵、文化背景和文化色彩。

文化内涵，指文化新闻的内在力量，读者能从中得到多少文化信息、文化知识、文化积累。

文化新闻如果有了文化背景，那么这条文化新闻给人的感觉是实实在在的、可信的、耐看的。反之，缺乏文化背景的文化新闻，会让人感到空洞、空泛。

文化新闻的文化色彩，可以表现在题目设置、结构章法与遣词造句等各方面的"文化"上。那么，如何挖掘文化新闻的深度呢？这就要紧扣历史与现实的交汇点，提炼微观和宏观的沟通点，把握现状与趋势的契合点。

二、文化新闻的采访

文化新闻的采访与其他新闻的采访没有什么本质的不同。要说特点，就是它涉及的内容比较广泛，有的问题专业性、知识性较强，同时它的采访对象更多的是文化名人和明星。因此，采访时需注意下面几个问题。

（一）时代气息

文化新闻最能反映一个社会的面貌，因此，文化新闻要准确把握社会脉搏，在纷繁复杂，甚至是光怪陆离的文化现象中找出本质的主流的问题。要做到这一点，记者需要站得高一些，从大处着眼来分析、判断问题，同时还需要深入社会，深入生活，在深入采访的基础上进而发现事物的本质。

（二）丰富的知识积累

对当地文化艺术基本情况的了解，是驻外记者必须解决的问题，如所在的国家有什么独一无二的文化特色，有什么世界文化名人，有什么世界文化遗产等。即使小国尼泊尔，也有喜马拉雅山带来的独特文化。著名作家海明威曾在古巴生活 20 多年，他的名著《老人与海》《丧钟为谁敲响》都在那里写就。因此，当地只要与海明威有关的活动、信息，都可以成为记者报道的对象。埃及是文明古国和人类文明的发祥地之一，那里的任何考古发现都有可能引起世界轰动……记者只有掌握了基本情况，才可能从新闻的显著性和特殊性入手，写出精彩的国际文化新闻。

同样，记者的知识是否广博也成为一个关键问题。由于文化新闻种类繁多，记者报道时需要涉猎文学艺术各个门类、流派，文化工作的各个行当。知识面窄了，就难以完成这类采访任务。例如，如果记者对埃及的历史不甚了解，那么，在报道某项考古新发现时，对其价值的判断就有可能产生偏差。同样，采访对象也可能因为记者的无知而不愿意和记者多谈，甚至不接受记者的采访，因此文化记者的知识积累尤为重要。

（三）采访态度

文化新闻的采访对象中文化名人、明星居多，有许多是博学的大师或万人崇拜的"大人物"，当然，其中也不乏记者的偶像。但采访时记者的身份不是歌迷、影迷、追星族，而是代表新闻机构和公众向他们提出问题的人。记者应该向他们提出公众关心的问题，包括有礼貌地提出些比较尖锐的问题，不应该因为他们是名人而不敢提出尖锐问题。当然，记者同样要注意谦逊，不要以"无冕之王"自居，不尊重他人。

（四）信息网和朋友圈

文化名人一般都比较繁忙，采访他们不易，尤其是初到一个国家，很难与他们立即建立联系。但有经验的记者初到一地首先去参加当地的一些文化活动，参加艺术家们的聚会，在有意无意的交谈中获取信息和线索，并结交朋友。朋友可以是出版商、经纪人、画廊老板这些与文化活动有密切联系的人，也可以是普通人，他们也可能与某些文化名人有这样那样的联系。朋友是记者的新闻信息源，广交朋友是记者获得新闻线索的第一步。

三、文化新闻的写作

通过采访掌握丰富的新闻素材，可以为写好文化新闻打下坚实的基础。但要使文章有品位，"有读头"，记者还需在写作方面下大工夫。文化新闻多以文化艺术类的事件或人物为报道对象，与一般新闻相比，更具有"文"的色彩，按理说容易写得生动而富于情趣。但由于文化的内涵既广泛又深刻，而新闻大多是"急就章"，在较短的篇幅内将之充分表现出来，这便十分考验写作者的功力了。此外，随着文化程度和欣赏水平的提高，人们对文化新闻质量的要求也越来越高，这也增加了文化新闻的写作难度。这一点可以从各类优秀新闻评选活动中找到证据：文化新闻得奖作品较其他作品要少。

然而，尽管文化新闻写作难度相对较大，但认真研究一些优秀作品，还是能从中总结出一些规律的。

（一）生动的笔触

文化新闻除了传递信息之外，还应该给人以美感，给人以教益。要使文化新闻具有更多"文"的色彩，可以采用更多的文学笔调，这些可以表现在细节描写、情感描写中。不过要注意的是，文化新闻毕竟还是新闻，细节与情感须源于真实，绝不能凭空想象，这又区别于文学创作。

下面这篇介绍"米老鼠"形象诞生 75 周年的稿件，就以拟人化的手法介绍了米老鼠：报道从它的"身世"写起，到它的成名以及为它成长作出贡献的人们，语言生动，让读者在轻松愉快中了解了米老鼠的"成长"过程。

【法新社美国洛杉矶 11 月 16 日电】题：好莱坞不落俗套的明星米老鼠即将年满 75 岁

米老鼠，这只建立了庞大商业帝国的小老鼠 11 月 18 日年满 75 岁。大多数明星到这个年龄早已退休了，可这个明星却毫无退意，它还要征服数字世界呢！

长着圆圆的耳朵的米老鼠是沃尔特·迪斯尼公司最著名的作品。几十年来，全世界的儿童无不熟知它那可爱的面孔和造型。

1928 年 11 月 18 日，米老鼠第一次在动画短片《汽船威利》(Steam-boat Willie) 中亮相。从此，它就成了美国 20 世纪的偶像，并逐步发展成世界最大的娱乐帝国的象征。不少媒体一直称这个帝国为"老鼠之家"(Mouse House)。

迪斯尼公司的档案主管、在此工作了 33 年的老员工戴夫·史密斯说："米老鼠能够适应各种新情况。至少在未来 25 年它仍将是最受孩子欢迎的形象。"

1928 年初，26 岁的动画片绘制者沃尔特·迪斯尼携妻莉莲乘火车从纽约前往洛杉矶。在此之前迪斯尼想创作一个卡通形象—— 一只小兔子，但他的创作失败了。米老鼠的形象就是这次乘车途中想到的。

迪斯尼后来回忆："我的脑海里隐隐约约地闪现着这个小老鼠的形象……尽管人人都怕老鼠，包括我自己，可它仍值得喜爱和同情。"

迪斯尼最初想给这只穿着红色天鹅绒短裤的老鼠取名为"莫蒂默"

(Mortimer)，但莉莲觉得这个名字不好。等到火车抵达洛杉矶后，这颗新星就诞生了。

迪斯尼亲自给影片中的米老鼠配音，创造了20世纪影响力最经久不衰的明星，它比当代最著名的影星——如查理·卓别林、贝特·戴维斯——都要有生命力。

在米老鼠漫长的银幕生涯中有3个人为它配过音：迪斯尼、吉姆·麦克唐纳和韦恩·奥尔瓦恩。

迪斯尼公司将组织一系列活动——包括重映经典影片和发行邮票等——庆祝米老鼠的光荣历史和光辉未来。此外11月18日在佛罗里达州的沃尔特·迪斯尼世界，将有75座6英尺（约合1.83米）高的米老鼠雕像落成揭幕。

迪斯尼的米老鼠还将向21世纪的数字技术发起进军。明年，迪斯尼公司推出的《米老鼠两次光临圣诞节》（*Mickey's Twice Upon a Christmas*）将首次用三维电脑制作刻画米老鼠的形象。

（二）充分利用背景资料

记者报道文化活动、文化事件，适当应用背景能增加报道的立体感。下面报道就是很好的例子。

【合众国际社1987年12月11日电】查理·卓别林名扬四海的礼帽和手杖星期五以82500英镑（合148500美元）拍卖给一位丹麦买主。买主说，他要将这些物品陈列在"丹麦最大的娱乐中心"。

乔根·斯特雷克说，他与另外两名生意合伙人计划将这些物品陈列在"斯卡拉"娱乐中心的玻璃橱窗内，这座娱乐中心现正在丹麦首都施工。

一位通过电话邮购的买主未能将礼帽和手杖弄到手，但花了38500英镑（合69300美元）买下了卓别林的皮靴。

拍卖是在克里斯蒂拍卖行进行的，这次作为专卖的卓别林的物品共有240件。

礼帽、手杖和皮靴是这位大明星脍炙人口的角色"流浪汉"的标志。卓别林自己曾解释过它们的含义。

有一次，卓别林在接受记者采访时曾谈到这些道具："我是想塑造讽刺人的形象。手杖象征着人要维护尊严，小胡子象征人的虚荣心，皮靴则是指人关注自己受到的拖累。"

毫无疑问，卓别林一生在电影中曾用过好几顶礼帽和好几根手杖，但电影制片厂经理阿尔弗雷德·里夫斯认为这些被拍卖的道具是卓别林最欣赏的。

拍卖的靴子是仅存的三双之一，右靴底上有一个洞，卓别林就是靠这个洞在舞台上立起身来。

一部罕见的《第六号作品》（大独裁者）的手稿被一位通过电话邮购的买主买得，花了1100英镑（合1980美元）。这部影片将纳粹头子希特勒作为笑料，卓别林扮演大独裁者。

这部手稿是卓别林仅存的手稿之一，这部作品也是他艺术生涯中的一个转折，因为这是卓别林第一次在影片中运用对话的手法。

卓别林是世界最著名的艺术表演家之一，1974年封为爵士，1977年圣诞节逝世，终年88岁。

稿件写的是卓别林遗物的拍卖，但围绕拍卖品添加了两段背景资料：一是卓别林本人对他塑造形象所借助的几件道具的诠释，别致、幽默而又深刻；一是影片《大独裁者》的内容和艺术特色介绍。这些背景材料简洁而精当，在消息中起了"点睛"的作用，使这则新闻较一般的拍卖消息显得更加丰满。此外，在材料的布局上将遗物拍卖的情况和有关卓别林的背景资料融会交错，避免平铺直叙，使人读之有跌宕起伏、峰回路转之感。

（三）融知识性、趣味性于一体

一般来说，文化新闻本身就带有一定的知识性、趣味性。写作的时候要注意将带有这些特征的细节发掘和扩展，使其更具可读性。下面的稿件介绍了一个长寿之乡。长寿的话题本身就让读者感兴趣。记者引用了一个60多岁的牧师的故事，使稿件更吸引人，同时也分析、解释了当地人长寿的原因。

【西班牙《世界报》】题：青春永驻的村庄

在厄瓜多尔的比尔卡班巴村生活着几十位百岁老人，据说，其中有一位已经140岁了，还有很多人即将跨入百岁老人的行列，这是一个真正的长寿村。

大自然赋予比尔卡班巴得天独厚的自然条件：这里的气温常年在摄氏18℃～24℃之间，河水里富含多种矿物质；这里海拔1500米，湿度68%；这里肥沃的土壤没有接触过化学物质。全村3000多居民只有20条电话线，人们在这里也听不到歌舞厅嘈杂的音乐声。

在厄瓜多尔度过了大半生的牧师伊格纳西奥·奥西纳60多岁时因心脏病加重，打算退休，但主教将他派到了比尔卡班巴，16年后的今天，他仍然像个壮小伙一样每日快乐地四处传教。他微笑着说："我不知道他们的年龄是不是真像他们所说的那么大，但这里八九十岁的人的确还在劳动，而且到死头脑都很清楚，这里的人根本不知道什么是老年痴呆。"

有关报告称，比尔卡班巴人的长寿和健康要归因于宜人的气候条件，均衡的饮食和远离城市化压力的生活氛围。一位日本科学家指出，另一个重要因素是，山谷里的水质有助于降低胆固醇含量，治疗风湿病。此外，比尔卡班巴人终日在田里劳作，四肢很强健，心脏也很健康。

在山谷里疗养的心脏病患者佐伊拉·阿吉雷说："对老人们来说，工作是很重要的，因为他们需要感觉到自己是个有用的人。"她开了一家小卷烟厂。老人们在那里用当地产的烟叶手工制作卷烟。70岁的佐伊拉·阿吉雷说："我想，这样他们可以赚一些钱，因为他们都不想靠家里人养着。"

有关人士还指出，"这里的老人受人爱戴和尊敬，自信心很强，不像其他地方的老人那样被人看不起。而且，他们都是虔诚的教徒。他们相信命运由更高等的生灵掌握，而不是自己，所以他们考虑得更多的是现在，而不是过去和未来，这样他们就不会有紧张情绪。"

比尔卡班巴人几乎都不识字，但却为全人类开出了长寿的妙方，那就是积极乐观的心态。

但67岁的当地人卡塔利娜认为，比尔卡班巴的长寿传统将在自己这一代结束，因为现在的年轻人都跑到美国或西班牙去寻找就业机会了。

（四）挖掘文化事件背后政治、经济和社会的因素

既然文化与社会、政治和经济联系紧密，那么，挖掘文化事件背后这些方面的因素，就是报道文化新闻的记者常常使用的采写方法。下面这则法新社的文化新闻便采用了政治视角。

【法新社巴黎10月8日电】戴高乐将军的最新一卷回忆录今天创造了销售量最高的纪录。在这两天内，法国人一共买了17万5000册。

法国政治传奇和戏剧中最重要的主角又一次惊动了他的国民。在前总统戴高乐的坚持之下，事先没有预告，他的新的回忆录的第一卷共25万册于今天上午突然出现在全法国的书店里。今天上午正是戴高乐的继承者蓬皮杜开始在苏联作第一天国事访问的时候。

据说戴高乐是选定在这一天突然出版他的书的，为的是要在巴黎的晚报上占有比蓬皮杜在克里姆林宫的会谈更加显著的地位。

今天，这卷回忆录的突然出版无疑将加强早先传出的流言，说退隐于科隆贝双教堂村的戴高乐，对于蓬皮杜执行的政策愈来愈不高兴。

戴高乐7月份完成这本书——按计划是三册中第一册。

据出版商克洛德·朱利安说，戴高乐的新的回忆录第一卷销路特广。

他说，第一次印刷的 25 万册将在 13 日全部售完。

他说："我们又订购了 15 万册。我们从未碰到过这样的情况。"

在书店里的人看到，买书的顾客大都是中年人。

（五）寻找非文化事件的文化报道角度

文化新闻采写有政治、经济角度，那么其他类型的新闻也可以采取文化角度进行报道。

下面这篇美联社对启用欧元的报道，就别出心裁地采用了文化角度。

【美联社罗马（2001 年）12 月 23 日电】题：别了！钞票上的民族文化

再见了，卡拉瓦乔。再见了，贝尔尼尼（这两人都是意大利画家）。我们不愿意看到你们离去。但是，欧洲银行新发行的欧元钞票上已经没有了著名艺术家的位置。

再见了，奥地利 50 先令票面上的弗洛伊德。再见了，塞尚和你的苹果。再见了，阿波罗和亚历山大大帝。

在欧洲各地，3 亿人正在与他们日常生活中密切相关的一部分告别：法郎、马克、里拉、先令、盾、埃斯库多和比塞塔……

在欧洲一体化名义下取消的是民族文化的一切象征。有着"小王子"和王蛇吞食大象图案的蓝色 50 法郎钞票被送进历史的粉碎机。以童话著名的格林兄弟也随着德国的 1000 马克成为过去而不再与人们相见。

取代它们的是印着欧洲建筑式样的 7 种纸币。对民族自尊心的唯一安慰将是欧元的硬币，采纳欧元的 12 个国家可以在这小小的硬币的一面自由选择一种图案。

（六）增加报道的深度

任何文化现象的形成和发展都有一定的社会根源，也有可能成为一种文化积淀。因此，就事论事报道发生了什么，对文化新闻来说，似乎还不够，还应该说明它的意义和影响。例如，介绍一篇作品时，应该增加一些对作品的价值、成就的分析。用艺术行家的眼光来评介一场演出和一次展览，这种分析往往能起到总揽大局、画龙点睛的作用，既帮助读者理解新闻事件，又提升了报道的高度，使之能够产生更大的反响。2003 年 10 月 10 日《今日美国报》关于拉美音乐面临困难是比较典型的例子。

【《今日美国报》10 月 10 日 记者 埃利萨·加德纳】题：美国拉美艺人面临文化困惑

当格洛丽亚·埃斯特凡和 Miami Sound Machine 乐队推出后来成为他们第一次进入美国音乐排行榜前十名的单曲"Conga"时，业内人士都持怀疑的态度。埃斯特凡回忆说："他们说，它绝对不会在电台播出，因为它对于美国人来说太拉美化了，对于拉美人来说又太美国化了。"

17年后，生于古巴而在迈阿密长大的埃斯特凡成了美国人家喻户晓的人物。

埃斯特凡上周出版的新激光唱片"Unwrapped"是她20世纪90年代末以来的第一张英文专辑。一批拥有共同拉美音乐遗产的歌坛新星——他们中有马克·安东尼、恩里克·伊格莱西亚斯和珍妮弗·洛佩斯——被视为拉美音乐进入流行乐主流的见证。跟埃斯特凡一样，许多这样的艺术家，包括一些唱西班牙语歌曲成名后改用英语演唱的歌手，都深受美国音乐和文化的影响。

随着拉美听众人数的急速增长，如今，对于年轻的拉美歌星们来说，在是否用双语演唱的问题上必须考虑创造性和文化方面的因素。

引起这一问题的部分原因是媒体对拉美流行音乐的关注只有3分钟热度。哥伦比亚歌星莎基拉首张英语唱片《2001's Laundry Service》获得极大成功，墨西哥歌手塔利亚和保利娜·鲁维奥改唱英语歌曲也获得成功，但他们都没有像他们的前辈那样获得电视和平面媒体的特别重视。遵循前辈唱法的歌手也同样得不到媒体的重视。除了洛佩斯和伊格莱西亚斯——他们仍然只用西班牙语歌唱外，用西班牙语歌唱的歌手的作品在电台播出的机会大大减少了。

那些用双语演唱的艺术家们受到居住地的影响。身为歌手兼音乐人的哥伦比亚裔美国人莎拉雅是在哥伦比亚和移居地新泽西长大的，她已经开始逐渐用双语录制专辑。但她最新推出的一部自己创作的音乐专辑是用西班牙语录制的。她说："我这样做是为了使其更像'拉美流行歌曲'。"

伊格莱西亚斯毫不掩饰美国和英国的摇滚乐对他的歌曲的影响。他在2000年说："我七八岁的时候就用双语演唱了。"那时他随他父亲、国际巨星胡利奥·伊格莱西亚斯从西班牙搬到了美国。

对拉美裔艺术家们来说，在美国，语言仍然是个大问题，这个问题在这里比在其他许多非西班牙语国家更严重。

……

第十章　竞赛的悬念与快乐

——体育新闻报道

"采访世界杯足球赛很兴奋吗?"

"当然兴奋,我没有办法不兴奋。"

"为什么?"

"气氛,那种难以描述的气氛。"

"能具体说说吗?"

"我感到难以描述,但我可以试着讲讲。"

"我们想听听最精彩的。"

"那是一种气氛。整个体育场——观众和运动员、工作人员,几乎所有的人,都已经融为一体。有时,我甚至会忘掉自己在干什么。当然,我会立即变得比较清醒,我意识到我是记者。然而,观众就是观众,他们如一群近乎疯狂的人,呐喊、摇旗、挥舞着手中的任何物品,有的人甚至脱去外衣,拿在手中舞动。我敢说几乎所有的观众都是球迷,不少人脸上色彩斑斓,喇叭声、呼喊声此起彼伏……"

这是一位体育记者的感受。

这就是体育。它吸引着众多的人,不分地域,不分国界,不分种族。

第一节　体育使众多的人着迷

一、使人着迷的体育

"体育迷",是对那些对体育竞赛如痴如醉的人的称呼。体育竞赛为什么能迷倒那么多的人?

"体育只是文化领域的一个组成部分,而竞技体育的面则似乎更为狭窄——它只是一群人在一个特定的场合,展示各自的体力、耐力和智慧而已。"然而,就是这样一群人牵动了全球成千上万甚至数亿的人。

类似下面描述赛后观众狂欢的报道,经常见诸世界各地的报端。

【埃菲社布宜诺斯艾利斯 1990 年 7 月 3 日电】今天黄昏时刻,数以千计的人群涌上布宜诺斯艾利斯的街头,欢呼阿根廷队的关键性胜利。

电视转播一结束,人们就欣喜若狂,纷纷走出家门和工作单位,走向独立纪念碑广场欢庆。许多人从大楼上往下抛撒了数百万张彩色纸片，天空犹如下了一场彩雪。

年轻人脸上涂着阿根廷蓝白两色的国旗图案，手里挥舞着国旗，热情地呼喊着阿根廷队守门员戈伊凯切亚的名字，因为他在最后决定胜负的点球赛中起了关键的作用。还有不少人穿上阿根廷队员穿的球衣欢呼雀跃，有的还敲着锅盖又唱又跳。

1996 年 7 月 31 日，时任国际奥委会主席萨马兰奇为邓亚萍颁奖（新华社记者徐步摄）

阿根廷总统在政府大厦观看了这场比赛。在看到阿根廷队获胜时激动得热泪盈眶，他说，这是一场非常精彩的表演。

梅内姆在观赛中看到阿根廷队的中卫朱斯蒂被罚下场时，气得直骂法国裁判沃特罗特，说他是"祸水"。他说，要不是这样，比赛也不会拖这么长时间，阿根廷队也没有必要去受这份罪。梅内姆对阿根廷队在这场比赛中的表现大加赞赏。当他看到卡尼吉亚头球破门时，兴奋得跳了起来，同坐在他旁边的人紧紧拥抱。

张家彭在《传神的现场描写》一文中对这篇稿件作了评述："这篇短新闻在此方面的成功之处，就是抓住狂欢场景进行描写，表现其强烈的现场感。"

从上面报道显示的社会特征来看，体育较少受到性别出身、职业年龄、文化程度、党派国别等因素的制约，是名副其实的大众活动。它所产生的效应与影响，因此具有普遍的社会意义。由于体育本身的特性，体育新闻也成为真正能"面向大众"的传播，具有了别的新闻很少拥有的广泛的受众群。

体育新闻在世界各国的受重视程度相差很大。1996 年，美国 1500 多家日报和 7500 家周报中，大多数有体育版面，到 2003 年为止，我国体育专业报纸只有 50 余种，体育类杂志也不过 46 种，专业体育频道数个。但是，随着我国人民生活水平的提高，体育事业的发展，体育新闻越来越受到关注。2008 奥运会成功的申办与举行，更是打开我国体育事业与体育新闻发展的新局面。

二、激情绽放的历史时刻

2008 年，第 29 届奥运会虽然在中国举行，但是，这是一次国际体育盛会，在本书中仍作为国际新闻的案例分析。

2008 年 8 月 8 日 19 时 55 分，距离北京奥运会开幕还有 5 分钟，新华网的工作间只有噼噼啪啪敲击键盘的声音。所有人员整装待命，等待决战一刻的到来。

"5、4、3、2、1……"，在计时结束的刹那，"北京奥运会开幕式正式开始"。一串大红字体在新华网首页通栏头条位置赫然跳出，全国 1000 多块户外大屏幕、全国 100 多万手机用户同时收到新华网传送的开幕式消息，而这，只是新华网为北京奥运会准备的 30 多种报道形式中的几种而已。网民在论坛里对新华网报道的评价道——"零时差"，是对网络时代新闻速度的重新定义。从下午 4 时仪式前表演开始，至深夜 12 时圣火点燃，仅新华社，就发出文字报道 1 万余条、图片 1 万余张。

那一瞬间，不仅新华社用英、法、西、俄、阿五种外文快讯向全世界不间断地传递盛典的华章；世界各大通讯社、欧广联、各国电视网和广播网、重要报纸都开足了马力在报道，有的是电视直播，有的发布滚动快讯，有的采用博客更新的方式，全景式地记录着这激情绽放的历史时刻。8 月 8 日的"鸟巢"汇聚了全球的目光。尼尔森记录显示，全球有 47 亿观众观看了开幕式。

对于奥运会这样全球瞩目的重大事件，摘录外媒报道、评论组合而成综合报道，是媒体经常采用的常规做法。请看中新网发布的一篇文章。

【中新网 8 月 9 日电】经过长达七年的热切期盼和精心准备，北京奥运会终于在 8 日晚奏响了令世人为之倾倒的序曲。外媒纷纷报道奥运会开幕式，盛赞其盛况空前，并指出，此开幕式拉开了中华百年梦想华丽的序幕。

"几近完美"，创造数宗"最"

美国《华尔街日报》报道称，北京奥运会开幕式"几近完美"，这一中国的"荣光时刻"未受天气等因素的干扰。伴随着开幕式的精彩文艺表演，全场欢呼与掌声经久不息。北京奥运会开幕式相信将创下历届开幕式的全球直播收视率之最。

本届奥运会开幕式创下的世界之"最"还不仅于此。日本共同社报道称，参加北京开幕式的各国首脑超过 80 名，为历年奥运会最多。

韩联社则报道称，本次奥运开幕式是"最为盛大的开幕式"；法国国家电视台称："这是最美的奥运会开幕式"。

天人合一，中华艺术之"满汉全席"

韩联社报道称，中国著名电影导演张艺谋在实现中国人百年梦想的北京奥运会开幕式上，为全世界 65 亿人口完美呈现了中华艺术的"满汉全席"——尽管不能吃，但单凭观赏就能饱尝艺术之美的杰作。

张艺谋执导的开幕式像一篇 1 小时 15 分的历史电影。鲜艳的色彩、强烈的对比、唯美的影像以及结合实物与特效的前卫尝试，展现出波澜壮阔的历史画卷。

2800 名鼓手用古代乐器拼出倒计时的画面，紧接着是数万个烟花照亮北京的夜空。名为"灿烂文明"的上篇，用充满中国特色的方式，向全世界观众介绍四大发明、飞天、丝绸之路、音乐、汉字、书法等中国灿烂的古代文化。

下篇"辉煌时代"表现 56 个民族和谐共存的现在，并用宇航员、地球仪，号召全世界人民，共同走向没有政治、宗教、人种的矛盾的未来。

整个开幕式表演，始终围绕着天人合一的主题，色彩的海洋与人融为一体，精彩的表演令人目不暇接。从欢喜和感动出发，展示特色与普遍性，最后以全人类的希望结束了表演。令人炫目的华丽服饰和形形色色的烟花，更为这部大型史诗增添了光彩。

自信、现代，拉开百年梦想华丽序幕

法新社 8 日报道称，中国国家主席胡锦涛 8 日在"鸟巢"当着 9 万多观众和全球多达 40 亿电视观众宣布，第 29 届奥运会开幕。中国表现出是一个现代的、自信的国家。

韩国《东亚日报》8 日报道称，中国 100 年所盼望、准备 7 年后的今天，汉唐之后中国又一次展现出了自己的威勇，13 亿中国人为此而狂热。

奥运会开幕以来，首次有全世界 80 多个国家首脑出席开幕仪式。体育馆挤满了 9 万 1000 多名观众，地球村 40 亿人瞩目着日益发展变化的中国。全世界 205 个国家和地区，还有 1 万 1000 余名选手参加了北京奥运会，这是有史以来参加人数最多的一次。

韩联社报道称，13 亿中国人的百年梦想——北京奥运会终于拉开了华丽的序幕。

北京奥运会的主题口号是"同一个世界，同一个梦想"，在亚洲是继东京（1964 年）和首尔（1988 年）之后第三次举办的奥运会，也是有史以来最受关注的一届奥运会。

新加坡《联合早报》9 日则发表题为《光彩照人的北京之夜》的社论称，北京奥运开幕式上的文艺表演以超现代的手法和方式，在气势恢弘、极具中国特色的氛围中，把博大精深和光彩照人的古现代中华文明，创造性地呈现于世人面前。其气派和精彩程度不仅令人叹为观止，而且也超过了人们的想象。

　　社论还指出，作为一个庞大的东方文明古国，中国对奥运会的全心投入和贡献，为拥有百年历史的奥林匹克运动增添了巨大的生机和魅力；作为一个蒸蒸日上的世界大国，中国在自信和备受尊重的基础上与各国和谐相处，也势必有助于 21 世纪的世界确定和把握正确的方向。

　　"鸟巢"里的观众全场起立，翘首以待；正在奋力敲击键盘的各路记者也放下手中急赶的稿件，站起身来，把目光投向跑道；电视机前，亿万人屏息以待……

　　这，就是号称"运动之母"的田径比赛中百米大战的魅力：每到这个时候，体育便超越了一切，在场的每一个人忘情地为选手们呼喊——因为，他们奔跑所承载的意义，是人类对于极限的叩问。2008 年奥运会的百米飞人大赛，因为牙买加天才运动员博尔特破世界纪录的表演，成为令人难忘的奥运瞬间。请看记者如何报道这令世界激动的时刻。

　　【新华网北京 8 月 16 日奥运专电（记者杨明、肖春飞、刘丹）】题：百米"飞人大战"

　　博尔特跳着舞步，像"金刚"般捶着胸膛冲过终点，显示屏上闪出一组令人不可置信的数字："9 秒 69！"

　　9 万多观众的鸟巢瞬间发出海啸般欢呼声，牙买加"奇人"博尔特，用他那双盖世长腿和突破人类极限的速度，把他自己保持的世界男子百米纪录大幅刷新，这个纪录创造了北京奥运会上所有传奇中的最大传奇！

　　谁也没有想到，博尔特具有如此大的能量，把 9 秒 72 的世界纪录击成碎片，更没有人想到，这位 1 米 96 的巨人，如此轻松、如此逍遥地就跑出如此神奇的速度。这场被认为是历史上最精彩的世界第一飞人大战，变成了博尔特一人表演的舞台，其他世界短跑名将都成为配角。特立尼达和多巴哥选手里查德·汤普森以 9 秒 89 获得银牌，美国的沃尔特·迪克斯以 9 秒 91 位居第三；牙买加的前世界纪录保持者鲍威尔重蹈大赛失常的窘状，名列第五。

　　百米大战的四轮比赛中，博尔特以超群的实力不断上演着神话。他在半决赛中一路东张西望地"散步"到终点，成绩却是 9 秒 85，几乎打破奥运会纪录。美国的世界冠军盖伊大概被博尔特的神奇速度震晕，半决赛使出"吃奶"的力气，也没有进入决赛。这个天大的意外使博尔特的对手只剩下鲍威尔一人，决赛被认为是牙买加的"双雄会"。

　　但是，这种局面并没有发生，其他 7 名世界级"飞人"在博尔特的面前，犹如蹒跚学步的孩子，高出众人一头的博尔特，以天神般的威猛震慑住所有对手。

决赛前，8名黑人选手在起点前，如同焦躁不安的战马抖动着闪亮的肌肉。前世界纪录保持者鲍威尔神态坚毅，他在雅典奥运会上表现不佳，在去年的世界锦标赛上仅拿到铜牌。不久前，他刚刚战胜了师弟博尔特，他就不信自己今晚胜不了刚刚学跑百米的这个傻大个。

22岁的博尔特，天生一副谁都不怵的性格，虽然他这条"鲇鱼"把世界百米赛场搅得翻了天，人人都像看怪物一样看着他蹲下来，屁股比别人高一米，但他不在乎。他做着怪样，叉着腰，脸上是一副吃巧克力的幸福神情。

发令枪响，博尔特起跑速度倒数第二，但当他飞舞起大车轮般的双腿，两步超其他人三步后，速度之神在跑道上出现。50米后，就开始领先，70米后，他明显领先。顽皮的天性使博尔特忘记了这是在奥运赛场，他本来也没有计划要破自己的世界纪录，拿到金牌他就满意。于是，全场人被他的行动所惊愕：他在最后30米处，张开双臂，像是在拥抱那即将到手的胜利；这样玩还不过瘾，他又侧过身，跳舞般抬着腿；终点前，他如同《人猿泰山》里的金刚那样，捶打着胸膛冲过终点。

这些多余的表演动作显然极大影响了他的速度，但即便如此，他依然跑出9秒69的匪夷所思的成绩。这点让大家对他的能力感到"恐怖"。

赛后，有人问他能跑多快，他不加评论。如果他今天不放慢步伐，跑到9秒60不是难事。博尔特表示他并不在乎世界纪录，"我的目标就是赢得金牌，我不想太玩命，我是个喜欢享受的人"。博尔特在新闻发布会上不停地吃着巧克力，随意而率真，像个孩子，好像打破世界纪录与他无关。

博尔特今年以前从没跑过100米比赛，主项是200米，今年改跑百米不久就以9秒72的成绩打破了9秒74的世界纪录。这主要归功于他篮球选手般的身高。人们预计，他很有可能在200米比赛中继续打破世界纪录。

超过200个国家和地区的1万多名运动员前来参加北京奥运会，加上教练员、裁判员、官员、新闻记者等，总人数达到7万人。而来自世界各地的观众、旅游者超过100万人。只有体育，才能有偌大的魅力，把这么多来自不同种族、不同文化、不同信仰的人团聚在一起，怀着友谊的动机，通过友好的比赛，增进相互间的理解，达到团结的目的。2008年奥运会上，来自尚处交战状态中的俄格双方的两名运动员的"奥运之吻"，缔造了历史一刻。请看新华社记者是如何报道这一事件的。

【新华网北京 8 月 13 日电（记者郑汉根 李志晖 任瑞恩）】题：俄罗斯格鲁吉亚运动员在北京拥抱不言战争

尽管格鲁吉亚与俄罗斯局势仍然紧张，但在北京奥运赛场内外，两国选手和观众却抛开政治，真正投入紧张的比赛中。运动员甚至行拥抱礼，展现了"和平第一"的奥运精神。

俄罗斯和格鲁吉亚的两支女子沙滩排球组合 13 日上午进行了所在小组的最后一场小组赛对阵。双方选手在朝阳公园沙滩上拥抱后开赛。比赛结束之后，俄罗斯选手上前向格鲁吉亚组合伸出双手，祝贺她们取得十分关键的胜利。

"我对结果很不满意。但是对手这次的确打得很棒，她们最近提高很快。"俄罗斯选手希里亚耶娃说。对于两国争端，她说："我当然希望和平，不希望别的事情太多介入到比赛中。"

格鲁吉亚选手桑塔纳两天前还因担心本国可能退出奥运会而哭泣，但比赛结束后，她与队友马丁斯为这场胜利欢呼雀跃。桑塔纳说："从比赛的角度，我当然想战胜俄罗斯，我们必须赢。但我不想太多关注政治问题。"

走出赛场的俄罗斯观众纳塔沙说，对俄选手输掉比赛她并不感到难过。"比赛的魅力就在于胜负难料，谁都有可能胜出。"她认为，两国选手的比赛气氛友好，令人难忘。"体育运动高于政治，运动员不应受政治和战争干扰"，纳塔沙说。

前来观赛的史蒂芬·沃尔克是德国一所学校的沙滩排球教练，他说："比赛是比赛，战争是战争，两者不能混为一谈。20 世纪人类经历了太多战争带来的苦难，我们需要和平。尤其是作为德国人，我不喜欢战争。"

北京奥运会开幕以来，俄、格选手已多次展示友好比赛的精神。9 日举行的女子 10 米气手枪决赛中，两国选手首度交锋。俄罗斯队的帕杰林娜和格鲁吉亚队的萨鲁克瓦泽分夺银、铜牌，二人在领奖台互相探身用俄语交谈，握手致意。萨鲁克瓦泽更走到银牌领奖台边，亲吻帕杰林娜脸庞，两人一同站上领奖台相拥。

国际奥委会对外联络部负责人戴维斯日前说，格鲁吉亚奥委会秘书长和格体育和青年事务部长近日共同会见了国际奥委会主席罗格。他们表示，尽管南奥塞梯发生武装冲突，但格运动员将继续留在北京参加奥运会比赛。戴维斯说，国际奥委会认为，格方的上述决定是"绝对正确的"，格方运动员继续参加比赛体现了奥林匹克的精神和价值。

上面的报道，紧扣《奥林匹克宪章》，很好地阐释了奥林匹克精神——相互理解、友谊、团结和公平竞争。

电视和卫星等传播媒介与传播手段的介入，极大地改变了体育比赛报道的状况。文字记者将目光转向摄像机镜头扫不到的地方，特写成为他们主要的武器。《华尔街日报》在 2008 奥运会期间，有两篇著名的特写让人难以忘怀：《长跑伉俪奥运喜忧路》《菲尔普斯泳池之外掘金忙》。

改革开放 30 余年中国发生了巨大的变化，整个社会政治、经济、文化、教育、科技等方面都可能会被纳入他们报道的范围。奥运前后，在北京以及其他的一些奥运比赛城市，街头上随处可见一些境外媒体记者拉开架势进行现场报道。

根据北京奥组委提供的数据，北京奥运会吸引了全球 200 多个国家和地区的 21600 名正式注册记者，其中包括 16000 名电视记者，5600 名文字、摄影媒体记者。据不完全统计，非正式注册媒体记者 5000 多人，加上其他新闻工作者，记者总人数据估计超过 3 万人，创下了奥运历史之最。如此多的记者来到中国，报道奥运会当然是他们的工作，但并不是全部。对于许多境外记者来说，体育比赛之外的东西，他们也会很感兴趣。他们每天都将自己的所见、所闻、所感，发往世界各地，向全世界报道发生在这里的一切，同时，也向全世界介绍着中国——这个古老而神奇的东方国度。

志愿者是奥运会不可缺少的一部分，北京奥运会的志愿者规模又创下了一个新高——悉尼奥运会共有 4.7 万名志愿者，雅典奥运会有 6 万名；根据北京奥组委的统计，北京奥运会总共出动了 170 万名志愿者，其中约 10 万名赛会志愿者、40 万名城市志愿者、100 万名社会志愿者和 20 万名拉拉队志愿者。这些志愿者在保障奥运会顺利运行方面发挥了巨大作用，因此也成为各国媒体竞相报道的对象。

【日本《读卖新闻》8 月 18 日报道】题：奥运会在中国掀起志愿者热潮

北京奥运会在中国掀起了一场志愿者热潮。中国媒体称 2008 年是中国的"志愿者元年"。包括没有在北京奥组委登记的"社会志愿者"在内，奥运会期间动员的志愿者人数有 100 多万，他们在维护奥运会的治安等方面发挥了巨大作用。

17 日，奥运会乒乓球团体赛在北京大学举行。在信息服务站负责为观众指路的北大学生杜德川（21 岁）说："奥运会对中国来说是一件大事，希望发挥自己的作用。"

在主体育场"鸟巢"附近，一名担任日语翻译的女研究生郭威（23岁）说："希望世界更多了解中国。"

在 5 月份发生的四川大地震中，曾有很多同龄人赶赴灾区，从事救援和安慰遇难家属等工作，这令郭威很感动，她笑着说："我感到人和人最重要的是相互帮助，我也希望尽自己的一份力量。"

在天安门广场附近的人行道上，每隔几十米就可以看到头戴红帽、身穿职业衫的志愿者。他们胸前佩戴着"首都治安志愿者"的标志，在炎炎烈日下，每天从早晨 9 时一直坚持到晚上 7 时，不断为游客指路。

被烈日晒得黝黑、现年 67 岁的陈淑琴（音），一边擦着脸上的汗水一边说："奥运会的成功是中国人民一直梦寐以求的。我也希望发挥自己的作用，这使我感到充实。"

中国政府之所以公开支持这些活动，目的是促进民众的团结，向国内外宣传"民主国家"的形象。在奥运会之前参加抗震救灾的志愿者被当成英雄，也对此次奥运会的志愿者活动起到了积极的推动作用。

第二节　体育和比赛不是一回事

一、竞技体育的魅力

"体育采访最吸引您的是什么？"

"当然是激烈的竞赛和难以预料的结果！"

2002 年韩日世界杯足球赛的"揭幕赛"上，卫冕冠军法国队与非洲的塞内加尔队相遇，按当时的舆论及足球专家分析，法国队因拥有世界最佳中场齐达内、英超最佳射手亨利以及意甲最佳射手特雷泽盖，实力雄厚，必胜无疑。可比赛的结果却是塞内加尔以 1∶0 击败了法国队。法国队锐气大挫，不仅没能进入十六强再圆冠军梦，而且在小组赛上就被淘汰出局。

人们一讲起体育，想到的就是比赛，比赛是体育的重要特征；讲体育新闻，首先是指竞技体育新闻。

竞技体育新闻为什么在体育新闻中占据如此重要的地位呢？

第一，竞技体育具有极强的新闻性。竞技体育的最大特点是竞争性。竞争程度越激烈的项目，越能吸引观众。而竞赛结果的不确定性，是竞技运动最大的魅力和最显著的特征。在竞技运动的比赛中，无论是两强相遇或是强弱相对，其比赛结果都可能出人意料而使其充满悬念。受众欲知、应知而未知的事实，越是受众想知道又无法预料的事实，越能吸引受众，越具有新闻性。

第二，竞技体育具有丰富的新闻源。竞技体育赛事频繁，竞赛项目十分丰富，形成了不同类型的国际间大型运动竞赛、以地域为中心的各种运动竞赛以及各个国家每年定期举行的各种运动竞赛、本国民族传统体育项目的竞赛……报道内容层出不穷。有关竞技体育的信息源源不断，吸引着热爱与关注竞技体育的受众。

另外，体育新闻受众群体具有以中青年为主、以男性为主的鲜明特点，而这一受众群体对竞技体育赛事新闻尤其有兴趣。

二、内容广泛的体育新闻

世界杯足球赛是最吸引人的全球性赛事之一，大多数中国人可能不喜欢拳击，然而在美国的拳击场，拳王阿里却使在场的人如痴如醉。由此可见，在不同的国家和不同的地域，观众对于竞技体育的兴趣程度是不同的。

竞技体育按比赛的规模划分，全球性的比赛包括世界杯足球赛、奥林匹克运动会、世界杯排球赛、世界举重锦标赛、世界田径锦标赛等；洲际性的比赛包括亚洲运动会、泛非运动会、欧洲足球赛等；部分国家的职业体育比赛，如英国足球超级联赛、德国甲级足球赛、美国职业篮球联赛（NBA）等。按种类分，竞技体育又可分为足球、篮球、田径、冰雪运动、棋类运动，甚至桥牌、象棋、钓鱼等。

但是，竞技体育新闻并不是体育新闻的全部。参加体育比赛的只是一部分人，或者说很少一部分专业人士。但体育涉及的却有一大批行业，包括食品、服装、运动器械、运动医学、科学研究等。概括起来，体育新闻有如下几种基本类型。

第一，赛事报道。报道比赛中使用的策略、具体执行过程与效果，比赛得分，关键比赛和选手，比赛对排名的影响，比赛转折点以及赛后访谈，有趣的杂闻，包括动态消息、现场报道、访谈、分析性报道、解释性报道、预测性报道等多种形式。

第二，人物特写。对新选手、比赛中表现突出的选手、明星运动员、教练等人的报道及重要人物的回忆录等要求有背景，大量使用引语，描绘运动中的个人，并写出个性。

第三，经济。报道与体育活动有关的一切经济事务，包括选手选拔、转会、薪水以及体育产业与关联产业发展动态等。

第四，选手或运动队非法的和不适当的活动。这方面主要包括服用兴奋剂、吸食毒品、不健康的生活方式、违反纪律以及假赛、赌赛等方面的报道。

第五，体育娱乐新闻。与娱乐业的明星一样，体育明星选手的私生活与公共活动也备受公众关注。

第六，与体育有关的政治性新闻、社会性新闻。

第七，其他体育新闻。

可以这样说，从事体育新闻报道的记者和编辑必须是个多面手，才能报道好体育新闻。

三、国际体育新闻的一般特点

竞技运动的国际性和非政治性，使体育新闻的传播具有更强的国际性。

首先，竞技运动的跨文化性使竞技运动具有国际性，而以竞技运动为主的体育新闻报道自然具有更强的国际性。以身体动作为特征的竞技体育是人类的一种形体沟通方式。一场精彩的 NBA 比赛，无论哪一个国家、哪一个民族的人都能看懂，都能从球场上各种战术的变化、球员的高超技术中得到快乐。

其次，竞技运动本身就具有鲜明的国际性。第一，竞技运动竞赛活动的国际化。国际体育竞赛风靡全世界，竞技运动竞赛已形成了以奥运会洲际运动会和单项运动会为依托的全球文化现象。第二，竞技运动竞赛组织的国际化。随着竞技运动竞赛的频繁举行，各个项目、各个地区的国际性运动竞赛组织也相继成立，形成了规模大、数目多的特点。第三，竞技运动竞赛运动员参与的国际化。过去的 50 年，参与运动竞赛的竞技运动队往往是由不同民族或种族背景下的运动员组成，而在最近十数年，各国竞技运动代表队开始出现了纷纷引进外援的现象。

在特定的情况下，国际体育新闻带有一定的政治色彩。例如，在报道奥运会这样的国际大型体育赛事时，具有世界影响力的媒体会派出一些时政记者，当然人数要比专职体育记者少得多。这是因为有些体育赛事中会有一些具有政治意义的新闻。路透社下面的这篇报道，就是有关悉尼奥运会开幕式的重要新闻之一。

【路透社悉尼 9 月 15 日电】题：朝韩运动员在悉尼奥运会上共同入场

朝韩两国之间冷战的坚冰在本周五悉尼奥运会开幕式上开始融化。观众纷纷起立，热烈的欢呼经久不息。

在奥林匹克的历史上，在今夜最令人心动的时刻之一，朝韩两国运动员第一次携手走在了一起。

在 1950 年至 1953 年的冲突之后，朝韩两国的敌对状态已持续长达近半个世纪，但是他们此次在国际奥委会主席萨马兰奇的斡旋下终于捐弃前嫌。

当身着蓝色运动衣、白色运动裤的运动员步入奥运主会场时，11万观众为之雀跃欢呼。

朝韩运动员共同行进在一面印有深蓝色朝鲜半岛地图的白色旗帜之后，而在现实中，他们被世界上最坚固的防线一分为二。

这面旗帜由韩国著名女篮球运动员郑银顺和朝鲜柔道教练朴正哲共同高高擎起。

这是一支199个国家的代表队中唯一一个由两名旗手共同举旗的队伍，这强调了播音员所欢呼的朝韩两国"行进在一起"的历史时刻。

在奥运会比赛期间，朝鲜和韩国仍旧分别使用本国的国旗和国歌。

在今年六月朝韩两国首脑平壤峰会之前，（奥运会上朝韩运动员共同入场）这个具有特别意义的象征是不可想象的。

在上周日宣布朝韩决定在悉尼共同入场时，萨马兰奇称："这是一个非常重要的姿态，它向全世界传达了朝韩两国将尽快走向统一的决心。"

朝韩这对对手在1964年日本奥运会上组成了一个联队，在1990年北京亚运会上两国也曾试图共同组队，但没有达成最后协议。1991年世界乒乓球冠军赛上，朝韩曾组成一个联队，共同行进在一个类似的白蓝色旗帜之下。

与此同时，大型的体育比赛往往是一个国家总体体育水平的体现，颁奖仪式上要升国旗、奏国歌，因此虽然不能强调体育比赛的政治性一面，但是其政治含义也是不可避免的。

第三节　成为出色的体育记者

一、素质的较量

体育报道精彩与否，主要由体育记者的职业化水平决定。从某种意义上讲，体育记者的综合适应能力要等于或强于战地记者，因为战争不是每年都有，而像打仗一样的大型、综合性运动会，如全运会、亚运会、奥运会等，专职体育记者几乎每年都能碰上。

1997年，《中国记者》杂志就体育记者的素质做了一个广泛的调查，业界一些资深的体育记者提出了自己的一些看法。他们一致认为：体育记者最基本的条件是要热爱体育。体育记者的反应速度应比其他记者更快一些，因为体育比赛的结果往往不可预测，一些新闻素材和采访机会稍纵即逝。此外，体育记者还应更好地掌握现代化采访手段，因为体育记者相对于其他记者有更多机会出国采访，有更多机会接触国际新闻界，所以应掌握外语和电脑等基本采访技能。

综合一些业界资深记者的心得体会，结合国际体育新闻采访与报道的特点，可以归纳出记者从事国际体育新闻报道的几个基本要求。

第一，懂体育，具有一定的专业知识。如今，体育新闻受众本身的专业知识水平比较高，关心国际高水平体育比赛的受众尤其如此。这些受众大多熟悉体育比赛的规则，不少人对世界杯、欧洲杯、世界拳王争霸赛等如数家珍。体育记者若缺乏专业知识或不够懂行，写出的报道是无法吸引受众的。

第二，能写作，基本功扎实，有比较高超的文字表达能力。由于体育新闻大多是"急就章"，因此，体育新闻的采掘者必须具备相应的基本功，在观察、取材、思考、判断、落笔等"生产"过程中，独立、敏捷地作出处理。一般的体育记者只会描述比赛，就事论事，而优秀的体育记者能从平淡中看到精彩，从精彩中看到精华。

第三，会采访，知道采访谁、采访什么。电视体育新闻报道的不断拓展，使利用文字、图片等类型进行报道的体育记者必须改进自己的报道手段。他们经常利用"时间差""位置差"等策略应对。所谓"时间差"，就是将文章做在电视镜头的前面；所谓"位置差"，就是将文章做到赛场外。而分析性、解释性、调查性、背景性新闻，更是文字记者参与激烈的体育新闻竞争的重要方法。

第四，熟练使用外语，这是从事国际体育报道的基本要求之一。

第五，努力开掘体育报道的内涵，写好评论。体育评论已经是现代体育报道的主要手段之一。不会写评论的记者算不上是一个好的体育记者。但这并不是让体育记者都去"当教练""做场外指导"。体育评论应该是一种介乎专家言论和观众议论之间的文字，既能让专家理解，又能让观众的情感得到宣泄。

此外，从事国际体育新闻报道的记者经常需要长途跋涉到陌生的异国他乡，频繁转场去报道赛事，因而必须掌握多种形式的交通工具和通讯手段，对其适应与应变能力也有一定要求。赛事期间，记者们往往连续作战数十天而每天只睡三四个小时，需要有极强的耐久力，因此，好身体也是成为体育记者必不可少的条件。

二、从专项报道开始

中国比较知名的专项报道记者几乎都是足球记者，这并非偶然——专职报道某个体育项目的记者的多寡，与该项目的产业化程度和市场号召力密切相关。因此，中国体育新闻的研究与教学都较少谈及专项报道的问题。

　　相反，很多发达国家的优秀体育记者是从做专项报道起步的。专项报道是这些国家体育版的根本和体育写作的启蒙。《华盛顿邮报》的专栏记者米歇尔·威尔邦认为①："年轻人总是想出学校门就做专栏作家，谁都不想做报道。这很可笑。应该先做10年的专项报道记者。任何观点必须有依据，而这些依据来源于长年累月的知识积累，到运动员休息室的采访和观看比赛，没有专项报道，就没有最基本的信息；没有专项报道，专栏作家就不可能开始工作。"

　　其实，体育新闻中专项报道的原理，类似于我国新闻业界常见的做法，即跑"口"和跑"线"——让记者长期追踪报道某个专门方向，从而累积起该方面丰富的人脉与经验。

　　《美联社体育新闻报道手册》列举了专项记者这样一些日常行为②。

　　他们在比赛前三个半小时就出现了，穿梭于运动员更衣室、场边休息区和训练馆之间，采访运动员、教练和管理人员；

　　他们会一大早到跑道上观看体能测试，在雨中的下午采访训练，随时与经纪人或训练者闲谈，不停地把看到和听到的胡乱涂抹在笔记本上，虽然大部分内容不可能发表；

　　他们了解各种运动伤病，知道胫骨突出肿大即使不影响运动员的运动生涯，也要影响整个赛季的比赛；

　　他们的生活是围绕赛季安排的，要找到每场比赛的闪光之处，使报道摆脱平庸；他们要一个个地澄清各种传言，核实每个转会与签订合同的消息；他们不仅熟悉每个选手与教练员，还熟悉他们的助理、经纪人与赞助商，能亲热地叫出他们的配偶与孩子的名字，知道这些人昨晚吃饭的餐馆和今天将在哪里就餐，并不时和他们一起吃个便饭聊聊天。

三、报道大型国际赛事

　　报道大型国际体育赛事，在出发前，体育记者应从下面几个方面做好准备③。

---

　　① ［美］史蒂夫·威尔斯坦：《美联社体育新闻报道手册》，27页，北京，中央编译出版社，2004。

　　② 同上书，12～14页。

　　③ 曹竞、戴学东、赵金：《如何报道大型国际赛事》载《青年记者》，2004（7）

（一）做好案头工作

了解主办国和主办城市的地理位置、气候、人文历史，以及大赛的筹备工作。充分详实地了解有关赛事、各国代表队的情况。在此基础上，要有预见性，如金牌的分布、各国的优势、强项等。记者要对哪些国家和地区会是金牌榜的前几名，哪些项目估计会比出高水平甚至于破世界纪录，哪些项目可能会爆冷，哪些名将可能会输球，哪些新秀会崛起等，心中要有数；记者还要清楚一些主要项目的历史发展脉络，如规则经历了哪些变化，技术打法经历了哪些革新，哪种技术类型的球队或选手专克什么技术类型的球队，这样才能在现场有目的地进行跟踪报道。

（二）做好先期采访工作

这是指对本国代表队的情况了解和采访。在赛场上，运动员和教练员都很紧张忙碌，不会有时间和精力接受采访。对一些比赛成绩的预测、对比赛的想法等问题，事先就应该采访好。

（三）注意积累

积累体育知识包括对各种体育项目的了解、对运动员的认识等。报道某一赛事并不能只单纯地报道某些结果性的东西。记者的稿子是否耐读，信息量是否充分，写起来是否能做到游刃有余，不捉襟见肘，这和记者平时的积累有很大关系。

（四）重视策划

要报道什么，重点在哪里，出发前应该策划好，这样在采访中才能心中有数，重点突出。

（五）准备工作要做细

记者出发之前的准备工作做得再细都不为过。例如，要知道目的地使用的是什么电源插座、电压多少伏，准备好电源转换器。住宿在国内就要订好，一般要找能上网的酒店。关于交通，有时可以在当地租下一辆车自己开。记者到达目的地后，要在驻地附近找个网吧，包下一台机器，装上中文软件使用。往返机票一般出发前就要订好。如果固定在一个城市比赛好办，但如世界杯等赛事，需要转战多个城市，就要视情况而定。如果要去美国的不同城市采访，就需要坐飞机，在国内就要订好机票。而欧洲国家的城市，一般坐火车，随到随买。日本可坐新干线。

对体育记者来说，采访那些规模大、项目多的赛事，确定采访哪些赛事、哪些人物，往往比开展采访要费事得多。

以奥运会为例，一般来说记者会特别关注中国选手的动态（夺金情况、破纪录情况或创历史最好成绩等），在有多个夺金点而又人手有限的情况下，记者可能首先挑选在国内普及程度高、受欢迎的项目去采访。其次是明星选手参加比赛或具有世界性影响的比赛（如有 NBA 选手加盟的篮球决赛）以及其他国家选手的高水平成绩（如破世界纪录），另外还有其他突发新闻事件或与之相关的新闻。

由于现在电视转播较为普及，国际性大型赛事尤其如此，因此文字记者写报道时要注意捕捉摄像镜头捕捉不到的细节，要给受众提供深度分析与精到评论。在被记者围得"密不透风"的赛场，要获得独家新闻是非常困难的，但记者一定要有独家视角。

第四节　体育新闻从哪里来

一、看比赛

一些新进入新闻采访这一行的年轻人常常会问："体育采访最应该注意的是什么？"

其实很简单："去看比赛，体育新闻的最重要来源是就比赛。"对于这些年轻人来说，通过看比赛去写体育新闻是理所当然的事。然而，一个事实是：并不是所有看得懂体育比赛的人都是会写体育新闻的，而要写好体育新闻的首要条件是看得懂比赛。

例如，一场足球比赛，一般的观众只注重比赛的结果，也只能看到比赛结果的意义，而体育记者看到的却不仅只有这些。比赛的过程以及比赛后面的东西，是体育记者必须注意收集和报道的：体育记者在报道足球比赛时，除了报道比分之外，还要注意教练的排阵，即以什么样的阵型去对付对手，为什么以这样的阵型去对付对手，在比分领先的情况下采取什么样的战术，在比分落后的情况下采取什么样的战术等。此外，记者还需要对各队中的明星队员有所了解，对球队的历史有所了解。只有这样，记者写出的新闻稿件才会好看，才能吸引读者的眼球。

一般来说，赛事报道的要点如下[1]。

第一，比赛在何时何地举行，比赛结果，比赛持续时间（如果比较重要的

---

[1]　［美］梅尔文·门彻：《新闻报道与写作》，558 页，北京，华夏出版社，2004。

话），对名次、排名、个人记录的影响等。

第二，比赛转折点，带来胜利的机会，关键策略。

第三，表现突出的运动员。

第四，重要投篮、射门等细节及数据统计。

第五，个人或球队的胜败记录。

第六，赛后评论。

第七，外部因素：天气、观众、上座情况等。

第八，运动员伤病情况及后果（如果有的话）。

二、采访教练

体育新闻的主要消息来源在赛场上，但它又不是唯一的消息来源，记者还可以从体育部门、教练、运动员、医生和其他渠道获得新闻。

教练被认为是重要的体育消息源。这主要是因为：教练对于相关的项目非常了解。例如排球教练对排球运动是了如指掌的，他们不仅了解自己的队员，而且对世界排球发展的趋势也比较清楚。同时，教练的责任是负责训练队员参加比赛，这就使得他们对训练的手段、目标等十分清楚。另外，在很大的程度上，记者接近教练比较容易，特别是主管某一项目报道的记者，更有条件接近这个项目的教练。

教练虽然是记者重要的新闻来源，但是要获得和保持这种新闻来源是不容易的。记者要同教练确立一种特殊的工作关系，尤其要注意以下几个方面：第一，要给教练留下良好的第一印象，无论是面对面的交谈还是电话交流，记者都要注意礼节，尊重对方。第二，记者必须对所要接触的教练所负责的项目有所了解，如果做不到这一点，那么很可能首次接触就会失败。第三，同教练要有很好的交流，特别是准备对教练所负责的项目写批评性稿件时更要注意这一点。第四，同教练经常保持联络，不能只在有比赛的时候才找教练，平时也要同教练多联系。第五，要了解教练的爱好和性格，注意教练的思路和言谈风格。但是，记者在同教练打交道时也要注意，教练很可能不愿意透露一些负面情况，因此要做一些客观的观察和判断，以免完全受教练的左右。

三、采访运动员

运动员在新闻源中的重要性是不言而喻的。但是，记者如何才能利用好这个新闻源，要看记者本人的能力。记者首先要了解运动员所参与的项目，只有这样才能得到运动员的尊重。同时，记者要尽可能多地参加运动员的活动，与运动员建立私人间的友谊。这样在需要采访时，记者和运动员之间就不会有隔阂或防备心理，采访的难度就会减少。在与运动员交往的过程中，有一点记者必须十分注意，并不是运动员提供的素材都可以作为稿件的材料，在写稿时要去掉那些可能造成运动员之间误会的素材，否则可能失去一些消息来源。

老记者彼得·哈米尔特别提到采访比赛失利一方的重要性[1]："所有优秀的体育记者都知道，最好的报道在失败者的衣帽间中。胜者都是一些令人生厌的人——装出一副虚假的谦虚姿态，或者摆出胜利者的趾高气扬，同时感谢他们的母亲、他们的经纪人或者上帝。失败者更像我们其他人。他们犯下了无法挽回的错误。在需要完美的时候，他们是不完美的，因此有时候蒙受了永远的羞愧。如果组织化的体育活动教授了人任何关于生活的教训，那么，最重要的便是关于体面地接受失败。"

注意：教练和运动员能够成为记者的消息来源，其中很重要的原因是新闻界和他们有着共同的需求。这就是教练和运动员需要通过新闻界获得体育迷和广告商的支持，而新闻界则需要教练和运动员作为报道的题材。尽管两者之间的关系并不总是平安无事的，但是，记者要设法化解矛盾，因为没有消息来源，记者就不可能写出精彩的稿件。

四、其他消息来源

当然，其他一些消息来源同样是重要的，如运动员的父母有时就是比教练更好的消息来源。通过运动员父母了解到的情况写成的稿件，人情味更浓，有特殊的吸引力。另外，专门的公关人员和经纪人、各种体育协会或媒体组织也可以成为记者的消息源。体育记者必须充分利用这些消息源，以写出更多精彩的稿件。

体育记者必须具备一些独特的素质，最为重要的是广泛的背景知识和独到的判断力。背景知识有历史的，也有技术的。体育比赛本身的报道当然是最重要的，但是比赛以外的细节和背景可以使报道更为丰满，更有吸引力。有了背景知识的基础，体育记者就会有良好的判断力。在电视转播十分普遍的情况下，许多受众已经通过电视观看了比赛，因此记者的判断力受到了严格的考验。如果记者的判断力离专业的水平很远，那么这个记者就有可能失去受众的信任。

同时，体育记者必须保持冷静和客观，因为只有在这种状态下，记者才有可能写出优秀的体育新闻。这种冷静和客观是建立在良好的背景知识和判断力的基础上的，或者说是这两种能力的具体体现。本土的体育迷可能对记者没有全力支持他们的运动员抱怨，但是最终他们会赞赏记者的客观。有一点需要特

---

[1]　[美] 梅尔文·门彻：《新闻报道与写作》566页，北京，华夏出版社，2004。

别注意的是，记者在评论的时候要十分注意分寸。

　　写作的文风对于一个体育记者来说也是至关重要的。优秀的体育新闻既避免了陈词滥调，又不违背正确的修辞原则，既不沉闷又不显得夸张。明快、清晰、可读性强，这是体育记者写作的一般原则。

第五节　不仅仅是让受众身临其境

一、现场报道与观察

　　高高地跃起在空中，双腿张开，舌头伸出嘴，他显得相当轻松与冷静，似乎旁若无人，有大量时间思考下一个动作，整个过程都漂浮在空中。面对两人防守，乔丹像惯常那样，他找到一条路突入防守队员中间，像一部看不见的升降机一样腾空，他的腿摇摆着，然后把球投入篮筐。他打球的轻松让其他队员——他们全部在大学是明星——相形见绌，有些笨拙和慢一步。

　　尽管已经看过电视直播，读者仍然希望再次享受精彩的比赛；而好的体育新闻，让人们再三回味，享受即时重播的好处——戴维·雷姆尼克对迈克尔·乔丹著名的特写，显示了传神的现场报道带给读者的快乐。

　　报道有关赛事活动时，体育记者要让受众身临其境。同其他新闻一样，最鲜活、最生动的体育新闻是现场报道。

　　赛场的现场报道，是体育现场报道最重要的部分。赛场的现场报道多种多样，有时描写整场比赛，有时描述比赛最吸引人的部分，有时将比赛和观众融为一体……总的要求，就是现场感强。

　　观察，是所有新闻写作，尤其是优秀的体育新闻写作的基础。而对于一名体育记者来说，撰写现场报道最大的挑战，在于要生动地描述一个有目共睹的事件——他们关注着使这场比赛与众不同的那一刻；他们对色彩的运用和对细节的描写使整个故事无比真实；他们用最简洁和最机智的引言使人物的性格呼之欲出①。

　　合众国际社描写跳水王子洛加尼斯的特写，就是一篇出色的现场报道。

　　【合众国际社印第安那波利斯1988年8月24日电】格雷格·洛加尼

---

　　① ［美］史蒂夫·威尔斯坦：《美联社体育新闻报道手册》，1页，北京，中央编译出版社，2004。

斯站在跳台顶端，黝黑的身躯纹丝不动，两眼凝视着下方 10 米处的水面，庄重地迎接挑战。

两条粗壮有力的大腿奋力一弹，身躯高高跃入空中，转体、旋转、舒展的动作一气呵成。入水时全身形成一道直线，在几乎没有激起一丝水花的情况下没入水中。这就是洛加尼斯的跳水动作。其技巧纯熟、美妙而雄浑有力、优雅大方，真不愧为跳水艺术的大师。人们普遍认为，他将在汉城保住他在 1984 年夺得的两块金牌。

第一位入选美国奥林匹克 4 人跳水队的洛加尼斯也创下了夺得 47 项全国跳水冠军的纪录。他在 3 米与 10 米跳台上表演的跳水技术是无与伦比的。

洛加尼斯现年 28 岁，他是美国参加奥运会中年龄最大的跳水运动员。他认为，尽管他取得了辉煌的成绩，但跳水技术并非十全十美。他说："10 分并不意味技艺的炉火纯青，十全十美的跳水动作并不存在。它是一个需要人们去奋力夺取的目标，但这个目标是永远无法实现的。"

洛加尼斯并不是一个过分自信的人。他总是主动地汲取对手的长处。他说："人们说我看上去十分从容。但我是一个人。我对自己的跳水动作并没有很大把握。我看过中国式跳水。它给我留下了深刻的印象，我愿意从中学到一些东西。"

高台跳水中的洛加尼斯
（新华社发）

在体育比赛中，跳水项目的报道有很大的难度。跳水比赛从起跳到结束的时间是以秒计算的，留给记者发挥的余地很小。因此，要写好这类稿件，记者细致入微的观察，是稿件成功的关键，而了解有关背景，能增加报道的深度。

年轻的体育记者有时过于努力，以至写出的东西就是一些细枝末节。门彻[1]认为：写作体育新闻时记者不要勉强自己，文字最好从事件中自然流出。体育运动天生具有戏剧的基本要素——冲突、领军人物、戏剧性结果，有足够的意外和事例让事件增色，有足够的趣闻轶事说明形势，还有足够的高质量引语来揭示出个人与事件的特点。

---

① ［美］梅尔文·门彻：《新闻报道与写作》，572 页，北京，华夏出版社，2004。

二、体育新闻的娱乐化叙事

"四骑士再次出击。在戏剧故事里，他们被人们称作'饥荒''瘟疫''破坏'与'死亡'。这些名字是化名，他们的真实姓名是施图德雷厄、米勒、克劳利与莱登。"

以上被认为是美国"体育报道历史上最著名的导语"①——美国体育记者格兰特兰·赖斯描绘 1924 年圣母大学队对阿米队橄榄球赛的导语——通过将圣母大学队的后卫与《圣经》中的骑士联系起来，赖斯给与这些带给球队胜利的功臣以永久名誉。

"体育是和平时期的战争"，二者在哲学层面上、在发生机制上、在表现形态上、在战略战术上、在人性解读上……有太多相同之处，记者报道体育新闻采用描述战争的手法因而是十分自然的选择。

在巨大的市场竞争压力下，充分运用各种手段对体育内容进行娱乐化修饰和表达，以使之更吸引读者，成为当前体育新闻写作的一个鲜明表征——学者张名章将体育新闻报道这种娱乐化倾向概括为战争叙事与情色叙事等特点②。

战争叙事通过大量的描述战争的词语的使用，来渲染激烈的竞争气氛。对整个比赛的讲述借助于对"战争"的描写来完成，渗入了大量的军事用语。

在战争叙事中，为比赛做准备叫做"备战"，比赛开始叫做"开战"或"点燃战火"，进行比赛称作"厮杀"或"短兵相接"，参加比赛的人员配备称之为"阵容"，赛场上队员的位置排列、攻守力量搭配和职责分工叫"阵型"，准备不充分就上场比赛叫做"仓促上阵"，阵型被对手打破称为"打乱阵脚"，比赛中的战术安排叫做"调兵遣将"或"排兵布阵"，选择较好的进攻时机称为"捕捉战机"，打破了对方的防守叫做"突破防线"，足球比赛中攻进对方球门叫做"攻陷对方城池"或"轰开对方大门"，比赛结束称作"鸣金收兵"或"硝烟散尽"，"调整阵容""诱敌深入""杀回马枪""杀出重围""虚晃一枪"……这是描述赛场上一般的战略战术，"全攻全守""中路进攻""边线进攻""交叉进攻""后排进攻""掩护""包抄""夹击""包围"……这是描述赛场上常用的进攻战术，"盯人防守""区域防守""密集防守"……这是描述赛场上常用的防守战术除了直接将比赛过程用战争来"再现"，还将体育运动的主体都转换成军事上的称谓，如教练成了"帅"，队员成了"将军""兵""炮弹""枪手""射手"，整个队则成了"战车""战

---

① ［美］梅尔文·门彻：《新闻报道与写作》，567 页，北京，华夏出版社，2004。

② 张名章：《战争、江湖、情色，体育新闻的娱乐化叙事》，载《新闻知识》，2007 (8)。

船""战舰"。

情色叙事表现为将新闻内容强行与性的拉近或以性来隐喻赛事。

20 世纪 90 年代后期，以《南方体育》《足球报》为代表的媒体引发了这类体育新闻的泛滥，如《奥运就是性感》《上海足球与性感做爱》《一场球赛就是一场性爱》《足球性高潮》等这样的标题，频频出现在各种报纸的体育版上。

好的体育报道，应当充满活力，既野性又大胆，绝不呆板乏味和陈词滥调。但是，如何使报道吸引读者的同时，又保持其格调与品位，是对所有媒体提出的挑战。

像所有其他新闻一样，避免体育报道低俗化的关键还在于体育记者本身的眼界、修养与口味。

三、深度决定高度

传播技术的飞速发展，让体育比赛的电视直播无处不在。这种情况下文字记者还能有什么作为？有人悲观地认为，只剩下竞赛的技术细节和专家评论，剩下体育和运动员的背景知识。然而，事实是：电视体育节目越发达，报纸的体育新闻就越受欢迎。那么，文字体育记者该怎么做呢？一名西班牙记者说："电台公布新闻，电视台推出画面，报纸做解释。"

新华社记者胡旭东和毕靖所写的《落地的遗憾》，撷取体操比赛中一个特殊的镜头，本是篇不错的现场报道。但记者不满足于此，而是将视野扩展开去，讨论起中国体操队的弱点，进一步深化了报道。

22 日下午是第 25 届世界体操锦标赛的最后一场比赛。中国队的杨波以优美的姿势跳上平衡木。她连续的跟斗，如履平地，转体、跳跃、造型，稳如泰山，整套动作挑不出一点毛病。最后一串落地的跟斗起来了……可是，当她脚一沾地时，却连续向前冲出了好几步。

全场掌声和叹息声连成一片。只得了"9.80"分。到手的冠军丢了。杨波呆呆地坐着，有人递给她一瓶饮料。

平衡木的颁奖仪式开始了。杨波看着罗马尼亚的希莉瓦斯走上冠军领奖台，眼泪涌了出来。当场上为第 7 名杨波发奖时，全场响起了响亮、热烈、长时间的掌声，这掌声超过为冠军发奖时的力度和时间，这掌声既赞叹杨波在平衡木上的技艺，也为她的失败而遗憾。

遗憾的落地，落地的遗憾。

中国队在团体和全能比赛中，就因为普遍的落地不稳失去了不少分。在昨天的单项决赛中，男队员李春阳因自由体操最后一下未站住，而失去了冠军。今天，杨波又重蹈覆辙，确实令人遗憾。吃过多少苦，抹过多少泪，花了教练员多少心血。如今，就是因为落地的一下子没站住，一切的一切全泡了汤。

许多国际体操界的同行、老朋友，在锦标赛期间都友善、恳切地向中国队提起过中国选手落地不稳的问题。

国家体委训练局副局长、本次锦标赛中国代表团团长张健也说，这个问题是中国队的主要缺点之一，是该吸取教训的时候了。

不该让落地成为中国队水平进一步上升的拦路虎，不该让落地铸成运动员一生的遗憾。

只要我们认真对待，问题就不会再成为遗憾。

一般的报道忌讳记者发表议论。但在这篇报道里，议论由于是因指出问题所需，就不显得多余和不妥。

"英国足球困难重重"是法国《世界报》报道英国足球存在的问题的一篇稿件。这篇解释性报道没有什么一手资料，不过点出了英国足球的诸多问题，可以说切中要害。

【法国《世界报》10 月 12 日～13 日文章】题：英国足球困难重重

英国正处于烈焰的包围之中。不是别的，正是足球，在它的发祥地、在拥有世界上最富有的足协的国家点了一把火。面对如此严重的形势，英国《卫报》表露出了不安的情绪："英国足球的衰落已经到了如此地步，必须尽快采取行动，恢复有教养的行为。"

让我们先看看以下的事实。在土耳其队与英格兰队进行关键性比赛（10 月 11 日，争夺 2004 年欧洲足球锦标赛的入场券）的几天之前，英格兰足球队威胁说要罢工，原因是后卫里奥·费迪南德因忘记了接受反兴奋剂检查而被禁赛；同一天，利兹联队的两名球员被拘捕，他们被指控强奸了一名年轻女子；另外，英超的几名职业球员在伦敦的一个大饭店强奸了一个 17 岁的女孩子；还有，纽卡斯尔联队的克雷格·贝拉米因为进行种族攻击而被罚款；最后，英足总做出了将阿森纳队 6 名球员送交其纪律委员会的决定，此举更是突出了最近笼罩在足球场上的暴力气氛：9 月 21 日，在阿森纳队与曼联队的比赛结束之后，这几名球员制造了一些严重的事件。

事情怎么会闹到这个地步呢？偏见、权力、金钱、酒精、毒品、性：这些因素集中在一起，导致了英国足球现在面临的重重困难。

金钱对纪律所起的反作用是所有问题的第一大因素。英格兰的足球俱乐部（大部分都已在交易所上市）比其他欧洲国家的足球俱乐部掌握着更多的金钱，这主要是因为与英国天空广播公司（BSkyB）签订的电视合同给它们带来了大笔收入。从中受益的不仅仅是被以极高的价格招至麾下的球员和教练，整条"生产链"——经纪人、俱乐部管理者、律师和专门的银行家——都在超速运行。

比赛奖金、广告合同和赞助费都在水涨船高。切尔西俱乐部被俄罗斯富翁罗曼·阿布拉莫维奇买下，曼联俱乐部受到两位爱尔兰亿万富翁的控制；英超的俱乐部被当作香皂一样，卖给了一些大富豪；而后者则把这些俱乐部当"舞女"一样对待，或者用它们改变自己的形象。足球产业（门票、足球相关商品、电视转播费、赞助费）的营业额每年将近10亿英镑，相当于一家上市大公司的年营业额。

第二个因素：这种水涨船高的趋势加强了被奉为"神"的球员们的权力。为了保住他们的明星，不少教练员对违反纪律的事情（如训练迟到、在比赛前夜酗酒）视而不见。受到了球迷奉承的球员们大部分都很年轻（他们在16岁就离开了学校），他们多数情况下都很幼稚、不太懂规矩，而且认为自己可以打破所有的禁忌。《金融时报》以幽默的笔调进行了评论："要对足球进行改革，最好的解决办法是将所有的教练都换成外国人。这比改变酗酒文化要容易得多——大部分球员都是在这种文化中长大的。"该报纸指出，英超职业球员中有很多外国人，但几乎所有犯了错的球员都是英国人。哥儿们友谊、流连于夜总会以及公开鄙视女人，这些因素掺杂在一起使一些人缺乏责任感并犯下了强奸罪。

第三，媒体的巨大压力也是发生这些事件的促因。《每日镜报》的负责人皮尔斯·摩根说："在媒体排行榜上，足球明星取代了王室成员、电视名人和摇滚乐歌手。只有体育运动员才能保证报纸的销量，正像贝克汉姆现象显示出来的那样。"媒体不断搜寻独家新闻和对人物的跟踪报道，导致球员和领导者中间产生了真正的偏执狂。

内部有分歧、无所适从、四分五裂的英足总受到了质问。在富有的大俱乐部的压力下，缺少资金来源的英足总无力惩罚比赛中经常发生的行贿或者种族歧视现象。最后，专家们批评工党政府的无所作为。布莱尔（他是一名狂热的足球爱好者）在1997年上台后确实成立了一个委员会来对足球进行改革，但此举迟迟不见成效。最终，其政府显得无力控制体育场内或场外的问题。

四、特写与侧记

（一）"四大要素"和"三条原则"

特写和侧记与现场报道有同样的重要性。一般来说，特写和侧记可以写比赛现场的一个精彩场面，也可以写赛前的训练场景，可以是事件报道，也可以是人物报道。有的体育报道专家认为，特写和侧记就是写"有趣的事"，这是很有道理的。下面是一些美国体育记者寻求的"有趣的事"的例子。

《巴尔的摩太阳晚报》记者约翰·斯特德曼到夏洛特采访前巴尔的摩手枪队球员杰瑞·里查德森，以他为主角做了一个人物特写。里查德森为球队效力30年，现在靠经营快餐业积累了一笔财富。目前他正在为所在城市能拥有一支职业橄榄球队而忙碌。

戴夫·卢克金是《圣路易斯邮报》专门报道冰球比赛的记者。在圣路易斯蓝色队主力亚当·奥提斯连续第二年落选冰球大联盟全明星赛后，他写了一篇特写，其中着重描述了奥提斯在上一个赛季的优异表现及他落选后的反应。

《体育新闻》冰球记者简·哈伯德写了一篇关于金州勇士队前卫克里斯·穆宁的特写。其中既涉及其刚故世的父亲罗德的影响，又描述了穆宁最近在赛场上的成功，还讲述了几年前他戒酒的经历。

《纽约时报》记者萨曼莎·史蒂文森写了一篇以职业棒球和美式足球明星波·杰克逊的家庭生活为主题的人物专访。萨曼莎拜访了杰克逊位于加利福尼亚的家，当他效力于洛杉矶进攻者队时就和家人住在那里。文章描写了杰克逊作为丈夫和3个孩子的父亲的生活以及他如何平衡自己的家庭和双重球星事业。

弗吉尼亚里士满《时代电讯报》记者鲍伯·利普在堪萨斯城主力后卫巴里·沃德成功地实现一个"千码赛季"后，以他为主角做了一篇特写报道。沃德在常规赛最后阶段中创造了200码纪录，使他的球队进入了全美橄榄球大联盟的季后赛。利普勾勒出了沃德在大学的成功之路以及曾因贩毒入狱的历史。这篇传记式的报道，向读者展示了沃德在过去6年中是如何从混乱无序的生活中挣脱出来的。

《华盛顿邮报》的专栏作者托尼·科恩赫西尔为邮报的周末版写了篇特写，就球队的春训炮制了一则噱头。这位体育评论家声称自己获得了独家消息，说华盛顿的议员们将在16年后重返华盛顿特区的职业棒球赛场。一些读者竟然相信了这篇5000字的离奇报道。

这些例子说明，体育特写的主题可以有很大的差异。

（二）人物特写

体育人物同其他人物一样，在新闻中占有独特的地位。然而，要写好体育人物并不容易，需要体育记者具备很强的观察能力、采访能力和写作能力。实际上，用文字写活人物是一件难度很大的事情。

合众国际社记者戴维·特里的《快乐的巨人》是一篇出色的体育人物特写，其显著的特点表现在传神的细节描写上。

当七英尺二英寸（二米二〇）的中国运动员穆铁柱小步跑入体育馆时，观众席上发出了阵阵惊讶声。

赛前练习开始了，穆铁柱一伸手就把球塞进篮内，观众席上又爆发出"啊，啊"的赞叹声。

可是，当球赛正式开始后，第八届亚运会上这位个子最高的运动员第一次投篮不中时，观众席上就发出了"咯、咯、咯"的笑声。这位斯文的巨人一下子红了脸，他捏紧拳头，似乎很难为情，也许还有点烦躁。他的名字就是"铁柱"。穆一直是观众们所注意的中心人物，而且确实自始至终为观众所喜爱。

穆是一位羞涩、寡言的汉子。他说他还没有结婚。当他被问到干什么工作时，他坦率地答道："篮球。"他正式职务是中国部队的一个士兵，他的军衔是战士。他打篮球已有 9 年之久了。29 岁的穆铁柱在中国篮球队里是年龄最大的队员之一。

一位观看过穆不久前在马尼拉举行的世界篮球锦标赛和这届亚运会比赛的裁判员说，他比以往打得泼辣一些了。

裁判员解释说，"在马尼拉，当他碰撞了对方的队员时，他马上向人家道歉，而且他确实也被推来推去。现在别人推他时，他也会用肘部顶回去或推回去了。"

新华社——中国的官方新闻机构的一名体育记者说，"在中国，当一方的队员碰撞了另一方的队员时，总是要道歉的，如果碰倒了，还要把对方扶起来。"

这位体育记者还说："中国队对观众的欢呼声不那么适应。因为在中国，人们并不那么容易流露他们的感情，通常只是鼓掌，偶尔还有一点喝彩声。"

但是在星期二晚上中国队以 91：71 胜南朝鲜队的那场争夺金牌的比赛中，穆铁柱确实流露出了一些情绪。在比赛中，他得了 24 分，抢到了很多篮板球，并使得南朝鲜队员不能接近球篮。一名对手试图阻挠穆投篮，打了他的眼睛。当这个巨人看来可能要坚决进行报复的时候，这个对手吓得往后退。泰国观众对南朝鲜队发出了一片嘘声，并向场地上扔鞋子、软饮料杯、甘蔗等。穆铁柱的眼睛经医生检查后，仍继续参加比赛。

据中国队员下榻的文华饭店雇员说，饭店为穆搬进了一张特殊的大床。他比其他队员消费"多一倍的食物"。他们平均身高六英尺二英寸（一米九），比穆铁柱足足矮了一英尺。

饭店餐厅的服务员说，穆不吃辣的加有香料的泰国食物，早餐喜欢喝4杯新鲜牛奶——他退回了炼乳，一碗煮熟的鸡蛋，再加火腿、面包和米饭。

服务员说，至于午饭——那是巨人的主餐，穆至少要吃满满的四五碗米饭、炒菜、鸡、猪肉和牛肉，用橘子汁送下。晚餐完全是由营养价值很高的食品组成，如香蕉、橘子、菠萝、炒菜和一碗汤。

穆初到饭店时把两张双人床拼在一起，而在中国他睡在3张军用床上。旅馆经理找到了一张特大号的床以保证这位巨人能够睡好。

房间服务员也得到通知要准备两三瓶可盛一夸脱的泉水，这是穆夜晚休息前的饮料。

虽然穆是这次篮球赛身材最高的运动员，可以轻而易举地抢到篮板球，并且叉开两腿稳稳地站在场上就能从容地把球塞入篮内，但是官员和许多评论家们认为，穆很少运球，动作笨拙，对付身材较高的欧洲队和美国队时就不灵了。即使这里没有篮球迷，穆也可以使体育馆座无虚席。当六英尺高的泰国运动员跳跃着围在穆的身旁，毫无效果地企图在拦球或者扰乱穆投篮时，泰国人民向这个温和的巨人热烈喝彩。

当穆被两个人夹击时，他却咧开大嘴，笑嘻嘻地拍拍身材矮小的对手的肩膀，于是人们又发出阵阵欢呼声和笑声。

记者的传神描写把一个高大、温和、受观众欢迎的中国篮球队员展现在受众面前，给那些从未见过穆铁柱的人留下了深刻的印象。"小步跑入""观众席上就发出了'咯、咯、咯'的笑声""咧开大嘴，笑嘻嘻地拍拍身材矮小的对手""早餐喜欢喝4杯新鲜牛奶""穆不吃辣的加有香料的泰国食物"，这样一些细节不仅包括了赛场上穆铁柱的表现，而且还有赛场之外富有情趣的爱好，因此整篇稿件充满了情趣和吸引力。

（三）人物侧记

罗马尼亚体操名将科马内奇曾经是世界体坛的宠儿。其高挑的身材、富于神韵的动作、有些冷酷又讨人喜欢的脸庞，使其知名度远远高出其他体操运动员。由于报道科马内奇的稿件已经非常之多，因此从什么角度去写她就显得特别重要。美联社下面的这篇侧记所选择的报道角度就非常成功。

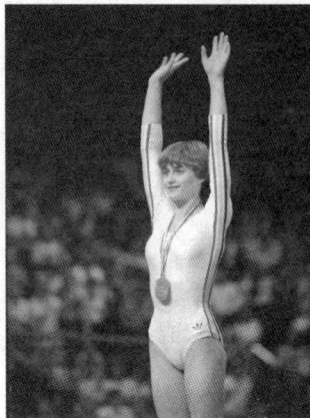

罗马尼亚运动员科马内奇获得第 11 届世界大学生运动会女子个人全能冠军（新华社记者胡越摄）

【美联社莫斯科 1980 年 7 月 18 日电】娜地娅·科马内奇仍然是奥运会上最招人喜爱的角色。

她今年 18 岁，个儿长高了，也丰满了，但仍然不失为一个苗条的少女。这位引人注目的罗马尼亚运动员，是唯一能够走到奥林匹克村大门外就能造成交通阻塞的人。

事情发生在昨天。快到中午的时候，娜地娅和她的身穿绿色运动衫的队友们——她们看起来很像白雪公主和七个矮人故事中逃亡的仙女——在国际厅外的台阶上找个地方坐了下来。

参加比赛的各国选手聚集在那里，有的晒太阳，有的在畅叙友情。她们在那里安静地坐了一会儿，过往的人们开头谁也没留心她们是谁。

有个摄影记者注意到她们了，"咔嚓，咔嚓"给她们照开了相。又有一个摄影记者赶了过来。最后，她们被一群记者、摄影记者和运动员彻底包围起来了，运动员们伸长了脖子，想看一眼科马内奇，或请她签名留念。

很快，国际厅外热闹起来了。

他们都记得，1976 年，在蒙特利尔奥运会上，14 岁的小姑娘娜地娅·科马内奇令人眼花缭乱地夺得了 3 枚金牌、一枚银牌和一枚铜牌。她是有史以来第一个获得满分 10 分的体操运动员，并且 7 次获得满分。

娜地娅是个安详、和善的姑娘，她尽量愉快地回敬人们对她的注意。她用法国语回答了几个问题。然后，她和她的队友——都是些还不到她肩膀高的小娃娃——一起站了起来，朝着附近的体操房走去。美慕她的人们又推又挤地跟在她的后面走。当她回来时，这样的情景又重复了几次。

古巴重量级拳击冠军梯奥菲罗·斯蒂文森在一堵矮墙上坐了下来。世界著名的长跑家、坦桑尼亚的费尔波特·拜伊尔走进了一个露天咖啡馆。其他运动员——有的单独行动，有的成群结队，还有的冠军身穿运动服——走过这里，但是谁也没有引起大家的注意。

　　然而，人们都把注意力集中到娜地娅身上。

　　一个矮小的印度男人走近娜地娅，送给她一个印度娃娃。他解释说："这是一个克拉拉的舞蹈者。"娜地娅亲切地抱着娃娃，高兴地笑了。

　　当罗马尼亚运动员推开众人走进奥林匹克村时，有人用英语问娜地娅，她能否再夺金牌。她伸出大拇指，表示"第一"的意思，接着，她就消失了。

　　女子体操规定动作比赛将于下星期一举行，她是否能再夺冠军，到那时才可见分晓。

（四）花絮

　　在体育特写中，还有一种被记者偏爱的体裁——花絮。

　　花絮，是侧重于一点并加以详细描写的报道体裁，其最显著的特点是能有效地烘托其他报道的气氛。花絮的写作没有固定的格式可言，它可以采用任一种组织方式和导语类型。这种报道方式通常被用于描写比赛中发生的事情，但有时也用于描写观众或拉拉队。

　　史平克斯和泰森一度是世界拳坛的重量级人物，对于他们两人的交手，全世界的体育迷都十分关注，因此，美联社的记者在概述比赛过程的基础上，从钱的角度写了一篇非常出色的花絮：

　　【美联社大西洋城 1988 年 6 月 28 日电】史平克斯做了泰森的所有对手都不敢做的事——与这位世界重量级拳王对攻。可是史平克斯仅仅支持了 91 秒钟，两次被泰森击倒。当裁判员卡普西诺宣布，史平克斯被击败时，他还仰卧在拳击场的绳栏下。从史平克斯首先以一记右勾拳进攻的 30 秒钟，已清楚显示出他的战略并不明智。泰森以右拳还击，打得对手后退，他追到绳栏边，先以左勾拳击中史平克斯头部，再以右拳击中他的肋部。史平克斯倒在地上了。11 年职业拳击生涯中他第一次倒得这么快。当裁判员数到 3 时，史平克斯勉强爬起来，继续挥拳比赛，但泰森比他还快，一记左拳，继以右勾拳打中史平克斯前额，史平克斯应声倒地，再也爬不起来了。

　　史平克斯对泰森共顽抗了 91 秒，若按一小时的报酬计算，他可获得高达 5.34 亿美元的报酬。因为他参加这场比赛保证可得 1350 万美元。他在比赛中被泰森击中 8 拳，也就是每挨一拳他便能挣到 1687500 美元。按全部比赛时间计算，他平均每秒钟可获得 148351.64 美元。

　　泰森将得到 2000 万美元左右的报酬。确实数目根据拳击赛门票的总收入而定，但相差不致超过一二百万美元。换句话说，泰森每秒钟可得

219780 美元，或者可以说他每小时的薪酬是 7.91 亿美元。史平克斯共击中泰森两拳，亦即泰森每一拳可得 1000 万美元。

用 1500 美元购票入场的观众，等于每秒钟付出 16.48 美元。以 35 美元观看闭路电视播映这次拳赛的观众，则每秒钟需支付 39 美分。

（五）精神

"精神"，一直是体育特写的一个重要类型。美联社下面的报道，写的是两名世界级跆拳道选手之间的友谊，记者发现新闻的能力和写作方法都值得称道。

【美联社纽约 2000 年 5 月 30 日电】20 岁的埃丝特·金和 18 岁的凯·朴是在一起长大的，一起生活了 13 年，一起学习跆拳道，亲如姐妹。她们俩一同师从于金的父亲，都已成为跆拳道次轻量级的世界级高手，其中朴的排名世界第一。

10 天前，她们发现她们被安排要进行一场比赛，争夺参加悉尼奥运会的一个名额。根据跆拳道的比赛精神，如果一切事情都很公平，她们将把私人感情放到一边，进行公平决战。不过，事情并不是很公平，朴在美国奥运选拔赛的半决赛中膝盖骨不幸错位，于是金不愿与朴进行这场决战，情愿放弃比赛资格，将参加 2000 年悉尼奥运会的名额拱手让给她的朋友。

金说："我从未想到这样的事情……她是我最好的朋友，现在她甚至不能站立，我与她比赛是不公平的。我觉得，放弃是唯一应该作出的决定，我这样做了。我认为，最好的办法就是退出比赛。"

在决赛台上，金把自己的决定告诉了朴，朴不同意金的决定，这两位好朋友在台上吵起来了。但金决心已定，对她来说，这个决定是不会改变的。金 5 月 30 日在记者招待会上说："当我告诉凯的时候，她说'我不能让你这么做，'我对她说，'我告诉你，你并没有要求我这么做，这种比赛是不公平的。你的脖子上将挂上金牌，而我觉得我内心深处已经得到了一块金牌，并不一定非要参加比赛才能成为冠军，别的方式也可以当冠军。一位真正的体育运动员在每天的生活中也是一名冠军。'"

金和朴在决赛台上应付着，两人并没有真正对打。金说："如果我们必须打，那么就得把个人的因素抛开。如果她身体处于最佳状态，非常强健，那么我们会尽全力进行比赛。我们永远是朋友，因此谁赢都没有关系。"

在决赛的这一天，这两位朋友觉得她们两人都是胜利者。在场所有的人都被金的举动所感动。

当金的所作所为传开以后，其他一些人开始对她的决定指指点点。毕竟她放弃的是参加奥运会的机会。她说："我并不感到遗憾，也不后悔。我回想起那天的事情感到很骄傲。我认为，我做了一件正确的事情。如果你的兄弟站都站不起来，你还会和他比赛吗？如果你打败的对手只有一条腿，而你却有两条，你会感到心安理得吗？"

金的事情很快引起了国际奥委会官员们的注意。几天后，国际奥委会主席萨马兰奇打电话给金，邀请金和她的父亲作为国际奥委会的嘉宾参加今年的悉尼奥运会。当时，她正在休斯敦的家里，实际上她当时是在家里睡觉。

她说："当他给我打电话时，我感到非常意外，不知所措，连话都不会说了。他说，他被我的决定所感动，这件事情引起了全世界人的注意，使他们了解了实际情况。"

朴的膝伤正在恢复之中，但她还需要6至8周才能回到比赛场。她希望为参加此次奥运会做好准备。

五、赛后采访

赛后采访有其不可替代的作用。赛后采访主要有两种形式，即赛后立即采访比赛有关人员和隔一段时间的补充采访。赛后立即采访是最常见和最实用的一种形式。这种采访获得的材料可以用到当天的稿件中或者留作后用。隔一段时间的补充采访，主要是为了对比赛作出评估或者获得用于撰写杂志文章、深度报道等的材料。这两类采访都不难做到，难度在于记者要事先考虑怎么去做。在一般情况下，重大比赛的赛后都会举行记者招待会，记者可以在这个场合获得自己需要的材料。在记者招待会上，教练和运动员都是采访的对象。但是，这种场合的记者比较多，提问的时间有限，因此每个记者对于所提的问题必须有充分的准备，不能浪费时间。当然，如果有单独采访的机会则更好，那样就有可能发出比较有特色的稿件。隔一段时间进行采访比较从容，记者有充分的时间思考问题和准备写作提纲。

令人印象深刻的赛后报道中，有一类是体育记者的个人回忆，包括一些采访幕后的轶闻趣事、戏剧性的场面以及报道中的幽默片段。

六、专栏

西方体育新闻中的专栏作家大多由资深的专项报道记者或体育编辑转来，拥有比一般体育记者多得多的采访经费、人脉与经验，能挖到更多独家内容，深刻理解读者所思所想，并且眼光独到、文笔精到。他们所写的报道有时很难归类，往往集独家内幕、评论、分析、调查于一体。专栏作家的最大特点，是可以以任意的事件为素材，并找到与之相适应的风格，既传达了信息，又阐明了观点。请看《今日美国》的克里斯廷·布伦南的一篇文章：

【文发印第安纳波利斯】题：姑娘们请穿上衣服

这是我对女运动员的看法：她们越出名就越忘乎所以。

最近一期《体育画报》就是证明。在这本杂志中，有珍妮·汤普森这个世界顶级游泳选手的整幅照片，她正站在加利福尼亚北部的沙滩上。

她没有忘记穿上鲜红夺目的靴子，也没有忘记穿下半身的泳衣。但是她忘了穿上衣。

汤普森年方27岁，是个害羞的新英格兰姑娘。她一直是端庄的美国女性的典型。而现在她的腰部以上完全裸露，好在她紧握的两只拳头放在了合适的位置。

以前，出了名的运动员总是对着电视摄像机大喊他们要去迪斯尼乐园。

而现在更多的情况是女运动员们在奥运会赛场上盯着镜头脱掉衣服。

如果把宽衣列为即将举行的悉尼奥运会的正式项目，美国队定会夺冠。而澳大利亚女足则是个强劲对手。其队员的裸照已经上了挂历。

但还是来看看我们给了澳洲人怎样的回应：十几位美国田径女选手的不同级别的裸照都已上了挂历；美国女足30岁的后卫布兰迪·查斯顿抱着足球的裸照已登在了Gear杂志上；除了汤普森在《体育画报》上的亮相，多拉·多瑞斯、埃米·范·戴肯、安琪·马蒂诺和汤普森也纷纷出现在《女性运动与健美杂志》上。这四位退役的短跑女将站在斯坦福运动员休息室的浴室里，显然什么都没有穿，挑逗性地裹着印有美国国旗的浴巾。

所有这些照片中，只有珍妮·汤普森在《体育画报》上的照片家喻户晓。人们甚至在奥运会游泳预选赛上谈论它。

如果我是珍妮·汤普森，我就跑遍全国，把全部几百万份杂志全部买下。我这么说是由于下面的原因。汤普森曾为自己辩解说这是个健康的形象，展现了女子的"强健和肌肉"。但我在奥运会预选赛做的周末非正式调查中却发现了相反的结论。

"在尊敬她的人的心目中，她的形象受到了损害。"17岁的仰泳选手苏珊妮·朔德说，她来自佛罗里达的劳德戴尔堡。

"我想她不应该那么做。"一个十几岁的女孩说。她由于参加过汤普森的游泳夏令营而不愿透露姓名。

"她没有理由这样做"，来自加利福尼亚的简·肖特说，"她在人们心目中是最棒的，这么做是自我贬低。"

"为什么要这样干？"女性体育运动的领导人多娜·德·瓦伦娜说，"我想我是太老式了，我还是希望她们把衣服穿上。"

我也与她们持相同的观点。但问题是有些女选手的认识出现了偏差。她们认为脱掉衣服不仅是适宜的，而且是一种解放。对于她们来说，这是一种极端的女权主义行为。

"我为我的身体感到骄傲，也为能够展示它感到骄傲。"汤普森说。

那么好吧，你可以穿上短背心摆个姿势展示你的二头肌；你可以穿上泳装和你的男友练习哑铃；你可以转过身去展示结实的背部，就像你前几年在广告中做的那样。

把握紧的双拳放在胸前并没有向女孩子们传达一种所谓"解放的信息"。而实际上，你传达了一个模棱两可的信息：传统的看法依旧存在而且还很盛行。

七、比赛之外的广阔天地

体育新闻不仅仅只是写比赛，在比赛之外有体育记者驰骋的天地。英国《卫报》、美国《国际先驱论坛报》、法国《世界报》和西班牙《世界报》的几篇稿件，无论是选材还是写作都非常优秀，可以说是赛场之外稿件的精品。这样的稿件有助于开拓记者的思路。

兴奋剂是运动员的违禁药，但是为了得到冠军和奖牌，不少运动员仍在服用。由于这个原因，新的兴奋剂不断出现。有人评论说，运动员几乎都在服用兴奋剂，问题是看能不能被查出来。这一说法有些过分，但可能在一定程度上反映了目前世界体育界的一大问题。2003 年 10 月 18 日，英国的《卫报》抓住新型兴奋剂的出现刊登了下面的一篇稿件。

【英国《卫报》10 月 18 日报道】题：新型兴奋剂丑闻在体坛掀起轩然大波

英国的一些大牌运动员正面临严格的调查，以查明他们是否使用一种新型的强效类固醇兴奋剂。在距离雅典奥运会的开幕时间不到一年之际，这种新药物大有可能令一些运动员身败名裂。

这种兴奋剂的学名为"四氢乙基羟基二降孕三烯炔酮"，简称 THG。本月 17 日，多达 20 名未被透露姓名的美国运动员被证实这种类固醇指标呈阳性。他们中有奥运会冠军得主，也有世界纪录保持者。他们有可能面临终身禁赛。直到前不久，常规的检测方法都检测不到这种药物。

这可能是自从加拿大短跑运动员本·约翰逊服用兴奋剂事件以来最大一桩体坛丑闻。在1988年的汉城奥运会上，约翰逊的类固醇检验结果呈阳性，从而被取消了百米短跑冠军资格。

眼下，英国体育界负责药物检测的官员正准备立刻与美国方面接触，以便了解如何开展类似的检测活动。

美国反兴奋剂机构的官员认为，他们已把这种非法药物的来源追踪到旧金山的湾区实验室化学品公司。该公司在其网站上声称，利用其合法的营养品帮助过世界上一些一流运动员，其中包括网球运动员伊万·伦德尔、5块奥运会金牌得主玛丽昂·琼斯和棒球场上最耀眼的明星之一巴里·邦兹。这家公司还声称帮助过获得欧洲百米短跑赛冠军的英国运动员钱伯斯。在明年夏天举行的雅典奥运会上，钱伯斯是最有可能夺冠的选手之一。这桩丑闻牵扯的药物经过精心设计，能够逃过常规检测。其化学结构与两种被明令禁止使用的类固醇相似，但经过了改造，从而能够逃过常规检测。

对这种药品的追踪起始于今年6月份，当时美国反兴奋剂机构的官员接到一位自称田径教练的男子的匿名电话。他指名道姓地点出一些运动员，认为他们正服用一种查不出的类固醇。

奥运会的设计是多数体育记者会注意到的报道主题，但是要抓到好的材料、写出好的稿件并非易事。美国《国际先驱论坛报》评述雅典奥运会设计风格的报道，无疑是一篇优秀的稿件。

【美国《国际先驱论坛报》10月14日报道】题：希腊奥运会设计力图体现古老和现代的完美结合

奥林匹克运动会就要回到自己的发祥地，然而，一切都和过去不同。把古老和现代结合起来，对2004年雅典奥运会是个挑战，至少对设计部门来说是这样。

西班牙建筑师圣地亚哥·卡拉特拉瓦在设计重修奥林匹克运动馆，2004年雅典奥运会组委会提议让奥运会看起来更加丰富多彩。与此同时，希腊首都正大兴土木，充满期待。

参与设计奥运服装的希腊设计师索菲亚·可可萨拉吉说，全球观众将能看到连接了古老和现代的高科技元素。

负责2004年奥运会的图像和标识设计的西奥多拉·曼茨阿里斯说："我们面临的挑战之一是为2004年奥运会创造一个视觉标识，让它既强调希腊和奥运会之间独特的历史渊源，又能突出希腊现代的一面和它在各个领域的卓越能力，包括设计。"

　　事实上，受到历史和景观的启发，2004 年雅典奥运会的标志物希腊味儿十足：例如，会徽设计很自然地采用了古代奥运会的最高奖励——橄榄枝编成的花冠。橄榄枝花冠象征了 2004 年奥运会的四种价值：继承、参与、庆典和人性化。

　　2004 年雅典奥运会的吉祥物——"费沃斯"（别名阿波罗）和"雅典娜"由希腊公司设计，其灵感来自古希腊时代的陶土娃娃。"费沃斯"是奥林匹亚的光明和音乐之神，"雅典娜"则是智慧之神和雅典的守护神。

　　2004 年奥运会另一个标志物，是由木头和金属制成的形似橄榄叶的奥林匹克火炬。这个由安德烈亚斯·瓦罗特索斯设计的火炬重 700 克、高 68 厘米，将在 2004 年 8 月 13 日点燃雅典奥林匹克体育馆的圣火。

　　雅典奥运会香水的研制，以月桂枝、雪松、小苍兰等为原料。官方唯一指定的奥运香水系列名为"奥林匹克精神"，有四种产品：男用的"传统"和"公平竞争"，女用的"参与"和"庆典"。

　　除了香水，还有许多在希腊和国外的奥林匹克商店及销售点销售的奥运会指定产品，包括 T 恤衫、休闲装和运动装，陶瓷和玻璃制品，鼠标垫以及贺卡等。

　　2004 年奥运会在很多方面，都反映了在发祥地举办的特点。自 1928 年阿姆斯特丹夏季奥运会以来，奥运奖牌将作首次修改，以体现本次盛会的希腊特色。从明年起，奥运奖牌的一面将出现奥运会的两个历史元素：代表赛场和战场胜利的女神奈基以及 1896 年首届现代奥运会举办场地帕纳西奈科斯体育场。新奖牌的设计者埃莱娜·薇蒂什，还增加了一些把奖牌两面图案联系起来的设计。

　　西班牙《世界报》的报道，揭示了运动与金钱的关系——足球运动员的"天堂"随着经济情况的变化不断转移，其他运动是不是也是如此呢？

　　【西班牙《世界报》记者 阿尔韦托·罗哈斯】题：金球埃米尔

　　日本曾经是足球运动员的天堂，运动员们居住在竹子盖成的房子里，享用着美味的寿司，接着，"天堂"转移到了美国。一批著名球员在那里挣着大把的美元，完成自己职业生涯中最后的比赛。而如今，足球运动员的天堂转移到了一个小小的半岛——卡塔尔。这片富裕的国度有一位痴迷体育的埃米尔，他的王国成了西班牙球星耶罗和瓜迪奥拉的淘金之地。

　　这位埃米尔总是让许多人感到惊讶：倒不是因为他巨大的财富或是他

对游艇和豪华五星级酒店的喜好，而是他随心所欲又别出心裁的花钱方式。53 岁的卡塔尔埃米尔哈马德·本·哈利法·阿勒萨尼，世界上最富有的人之一，总是愿意买下他所能买到的一切。组织一场高尔夫球巡回赛需要多少钱？举办一次摩托车大奖赛又要花多少钱？阿勒萨尼埃米尔的哲学是："该出手时就出手。"

阿勒萨尼埃米尔热衷于工作，酷好驾车在沙漠中进行狩猎。而他最近的爱好则是用重金网罗全世界的足球明星。在他的国家的俱乐部中已经有了阿根廷球星巴蒂斯图塔、德国球星埃芬博格和巴斯勒，而耶罗和瓜迪奥拉则将从下个赛季开始参加比赛。在这个小小的国家中，这些球星得到的是每个赛季 200 万欧元的薪水以及豪华轿车、卡塔尔航空公司的免费机票、各种免费娱乐项目以及顶级豪华饭店中的免费套房。

由埃米尔亲自领导的卡塔尔足协决定，将这些运动员安排到卡塔尔甲级联赛的 10 支球队当中。在下个赛季的 25 场比赛中，耶罗将为赖扬运动队效力，而瓜迪奥拉将为阿赫利队踢球。至于为什么要花费重金招揽这些球星？埃米尔的回答是：要借此来促进本国各个方面的发展。

据《福布斯》杂志统计，阿勒萨尼埃米尔是世界上最富有的人之一。在他所统治的国家，广袤的沙漠下蕴含着丰富的石油和天然气资源，每天出产石油 60 万桶。他的部分资产还投资在"半岛"电视台——阿拉伯世界的 CNN。

不过，闪光的也并非都是金子。这些欧洲赛场上的巨星不得不在只能容纳 5000 名观众的场地中踢球，每次比赛大约只有 1000 名观众到场，并且总是在 40 摄氏度的气温下进行。他们的队友的水平甚至不如西班牙丙级队的队员。

但是埃米尔希望他们能留在他的身边。在他的心目中，这些球员的双腿是与石油同样重要的资源。任何一名高水平的运动员，无论从事什么项目，都是阿勒萨尼埃米尔关注的目标。他所提供的条件是如此优惠，国际摩托车联合会甚至因此改变了赛程安排，在自己的环球大奖赛中增加了多哈大奖赛。

阿勒萨尼埃米尔所做的远远不止这些。在最近举行的巴黎世界田径锦标赛上，加入了卡塔尔国籍并改名为赛义夫·沙欣的肯尼亚裔运动员斯蒂芬·切诺洛，为卡塔尔夺得了 3000 米障碍跑的金牌，同时也将埃米尔亲自签发的一张 100 万欧元的支票收入囊中。而原埃塞俄比亚运动员艾伯特·切普基鲁伊（如今名叫艾哈迈德·阿卜杜拉），不久前也为卡塔尔打破了亚洲万米跑纪录。

......

在阿勒萨尼埃米尔和他的顾问的管理之下，卡塔尔已经成为了波斯湾中的一颗明珠。这个国家的年人均收入已经达到了 1.8 万美元，这个国家的女性从 1999 年开始已经能在大选中投票，这个国家的运动员已经开始在国际比赛中获得奖牌。很难说阿勒萨尼埃米尔庞大的体育计划中的下一个目标是什么，或许是举办一两届奥运会？

上面的例子，说明赛场之外体育报道的题材非常广泛，凡是与体育有关联的人和事都可以成为报道的对象。记者要有比较宽的视野和新闻敏感，才能发现新闻线索，及时展开采访和报道。

第十一章　观察、提问和描写的艺术

——人物新闻报道

如果在年轻记者中作个调查，有不少人会回答，他们的理想是做一个法拉奇式的记者。这位意大利女记者为何有这么大的魅力，成为许多记者心中的"英雄"和"偶像"？答案大概只有一个——她采访了众多的国际风云人物，读者遍及世界各地。她本人也由此与她的采访者一样名扬四海。

人，历来是新闻报道的主体。日本著名报人森本哲郎曾经说过："极而言之，报纸是从人开始，到人结束。所有的新闻都是人创造的。即使是天灾，人们之所以将其作为新闻加以报道，也是从天灾与人的关系这个角度出发的。没有人的地方，龙卷风肆虐，也没有多大关系。主角始终是人。"

第一节　人物报道在国际新闻中的位置

一、人在新闻报道中的核心地位

人们把新闻报道中出现的一种专门以介绍人物为目的，主要记述人物的言行、事迹、性格特性、生平、历史等的报道称做人物报道，以有别于以报道事件为主的事件型新闻报道。人物报道一般被分为人物消息和人物专稿（主要包括通讯、专访和特写）两大类。而在国际新闻报道实务中，人物报道的对象主要是世界政治、经济、军事、文化等领域的著名人物及新出现的具有国际影响的人物等。

名人的一举一动牵动着世人的眼球。聚焦明星是国际新闻中人物报道的显著特点。报道名人首先要报道他们的政治或职业活动以及他们与众不同的地方。政治家的一句话、一个行动都有可能引起国际风波、外交纠纷。2003年7月，意大利总理贝卢斯科尼把德国议员比作纳粹集中营的看守，致使意德两国关系蒙上了阴影。

名人的成长经历、家庭朋友、情感爱憎，也是记者们经常关注的报道题材。它是了解名人家庭背景、工作作风和性格形成，以及待人处世的"窗口"。法拉奇在报道联邦德国前总理勃兰特时，一再提到他是个"私生子"，13岁之前不知道自己的生身父亲；他的两任妻子和几个子女都在挪威。这对读者理解他后来的做法不无好处：他在访问波兰和以色列时，为德国法西斯所犯的罪行向当地人民道歉，在华沙甚至为此在被纳粹屠杀的犹太人墓前下跪；他在任上主张欧洲联合和"新东方政策"。

名人的日常琐事、衣食住行，也是报道关注的内容之一。它有助于消除名人的神秘色彩，使他们走近受众。

二、人物报道的价值

法拉奇之所以成名，除了其独特的采访写作风格外，与她采访了许多普通人难以一见的"大人物"，如霍梅尼、阿拉法特、基辛格等不无关系。世界上的饮食男女，不论种族、年龄、职业，对自己的同类都抱有一份好奇心。因此，人物报道在各种报道中历来有非常多的读者，这是其首要的价值所在。

人物报道的对象来自各个不同领域，涉及人物的职业、生活、家庭、情感、爱好等各个方面，有众多的要员、明星大腕、时尚人物。与政治、经济、科技等报道相比较而言，人物报道比较生动活泼，富有人情味和趣味性，往往可以配上大幅照片，图文并茂。因此对媒体而言，人物报道就像软化剂和调色板，在一大堆"硬"新闻中间，插上几条人物新闻，能使整个报道"温柔"起来，活跃起来，色彩鲜亮起来。有人曾将报纸比喻成房子，报纸上的人物专栏为窗户，说打开报纸看到人物栏就像打开了窗户，清新的空气就透了进来。

人物报道从社会生活的各个角度选择报道对象，他们中有进取的，有颓废的，有成功者，也有失败者。报道他们，为读者提供丰富的人生感受，使他们获取启迪和教益，即使报道的是反面人物，也可以为读者起到警示作用。

由于人物报道在新闻报道中占有很重要的位置，在西方，通常只有老记者、名记者和文字高手才能担任重要人物的采写任务。近年来，人物报道有加强的趋势。一方面由于新闻竞争的日益激烈；一方面也因为时代的瞬息万变，新闻人物层出不穷。与此同时，在法拉奇等著名记者的影响下，越来越多的记者乐于采写人物新闻。

第二节　怎样写人物消息

一、人物消息的特点

人物消息有时也叫人物新闻，它以消息的形式专门报道新闻人物的活动、事迹。人物消息与人物专稿之间有相同点，都是以人物为主要报道对象，但又各有特性。人物消息也具备普通消息的各种特征，同时它又有一定的特殊性，与以记叙事件为主的消息比起来有一些自己的特点。一般来说，它有如下特点。

第一，篇幅短小，叙事单一，一般五六百字一篇。人物消息以精练的语言截取新闻人物最具新闻性、最有新闻价值的某一片断，展开报道。它主要报道谁做了什么事，说了什么话，发明了什么，要求反映人的精神境界，但需要通过人物的活动、成果来展示，而且只要求突出其中最富有特色、最有感染力的部分，不必面面俱到。

第二，时效性强。新闻人物的言行、活动总是处在变化之中。人物消息强调的就是及时把人物的动向、变化报道出来。这一点是它与人物专稿的显著不同之处，它所报道的内容必须是正在进行的或刚刚完成的，否则就可能成为"明日黄花"。

第三，根据人物的需要安排材料。人物消息要求"因人写事""人因事显"，所用材料都要求根据描写人物的需要而安排。这是它与一般的事件性新闻的区别所在。事件性新闻一般以写事为主，间接写人。而人物消息最常见的情况是"因人写事"，通常是写公众人物：这些人最近出了什么状况，发表了新作还是演了什么新角色，度假去了还是住医院了……而"人因事显"一般都比较特殊。消息中的人物往往原先是默默无闻的普通人，因做了某事或因在他身上发生了不同寻常的事而成为新闻人物。如2003年9月，90岁的美国老人盖伊·格林斯基从2965米高空跳伞庆生，成为世界上年龄最大的跳伞者。他因此而成为新闻人物，法新社为此发了人物消息。

第四，有一定的故事性，能够吸引读者。人物消息一般都要选择适当的情节与活动，来反映人物的精神面貌，故事性较强，读来较有趣味。

【新华社东京9月3日电】据日本媒体报道，小泉首相酷爱音乐，相当喜欢瓦格纳的作品，而在流行音乐中则钟情"猫王"埃尔维斯·普雷斯利。

美国著名影星汤姆·克鲁斯日前在和日本首相小泉纯一郎会面后对这位日本领导人的歌喉赞不绝口。"他真是一个相当不错的歌手，我们一起唱了埃尔维斯（猫王）的歌曲。"汤姆·克鲁斯在首相官邸和小泉会面后对记者说。

汤姆·克鲁斯此次前往日本是为了推广新片《最后的武士》。他在影片中扮演一名在19世纪被日本政府雇佣的美国军官，帮助训练日本士兵使用现代武器。汤姆·克鲁斯称，他已经邀请小泉参加影片的首映式。

二、人物消息的作用

由于人物新闻篇幅短小，一事一议，反映了人物活动的多角度、多侧面，因此有着重要的作用。

第一，提供了新闻人物，特别是对世界有举足轻重人物的活动信息。这种信息往往透出某种倾向，某种含义和信号，常常是意味深长的。

【德国之声电台网站7月22日报道】如今德国已进入夏休季节，政治家们纷纷离开柏林，前往各自心仪的度假胜地。联邦政府进入了非正常工作状态，总理府也只留下值班人员待命，施罗德总理本人已返回他在汉诺威的家中，开始了他的"阳台"休假。

德国人管在自家休假戏称为"阳台尼亚"，它也是经济条件无法满足到南欧度假的"家里蹲"者聊以自慰的表达方式，不过，堂堂一位大国的总理不至于连出国度假都享受不起。无论是在当下萨克森州长时，还是就任联邦总理5年来，施罗德每年夏天都要带着妻子多丽斯和女儿克拉拉出国度假，有时去意大利，有时去西班牙，但是去意大利的次数较多。

谁也没有想到，今年的形势突变。意大利总理贝卢斯科尼刚当上欧盟轮值主席就口出狂言，将一位德国议员侮辱为"集中营的看守"。这场风波没过多久，意大利经济部负责旅游事务的国务秘书斯特凡尼又因为不过脑子而惹恼了所有的德国人。这位高官在为意大利一家报纸撰文中，将德国人说成"单调、呆板的金发超级民族主义者"，每到夏天，陶醉在膨胀得快要爆炸的自信中的他们，涌向意大利海滩。

尽管斯特凡尼已经为他的轻率而丢官，但是，施罗德还是咽不下这口气。再说，作为一个大国的总理，一言既出，驷马难追。施罗德刚刚踏进家门，《南德意志报》记者就赶到。施罗德向记者透露了今年不去意大利度假的另一个原因："在家的感觉最好。"他说，他今年要在家里"好好补觉"，找一些合适的书籍阅读。睡足了觉后，他还要打网球。对记者提出的"早餐是否由夫人送进卧室"问题，施罗德一句话给顶了回去："这是我们的私事。"

施罗德不愿像日本人那样忘我地工作，他希望在度假期间能使身体得到充分恢复。施罗德今年59岁，已经第二次出任联邦总理，但是他还一点儿也没考虑退休的事情，"即使年纪大了，没有工作会感到不舒服"。他准备卸任后当一名作家。

总理回家乡度假，不仅给汉诺威这座享誉世界的博览会都市增添了光彩，而且还带来了许多商机。一位颇有眼光的商人就准备了大量印有"总理的城市"的运动衫和汗衫，向游客推销。

施罗德以阳台度假取代享受意大利沙滩，隐含着对意大利官员口无遮拦的不满和由此引发的德意关系的微妙变化。

第二，人物消息记录了人生的大起大落、生活的潮起潮落。下面的例子很能说明问题：昨日的一国之尊，今天成了布衣。

【美联社莫斯科 1991 年 12 月 25 日电】戈尔巴乔夫在今天宣布他的辞呈前 3 分钟，一边捆他的文件，一边低声说："如果你必须走，你就得走。现在是时候了。"

此时电视台摄影记者还没到克里姆林宫的接待厅。戈尔巴乔夫眼睛盯着桌子，并没有看他的助手，显然，他在自言自语。

8 月事变时他的态度是对抗的，拒绝政变者要他辞职的要求。但从今天戈尔巴乔夫的行为举止看来，他很坦然地把权力交给俄罗斯总统叶利钦以及新的独立国家联合体。

他的讲话简单而不失尊严，但绝没有气愤和报复情绪。

1996 年 6 月 16 日，在俄罗斯总统大选上，原苏联总统、总统候选人戈尔巴乔夫在一个投票台投票（新华社稿）

当他坐在电视摄影机前却逐渐紧张起来，因为这不仅是向苏联，而且是向全世界作实况播放。

当戈尔巴乔夫在摄像机前落座后，摄像机尚未开始运转，他摸摸西装上衣口袋，发现他忘了把笔插在里面。

于是，美国有线电视新闻网（CNN）公司总经理汤姆·约翰逊从自己口袋里摸出一支圆珠笔递给戈尔巴乔夫，在放弃他的总司令之职并把核武器控制权转交给叶利钦的政令上戈尔巴乔夫就用这支笔签了字。

第三，人物消息记录了方方面面的奇闻趣事，有较强的可读性。

【埃菲社罗马 7 月 19 日电】意大利一位 91 岁的老人为取得小学毕业证书，决定参加考试。今天他已经同西西里岛一所小学的学生一起参加了相应的考试。

这位老人名叫安东尼奥·索拉，居住在当地已多年。他今天参加的考试科目有意大利语和算术，其中包括欧元计算问题。据他的老师说，他的算术很好。

这位老人准时来到考场，接受生平中第一次笔试。当他来到考场时，在场的电视台和报界记者都感到惊讶，大家纷纷把镜头对准这位不同寻常的考生。

陪同他前往考试地点的有他的儿子和 3 个孙子。

穆索梅利市市长杰罗·瓦伦扎宣布,将在老人居住的地方举行一次庆祝活动,祝贺他将取得他所希望的小学文凭。对于他能够取得这张文凭,所有人都不表示怀疑。

安东尼奥的经历已经被德国一家电视台制作成特别节目播放。

三、写作人物消息的方法

长期的新闻实践,为人们提供了如何写好人物消息的方法。

第一,选准新闻人物。国际新闻报道中人物消息的对象大多为世界政要或享誉世界的大牌明星。他们的一举一动会成为或会对国际关系产生影响,或会成为某种时尚潮流。足球明星贝克汉姆剃了光头,时尚小伙们就不蓄发;他把头发扎了起来,街头小辫则多了许多。此外新闻人物要"新",也就是说,要有较强的新闻性,如在伊拉克战争中,伊拉克新闻部长萨哈夫就是被媒体特别关注的新闻人物。

第二,不要贪大求全。由于篇幅的原因,人物消息最好在一篇报道中写人物的一件事,一个侧面,抓住人物的主要事迹,其余简单地作背景交代。下面这则人物消息只介绍了秘鲁总统减薪的事,有关他的其他情况则一字未提。这样做可以使文章比较紧凑,在有限的篇幅里把人物写生动。

【埃菲社利马 7 月 9 日电】据今天公布的官方公报说,秘鲁总统亚历杭德罗·托莱多的薪水已经削减了 55%。

公报说,托莱多的月薪经过两次削减,第一次是根据部长会议的决定削减 30%。第二次是总统主动要求削减 25%。他的税前月薪是 18900 索尔(合 5400 美元),扣税后月薪为 12813 索尔(合 3660 美元)。

公报指出,第二次削减 25% 是捐助性的,托莱多把这笔钱捐给了秘鲁擦鞋匠联合会成员子女的教育基金。

社会各界批评总统的高薪待遇,他们说原来的高薪超过了发达国家领导人的薪水,一个穷国的总统薪水不能定得这么高,因为这个国家有 54% 的居民生活贫困,大多数人每月的工资都在 200 美元以下。

第三,既概括,又具体。尽管人物消息篇幅有限,又只要求一事一议,但在写作时也要力求既有概括性叙述又有具体描写。形象性的描写有助于反映人物的精神面貌和品性特征。这两者应该有机地结合,不能平均分配笔墨。对关键性的材料、新颖的材料,应多加笔墨,而辅助性的材料则几笔带过。《日本经济新闻》描写朝鲜总理朴凤柱的人物消息是这方面较好的范例。

第四,通过事实表现人物。虽然人物消息主要是写人,但需要注意通过事来表现人物，即所谓"以事显人"，应该精选事实来表现人物，其立足点仍在人物身上，要避免详略不当，喧宾夺主。

第三节　怎样写人物专稿

记者写了一篇人物消息后，常常会觉得意犹未尽，新闻人物的传奇经历、闪光精神，甚至是精彩的话语，都没有写进去。这些材料在记者的脑子里来回翻滚，于是他开始写作人物专稿。

一、人物专稿的分类

人物通讯、人物专访和人物特写统称为人物专稿。在西方，也有人将人物消息之外的人物报道称为人物特稿。

与人物消息相比，人物专稿可以用更多的笔墨，更详尽、更生动地描绘新闻人物，可以用叙述、笔录、描写、议论与抒情多种方法并举的方式写人、记事，这是人物专稿总的特性。

具体来说，人物通讯、人物专访和人物特写有所差异。

人物通讯是一种以写人为主的新闻体裁。不同媒体的记者在运用这种表达形式时会有不同的思路，但即使写事，也应围绕人来写，不仅要叙述有关人物的主要事实，还要展开情节、再现场景、刻画人物。在写作方面，通讯更自由、灵活，可以集访问、观察、写景、抒情、议论于一体。各种文体都可以在这类稿件中使用。

相对而言，人物专访比较强调新闻性与现实针对性。它所报道的应是当前众所关注的人物，注重现场活动，一般都要再现访问的过程和现场情景，给人以亲临其境之感。此外，专访的题材往往集中于一点，突出作为新闻人物，其身上最具新闻价值的一点或人们当前最关心的有关新闻人物的某个问题。例如，当以色列宣称要将阿拉法特赶出他的官邸时，对阿拉法特进行的专访就应该集中在他对此的反应上。

人物特写要简短、活泼，它可以就人物的一个侧面进行深入的报道，也可以写出人物的整体形象，反映人物的方方面面，多注重从生活层面选择素材，在写作手法上更注重生动、具体、富有情趣，强调人物"活"起来，"动"起来。

二、人物专稿的基本写法与结构

写作人物专稿最能体现记者本人的风格和特色。有的记者以描写现场情景和气氛见长，有的以刻画人物性格著称。尽管作者的风格迥异，手法有别，但总的来说，都需要在人物的精神风貌、性格特性、现场情景等方面多花工夫。著名女记者法拉奇就是最典型的例子。她通常在采访中将与采访对象的谈话用录音机录下来，然后全文发表。在每一篇报道前，她都有个前言，谈她对采访对象的看法，并交代此次采访的来龙去脉，如她是如何得到采访许可的；采访是如何进行，又是如何结束的等。她的这种风格后来被很多人效仿，甚至被引进西方一些大学新闻系的课堂，冠之以"法拉奇式"文体。

（一）人物专稿的基本写法

人物专稿的基本写法可以概括为以下几种。

第一，从一些侧面反映所写人物的特征，表达某种思想。这种写法要求在新闻人物构成新闻性的那部分多下笔墨，只写一个侧面或几个侧面，不涉及其他方面。

第二，问答式。对话，可以反映人物的心态、想法，再现现场气氛。因此在实践中，像法拉奇那样完全用一问一答的方式写人物的记者大有人在。这种方式给人的印象是比较真实可信。人们可以从被采访者的语气、措词等来理解人物的性格。有些记者、包括有些读者比较偏爱这种"原汁原味"的人物报道。

第三，新闻故事和背景灵活穿插、巧妙结合。交代人物背景，如其家庭出身、个人经历以及与人物有关事件的梗概等，对读者更好地了解人物，理解他的想法、做法和性格都是十分必要的。

第四，通过他人之口来描写新闻人物。人的性格往往是多面的。明星、公众人物在公开场合的表现并不一定是他们真实的性格，或者说不能完全反映他们的真实面貌。作为政治人物、明星，他们在公开场合也许是热情的、富有感召力的，但在私底下也许是沉静的、郁郁寡欢的。因此别人，特别是他身边的人，对他的看法会使读者感到更真实，因而怀着更大的兴趣去阅读。因此，通过采访名人身边的人来写新闻人物也是人物专稿的一种方式。

第五，以塑造群像方式介绍人物。按某个主题写几个或一批类似的人物，突出他们身上共性的特征，这一做法能够更深化主题，同时也更有趣味性。

总之，无论用什么方式写人物，无非是通过对人物肖像、语言、行动、心理和环境的描写来反映人物最本质的特性，反之很难写出成功的人物专稿。美国学者杰克·海敦在《怎样当好新闻记者》一书中，引用了《纽约时报》的一篇文章，挖苦有的报刊将新闻人物写得千人一面：

【华盛顿讯】为什么世界这样一团糟——这个问题的答案就摆在我们眼前。

如果这些传记都是可以相信的话，这些人都是一个模样，令人很不愉快。他们往往都是些"才智过人的人"。

他们都是一天工作 16 小时（据他们的秘书说），都有了不起的幽默感。虽然他们冷酷无情地驱使自己的手下人，但是他们对自己的要求却双倍于人。

他们发表意见时轻松自在的样子使他们的同事也大吃一惊。

虽然他们很少参加社交活动——而且在那些很少的场合中喝酒时从来不超过一杯——他们累得断腰的工作日程并没有妨碍自己帮助孩子温习代数，重读康德的著作，打打室内网球或高尔夫球以锻炼身体。

杰克·海敦的目的是劝告记者们要将笔下的人物写得有血有肉，有特点，他提出的建议是用故事、轶事来表现人物的性格。他说一件轶事比几百个形容词更能说明问题，读者也更容易记住，并乐于作为茶余饭后的谈资。

你也许听过有人这样形容前美国联邦储备委员会主席格林斯潘，"格林斯潘打喷嚏，华尔街就感冒"，但为更多的人津津乐道的则是，这位当年牵一发动全身的人物喜好躺在浴缸里对美国的金融政策指手画脚。

此外，这位学者还建议记者少用干枯无味的长篇大论，应该多用引语来支持自己对人物的判断，适当地描写人物的举止、容貌、服饰和引用传记性的资料，如年龄、事业、家庭、生活方式等来丰富人物报道。

（二）人物专稿的结构

人物消息基本上还是采用消息的写作方式。人物专稿则不一定，需要根据主题的要求来安排结构，新闻由头（引子）一般不放在导语中，往往穿插在中间。一般而言，它的结构不外乎纵向式、横向式和纵横结合式这几种。

1. 纵向式

它以时间为顺序，展现新闻人物在某个阶段或某个事件中的体验和经历。这种结构线索单一、清晰，便于读者了解新闻人物的经历，是人物专稿中经常采用的结构，但这种结构也并非千篇一律的固定模式，像流水账似地记述新闻人物说了什么，做了什么，而是要根据主题的需要，按时间顺序来选择材料，时间顺序也并非一定按新闻顺序，可以根据需要灵活安排。

2. 横向结构也称并列结构。

横向结构，也称并列结构，根据主题需要，可从各个不同侧面或故事介绍人物，也可以在同一主题下，将若干人物的事迹或故事组织在一起。横向结构可以增加报道的深度，增加人物的立体感。

3. 横向和纵横结合式

即按时间顺序和主题两条线索安排材料，时间为"经"，主题侧面为

"纬"，巧妙地将时间和主题侧面有机地结合起来，条理十分清晰。

2003 年 7 月 5 日《俄罗斯报》报道的独联体国家领导人的子女现况就是一例。

独联体国家总统的子女们都在干什么？人们对普京的两个女儿知之甚少，只知道他的大女儿 18 岁，小女儿快满 17 岁了。从圣彼得堡搬家到莫斯科后，她们在德国使馆里的一所学校上学，受到十分严格的教育。据说，普京的大女儿长大想从商，小女儿想学家具设计。

乌克兰总统库奇马的女儿叶莲娜有过两次婚姻，现在的丈夫平丘克是乌克兰最年轻（43 岁）、最不张扬的寡头之一。他不爱上电视，但控制着该国最大的电视台。平丘克还领导着一家科研生产投资集团。平丘克同时从政，他是议会议员，也是有影响的劳动乌克兰党的领导人之一。在丈夫的影响下，叶莲娜也开始从商，担任一家移动通信公司的营销副经理，喜欢艺术。在乌克兰，人们很少谈论总统的女儿女婿。

摩尔多瓦总统沃罗宁有一双儿女。女儿是个很不错的医生，儿子奥列格是生意人，他做生意了。总统对反对派的攻击从未做过公开回应。老沃罗宁是个相当严厉的人，据说是位严父，在儿女面前很有权威。

现在常有人说，阿塞拜疆总统阿利耶夫的儿子伊尔哈姆可能接班。伊尔哈姆毕业于著名的莫斯科国际关系学院，先执教，后从商，几年来一直担任阿塞拜疆国家石油公司副董事长。1999 年，伊尔哈姆被选为执政党的副主席，成为父亲的副手，他还是议会议员。种种迹象表明，他可能成为未来的总统。但伊尔哈姆自己否认了这种可能性，他说父亲还能再连任一届。但是谁都知道老阿利耶夫身体不好。总统还有一个女儿，是阿拉伯语专家，担任妇女协会主席之职。女婿曾任阿塞拜疆驻英国大使，现在是副外长。

白俄罗斯总统卢卡申科有两个儿子，老大维克托 27 岁，老二德米特里 23 岁。老卢卡申科和两个儿子都先后在边防军中服役，这是总统家的传统。两个儿子都毕业于白俄罗斯国立大学国际关系系。老大从部队退役后进了外交部，经常出国，作为总统的儿子处处受关照，但是整天和文件打交道，不合其胃口。

两个月前他换了工作，进了一家研制军队指挥系统的科学生产联合公司，任对外联络处处长。老二仍在部队，并想在军队中一直干下去。这个家庭的另一个传统是体育。父子 3 人都酷爱冰球，每周至少去冰球场两次，清晨在总统官邸的跑道上总能够看到他们父子的身影。

哈萨克斯坦总统纳扎尔巴耶夫有 3 个女儿，大女儿达里加已经在演艺舞台和政治舞台上崭露头角，这位总统千金已经不满足于在国内演唱，不久前，她在莫斯科大剧院举行了演唱会。她毕业于莫斯科大学，是政治学博士。达里加领导着国家电视台的董事会，据说她直接控制着好几个电视频道。二女儿是最低调的一个，从不抛头露面，不接受媒体采访，她是阿拉木图一所名校的校长。小女儿阿利娅曾在美国读书，后来与吉尔吉斯斯坦总统的儿子闪电般地结婚，但不久就离婚了，很快她就再次嫁人。现在阿利娅领导着一家建筑公司，专门从事高档住宅的建设，生意火爆。

格鲁吉亚总统谢瓦尔德纳泽也有一双儿女。女儿马娜娜是一家电视制片公司的总经理，女婿也领导着一家公司。儿子帕塔作为联合国教科文组织的工作人员已在巴黎生活了好多年，对第比利斯的政治生活不感兴趣，与任何政党都没有关系。

乌兹别克斯坦总统卡里莫夫有过两次婚姻，共生了 4 个子女，其中最有名的是 33 岁的女儿古利诺拉，她现在是外长助理，在美国学习过，曾获得哈佛大学的毕业证书。古利诺拉第一次引起公众关注是因为她嫁给了一个阿富汗裔美国人，不久，总统的这位乘龙快婿就被任命为可口可乐公司驻乌兹别克斯坦分公司总代表。据说，后来由于丈夫生活不检点，两人离婚。古利诺拉带着两个孩子回到了祖国，尽管美国法院把孩子判给父亲，并判给她 8000 万美元的财产，但是古利诺拉在自己的祖国，如同在一个安全的城堡里。

土库曼斯坦总统尼亚佐夫的儿子穆拉德是一个谜，有着各种各样的关于他的传闻，有人说他是个失败的商人，在莫斯科欠了一屁股债，现在生活在维也纳。在土库曼斯坦听不到关于他的一点儿消息，也听不到尼亚佐夫的妻子和女儿的消息，她们已经在莫斯科住了 15 年。

最慈爱的父亲是塔吉克斯坦总统拉赫莫诺夫，他有 7 女 2 子。大女儿菲鲁扎嫁给了铁路局长的儿子，她自己也是个女强人，在杜尚别有自己的生意。二女儿嫁给了外交官。三女儿的丈夫正在首都市中心盖一个三层的超市。拉赫莫诺夫还有一个女儿在美国学习，另一个女儿在杜尚别的医科大学上学——总统的这个女儿挺显眼，因为总有保镖跟着她。拉赫莫诺夫 16 岁的儿子以优异成绩毕业于总统中学，他的其他一些子女也曾在这所学校就读。

亚美尼亚总统罗伯特·科恰良的 3 个孩子全毕业于首都的普通学校，并都在当地的大学上学，22 岁的大儿子是学经济的硕士生。20 岁的女儿和 18 岁的小儿子在学习法律。孩子们放假时与父母在国内度假，他们与父亲喜爱同样的体育项目：篮球、游泳、滑雪等。

三、提问的艺术

一位记者可以对人物专稿的结构说得头头是道，但一旦编辑或者主编安排他去采访一位音乐家，他忙活了个把星期，待落笔的时候却仍可能抓耳挠腮，最后写出这样的文字："某某先生，某年出生在某国某地的一个普通职员家庭，从小就酷爱音乐。4 岁那年，父母倾其所有给他买了一架钢琴，他好喜欢啊。父母又给他请了教师，从此他每天坚持练琴几个小时，几十年如一日，从未间断……终于成为世界著名的钢琴家。"拿这样的稿子去交差，这位记者自己都会觉得写得很差。那么问题出在哪儿呢？还是那句老话：采访是写好新闻报道的前提，记者的采访不够深入或者说不恰当。

写作人物专稿前，记者一般要与被采访对象面对面进行"近距离深入交流"。最终报道成功与否，提问显得尤为关键。

那么，如何才能提出高质量的问题呢？请看下面的例子。

华莱士：陛下，听说你有一支世界上最残暴的秘密警察部队，叫"萨瓦克"。有报道说，这支警察部队的暴行包括在丈夫的面前强奸他们的妻子？

巴列维：听说是插碎瓶子。

华莱士：为什么巴列维王朝的警察用这种办法对待自己的同胞？

巴列维：我首先要说的，这是荒唐的，这是不真实的，我对你提出这个问题感到吃惊。

华莱士：美国许多新闻机构已经报道了。

巴列维：我们的警察没有必要那样干。我说我们的警察与世界上的警察一样，是有经验的，讲道理的。

华莱士：那为什么你要拥有像"萨瓦克"那样的秘密警察呢？

巴列维：为什么不要？哪个国家没有秘密警察？每个国家都有。

……

受访者回避或不愿意回答一些问题，记者对这些问题紧追不舍——上面是《60 分钟》著名记者华莱士如何通过一系列的追问，迫使伊朗前国王巴列维公开承认拥有秘密警察的采访内容。

采访那些受人关注的人物，问出一般人难以想象的刺激或者棘手问题，然后得到被访者在其他人面前不可能说出的回答——是所有想成为伟大记者的新闻专业学生曾有过的梦想。然而，最终能以此为生的，总是少数站在金字塔尖的成功者。

（一）事先做足功课

华莱士曾介绍过他的采访经验：首先记者要阅读有关被采访者的材料，听一些录音或看一些录像，然后才有心思坐下来准备问题。至少在准备好 30 个或 40 个扎扎实实的问题以后才去采访。通常的办法是，在本上先写出 100 个问题和所有经过研究琢磨以后心中想到的一切。然后把这些问题分类。

到资料室去吧，在那里好好熟悉熟悉采访对象——并不是只有初出茅庐的记者需要这么做，即使像法拉奇这样采访人物的行家里手也说，每采访一个人物之前，她总是要用几个星期作准备，其紧张程度"简直就像学生准备大考一样"。她总是设法找到大量有关被采访者的书籍或材料，认真阅读并作笔记，写研究心得。这样做使采访者成了她未见面的"熟人"，而到真正面对面采访时就能抓住实质性问题。

（二）揣摩读者的需要

电视访谈节目在世界一些国家风行，而不少节目由于没法吸引住受众被取消。为什么？这常常是因为受众想知道的事情，主持人却迟迟没有发问。所以，请记住，在采访时，记者是代替读者、观众向被采访者提问。因此，揣摩读者的需要是提出恰当问题的重要基础。

"为什么"——他为什么要做这件事？他是怎样想的？他的独树一帜的风格是怎么形成的……受众希望得到的回答是深层次的，是动机，是原因，而非停留在何人做了何事的表层上。因此，记者的问题应该是关键性的或者说尖锐、敏感的，同时又最能体现受访者特性、有别于他人的地方。有经验的记者在提问题时，有时开门见山、单刀直入，有时旁敲侧击，迂回包抄。具体采用哪种办法，需要根据受访者的情况，因人而异。

（三）把握提问的时机

采访名人，一般时间有限。记者的问题最好具体、明确，容易从中得到你所要的东西。

一般来说，采访名人都会被要求事先提交一个采访提纲，有时受访者会对这些问题作书面回答。在这种情况下，当面采访时，记者不应再就提纲上的问题发问，而应抓紧时间提一些新的问题。有时，受访者只回答提纲上的问题。这时记者一定要设法控制采访的主动权，时刻想着自己采访后要写一篇人物专稿，而不能让受访者就某个他愿意回答的问题说个没完没了，而将其他问题搁置一边。

但有时也需要一些开放式的问题。例如，向联合国秘书长潘基文提问"你认为联合国可以在伊拉克重建问题上发挥重要作用？"这就是个封闭式的问题。他可能只回答"是"或"对"。而如果你这样问"你认为联合国将在伊拉克重建问题上发挥怎样的作用？"那么他就只好具体回答哪些作用了。这就是记者需要的答案。

尽管记者为采访作了很充分的准备，但还须准备应付意外情况。一个人在公开场合和私下见面时的表现可能是大不相同的，有关他的书面材料和他本人的真实情况也可能大相径庭。某人在公开场合表现得和蔼可亲，温文尔雅，不等于他私下里不会傲慢无礼、难以接近。以往报道或传记中说他风趣幽默、善于表达，面前的他可能谨言慎语、沉默寡言。这时记者准备的问题也许派不上用场，那就需要临场发挥了。

这时适当使用一些小技巧会有帮助，如营造融洽的气氛来拉近你同受访者的距离。法拉奇就常采用对方和自己经历或亲朋中某些人的共同之处展开话题。她在采访邓小平时，就是从祝贺邓小平的生日开始的。

此外，对采访对象所从事的职业、爱好有所了解，就像拥有了一把打开对方话匣子的钥匙。美国著名赛马骑师阿卡罗向来被新闻界认为是难以撬开嘴巴的"闷葫芦"，但记者利布林的一个问题却使他不仅开了"尊口"，还滔滔不绝地谈了一个小时。利布林问"你左脚的马镫比右脚的高多少？"阿卡罗觉得利布林是个内行，因为只有懂行的人才知道，为克服圆形跑道上的离心力，两个脚镫的皮带不能一样长。阿卡罗认为，找到了知音，于是就打开了自己的"话匣子"。

但记者有时也会碰到滔滔不绝的健谈者。美联社记者威廉·瑞安谈到他的采访经历时说，他有过一次听"独白"的采访，那次是采访古巴领导人卡斯特罗，"我刚提了一个问题，他就接连不断地讲了 4 小时"。碰到这样的情况，如果他的话与记者所想了解的主题无关，而且也没有什么新意，那么记者就要用一个其他问题不露声色地打断他，把他的话头引到记者需要了解的问题上来，因为记者毕竟不是来听被访者演讲的。

记者在整个采访中必须牢记自己是来工作的，采访结束后要写成稿子。所以要考虑被采访者说的这些内容是否已构成一篇人物专稿所需的材料了？还需要补充什么？他的这些话能否引用在文章里？

最后要提醒的是，在结束采访时最好将事实、数字和引语核对一下。同时，当收起笔记本和录音机时，记者的耳朵还不能休息。采访对象这时已经放松自己，也许会在这时说出一些关键性的话。许多记者就是在结束采访后与采访对象一起喝咖啡时，搜集到最有价值的材料的。

总之，记者要想方设法使受访者道出他们未向外界透露过的事情。这非常需要技巧，需要在实践中不断学习和总结。

（四）采访提问中应注意观察

人物专稿写作与写其他体裁的新闻有所不同。其他新闻体裁，记者一般是不能直接出面的，也不能直接发表议论。而人物专稿则不同，记者有时直接走上前台发表看法，作出评价，更多的时候，需要通过描写人物的容貌、衣着来塑造人物形象，通过描写场景来烘托气氛。所以记者在采访中必须注意观察。

有的西方记者为使自己的报道更具现场感，常到被采访对象的生活或工作场景中去采访，有时的确能采集到很生动的素材，但有时也会做过了。前美联社记者彼得·阿内特曾说起过他的一次采访败笔。他到柬埔寨采访西哈努克亲王。他随西哈努克来到稻田。西哈努克脱去外衣，穿了背心同农民一起挖土。"那情景确实动人"，阿内特说，"但事后一想，我什么重要材料都没有从他嘴里得到"。

（五）电话采访与网络采访

通过电话和网络进行采访，是所有记者应该掌握和经常使用的方法。它不仅节约了记者和采访对象的时间，而且可以扩大记者的交往范围。有的名人不一定愿意接受当面采访，但他也许愿意在电话上或通过 E-mail 回答问题。

因此记者应当像准备进行面对面采访一样事先做足准备，一样注意礼貌，并应告诉对方自己的姓名和服务的媒体，让对方知道你想得到的信息将供发表。在进行电话采访时应当特别注意：第一，沉稳、清晰地说话，不要提过长的问题。第二，把尖锐的或使人难堪的问题放在最后。第三，不要奢望能在电话采访中得到很多信息——一般来说，电话采访只是为了证实某些事实或取得一些引语。

网络采访灵活、方便、快捷，有时还能得到更多详细的资料性的东西。

这种方式进行采访也有一些缺陷，如不能观察采访对象对问题的反应，也无法观察采访对象的神态、衣着、显著特征和其他个性特征，因而在勾勒人物肖像时就少了这一笔。通过网络采访到的材料需要多加核实。

总而言之，采访的根本目的是为了获得素材，所有的采访技巧都应该为这一目的服务。

第十二章　记述生命

——讣闻与悼亡报道

刚入行的西方记者经常会从写讣闻开始进入正式工作，因为它是对一个记者精确报道姓名和日期的能力的考验，也是对记者在压力下——人往往是在最后截稿期限时死去——保持工作状态的能力的考验。为一篇讣闻做准备工作是一项需要细致和精确的任务，要求有极大的勤勉和最大限度的想象力。讣闻撰稿人应当达到他在报纸版面限制下所能发挥出的判断力、鉴别力以及其他各种能力的极限，他的讣闻应当能够成为一个人的纪念碑。在讣闻版上，你可以发现一个人一生中的光荣、成就、平凡与失败，而报纸的其他版面则不过是在一天一天地记录着这一切。

第一节　人生终点引人关注

一、讣闻不是可有可无的

人总是要走向自己的终点——死亡。但是，死亡对于不同的人来说意义是有差别的。讣闻是关于人的死亡的新闻，就是将重要人物、公众关注人物乃至普通人的死亡表述出来，给他们留下人生终点的最后记录。

然而，人生的最后记录——讣闻或悼词——他本人却无法知晓。不过，也有例外，美国作家马克·吐温和海明威就曾"有幸"在报纸上读到了自己的讣闻。1897年，美联社错发了马克·吐温去世的消息；1953年，世界各地的大报报道海明威在非洲死于飞机失事。对自己"去世"的消息，马克·吐温不无幽默地从伦敦给美联社发电报，一本正经地说"有关我死的报道过于夸张了"。

也许正是这种无法知道自己"后事"的好奇心，使得世人对他人的"后事"更有兴趣。况且，并不是人人都能像马克·吐温那样洒脱。再者，尽管编辑部对处理讣闻司空见惯，但对死者家庭来说却是头等大事，因此，讣闻报道非常重要。如果说所有报道都需要敏感和人道的话，讣闻则需要更多，因为讣闻比其他种类的新闻更能给媒体带来朋友或制造敌人。由于上述的重要性，在西方，有的报纸常常派有经验的记者去采写重要人物的讣闻。《纽约时报》等大报还有专门写讣闻的记者。

二、悼亡报道

有关"后事"的悼亡报道类型很多，包括讣闻、唁电，对追悼会、葬礼等的采访与写作。

讣闻，也称讣告，是关于某人死亡的公告。作为新闻报道的讣闻，在功能、内容和表现形式方面与一般的讣告有明显不同。

一般的讣告由死者的家属或其任职的单位发出，目的是向亲友通报死亡讯息，内容、格式有一定之规，只要说明死者姓名、年龄、死亡日期、殡仪事宜即可，有的讣告也刊登在报纸上，但若登在广告版上，通常是要收费的。

而作为新闻的讣闻，是关于某人死亡的报道，是新闻的一种类型。它由记者采写，单独发稿，不仅仅要报告某人死亡，而且要回顾死者生平，对其一生作出评说，内容丰富，形式也灵活多样，可长可短，可写成消息，也可写成通讯或特稿。

《纽约时报》副总编阿瑟·高宝说："一则讣闻是一个人一生的概括，是他一生纪录的最后叙述。所以，必须遵循公正，平衡，准确，言之有据的原则。我们把讣闻看做简明的个人传记、对此人和他一生的解释：他的一生意味着什么？他在公众中的形象是什么？他在所有这些方面有什么创造？我们努力把他放在历史的环境中，放在他自己的领域里，看他对于那个领域里的人们意味着什么……"这段话说明，讣闻具有明确的报道思想。

大千世界，芸芸众生，生老病死的事每天都在发生。媒体发谁的讣闻，不发谁的，必然要有所选择，其依据仍然离不开新闻价值的判断。显而易见，国际新闻中讣闻的报道对象一定是"世界级"的，在全球范围内有较高知名度的人物，如各国政要、文化名人、体育明星、著名科学家等，这体现了新闻价值判断中的显著性。

普通人也可能成为讣闻的报道对象，但他或她必然有不同寻常之处，或这一死亡事件有一定的新奇性，如世界上最长寿的法国老妪去世的消息，就被各家媒体广泛刊载。

2003年7月，伊朗一对连体姐妹因分离手术失败而去世的消息，登上了各大报的版面。

【法新社新加坡7月8日电】据新加坡莱佛士医院今天说，相连达29年之久的伊朗连体姐妹拉丹和拉莱在一次历史性的分离手术中死去。医院发表声明说，"医院遗憾地宣布拉丹和拉莱在分离手术中双双去世，尽管医疗小组尽了最大努力，但拉丹和拉莱还是分别于当地时间下午2点半和4点左右离开人间"。

这对连体姐妹是因在分离大脑手术中失血过多而丧生的。医院说，医生们为稳定她们的状况的努力"失败了，因为她们的状况在持续恶化"。

一位不愿透露姓名的护士说："楼上每个人都在哭，她俩在这里已7个月了，我们像一家人一样。"

就在拉丹去世不久，伊朗政府发言人对本社记者说，伊朗政府对此"深感悲伤"。伊朗政府今天较早前宣布，将为连体姐妹支付在新加坡莱佛士医院做分体手术的费用。整个手术费用预估不会超过30万美元。

1979年9月4日，美联社发了这样一则讣闻。

【美联社1979年东京9月4日电】今天，11岁的雌性大熊猫兰兰死了，日本为此而表示伤痛。经过X光检查和解剖分析兰兰已怀了孕，这更让人们伤心。

东京上野动物园里人潮涌动，唁电、鲜花和礼物纷纷而来。兰兰和伙伴康康住在上野动物园的一个特意配置了能够调节气候的笼子里。

为兰兰举行的追悼仪式定于9月20日。动物园的负责人说，兰兰将会被制作成标本放在动物园里展出。

解剖了兰兰的尸体后，在它腹内发现一个长10.5厘米，重42.6克的胚胎。动物园的负责人说，虽然分不出雄雌，但胚胎的尾巴长3.6厘米，爪子上已长出了指甲。

他们说，这可能是它今年春天同康康交配的结果，如没这意外，应该是下个月就可能生下。

美联社为一只动物发讣闻，这当然可以看成特例。但大熊猫是珍稀动物，且它又非常受民众喜爱，从新闻价值上来看具有了新奇性，就有报道的价值。

三、讣闻的价值

（一）讣闻的人文价值

2001年9月11日，美国世贸大厦袭击发生后第4天起，《纽约时报》即推出了名为《悲恸的群像》的讣闻专题来纪念遇难者。为此，该报前后出动了100多名记者和编辑，通过电话采访、面谈等方式采访遇难者的亲友，总计写成了2100多篇关于事件遇难者的讣闻报道，内容涉及遇难者对家庭的贡献，工作之外的才华，个人兴趣和爱好，敬业精神，慷慨、幽默和仁慈的个性以及良好的身体状况等。这一系列的报道持续刊载到当年11月30日。一周年后，仍有零星的遇难者讣闻出现在版面上。

《悲恸的群像》在美国引起了极大反响①。在袭击中逝去的人们，不管他们是知名企业的 CEO，还是默默无闻的餐厅服务员，读者都能从阅读他们的故事中重建对生活的热情，凝聚起公共意识。

《悲恸的群像》后来获得 2002 年普利策奖。这组报道，显示了优秀讣闻如何引发人们对亡者的怀念，启发人们重新审视自己的人生价值，帮助平复人们心灵的创伤，重拾对生活的信心以及体现社会文化价值和精神追求。

（二）吸引读者的讣闻

讣闻不仅对读者有价值，对媒体自身也很有价值。

首先，讣闻触及人类精神中悲痛的一面。除极少数例外，讣闻的字里行间透出的哀思，总能打动读者，吸引他们读下去。这就是阅读讣闻的读者为何数量较多的原因。

其次，讣闻对死者的追思、缅怀，不仅可以慰藉生者，给社会增添温情，而且会使读者感到媒体"人情味"的一面，无形中拉近了媒体与读者间的距离，树立了媒体自己的形象。1985 年，日本航空公司的一架客机坠毁，520 人遇难。日本《读卖新闻》用两个整版刊登了遇难者的头像，这一做法，博得了读者的好感。

第二节　讣闻的采访与写作

讣闻写作可长可短，形式也多种多样，但要在有限的截稿时间内交代清楚何人、何时、何地、多大年龄、因什么原因去世、葬礼情况以及生平、成就，已经很不容易，那些"大人物"声名显赫、经历曲折，尤其难写，何况报道还得吸引人，这对记者是一大挑战。

在优秀记者的笔下，讣闻可以成为一种艺术。《纽约时报》记者阿尔登·惠特曼就是其中的一位。他以写名人讣闻而著名，被称为"坏消息先生"和"恐怖先生"。有人评价说，他对死者人物性格的描写，出神入化，能使其"复生"。

那么，该怎样采访和写作才能达到惠特曼的境界呢？

---

① 胡亚平、龙潭：《〈纽约时报〉9·11 事件"讣闻报道"及其启示》，载《新闻记者》，2004 年（6）。

一、采访

（一）生前采访

惠特曼常常在一些著名人物在世时就对他们进行采访，以获得生动的第一手材料。他通常事前把一些名人的讣闻写好，放在卷宗里，不时增添、修改。对有的人物，他会同时准备两篇，其中一篇是生动的特写。一则关于惠特曼的故事广为流传：惠特曼为准备美国总统杜鲁门的讣闻，在其 83 岁那年专程去密苏里的独立城登门拜访。见到这个专为别人准备"后事"的记者，杜鲁门打趣地说"我知道你为什么跑到这里来"。

提前为名人准备讣闻，是一些大报、通讯社的习惯做法，这样可以在名人去世后立即发稿，争取时效，同时，也有充足时间对报道反复进行修改，力争事实更准确，评价更恰当。

（二）采访家属、亲朋好友、故旧

有的记者担心，死者的家庭正处于悲痛之中时采访他们是否合宜。从实践来看，这不是个很大的问题。只要采用适当的方法，死者的家人亲友是愿意向人们分享他们的记忆或倾诉他们的感情的。他们或许会给你讲述一段死者童年大难不死的经历，或许会忆起他的某桩轶事、趣闻、曾经说过的有意思的话，这些都会使记者讣闻中的人物性格鲜明、生动感人、富有情趣。同样，记者可以向亲友核实一些事实。此外，深入采访会帮助记者掌握分寸，对死者作出恰如其分的评价，这对讣闻至关重要。

（三）积累资料

有了采访到的素材，记者可能还需要到图书馆、资料室补充一些材料。一般来说，这些地方存有关于名人的言行举止、重要活动的大量记录。经常写讣闻的记者，平时应该积累那些年事已高、健康欠佳的名人资料，到头来才不会发生"书到用时方恨少"的情况。

二、写作

（一）首日讣闻与次日讣闻

虽然讣闻形式多样，但大致可分为首日讣闻和次日讣闻两类。它们的格式大同小异，不同的是导语侧重点。首日讣闻将首日发生的事作为导语，包括死者的姓名、身份、时间、地点、死因，如"医生和政府官员说，瑞典外交大臣安娜·林德在一家高档商店购物时遇刺，身上多处受伤，已于今晨死亡"；次日讣闻的导语，则以追悼会或其他悼亡活动为导语。

（二）写作讣闻

讣闻一般需提供如下信息。

第一，死者的姓名、年龄、职业和其他身份。第二，死亡的时间、地点和原因（患病或抢救持续时间）。第三，葬礼与出殡计划 。第四，杰出成就、不凡经历或轶闻趣事。第五，死者之死对社会的影响。

（三）如何跳出公式化套路

如果记者只是简单地把上述内容一一罗列，那么讣闻最容易写成公式化新闻，如"著名××家×××，因××病医治无效，今天在××地去世，享年××岁"。在现实中，这样的讣闻屡见不鲜。要跳出公式化套路，在报道中，记者应着重从注重细节和运用多种新闻手法入手。

1. 避免公式化套路应注意的细节①

为避免陷入公式化套路，《费城每日新闻》著名的讣闻记者吉姆·尼克尔森建议写讣闻时注意这些细节：

第一，外貌描述（体重、身高、头发颜色和发型）。第二，服饰（最喜欢穿的衣服的类型和喜欢的服装品牌）。第三，职业（从事的时间，以前从事的其他职业，主要成就）。第四，讲话方式（说话语气、手势、笑容、眼睛跟别人交流的方式、最喜欢的俗语和谚语）。第五，气质。第六，习惯。第七，现场引人注目的标志性的东西。第八，天气/光线。第九，历史记录。

2. 运用多种新闻手法

要跳出公式化套路，记者还需要运用一切能用的新闻手法来再现死者风貌，概括起来有这么几条建议。

（1）写好导语

悼亡报道一般要在导语中交代与死亡有关的基本情况，但也不一定那么刻板。美联社为美国总统麦金利去世写的讣闻的导语就是如此。

【美联社纽约 1901 年 9 月 15 日电】昨天，威廉·麦金利以微弱的声音说出他最喜爱的圣歌的歌词："上帝，我离你越来越近了"，之后便昏迷了过去，于今晨在纽约州的布法罗去世。9 天前，他被一暗杀者的子弹击中。

（2）精心布局

讣闻要为读者勾勒出死者一生的概况，但不应是例行公事地写出死者的履

---

① ［美］卡罗尔·里奇：《新闻写作与报道训练教程》，374 页，北京，中国人民大学出版社，2004。

历，而应该写出死者一生最重要的经历和成就，这是最常见的讣闻写作方式。

美国原子能专家爱德华·特勒于 2003 年 9 月去世时，法新社的讣闻就主要突出了他的成就。

【法新社 9 月 10 日电】美国劳伦斯·利弗莫尔国家实验所 9 月 10 日发表声明，宣布被誉为美国"氢弹之父"的爱德华·特勒于本周二逝世，享年 95 岁。声明说，特勒的逝世不管是对实验所还是对整个国家都是个巨大的损失。

今年早些时候，特勒荣获象征美国最高荣誉的"总统自由勋章"。

特勒在 1943—1946 年间参加了研制原子弹的"曼哈顿计划"，此后致力于研究氢弹。

以成就为中心组织报道素材，能减轻记者写作讣闻的难度。但著名人物的讣闻若只突出成就，容易显得单薄。这时需要记者谨慎选择切入点，精心选材与布局，并在写作过程中对事例、细节进行高度提炼与概括，如下面路透社对高更和爱迪生所写的讣闻，前一个以人物艺术思想的转变来突出其艺术成就；后者以人物早期的失败经历凸显其社会贡献，言简意赅，十分精当。

【路透社波利尼西亚 1903 年 5 月 8 日电】题：保罗·高更去世

今天法国画家保罗·高更在法属波利尼西亚的马克萨斯群岛去世，终年 55 岁。高更曾是一名证券经纪人，在他结识了卡米尔·毕沙罗和保罗·赛尚以后，决定献身艺术。在巴黎，高更还与文森特·凡·高结下了友谊。但是对他来说具有决定性意义的经历是 1887 年的马提尼岛之行。这次旅行使他发现了热带风光的绚丽色彩，欣赏了原始社会纯朴的生活。

高更创造了被称之为"景泰蓝主义"的新风格。这种风格的特点是用单纯色彩配以黑色线条的轮廓。他在 1889 年的《早上好，高更先生》这幅作品中运用了这种风格。高更与他过去的印象主义决裂，他想让他的作品通过色彩和构图既悦人眼目，又表达思想。

当高更于 1889—1890 年在布列塔尼岛阿望桥村时，一些青年画家聚集在他的门下，其中包括查尔斯·菲利格、莫里斯·德尼。他们把高更的思想传播给爱德华·维亚尔和皮埃尔·伯纳尔。1891 年，高更离开家人来到了塔希提岛，在那里发展了他的原始主义，并对南海群岛的社会不平表示抗议。

【路透社西奥兰治 1931 年 10 月 9 日电】题：天才发明家爱迪生逝世

我们当代最伟大的科学家托马斯·阿尔瓦·爱迪生今早逝世，终年 84 岁。这位给世界带来电灯、留声机、电影以及上百项发明的伟人，今早 3：24 在新泽西的西奥兰治镇家里，在睡梦中安详地离开了人世。

爱迪生于 1847 年 2 月 11 日出生于俄亥俄州的米兰。12 岁时，他在家里成立了一个化学实验室。为了买实验器材，他到火车上当报童。不久，他买下了一家旧印刷厂，开始出版报纸——第一份报纸竟是在火车上印刷的。他 15 岁时，在铁轨上抢救了一位儿童，这孩子的父亲非常感激他，并教他学电报学，不久，他就以最快速的报务员之称在全国享有盛名。

1868 年爱迪生搬到波士顿后，取得他第一项发明的专利—— 一个自动投票记录仪。但他却卖不出去，因为政治家们都喜欢自己亲自查选票。第二年到纽约后才卖出去，这是一台证券行情自动记录收报机，他挣了 4 万美元。他用这笔钱开办了工程咨询业务所。1876 年他成功地在新泽西州的门洛帕克办起了他自己的工业用实验室。大约有 1300 项发明都是在这个实验室里研制成功的，包括他 1877 年发明的留声机。

爱迪生的声誉非常大。1878 年当他宣布自己正在研究用电来照明时，当时用来照明的煤油的股票价格竟急剧下跌。经过数千次的实验之后，爱迪生终于在 1879 年年末第一次展现出了电的光亮。1889 年他研制出第一张可实际放映的影片。在他晚年，这位以"门洛帕克奇才"而著称的老人受到公众无比的尊敬。

（3）描写人物的性格和特征

通过精彩的性格和特征描写，好的悼亡报道能使死者"复活"。这需要记者恰到好处地穿插一些有声有色的小事，或能体现死者特点的轶事。《纽约时报》为使讣闻生动、富有情趣，有时甚至还会在讣闻里引用名厨的菜谱、国手的棋局和几段诗句。

轶事和引语是把人物写活的最有效手段——轶事趣闻可以充实对人物的评价，使人物有血有肉。例如，仅说某人很自重是不够的，还需要有事例来支持论点；而典型的引语，能使人物活起来。引语不仅可以引逝者本人的，还可引旁人的话。

【埃菲社巴黎 8 月 26 日电】曾在多部电影、电视连续剧和戏剧中演过角色的皮埃尔·阿莱朗格上周五在家中病逝，终年 79 岁，他的身高只有 1.23 米，是法国最著名的侏儒演员。

皮埃尔·阿莱朗格年轻时并不想在演艺界抛头露面，因为他那时作为首饰匠有着很好的发展前景，可是最终他还是投身到演艺事业中来了。

1977 年他在路易斯·布努埃尔拍的一部电影里扮演了一个心理分析

师的小角色。后来，他全身心地参加演出，立志当一名好演员，取得了辉煌成就。

这位经常谈到自己在电视剧中怎样扮演"坏官吏的角色"的侏儒艺术家写过一本名为《从下往上看》的书，叙述他的成长经历与艺术生涯。

皮埃尔·阿莱朗格对自己的身高从不忌讳，但他不参加侏儒协会之类的组织，他批评这些协会让他们这些矮人成为人们的笑料。

有一个记者问他，身材矮小是否令他不高兴。他答道："是令我不高兴，但不像你想象的那样不高兴。"

他还说："我长得够高大的了，足以处理自己的事情。"

短短几百字的报道，通过描写和引语，将一位自尊又不失幽默，残疾又卓有成就的艺术家栩栩如生地展现在人们的面前。

戴安娜的灵柩经过白金汉宫前的马尔大道，前往威斯敏斯特教堂（新华社记者庞伟良摄）

（4）以点带面

有的名人经历曲折复杂，要在有限的篇幅内比较完整概括他的一生，非常不容易。记者可以从最能反映其人生特征的一个点切入，选择其人生各个阶段有代表意义的事件来反映他的一生。

英国王妃戴安娜 1997 年因车祸去世。美联社的讣闻就采用这种方法——戴安娜在世时，有关她的传闻、故事、报道满天飞；她突然离世后，美联社抓住她一生始终为情所苦这一点，再现了她短暂而又悲剧性的一生。

【美联社伦敦电】英国前王妃戴安娜有名有钱又貌美如花，深得成千上万人的爱戴，但一生却得不到最基本的快乐。她昨天在巴黎遇车祸，与世长辞，终年 36 岁。她的男友法耶兹也在车祸中与她同赴黄泉。

和查尔斯王子结束童话故事般婚姻一年后，戴安娜似乎终于在法耶兹身上找到一丁点欢乐。但报界和公众穷追不舍，对她造成的压力始终无止无休。

戴安娜在上星期刊载的一篇访谈中告诉法国《世界报》，她想乔迁到其他国家，但因两个儿子而不能这样做。

她说："只要是神志清醒的人，早就离开了。但我不行。我有我的孩子。"

戴安娜经常恳求报界，尤其是对她步步跟踪的大批摄影员，放她一马。

过去一个月来，戴安娜和法耶兹在地中海相拥、嬉笑的度假情景，陆陆续续刊登在各份小报中。

戴安娜·斯潘塞是一名英国伯爵的女儿。她在 1981 年 7 月 29 日嫁给查尔斯王子时，年仅 20 岁。当时全世界成千上万的人都观看了这场皇室婚礼。

两位小王子威廉和哈里的出世，似乎使这段皇室姻缘如世人所期待般变得十全十美。

但是，到了 90 年代初，报界开始把矛头指向查尔斯和戴安娜到底有多少时间在一起这个问题，猜测这段婚姻亮起红灯的舆论越来越多。

安德鲁·莫顿在 1992 年 6 月出版的《戴安娜——她的真实故事》引起轰动。该书指责查尔斯和已婚的卡米拉有婚外情，而且维持已久，戴安娜还曾企图自杀。

终于，在 1992 年 12 月 9 日，英国首相梅杰向国会宣布两人将分居。

查尔斯和戴安娜尝试分开扮演自己的角色，但一系列根据他们周围亲友所透露写成的批评性报道使他们的生活和英国皇室蒙上一层阴影。

英女王要他们离婚。争执了几个月，两人终于点头。离婚协议在 1996 年 8 月 28 日生效。

离婚协议宣布时，白金汉宫发言人说，戴安娜仍然是皇室家族的一分子。

"王妃是未来国王的母亲，因此地位特殊。"

戴安娜和 48 岁的查尔斯分享两个儿子的监护权。

威廉王子和哈里王子今年已经 15 岁和 12 岁了。

戴安娜的新角色史无前例，因为英国从没发生过王子离婚的事情。

虽然实际上已"失业"，但戴安娜勤奋争取，并在历史上奠定了她作为国际知名人物和人道主义者的地位。

她在 1995 接受电视访问时说，她立志当"一个活在人民心中的王后"。她成功地赢得全世界数以百万人的爱戴。

她为自己的使命奔波各地，包括为艾滋病、癌症和心脏病进行的研究工作。她最热衷的任务是取得禁用地雷的国际禁令。

(四) 写作中应注意的问题

前文业已论及悼亡报道的重要性和敏感性，记者写作时因此需要加倍的谨慎，错发讣闻对谁都不是件愉快的事。写作讣闻时，有些地方记者要多加注意。

1. 恰如其分地评价死者

要以事实为依据，不要以记者自己的口吻去评价，而要以引用他人评价的方式来写。此外，不要过于抬高死者，避免用过分奉承的词语，如"他将为全世界的人所怀念"等。

2. 熟悉各种宗教习俗和悼亡礼仪，使用正确的宗教语言

要熟悉"神父""教士""教区长""阿訇""弥撒""礼拜""教堂""清真寺"等词汇的不同用法。

3. 在"为亡者讳"与"实事求是"中寻求平衡

古今中外的文化里都有"为亡者讳"这个传统，即"不要说死者的坏话"。因此，一般来说，在讣闻中贬抑一个人是少见的。但是名人的讣闻应该像出色的传记一样，既有黑也有白，即反映他光辉的一面，也反映他污点的一面，描写要讲究技巧，如尼克松的讣闻中不提"水门事件"显然是不公允的。日本裕仁天皇 1989 年去世时，有媒体发的讣闻中未提及他在位时发动侵华战争一事，遭到质疑和批评。

4. 核对每一个事实

如年龄、职务、所上学校、出生地等，避免张冠李戴。

5. 选择恰当的用词

由家属发的讣告，往往会有如"仙逝""驾返琼池""进入天堂"等这一类词。然而，这些词用在新闻讣闻中就有些哗众取宠，记者因此要选择简洁而意思明确的恰当用词。此外，提到死者的家人时，应该称妻子或丈夫，而不是寡妇或鳏夫；死于手术的说法不正确，应该是因手术无效而死亡，否则会理解为因医疗事故。凡此种种，不一而足。

三、问题人物、罪犯的讣闻报道

记者在写死亡报道时有时会遇到这样一些问题：逝者生前有过一些丑闻，如曾出过不名誉的事件，或者服过刑，或者死者本身就声名狼藉。如何写这些人的讣闻报道呢？

记者在写作讣闻时要在"为亡者讳"与"实事求是"中寻求平衡。凯利《全能记者必备》对此提出了一些具体的指导原则：如果丑闻或不名誉的事是纯粹的私人事务，许多报道通常选择"为亡者讳"，特别是在当事人已经改过而且人们也遗忘了的情况下。但如果逝者是公众人物，而他的不名誉事件或罪行又是众所周知的时候，媒体不能有意回避，无论多么令人不快，都应当如实报道出来。《华尔街日报》就迈克尔·杰克逊去世的报道是一个例子。

【华尔街日报网站 2009 年 06 月 26 日 07：09 Ethan Smith】题：流行音乐之王迈克尔·杰克逊去世

迈克尔·杰克逊（Michael Jackson）周四下午在洛杉矶家中发生心跳骤停，送往医院后被宣布死亡。这位 50 岁的流行音乐之王怪异而悲剧性的一生也因此划上了句号。杰克逊在这其中的 45 年都是世界上最具象征性的流行音乐人之一。

知情人士透露，杰克逊被送到加州大学洛杉矶分校医疗中心时处于昏迷状态，在被送入手术室前去世。

去世前，杰克逊正试图重新开始自己的演唱生涯；此前几年他一直备受争议，这令他实际上停止了演出和发行新专辑。甚至在他 2005 年因变童的指控而受到刑事审判并最后被判无罪之前，他的演唱事业已经处于停顿状态。

5 月份，演唱会宣传公司 AEG Live 宣布，杰克逊将在伦敦的 02 arena 举行系列演唱会。事实证明，演唱会门票需求火爆，场次最终被加到 50 场，卖出的门票有数十万张。演唱会的日期被分散在好几个月里，从 7 月初一直到 2010 年。

杰克逊与 AEG Live 的协议包括一项进一步增加演唱会场次的雄心勃勃选择，在三年甚至更长的时间里在欧洲、亚洲、北美各地举办演唱会。所有的巡演加在一起能让他赚 4 亿美元。AEG Live 由丹佛富豪安舒兹（Phil Anschutz）所有。

在为伦敦演唱会做准备期间，杰克逊进行了一次 5 个小时的全面体检。AEG Live 首席执行长菲利普斯（Randy Phillips）当时说，杰克逊轻松通过了体检。

不过，在杰克逊为首轮演唱会做准备的时候就出现了问题的迹象。前四场演唱会被推迟了，表面的理由是杰克逊需要更多的时间进行场内带装彩排。一些熟悉杰克逊的人怀疑他是否能完成这么多的演唱会，尽管演出日程中有充足的间歇时间。

周四下午，加州大学洛杉矶分校医疗中心外的人行道上挤满了人。甚至在官方宣布杰克逊的死讯前，一些人已经忍不住失声痛哭。

有人表演他的招牌太空步，唱着他的流行歌曲。街道对面的一个学生公寓用音响大声播放着杰克逊的歌。用于新闻报导的直升机在天空中盘旋。

杰克逊 1958 年出生于印地安那州加里市，他很快就被推上了众人注目的中心。甚至在很小的时候，他显然就已经是"杰克逊五兄弟"（Jackson Five）中的明星了。该演唱组合是他的父亲约瑟夫·杰克逊（Joseph Jackson）把五个儿子召集在一起组成的。

"杰克逊五兄弟"很快从当地的业余歌手演唱会和地方演唱会中脱颖而出，登上了全国舞台。他们与高迪（Berry Gordy）的 Motown Records 签了约，推出一系列风靡一时的歌曲，包括"ABC"和"I Want You Back"。不过在严厉的父亲和经理的控制下，他们的人生付出了代价，杰克逊没有正常的童年。

在单飞之后，杰克逊名气越来越大。1982 年的个人专辑《Thriller》是历史上最畅销的专辑之一。

《Thriller》连续 80 周高居 Billboard 200 排行榜的前十名，其中的热门单曲"Billy Jean""Wanna Be Startin"和"Beat It"更是大受欢迎。据美国唱片工业协会（Recording Industry of Association of America）的数据，该专辑常常列为有史以来最畅销的专辑，美国的销量为 2800 万张。据估计，全球销量超过 5000 万张。《Thriller》的 MV 如今仍是 YouTube 上观看次数最多的视频之一，排在第 54 位。这段 13 分钟的视频观看人次有 37,083,417。

有关罪行惊人、声名狼藉的罪犯、间谍、战犯的死亡报道，是公众普遍关注的新闻。如何写作这些遭人厌恶的人的报道，很考验记者把握分寸的能力。路透社对希特勒自杀的报道便非常出色。

【路透社柏林 1945 年 4 月 30 日电】题：希特勒在柏林自杀

欧洲战场上的那股疯狂势力现已消亡。绝望的阿道夫·希特勒看到德国的末日，今天在柏林自杀。

从历史的角度看，希特勒可以被看做是疯狂而又果断的专制统治者。在他政治生涯的鼎盛时期，他似乎是无往不胜的。他曾一度吞并了 9 个国家，挫败欧洲诸强，并设想在征服千万人的基础上建立新的社会经济秩序，然后像施用催眠术那样把他的意志再强加给数以千万计的人们。6300 万德国人赞誉这位煽动者为德国的救星。可是到头来，他把他们引入了可怕的地狱深渊。

这千万个德国人向他敬礼，称他为"元帅"的人出生在奥地利的布劳瑙，父亲是海关官员，据说他常常暴打希特勒。年轻的阿道夫渐渐崇拜上贝多芬和瓦格纳的作品，并且受雇从事维也纳明信片绘画行业。在维也纳，他接受了典型的奥地利中产阶级所持的观点和主张，强烈仇视犹太人，畏惧马克思主义。

"第一次世界大战"爆发后，希特勒由一名默默无闻的艺术工作者一跃而为坚定的斗士。他在《我的奋斗》中写道，是战争鼓舞了他，"我跪在地上，对上帝感恩戴德。"

德国失败后，希特勒参加了主张狭隘民族主义的德国劳动党，后称德国国家社会主义劳动党或纳粹党。希特勒用激昂的演讲，使那些富有的企业家们相信，在他们的支持下他可以一雪德国在凡尔赛的耻辱。希特勒建立了纳粹军队——"暴风骑士"，并企图夺取慕尼黑政府。政变失败，希特勒入狱。在狱中，他写下了《我的奋斗》，为获得至高无上的权力谋划了途径。

希特勒获释后，他和其政党纳粹党的声誉不断上升。1933 年 1 月 30日，希特勒被帝国总统冯·兴登堡任命为总理。凭借他新获得的权力，这个留着小胡子的矮子征服了所有的反对派，建立了一个极权政府。

希特勒最主要也是最危险的思想准则，就是德国必须发展纯粹的雅利安人种。他曾写道，"我必须用一个更优秀的种族组成一个统治阶级。"他的狂想和称霸欧洲的疯狂举动，燃起了德国人对犹太人以及其他种族的人们的无比厌恶的熊熊大火。于是上百万的犹太人和其他民族无辜的人们悲惨地死在他的集中营里。

希特勒的军事胜利使他过于自信，忘乎所以，结果使纳粹越出轨道。同盟国以摧枯拉朽之势冲破了他的防御。现在，随着纳粹主义末日的到来，曾经不可一世的希特勒终于以失败结束了其可耻的一生。

报道这类人物死亡消息时，夹述夹议的述评是记者常常采用的一种文体。《解放日报》记者朱鸣报道俄克拉荷马城爆炸案主犯死亡的述评，"立意新颖，以小见大，笔锋锐利，论理充分。文章虽短，但却蕴含着深刻的道理"，获得"第七届中国国际新闻奖"。

麦克维的悲剧

昨天，震惊全美的俄克拉荷马城爆炸案主犯麦克维被以注射毒液的方式处死。这位现年 33 岁的海湾战争老兵直到临刑前始终拒绝向爆炸案的幸存者以及 168 位死难者家属表示忏悔。他甚至还说："如果要我下地狱，将会有很多人陪伴我。"

从海湾战争中美国陆军的"战斗英雄"到死不悔改的"杀人狂"，其转变实在令人匪夷所思。麦克维说，他的恐怖行为是在"效法美国的外交政策"，他要以"以暴止暴""遏阻这个政府变成杀人狂"。麦克维至死都觉得自己是秉承"伸张正义"的良知，但他"替天行道"的方式却为世人所不齿。麦克维的悲剧也许正在于此。他用国家机器训练出的技能反对国家机器，却失去了"为国而战"的光环，所以只能沦为一名"恐怖分子"。更可悲的是，麦克维临死前说对无辜丧生的受害者"感到遗憾"，但绝不认错。这种言辞和美国政府炸死伊拉克平民后的口吻如出一辙。国家机器的逻辑已经深深地渗入了他的思维，尽管那是他试图反对的。

麦克维的悲剧绝不是孤立的，它很自然使我们联想起美国电影《第一滴血》中兰博的"困惑"。兰博无法理解为什么在越南他是"战斗英雄"，而回到美国后他就成了"杀人犯"。不久前传媒披露，美联邦参议员鲍布·克瑞在越南战争中曾率领突击队屠杀了16名越南妇女和儿童。这位"战斗英雄"说，此事使得他在过去的三十多年中一直感到耻辱，听到人们称他为"英雄"就感到很厌烦。

令人遗憾的是，麦克维的悲剧、兰博的困惑、克瑞的耻辱并没有阻止这个"国家机器"变成"杀人狂"。美国大多数"战斗英雄"们仍然醉心于使用最尖锐的高科技武器"人道"地捍卫这个世界的"民主与人权"。至于伊拉克千百万儿童缺医少药的惨状以及南斯拉夫境内贫铀弹导致的人道主义灾难，"英雄"们当然也就"眼不见为净"了。

评委会评议如下：震惊全美的俄克拉荷马城爆炸案主犯麦克维被处死，临刑前他不仅毫无悔意，而且以"英雄"自居，这一现象确实引人深思。作者抓住这一事件，引用这位曾是美军"战斗英雄"的"杀人狂"的言辞，并结合一位越战中曾率队屠杀16名越南妇女儿童的美军"战斗英雄"的话，批评了美国政府外交的政策和战争行为。

麦克维的悲剧是谁造成的？读完这篇述评便会感到，悲剧归根到底是美国政府造成的。美国一次又一次地对别国发动战争，致使大量平民无辜丧生，可美国政府从不认错，还把那些参战的美国官兵视为"战斗英雄"。而正是这样的"战斗英雄"制造了俄克拉荷马城爆炸案，这对美国政府来说不啻是莫大的讽刺。

四、记述的不是死亡，而是生命

好的讣闻看起来更像人物传记，而不仅仅是人物生平。美国《费城每日新闻》的记者吉姆·尼克尔森说，讣闻是"一种关于死去的人活着时候的报道，而不是关于他们死亡的报道。"

这句话启迪人们：讣闻不是以冷冰冰的笔触去毫无感情地写一个人的生平

简历，而是用充满感情的笔触去追忆死者生前一个个鲜活的镜头。美联社对"第二次世界大战"期间的王牌飞行员斯科特的讣闻，就围绕着逝者的空战传奇经历展开故事的。

【美联社佐治亚州沃纳罗宾斯2月28日电】题："第二次世界大战"期间曾经效力于"飞虎队"

美传奇飞行员斯科特逝世。

美国"第二次世界大战"空军王牌飞行员罗伯特·L·斯科特准将昨天逝世，享年97岁。他曾在《上帝是我的副驾驶》一书中讲述了自己在中国——缅甸——印度战场的英雄事迹。

罗宾斯空军基地航空博物馆负责人保罗·希比茨宣布了他的死讯。斯科特近年来在该博物馆任职。

斯科特生于佐治亚州，"第二次世界大战"中是扬名全美的亚洲战场王牌飞行员。

他在1943年出版的书畅销全国，并于1945年拍成电影，由丹尼斯·摩根饰演斯科特。

他的著作还包括《我征服天空的日子》和《飞虎队：陈纳德在中国》。

斯科特在服役期间获得三枚"优异飞行十字勋章"、两枚银质奖章和五枚空军奖章。1943年，他受召回国，到各地讲演，鼓舞士气。

他曾驾驶P—40战斗机击落22架敌机，不过据他回忆，其中有些敌机算做"可能"被击落之列。

他说过："你需要两名战友作为见证人，不然就用空军照相枪拍下照片，但是中国没有照相枪。我其实消灭了22个敌人，但得到证明的只有13个。"

他参加过陈纳德将军在中国组织的著名志愿航空队"飞虎队"，但他并不是"飞虎队"1941年中期成立时的最早成员。作为"飞虎队"成员，他曾在1942年5月的战斗中飞行超过200个小时，击落5架敌机。

斯科特的"飞行"故事颇具传奇色彩：他12岁时曾乘一架自制滑翔机从三层楼房的房顶飞下，降落在一片玫瑰花丛中，在60年的飞行生涯中，斯科特飞行时间超过3.3万个小时。

希比茨说，斯科特虽然年事已高，但直到几年前还保持着活力。1996年他曾传递奥运火炬，88岁生日时他驾驶了F-15战斗机，89岁生日时还驾驶过B-1轰炸机。

第三节　报道悼亡活动

在国际新闻中，悼亡新闻的报道对象一般都是国际知名人士。他们的去世，可能会对某国、某个领域，甚至世界造成很大影响。因此媒体除了发讣闻，还会报道一些其他的悼亡活动，如生平介绍、唁电、悼念文章、评论、葬礼等。

本节以有关英国王妃戴安娜去世的报道为例，讲解如何报道悼亡活动。

一、唁电

一般来说，只有国家领导人或特别重要的国际人物去世时，其他重要国家的领导人和重要国际组织的领导人，如联合国秘书长发的唁电，才会被新闻界报道。有的唁电全文报道，有的摘要报道，这要视情况而定。根据的标准为：发唁电者身份、与死者的关系以及电文中除哀悼和慰问之意外，是否还有其他重要的含义。

二、反应和悼念

名人的死讯传出后，反应和悼念活动会非常多。选择什么样的活动进行报道，各家媒体有不同的判断，所谓仁者见仁，智者见智，但大体上也是有一些相同标准，如选择重要人物的反应或评论，选择受此事影响最大者的，朋友或敌人的，比较生动、典型的悼念等。

戴安娜去世后，悼念报道铺天盖地。下面是路透社的两篇稿件。

【路透社伦敦电】英女王伊丽莎白前天发表电视讲话，赞扬戴安娜是一个有"非凡天赋的人"，并呼吁英国人民怀着哀悼和尊敬之心之际，显示团结一致。

伊丽莎白在戴安娜葬礼举行前夕发表通过电视现场转播的讲话。她说，任何一个认识戴安娜的人，将永远铭记她。

她说："我希望，不论我们身在何处，明天我们将一起表达对丧失戴安娜的悲痛，并对她那么短促但璀璨的人生表示敬意。国人怀着沉痛心情对戴安娜表示尊敬之际，也向全世界显示团结一致。"

这是伊丽莎白女王在位 45 年间，第二次通过电视发表特别讲话。她第一次通过电视发表特别讲话，是在海湾战争结束时。英女王通常只在圣诞节发表电视讲话。

身穿黑衣和戴着珍珠项链的英女王说："我以女王和祖母的身份发表

讲话，我的话出自内心。"

伊丽莎白是在短促的时间内匆匆安排这一电视讲话的。英国传媒曾指责英女王对人民为戴安娜之死所表达的哀痛无动于衷。

然而，英女王通过电视衷心赞颂戴安娜，不仅具有答复传媒指责的意义。

伊丽莎白女王、查尔斯王子和两个小王子威廉（15 岁）和哈里（12 岁），昨天回到伦敦，以便向戴安娜的遗体告别。

英女王发表电视讲话时，她自己显示的哀痛心情并为举国人民触动的伤感清晰可见，虽然她没有流泪。从电视播映的背景画面，可看到聚集在白金汉宫外的大量群众。

较早时，她曾同哀悼的人群会面，并讲了一些话，她也到白金汉宫附近的圣詹姆斯宫向戴安娜的遗体告别。

英女王说，她要感激成千上万的人民。自戴安娜上星期日在巴黎撞车惨死后，人民不约而同在伦敦的三座王室宫殿外面，摆放了 100 多万束鲜花，对戴安娜表示悼念。

【路透社伦敦电】英国著名诗人特德·休斯前天为戴妃的葬礼发表诗篇。

休斯在 1984 年受皇室册封为桂冠诗人。他的作品记载了英国皇室和国家的重大事件。休斯过去为皇室所写的作品，以喜庆事件为主，其中包括哈里王子洗礼仪式和女王母亲寿辰。

出版商发言人麦克尔说，休斯保留戴安娜诗篇的版权，不过他同意通过刊物或是其他媒体发表，他同时要求公众捐款给戴安娜纪念基金。该诗篇定名为《9 月 6 日》，也就是戴安娜葬礼的日期。

人类犹如多条河流，

流水潺潺。

因巨大的悲剧和损失，

众多河流汇集成一。

人类是神圣的，

加冕为圣母和圣子。

为崇拜，为哀悼：

神降临人间，神离去。

爱在十字架上碎了。

枪杆上的一朵鲜花。

　　路透社这两篇悼念报道的新闻点有所不同。英国女王发表电视讲话，其身份和与戴安娜的关系以及她在位 45 年第二次发表特别讲话，这些就具备新闻价值，而这一讲话是在英国民众批评王室对戴安娜去世无动于衷这样的背景下发表的，其新闻价值就非同一般了。休斯是个名人，著名诗人，所以他与普通人不同，以诗歌表达他的哀思。此外，作为王室册封的桂冠诗人，他过去为王室唱的大多是赞歌，这一次却是悲歌，这就是这篇报道的新闻价值所在。

　　从形式上看，两篇报道也有所不同。报道女王讲话不仅报道了她说了些什么，还夹带一些议论，如"英女王通过电视衷心赞颂戴安娜，不仅具有答复传媒指责的意义""英女王发表电视讲话时，她自己显示的哀痛心情并为举国人民触动的伤感清晰可见，虽然她没有流泪"。此外，文章还交代了背景，这样的报道比只是全文报道女王讲话要有深度。

　　报道休斯的诗篇，则是以优美的诗句传递哀悼之情，更能烘托悲剧气氛，从而打动更多的读者。

　　有时媒体还会将各方的反应和悼念综合在一篇报道中，给读者一个整体的印象。

三、葬礼

（一）葬礼报道的重要性

　　葬礼报道一般作为丧亡消息的补充报道或后续报道。在国际新闻中，只有能吸引大批悼念者或有众多的显要人物出席的著名人物的葬礼，才需要报道。

　　葬礼是人生的终点，这个终止符如何去谱写自然受到关注。如果报道能把葬礼的肃穆、悲壮气氛，把参加者的沉痛、悲伤的心情展现出来，必将触动大多数人的心弦。

　　因此，不少有关葬礼的报道已作为新闻名篇流传。在对印度圣雄甘地葬礼的报道中，一位美国记者写道："数以万计的哀悼者赤足走在街上，掀起阵阵烟尘，使晴朗的天空为之变色。这烟尘凝集在从波拉宫到圣河岸边 8 英里大街上空，经久不散。"这一描述，给人留下深刻的印象和不尽的回味。

（二）葬礼报道的一般内容

　　葬礼报道，应包括悼词的摘录、对仪式的描述以及对去世者亲属和显要朋友的报道，同时，还要提到葬礼来宾以及读者需要和想了解的有关葬礼的一切。葬礼报道的内容通常包括时间、地点、葬礼主持人、安葬地点、抬棺者、出席人等。

　　【路透社伦敦电】今天在伦敦威斯敏斯特教堂为前王妃戴安娜举行的

送别仪式上，名歌星埃尔顿·约翰将唱悼歌，但英国王室家庭将不会在这个仪式上扮演积极的角色。

另一方面，戴安娜的弟弟斯潘塞昨天宣布，戴安娜将安葬在英格兰中部斯潘塞家族庄园一个湖中的小岛上。

警方说，戴安娜的葬礼举行时，估计沿途将有600万人等候，为她送上人生的最后一程。

白金汉宫官员前天披露了这个有王室成员和平民参加的送别仪式的细节，他们说，这个隆重的仪式打破了先例，以对戴安娜表示敬意。

埃尔顿·约翰将唱谱上新词的《风中之烛》，这是他70年代献给名影星玛丽莲·梦露的歌曲，以哀悼这位风华正茂的艺人早逝。

埃尔顿·约翰唱的歌词将不是"再见，诺尔玛·琼！"他唱的是抒情诗人伯尼·托潘谱上的新词：

"再见，英格兰的玫瑰花，愿你永远在我们的心中成长。每当人们的生命毁灭时，你就显示了仁慈之心。"

7月在米兰大教堂为意大利著名时装设计师凡赛斯举行的葬礼上，戴安娜曾安慰伤心欲绝的埃尔顿·约翰。

戴安娜的两个姐妹费洛斯和麦科克代尔，将在葬礼上朗读颂词，戴安娜的哥哥斯潘塞将宣读颂文。

英国首相布莱尔将朗读《圣经》中的章节，坎特伯雷大主教凯里将率领众人朗读祷文。虽然英国王室将参加威斯敏斯特教堂的仪式，但他们将保持低调。

（三）赋予意义

除葬礼本身外，葬礼报道可以对死者既往经历作简要概括，赋予事件意义，但注意导语与新闻内容必须扣住葬礼本身来组织。

【法新社8月28日电】在国际外交中心城市日内瓦，此前在联合国驻伊拉克办事处遭到爆炸遇难的特别代表塞尔吉奥·德梅洛的葬礼正在准备当中。德梅洛曾是国际外交舞台上最耀眼的明星之一，很多人都把这个极富个人魅力、喜欢干实事的巴西外交官视为联合国未来的接班人。

在上个星期爆炸案中遇难的德梅洛受到了世界各国领导人的哀悼，他的葬礼将以天主教的仪式进行，然后他的家人将亲自为他送行。

联合国在一份声明中表示，格林尼治时间周四中午12点，日内瓦当地时间下午2点，德梅洛的葬礼将在圣保罗大教堂举行，德梅洛的部分家人、朋友以及来自海外和日内瓦当地的官员将亲临现场。不过，上周刚刚在巴西参加了德梅洛纪念活动的联合国秘书长安南将不参加这次葬礼。

仪式之后，德梅洛的遗体将被安葬在日内瓦 Plainpalais 伟人墓地，这一墓地是几个世纪以来在文学界和宗教界享有极高声誉的名人安息的地点。德梅洛生前领导的联合国人权委员会还将在周四晚些时候举行一个纪念活动。德梅洛在 8 月 19 日的爆炸中遇难时年仅 55 岁。此外，联合国还将在本周五为在这次爆炸中丧生的所有 23 名遇难者举行纪念活动。

先前曾有消息称德梅洛的遗体将在法国托农莱班镇安葬，这座小镇位于日内瓦河南岸，是德梅洛与他的家人居住的地方。

此前联合国的工作人员已经在联合国难民署负责人鲁德·鲁伯斯、德梅洛的副手伯特兰德·拉姆查兰以及联合国副秘书长塞格·奥德佐尼基德兹的率领下为遇难的同事举行了无声游行纪念活动。大约 2000 人参加了这次游行，游行人群特意穿过了日内瓦城市中心，因为德梅洛正是在这里成长为一个知名的联合国外交官的。

德梅洛在联合国供职 30 多年，主要时间都在为联合国难民署工作。他在诸如科索沃、东帝汶以及卢旺达等热点地区的工作都受到了表彰，被称为一个最会解决难题的人。对于经常在世界各地奔波的德梅洛而言，伟人墓地也许将是一个理想的安息场所。

德梅洛是在今年 6 月接受安南的任命前往巴格达担任联合国驻伊拉克办事处特别代表的，当时他的任期是 4 个月。

（四）现场感

有时显要人物的葬礼不仅仅局限于葬礼通告，还应包括葬礼现场和送葬情景，给读者提供身临其境的现场感。

下面这则报道可以说包含了所有的葬礼新闻要素，但由于缺少现场感，在可读性方面逊色了许多。

韩国现代峨山公司董事长郑梦宪的葬礼 8 日在汉城现代峨山医院举行。来自韩国政府、工商界人士及郑梦宪的家族共 2000 余人参加了葬礼。在一个小时的仪式完毕后，郑梦宪的遗体被安放到位于京畿道的郑氏家族墓地。

郑梦宪是 4 日清晨从位于汉城的现代峨山公司总部大楼跳楼自杀的。在其留给家人的遗书中，郑梦宪要求家人把他的骨灰撒到朝鲜金刚山，但是家属在商量后还是决定把郑梦宪与他的父亲葬在一起，只把他的手指甲与头发带到金刚山。

现代峨山公司在朝鲜方面的合作方朝鲜亚太和平委员会 5 日对郑梦宪

的去世表示哀悼，表示将在金刚山为郑梦宪设立灵堂并举行大型的追悼活动。郑梦宪的家属将于 11 日前往金刚山参加在那里举行的追悼仪式。

四、悼亡报道涉及的不仅仅是去世的人

每个人告别人世，都会在社会上或亲朋好友间引起社会关系和经济利益的再调整：原来的位置被取而代之，工作由他人接替，财产将被继承，家人也许会迁居……所有这些变化，都会影响其他人的生活，可能引起他人的兴趣。

公众人物的"身后事"更被人关注，因此，丧亡的后续报道也包括遗书、遗嘱、遗产、继承、继位等方面的报道。

【法新社伦敦电】根据戴安娜前王妃的遗嘱，威廉和哈里王子将继承她的大部分遗产。

据多家新闻媒体报道，戴安娜是在和查尔斯王子达成离婚协议之后写下遗嘱的。当时，她获得了 1700 万英镑的离婚财产。

另外，戴安娜生前曾帮助过的慈善机构也将获得一部分遗产。报道说，戴安娜可能已经委托别人为两位王子管理这些财产，直到他们年满 18 岁为止。

根据《太阳报》的报道，12 岁的小王子哈里可能会继承戴安娜的很大一部分遗产。

该报说，目前英国王位的第二号继承人、15 岁的威廉王子将成为王室直辖领地康沃尔郡的受益者。康沃尔郡在英格兰西部拥有广阔的土地，查尔斯王子也是它的受益者。

有人估计，戴安娜的财产总值高达 4000 万英镑，但具体数额将在她的遗嘱发表之后公布。

《泰晤士报》说，在戴安娜订婚和结婚时，女王伊丽莎白二世和太后曾经赠予戴安娜数百万英镑的首饰，但这些首饰将归还王室。

这些首饰包括女王玛丽戴过的一些宝石，其中有一枚钻石、王冠上的古波斯珍珠以及亚历山德拉女王传下来的首饰。

但查尔斯王子送给戴安娜的物品，包括 2.85 万英镑的订婚戒指都属于她的财产，可以留给继承人。

戴安娜的私人物品包括服装、证券和日记等及她居住的肯辛顿宫仍然归皇室所有。

【法新社伦敦电】昨天公开的一项民意调查显示，英国半数以上的市民认为，现年 15 岁的威廉王子应当取代父亲查尔斯王子，成为英国下一任国王。查尔斯王子是王位法定继承人。

　　《每日电讯报》的民意调查显示，英国君主立宪政体虽然仍受市民支持，只有11％的市民支持共和体制，不过却有71％的市民希望能有一个"较民主和亲民"的制度。

　　在威尔士王妃戴安娜葬礼后进行的"盖洛普民意调查"结果，似乎再一次证实了群众对英国王室处理戴安娜后事的态度广为不满。

　　调查显示，支持查尔斯王子继承王位的市民比3年前显著地降低了，当年只有24％的受访者认为他应让长子威廉王子继承王位。

　　调查显示，51％的市民认为王位应从英女王伊丽莎白二世直接传给威廉王子。

　　《每日电讯报》说，支持查尔斯王子继承王位的市民已从1994年的66％降低到41％。

　　该报引述查尔斯一位朋友的话说："民意调查毫无疑问地反映了国民对威廉王子上星期六的坚强表现感到骄傲，查尔斯也为此而引以为荣。"

　　【法新社伦敦电】为纪念威尔士王妃戴安娜而设立的纪念基金，星期三开始陆续不断地接到捐款。这些款项将分配到戴安娜生前所赞助的各慈善团体。

　　戴安娜律师发言人雷雅说，虽然他们一天前才公布成立"威尔士王妃戴安娜纪念基金"的详细资料，然而，捐款早已开始像"潮水般涌入"。

　　自从戴安娜于上星期天不幸逝世之后，捐款便一直不断地涌入她生前赞助的慈善团体，于是白金汉宫星期二宣布，他们决定设立一个纪念基金。

　　雷雅说，由于他们才刚开始计算支票，所以目前还无法估计捐款的总额。

　　这笔基金将由戴安娜生前位于伦敦的官方住所肯辛顿皇宫负责统办和分配。

　　英国所有的主要银行昨天开始设立一个接受现款的特别服务。它还会另设一条捐款专线。

　　哀悼者甚至可以通过网际网络捐款。英国各邮政分行可能也会接受捐款。

　　此外，如果是意外死亡，有关死因调查、凶手（如果有的话）的追查等可以作为后续报道，也可以作为另外的新闻。例如，戴安娜死亡事件中对"狗仔队"的调查、有关保镖伤情等方面的情况都可以作为报道的重要内容。

第四节　与讣闻有关的其他新闻

一、讣闻中的政治

国际新闻中的讣闻报道由于涉及大量的政治人物，因而无疑具有政治性。法新社报道苏联著名画家格拉西莫夫逝世的讣闻即是如此。

【法新社莫斯科 1963 年 7 月 24 日电】题：苏著名画家格拉西莫夫逝世

《消息报》今天宣布：昨天逝世的亚米·格拉西莫夫（享年82岁）在苏联总理斯大林统治时期，是一位高级"官方画家"。

10 年前，格拉西莫夫被认为是一个伟人。今天，在《消息报》最后一版刊登了一条简单的黑边讣告中宣布这位画家逝世了。

格拉西莫夫的名字同他在 1938 年画的一幅著名的画像——"斯大林和伏罗希洛夫在克里姆林宫"——联系在一起。这幅画像在 3 年后使他获得斯大林奖金。1956 年的苏共二十次代表大会给格拉西莫夫在艺术上敲了丧钟，于是，他就销声匿迹了。

在非斯大林化时期被刷到一边去的格拉西莫夫，当苏联总理赫鲁晓夫去年冬天发动了反对抽象派艺术运动的时候，认为他的时机又来了。

在今年1月，画家在《劳动报》上发表了一篇激烈的长文，批评了那些误入"颓废的艺术"之途的人，但是也犯了个错误：他攻击了《消息报》每周增刊《消息报周刊》。

《消息报》薄情寡义地回答说："格拉西莫夫是最后一个敢来教训我们的人。"

这段新闻明说格拉西莫夫与《消息报》的恩怨，实质是从侧面描述赫鲁晓夫上台后苏联"非斯大林化"的状况。

二、讣闻中的社会问题

讣闻是反映、看待和理解社会价值更好的窗口。通过讣闻，媒体激起人们对社会问题的注意、深思的例子比比皆是，如美联社报道的关于香烟广告演员的一则短短的讣闻，引起了人们对禁烟问题的深思。

【美联社加州科斯拉梅萨电】韦恩·麦克拉伦去世了，终年51岁。他曾经在香烟广告中扮演强壮的"万宝路男人"，但患上了肺癌以后，他成了一个禁烟的斗士。

　　麦克拉伦于周三去世，他有 25 年的烟龄，两年前，被诊断出患有肺癌。

　　"他进行了一场艰苦的战斗，"他的母亲，路易斯·麦克拉伦说，"他临终前的最后几句话是'小心照看孩子们，烟草会要了你的命的，我就是活生生的例子。'"

第十三章　记者追逐的对象
——独家新闻报道

第一节　捷足先登与独占鳌头的新闻

一、何谓独家新闻

如果仅从字面上理解，只要是某个媒体单独发表的新闻就可以称为独家新闻，但在实践中，一般对独家新闻的理解是特指那些不仅独家发表，而且非常重要，引起广泛效应的新闻。

《中国新闻实用大辞典》为独家新闻下的定义为："只是一家媒体报道或一家媒体率先报道的新闻。重要的独家新闻不仅具有重要的新闻价值，还常常具有被其他媒体再传播的价值。两个以上媒体同时发表同一内容的新闻，冠以'本报消息'、'本台消息'、'本社消息'，这只表明是某媒体自己记者采写或直接获得的第一手新闻，但不是独家新闻。有的新闻事件由于具有多种新闻价值，虽然有两个以上媒体同时报道，但有的记者选择了独特的角度和主题，运用了他人所不及的素材，从而产生了不同的新闻价值，他所报道的新闻仍然是独家新闻。独家新闻是新闻竞争的焦点和重要手段，基本上靠媒体自己的记者的活动能量和新闻敏感来采写，靠高效率的现代化通讯设备捕捉、传输，并捷足先登地加以播发。"

这一定义表明独家新闻是捷足先登的，所反映的新闻事实应该是重大的，有广泛或重要影响，可以再传播，并有多重角度。独家新闻是新闻竞争的产物，从新闻实践中可以发现独家新闻至少具有以下两个特征。

第一，独家新闻应该具备一切新闻价值要素，而且应该是重要的，这是构成独家新闻的关键。

这里包含有两层意思：首先是要具有新闻要素。所谓新闻要素，就是通常所说的突发性、接近性、异常性和显著性。虽然随着时代的发展，新闻价值要素判断标准也在变化，但以上几点通常被认为是最基本的。具有这些要素，又具有独特性的新闻就可以说是独家新闻。其次，真正的独家新闻还必须具有新闻价值层面的重要性，也就是说新闻稿件所传递的信息为媒体独家占有，同时对社会和人们生活的影响是重大的。

1997年，扎伊尔总统蒙博托在国内反政府武装的进攻下，放弃政权，流亡国外，此时他已经身患绝症。9月7日，美联社记者罗森·布洛姆分析种种迹象，认为蒙博托已经不在人世，在通过自己的渠道得到证实之后，他迅速用移动电话向在纽约的总社报告这一消息。10分钟后，CNN转发了这一消息，其他媒体也纷纷转载这条独家新闻。

这一消息构成独家性在于它不仅具有独特性、显著性等新闻价值要素，而且具有重要性。蒙博托作为前总统，他的死固然重要，但更重要的是他死的这一刻的时机。他虽流亡他国，但余部仍在激烈地抵抗对手卡比拉的武装，局势朝哪个方向发展还难以预料，更何况蒙博托在非洲政坛是个重量级人物，当权32年，与许多国家，包括大国有着这样那样的关系。他死后这些国家与扎伊尔的关系会有什么样的调整和改变，而这些都有可能影响地区和国际关系，也都是人们所关心的。正因为如此，这条独家新闻一经发出就被许多媒体转载或转发。

第二，社会反响是判断独家新闻的重要标准之一。

一条消息时效很快，又是独家披露，但并没有被广泛转发和转载，也没有成为人们议论的话题，这样的新闻很难说是独家新闻。罗森·布洛姆报道的蒙博托去世的消息，如果没有被多次转发，也只能算是条名人讣闻。也就是说，构成独家新闻的重要条件之一，是某一媒体传播高质量的新闻之后引起其他媒体的连续转播并在社会上产生反响的过程。它需要传播者以及受众几个方面的呼应。

二、独家新闻的分类

对独家新闻如何分类，有几种不同的看法，一般认为分为两大类比较合适：一类是"时间差"独家新闻，也被称为相对独家新闻；另一类为"非时间差"独家新闻，也称为绝对独家新闻。

（一）"时间差"独家新闻

"时间差"独家新闻顾名思义就是在时间上抢先于其他媒体发表的新闻。这个时间差可以是几天，几小时，几分钟，甚至几秒钟。人们平时见到的独家新闻大多数属于这类。

随着竞争的加剧和技术的发展，"时间差"独家新闻越来越多，时间差距也越来越接近。新华社外籍报道员贾迈勒最先报道伊拉克战争打响的稿件就是一例。他发出的第一条快讯《巴格达响起空袭警报》，仅比紧随之后的美联社快36秒。

一般来说，时间差越大，媒介或记者本人获得的荣誉和建立的信誉也越高。独家新闻具有社会认可的特征。这种荣誉和信誉具有滞后性，也就是说，要在事后才能被识别和认可。一些大通讯社和大报、电视台的声誉，就是在不断地发表独家新闻的基础上建立起来的。这方面最好的例子就是 CNN 和总部设在卡塔尔的半岛电视台。

（二）绝对独家新闻

绝对独家新闻指的是那些经过记者的挖掘，被掩盖的事实得以公之于众的新闻。1971 年 6 月《纽约时报》连载的《关于越南的秘密报告》，被西方学者誉为经典的绝对独家新闻。这家报纸的记者从参加起草报告的研究人员那里得到报告的主要部分，以连载形式刊登。

美国前总统尼克松访华前，曾派基辛格到中国打前站。这个事实早就为人所知。但若干年后，有报道披露当年基辛格访华的一些具体细节和幕后故事。有人把这类报道也称为独家新闻，单独归为一类，称为所谓第三类独家新闻。

随着技术的发展和社会的开放，"时间差"独家新闻的时间差距在缩小，绝对独家新闻的采访难度加大。于是，媒体和记者有计划地对一些人们特别关注的非事件性新闻进行深入采访报道，以期获得像独家新闻那样的轰动效果和社会反响。有人将它称为新型的独家新闻。例如，20 世纪末，欧洲的一些媒体对非法移民进行了集中连续的报道，对移民的构成、流向、生存状况等一一作了报道，甚至还采访了"蛇头"，了解他们的获利情况等，这些报道在欧洲引起了很大的反响。现在这种形式的独家新闻越来越多，并为人们所接受，因此也逐渐成为媒介展开竞争的领域。

三、获取独家新闻的艰辛

独家新闻被称为"新闻中的新闻"，有着无限的魅力。但拼抢独家新闻的花销是非常惊人的。

2001 年，阿富汗战争即将爆发，各媒体在战争爆发前一周为报道所做的支出就已超过 2500 万美元。有人曾列了这样一张清单：

巴基斯坦国际航空公司从纽约飞往伊斯兰堡的经济舱票价 3133 美元；

伊斯兰堡马里奥特饭店的住宿费每晚 235 美元；

每台卫星通信设备的运输和安装费 5 万美元至 7 万美元；

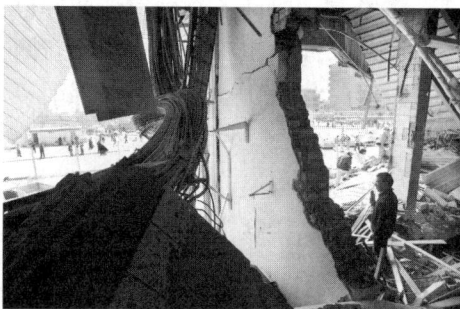

2003 年 3 月 31 日，巴格达一座被毁的通信大楼内，一名电视记者在进行报道（新华社发）

传输电视信号每 15 分钟 2000 美元；

在阿富汗境内，30 公里的出租车费为 300 美元；

雇翻译一天的费用为 150 美元至 200 美元；

一顶带保安的 5 平米帐篷每晚 115 美元；

……

2003 年 3 月伊拉克战争期间，据进入巴格达报道伊拉克战争的中文记者之一、香港凤凰卫视的闾丘露薇透露，她的摄制组在伊拉克和周边国家采访 2 个月的费用是 60 万美元。英国《经济学家》周刊报道，CNN 在海湾地区报道这场战争的工作人员有 250 人，每天的费用是 100 万美元，还预留了 2500 万美元的专项经费；美国福克斯新闻社报道战争的预算高达数千万美元；美国各大电视网的预算更是高达 4000 万美元至 6000 万美元。

四、独家新闻的作用

（一）为读者提供高质量的服务

由于独家新闻是记者对社会问题的独特发现，不仅能以最快的速度反映社会和自然界的变动，而且还能以最大的勇气揭露被掩盖的事实真相。这对社会和读者都是有积极意义的。例如，美国《商业周刊》最早披露了安然公司财务问题，引起投资者的警觉，从而尽可能地为投资者减少损失。即使是时间差的独家新闻也能为社会提供重要信息。埃博拉病毒在非洲某地爆发时，媒介以最快速度报道，以便让病情被控制在某个区域，防止其扩散和流行，同时也提醒人们去那里的风险。

（二）为媒体树立信誉，吸引读者，从而扩大自己的影响

第一次海湾战争中，CNN 凭借着国际媒体中只有自己在巴格达驻有记者的优势，发出大量独家新闻。世界各地的公众，甚至美国白宫官员都从它的报道中了解战争形势。这些独家新闻，使它从一个被戏称为 "Chicken Noodle Network" 的有线电视频道一跃而成具有全球声誉的重量级媒体。

半岛电视台的名声鹊起可以说是 CNN 的另一个版本。"9·11"恐怖袭击后，它多次播出有关本·拉丹的独家新闻：本·拉丹签名的声明；本·拉丹出席"基地"组织活动的镜头；美国对阿富汗进行首轮空袭后 2 小时，本·拉丹就出现在半岛电视台的画面上，以后更是频频亮相。战争期间，CNN 和 BBC 被阻隔在阿富汗境外，半岛电视台则不断从坎大哈等地直播战争实况。CNN 和 BBC 不得不花大价钱买它的独家新闻。据报道，伊拉克战争开战后仅几天，半岛电视台在欧洲的订户猛增了一倍。

（三）独家新闻是记者成名的阶梯

斯诺、史沫特莱等记者闻名于世，是因突破国民党的封锁线到陕北，报道了一系列有关中国共产党的独家新闻；《纽约时报》记者索尔兹伯里，因对东欧国家的一系列独家报道而名声显赫。记者要获得世界性声誉，做过出色的独家报道是必要条件之一。

美国记者阿内特 2003 年 3 月 26 日在巴格达为美国全国广播公司工作的画面（新华社发）

20 世纪 60 年代，身为美联社记者的阿内特因报道越战而获得普利策新闻奖，跻身名记者行列。1991 年，他作为 CNN 记者在巴格达现场报道海湾战争，蜚声世界。

女记者闾丘露薇等新闻记者组成的摄制组，在 2001 年阿富汗战争期间 3 次进入前线，报道了多条独家新闻。在伊拉克战争期间，她和摄制组的同事们又把战火中的巴格达、涌向边境的难民等新闻用镜头传播给观众……当时她的名字与这些报道一起为观众所熟悉，成为知名记者。

最早报道伊拉克战争开始消息的新华社伊拉克籍报道员贾迈勒，被新华社授予"社长、总编辑奖"，他的名字在一段时间内也广为人们熟知。

然而，独家新闻的荣誉、光环给记者和媒体带来的巨大诱惑，也可能产生一些负面影响。

首先，过分地追逐时效，容易造成报道的失实。有关"金日成遇刺"的报道，就是一例。1986 年 11 月 7 日，日本的共同社从河内得到消息，称金日成遇刺身亡。编辑部收到消息后对其真实性也有所怀疑，但在抢发独家新闻思想的驱动下，经过紧急磋商，冒险发了快讯。20 分钟后，共同社驻北京的记者给总部打电话说，金日成主席健在，消息确凿。共同社只能又发快讯"金日成健在"。这一正一误的消息使共同社的信誉受到影响。

其次，在追求独家性和轰动性的驱动下，有的记者在写作稿件时容易有意无意进行一些渲染和煽情，往往会忽视当事人的利益，给当事人带来伤害。2003 年 5 月，英国广播公司的防务记者安德鲁·吉利根在做有关英国政府夸大伊拉克违禁武器情报的报道时，援引英国情报部门官员的话报道说，布莱尔政府为了发动战争，授意对有关伊拉克武器报告添加了伊拉克政府有能力在 45 分钟内使用大规模杀伤性武器的情报。吉利根的稿件在英国引起轩然大波。而他援引的情报部门官员凯利在姓名被曝光后不久割腕自杀。事后吉利根承认，他的稿件有错误和失实之处。首先凯利是国防部武器专家而不是他在稿件中所说的情报部门官员。他不应该向外界透露是凯利向他提供了消息。而在这条报道最关键部分，伊拉克能够在 45 分钟内部署和使用大规模杀伤性武器的情报问题上，当时凯利确实说过这一情报是"不可靠"和"错误的"，但凯利并没有说布莱尔政府事先知道这一点。吉利根在稿件中说布莱尔政府为了发动战争而对伊拉克武器报告"添油加醋"，只是他个人的理解。

最后，有些记者求名心切，不惜人为制造假的独家新闻。这样的教训在新闻史上绝无仅有："月球上发现鸟一样的人""林肯亲笔信""希特勒日记"等，不一而足。1980 年，《华盛顿邮报》刊登女记者库克写的稿件《吉米的世界》，讲述华盛顿的一个 8 岁的黑人男孩吉米从 5 岁起接触毒品的故事。稿件发表后引起极大反响，并获得当年普利策奖。这篇稿件惊动了华盛顿市长和警察局长。他们组成专门小组，寻找吉米，以便给他治疗，但几个星期的努力都一无所获。事实上，压根没有什么吉米，这则报道完全是库克本人杜撰的。

第二节　如何获得独家新闻

一条独家新闻稿件的采集和播发，通常是团队工作的结晶。不仅记者在采访时可能需要同事的合作，写出稿件之后还需要编辑部编辑和播发；不仅需要记者的探究精神，还需要编辑部做出正确的判断和处理。在报道绝对独家新闻和抢发事先预知的"时差性"独家新闻的过程中，编辑部的作用尤为重要。

当然，在采访一线的记者是主要角色，没有他们在现场的成功采访，报道独家新闻几乎是不可能的。那么，怎样采写独家新闻呢？

一、竞争意识

独家新闻是竞争的产物。对"时间差"独家新闻来说，几秒之差就可能与独家新闻失之交臂。第二次海湾战争爆发时，新华社报道员贾迈勒在被第一声空袭警报惊醒后，飞快跑到隔壁办公室，抄起海事卫星电话向新华社中东总分社报告："巴格达响起警报声。"如果他先穿上外衣再去报告的话，这条独家新闻恐怕就要落入他人之手了。

二、敢于冒险的精神

记者为获得独家新闻，往往会勇敢地进入险境。

美联社记者罗森·布洛姆，正是在扎伊尔内战打得最激烈的时刻前往那里。他说，蒙博托政权摇摇欲坠，作为曾经见证他上台的记者，怎么能不去发现值得报道的新闻呢？当他听说卡比拉的军队进入首都金沙萨后，不顾枪炮声，决定去看个究竟。下面是他就那次采访所做的报道。

对于那些四散逃命的刚果政府军士兵来说，有三样东西很有用：首先是一辆好车，那样他们可以逃得快一些。其次是硬通货。再次就是美国人或是欧洲人，他们杀了解气。不巧的是，这三样东西我们全占上了，而且还是"送货上门"。为了安全起见，我们把车开得飞快，在刚果政府军士兵还没有反应过来的时候，我们已经冲破了两道路障，顺利地到达了目的地。然而，那里的激烈战斗和混乱的局面让我们意识到应该马上逃命。我后面的两辆车当即掉转车头就跑。就在我的吉普做了一个 U 形转弯，也要溜的时候，一个刚果大兵一枪托打碎了我的车窗玻璃。接下来的 15 分钟，我们和那些刚果大兵就像在拍动作片一样，在金沙萨的大街小巷上演了一出精彩的汽车追逐。坐在我边上的雷·伯纳（那个《纽约时报》的消息灵通的家伙）不停地催促着。

"快点！快点！"就好像我在偷懒一样。万幸的是，他们终于放弃了追赶。为什么呢？我也不知道，实在顾不上回头看一眼了。

叛军在当天上午的晚些时候进入了金沙萨市中心。双方没有发生大规模的交火，不过子弹还是到处乱飞。开枪的理由有很多，有的人是为了庆祝，有的人是因为害怕，有的人是想发泄，而有的人则只是为了好玩。我躲在梅努灵饭店附近一个市场摊位的薄铁板后面，拨通了纽约总社的电话。

接电话的是一个年轻的小伙子。听完了我的叙述之后，他对电话里传来的那些小东西（子弹）飞来飞去的声音很感兴趣。于是，他问我：

"是什么声音？"

"枪声。"

"危险吗？"

"反正伤不着你。能挂了吗？"

三、高度的新闻敏感和准确的判断力

高度的新闻敏感和准确的判断力是获得独家新闻最重要的条件。

2000 年 6 月，朝鲜和韩国领导人在平壤举行战后首次会晤，这是举世瞩目的新闻。但在会晤前，有关安排，包括朝方将由谁到机场迎接来访的韩国总统金大中等信息，都没有透露。金大中抵达当日，新华社记者到机场采访。这位记者从机场正在播出的欢迎仪式注意事项中，敏锐地意识到金正日将亲自到机场迎接金大中——按照过去的做法，只有金正日亲临机场迎接来访者，才会安排群众欢迎的场面。记者马上找到朝方官员证实，然后打电话给新华社驻平壤分社值班的记者，让他通知总社做好准备（当时，朝鲜没有移动通讯设备）。同时，他的一个同伴记者则守在机场的公用电话间。当金正日出现在机场时，这位记者隔着停机坪和候机室的玻璃向等在电话间门口的记者做手势。后者迅速打电话回分社。几分钟后，金正日亲自到机场迎接金大中的快讯就发了出去。新华社记者离开电话间时，见到朝中社的记者才急匆匆地赶来。这一次，新华社又抢发了这条有重要新闻价值的独家新闻。

四、建立可靠的消息源

这里所说的消息源就是同行和各类朋友。对记者而言，同行是竞争的对手，同时也是合作的伙伴，而各界的朋友则是了解情况的渠道，朋友越多、交友面越广越好。

2002 年 5 月，在报道东帝汶独立庆典时，新华社记者从在机场值勤的执行维和任务的中国警察那里得到消息，联合国秘书长安南即将抵达，于是就等候在机场，采访到了这条"时间差"独家新闻。这是典型的依靠消息源为独家新闻赢得先机的例子。

除了广交朋友外，还要深交朋友，交能够提供重要信息的朋友。历史上很多独家新闻都是以朋友提供的重要信息为基础的。

五、坚持不懈

有的独家新闻的产生是记者坚持不懈、努力探究的结果。除了突发事件，有的记者对他认为有可能发生重大新闻的领域进行长期的、耐心的跟踪和调研，凭借平时的积累，在一些地方发现蛛丝马迹，再深入探究，最终发出独家新闻。

日本经济新闻社 1982 年 3 月发表的关于日本第一大汽车公司丰田和美国第二大汽车公司 CM（克莱斯勒）联合生产的消息就是这样的例子。1981 年 7 月，记者根据对日美汽车业的研究分析认为，丰田和 CM 发展趋势有可能导致它们联合。于是，他们对这两个公司进行细心观察。就在丰田负责汽车贸易的会长于美国女子网球比赛颁奖大会之机赴美时，记者们嗅出了一些"异味"。会长在纽约的行踪受到关注。很快传来消息，会长悄悄访问 CM，与 CM 董事长进行了会谈。但丰田解释说，这只是礼节性的拜访。但记者们不这么认为。他们仍沉住气，继续观察。在日本和美国的记者分头紧盯两家公司首脑的一举一动。最终，他们终于在第二年年初及时采访到了两大公司联合的独家新闻，并因此获得了 1982 年日本新闻协会报道奖。这条独家新闻从酝酿到发表历时十个多月，是记者坚持不懈的产物。

六、要有非凡的应变力和行动力

报道独家新闻，需要记者机智、果敢、迅捷，具有非凡的应变能力和行动力，否则很难成功。

20 世纪 20 年代，美日之间只有一条海底电缆。华盛顿会议通过《九国公约》当天，日本的《朝日新闻》和《每日新闻》同时得到公约文件。《朝日新闻》的记者脑子转得快，立即摘出最重要的章节送电报局拍发，然后递上一本《圣经》，关照电报局职员接着发，等他摘出下一个电报为止。目的当然是要占住发报的电路。《每日新闻》慢了一步，只能干着急。

今天，科技发展使新闻的采访和发布与过去有了很大的不同，但是记者的机智、应变能力为其在采访时赢得主动这一点仍然没有变。唯有善于应对各种复杂局面，在非正常情况下，有足够的智慧和能力，才能在激烈的新闻竞争中胜出。

七、熟悉情况和专门知识

对采访领域的熟悉程度和必要的专门知识储备，对记者能否抓住机会、报道独家新闻，有着重要意义。

1973 年 9 月 11 日，新华社驻圣地亚哥分社向总社发出"智利今天凌晨发生军事政变"的快讯。在军方占领国际电信局，中断智利与国外的通讯之前抢发了 3 条政变的消息。更难得的是早在几天前，分社就向总社发出了"智利可能在下周发生政变"的独家新闻。这一准确判断完全基于记者对智利情况的熟悉。其对智利总统面临的问题、反对派的想法、军方的打算、外部势力的幕后活动以及国际局势的大背景等都有比较清楚的了解。这些知识使其在他人之前对形势作出了准确的判断，进而有了抓住独家新闻的先决条件。

第十四章　新闻背后的新闻

——解释性新闻报道

"俄罗斯首富被抓起来了。"

"为什么?"

······

这是 2003 年 11 月 26 日上班高峰时北京市地铁车厢内两位乘客的对话。

解答这一类问题的新闻被称为解释性报道。随着社会的发展和信息来源的多元化,读者不仅想知道事件本身,更愿意了解为什么会发生这样的事。解释性报道作为新闻报道的一种体裁,满足了读者这方面的需求。同时,解释性报道使新闻写作更具灵活性和创造性,已经为世界上越来越多的媒体所采用。

一般认为,解释性报道最早出现在"第一次世界大战"前后的美国,并于20 世纪的 30 年代至 40 年代发展起来。著名新闻学者麦克·道格尔 1938 年出版的《解释性报道》一书,正式提出解释性报道这一概念。

第一节　对解释性新闻报道的解释

何为解释性报道?《怎样当好新闻记者》认为:"解释性报道是一种作解释或者作分析的报道,也就是那个被过多地滥用的词语'有深度的报道'。它是一种加背景给新闻揭示更深一层意义的报道。"

在《中国新闻实用大辞典》中,解释性报道的定义为:报道并解释新闻事实的本质、新闻价值或有关知识的新闻。由于有些新闻事实发生的地点与受众间的距离遥远,或新闻事实的专业性强,与受众的知识之间存在隔阂等原因,新闻媒介有必要播发解释性新闻。解释性报道在新闻诸要素中着重向受众讲明"为什么""怎么样",介绍新闻背景,新闻对社会或自然界的影响、发展前景以及有助于理解新闻事实及其意义的知识。

由此可以看出,解释性报道无论在内容上,还是在篇幅上与通常所说的"新闻",也就是"消息"有明显的区别,它已超出了一般新闻报道的范畴。"消息"的报道重点在事件,而解释性报道侧重于揭示和说明新闻事实的原因和结果,着眼于"新闻背后的新闻",向读者解释事件的来龙去脉、事件的含义与社会影响,也包括对事件发展趋势的分析。由于解释性新闻经常需要运用大量背景材料，做必要的解释和议论，比一般的"消息"有"深度"，因此也被称为"深度报道"。美国报人罗斯科·德拉蒙德曾形象地说，解释性报道是"把今天的事件置于昨天的背景之下，从而揭示出它对明天的含义"。

在国际新闻报道中，解释性报道有不断增加的趋势。美联社为通货膨胀、环境保护之类新闻事件提供背景和分析的报道在不断增加。美联社前总经理韦斯·加拉格尔曾说："我们发现，仅仅是日复一日地揭露这些现象已经不够了。普通老百姓对世道日益不满，他们需要的是解释性更强的报道。他们想知道应该怎样对付这些问题。"

竞争可能是解释性报道增加的主要原因。广播、电视的普及，互联网等新型媒体的迅速崛起，对报纸、杂志等纸质媒体构成了巨大的挑战。现在无论何时何地，只要一打开电视、电脑，发生在全球的各类新闻很快就会出现在眼前。消息传播得很快，方式也各有所长，但由于这类媒体在传播时间和原创内容方面的局限性，因此仍然难以满足受众的需求。解释性报道填补这方面的空缺，成为通讯社和纸质媒体扬长避短、提升竞争力的手段之一。关于"9·11"事件的报道是个很好的事例。2001年9月11日这一天，大部分美国人都是在电视机前度过的。但是，9月12日，就连平常不大读报的美国人也被报纸上的深度报道，包括一系列的解释性报道所吸引：恐怖主义袭击美国的历史；本·拉登与恐怖主义的联系；世界贸易中心的设计和为什么会在瞬间倒塌；4架失事飞机的详细情况；77号航班上的乘客怎样为避免飞机撞击华盛顿的某个目标而让飞机坠毁等。这些报道使当天报纸的发行量急剧增加。

在信息爆炸的时代，淹没在信息海洋中的受众需要引导，这是解释性报道日显重要的另一个原因。美国加利福尼亚大学伯克利分校的一项研究表明，1999年到2000年，全球信息产量以平均每年30％左右的速度递增。到2002年，全球信息生产总量达到5万亿兆字节。如果以馆藏1900万册书籍和其他印刷出版物的美国国会图书馆为标准，这些信息足以填满50万座美国国会图书馆。可以这么说，现在人们不是缺乏信息，而是在汹涌而来的信息面前有强烈的难以判断的感觉，也就是说缺乏经过归纳和梳理的信息。

2001年9月11日，美国纽约世界贸易中心大楼遭到飞机撞击（新华社记者钱璐瑜摄）

解释性报道的作用就在这里：为读者将孤立的、分散的、表面的信息集中起来，加以整理和分析，给读者以清晰的整体印象，揭示事件所隐含的真正意义。日本《读卖新闻》在决定增加解释性报道版面时就是基于这样的想法："即使在信息时代，读者需要的也不是信息的洪水，而是以正确的方式接收有用的信息。因此，对泛滥的信息加以'交通疏导'，将新闻背后、新闻事件深处的东西反映出来，便是报纸的任务。"

教育的普及和社会整体知识水平的不断提高，同样是解释性报道发展的重要原因。有知识的受众不再满足于了解发生了什么，还要知道"为什么"和"怎么样"。解释性报道在报道新闻事件的同时，带入了前因后果、横向纵向联系等材料，满足了受众希望了解更多与新闻事件有关材料的需求。

社会的飞速发展，科学技术知识的不断更新，需要媒体对新闻事件做出准确而科学的解释、回答，或者说明为什么目前还难以做出解释和回答，这同样为解释性报道提供了广阔的舞台。例如，随着世界上第一只克隆羊多利的出世，克隆技术受到前所未有的关注。普通百姓既好奇又感到神秘。这时就需要解释性报道用通俗易懂的语言解释这一技术，用有关的材料介绍世界各国在这一研究领域的进展情况，以解开人们的好奇和疑虑。在这个过程中，解释性报道使媒体为读者提供知识的功能得到了增强。

第二节　解释性新闻报道的特点

一般的动态新闻报道，即"消息"只告诉读者"今天发生了什么事"，而解释性报道则要比较详细或者非常详细地回答"为什么会发生这一件事""此事会产生什么影响、导致什么结果"。与一般的新闻报道相比较，解释性报道有什么不同呢？

一、突出"为什么"和"如何"

在新闻的几个最基本要素中，突出"为什么"和"如何"，是解释性报道最突出的特征之一。"消息"落脚点往往在"何事"与"何人"上，即使交代"为何"与"如何"，一般也处从属地位，笔墨不多。有些报道，干脆忽略不顾，只简单地报道，何时何地发生何事，何人所为。但解释性报道与其有很大的不同，它的落脚点则就是在"为何"和"如何"上，追根究源，讲清来龙去脉，深挖新闻背后的新闻，帮助读者了解此事的本质和意义。如果说一般新闻报道以新闻价值大小来衡量其优劣的话，解释性报道则以"见识"高低来决胜负。要想写出高妙的解释性稿件，必须站得高一点，看得远一些。

通过下面两篇报道，来看看解释性报道与一般新闻报道的不同之处。

先看一篇中国《人民日报》的稿件。

【本报莫斯科10月26日电】莫斯科一家法院昨天根据检察机关的请求向尤科斯石油公司总裁米哈伊尔·霍多尔科夫斯基发出逮捕令。目前这位俄罗斯首富已被关押在莫斯科第一隔离侦讯看守所内。

俄罗斯总检察院昨天向霍多尔科夫斯基提起刑事诉讼，指控他犯有巨额诈骗、逃税、伪造公文、利用欺骗手段给他人财产造成损失、侵吞财产、拒不执行法院判决等罪行。俄总检察院指控霍多尔科夫斯基的公司及其下属机构非法攫取的资金和逃税给国家造成超过10亿美元的损失。

霍多尔科夫斯基通过自己的律师驳斥了检察机关的指控。尤科斯石油公司也发表声明说，俄司法机构逮捕霍多尔科夫斯基是出于政治目的。

尤科斯石油公司是俄罗斯第二大石油公司，也是世界第四大私营石油公司。据俄媒体介绍，该公司石油日产量达230万桶。

再看一篇俄罗斯《共青团真理报》的稿件。

【俄罗斯《共青团真理报》11月11日】题：霍多尔科夫斯基早已布下棋局

霍多尔科夫斯基的用意十分清楚：他打算由一个99％的财富是油井和基础设施的俄罗斯亿万富翁，变成一个在西方坐拥上亿现金的真正亿万富翁。

霍氏准备以250亿美元的价格向美国石油财团出售尤科斯40％的股权。另有13.6％的股票拿出来公开出售。结果是，购买这40％股权的美国财团将掌握尤科斯公司的控股权。可以确信，美国财团早已买下了10％以上的股份。

霍多尔科夫斯基从这笔交易中得到的是什么，十分清楚。他在解决自己的问题。将以基础设施形式存在的非现金资本套现，从而在俄罗斯境外获得现金。

如果交易成为现实，俄罗斯将得到些什么？霍多尔科夫斯基并非贪得无厌之人，会拿成交金额的一部分纳税。那时，俄罗斯将有80亿美元的进账。其余的钱将进入霍多尔科夫斯基的腰包，尤科斯则有新的主人。

实际上，霍多尔科夫斯基卖掉的根本不是尤科斯，因为尤科斯公司的产油量几乎占俄罗斯的1/3。在俄罗斯，仅石油出口收入就占政府财政收入的13％至14％。另外还有对石油行业的税收，再加上相关行业，石油部门总共为国家财政带来 30％ 至 40％ 的收入，也就是说，在国家预算收入中，尤科斯占 10％ 至 15％ 的比重。

这几乎意味着，对俄罗斯的支配权正转移到尤科斯新主人的手中，因为支配 5％ 至 10％ 的国家财政就是对全国的支配。而尤科斯所有者手中握有在任何时候制造大规模政治危机的最强有力的杠杆，凭借这个杠杆可以向克里姆林宫无限制施压。政府无法顶住这种压力，甚至将其财产国有化也是不可能的，因为私有财产神圣不可侵犯。美国将有充分的道德和法律权利以各种方法（包括军事手段）保护本国公民的私有财产。俄罗斯失去的东西要比 250 亿美元更多，而 250 亿美元已经不是个小数目了。

棋局似乎在按霍多尔科夫斯基的设计发展。毫无疑问，被捕列在霍氏的计划之内，不久就能看到他予以回击。其实他已进行了回击：把尤科斯公司交给美国公民管理。

《人民日报》的消息仅报道了尤科斯公司总裁霍多尔科夫斯基被捕的消息，而俄罗斯《共青团真理报》的报道通过对霍多尔科夫斯基的所作所为进行解剖和分析，指出了此事的实质——霍多尔科夫斯基出卖的不仅是尤科斯公司的股权，而是将俄罗斯国家利益出卖给了外国。尽管该报道没有直接写俄罗斯政府为何要对霍多尔科夫斯基采取行动，但根据文章提供的事实和解释，读者不难自己得出结论。很显然，这样的报道要比一般的"消息"来的深入、耐看，因而也就受到读者的欢迎。

二、揭示新闻背后的含义

运用大量背景材料来揭示新闻背后的含义，点出新闻事件的实质，这是解释性报道的第二个特征。这一点，从俄罗斯《共青团真理报》对霍多尔科夫斯基被捕事件所做的报道里可以清楚地看出。《人民日报》的消息虽然也有背景介绍，但只是简单交代了尤科斯公司是俄罗斯第二大石油公司和它的产量。因此可以看出，尽管一般的新闻报道有时也要使用背景材料，但它通常只是对新闻事件的补充和说明，背景资料过多容易造成喧宾夺主；而解释性报道运用大量背景材料，依托它们展开解释和分析，因而背景材料在整个报道中有举足轻重的作用，一旦删去了，解释性报道就不成其为解释性报道了。

三、不同于纯粹的新闻资料

解释性报道要运用大量背景，但这些背景不同于纯粹的新闻资料，这是解释性报道的又一特征。新闻资料是为某个新闻事件配发的材料，对新闻事件起一种场外配合、局部注释的作用。例如，霍多尔科夫斯基被捕后，有媒体专门配发了介绍尤科斯公司、霍多尔科夫斯基本人和接替他的公司新总裁的有关背景，这些都属于资料的范畴，并非报道或解释霍多尔科夫斯基被捕这件事本身。而解释性报道有明确的报道思想，其背景材料都围绕主题，为说明新闻事件的因果联系而组织起来，它是一种从背景着眼来反映新闻事件的特殊报道。如俄罗斯《共青团真理报》的报道，它的所有背景材料都以霍多尔科夫斯基出卖公司的股权意味着出卖了国家这根主线串起来，材料完全服务于主题。

四、对新闻事件进行分析和议论

解释性报道既然要对新闻事件加以解释，就不可能不对新闻事件做分析和议论。但它的分析与议论与评论中的议论又有所不同，主要是以事实为基点，夹叙夹议，这是解释性报道第四个特征。在俄罗斯《共青团真理报》的报道中，"实际上，霍多尔科夫斯基卖掉的根本不是尤科斯"，这是议论，但紧接着就列举了一系列的事实来支撑这一议论。而下面这一句"尤科斯所有者手中握有在任何时候制造大规模政治危机的最强有力的杠杆，凭借这个杠杆可以向克里姆林宫无限制施压"，也是议论，但它是在前面列举的事实的基础上顺理成章地做出的推论。

然而，解释性报道毕竟报道的是新闻，因而即使是在依据客观事实夹叙夹议时，也要注意分寸，尽量少发议论，能够以叙事的方式说明问题的，就尽可能不要采用议论的方式。同时，解释性报道仍然需要遵循新闻报道的一般规律，避免记者直接发议论、下判断，需要议论时，也应该多借助权威人士或当事人之口。有的时候罗列一串经过归纳整理的事实，引导读者自己下结论、做判断，比记者议论更有效。

五、通过比较、联系揭示意义

解释性报道通常需要把新闻事件放在一定的社会背景和时代背景下面来分析，或者把单一的、孤立的新闻事件与其他事件相比较，相联系，以揭示其蕴含的意义，这是解释性报道的又一特征。俄罗斯《晨报》将霍多尔科夫斯基的被捕与几宗类似的事件联系起来的报道，解释事件发生的原因是因为："俄罗斯当局和企业家看来还没有学会如何寻找共同语言。"

【俄罗斯《晨报》10月25日文章】题：当局和商界再度兵戎相见

俄罗斯当局和企业家看来还没有学会如何寻找共同语言。在尤科斯石油公司总裁霍多尔科夫斯基今天在新西伯利亚机场被羁押后，显然他们之间再度兵戎相见。这应该算是第3次。

当局与商界巨擘之间非同寻常的关系史始于2000年。当时，媒体巨头古辛斯基被指控犯法。他所在的大桥媒体公司的办公室遭到搜查。随后这名失宠的寡头逃到国外，总检察院对他发出了国际通缉。但西方国家迄今未把他交给俄当局。西班牙和希腊的法院认为，古辛斯基的行为没有违法。

另一名俄罗斯寡头别列佐夫斯基的经历与此如出一辙。有先见之明的他逃到了欧洲。没多久，俄总检察院向英国要求引渡别列佐夫斯基，但遭到拒绝。英方为别列佐夫斯基提供了难民身份。

今年 7 月，俄司法机关拘捕了尤科斯公司的股东之一列别杰夫，指控他有欺诈行为。市场迅速对此作出反应，尤科斯公司的股票价格下跌。尤科斯总裁霍多尔科夫斯基看来不相信他会遭遇与此相同的命运。与古辛斯基和别列佐夫斯基不同的是，他没有出逃，并称不打算离开俄罗斯，"公司所面临的形势是可以逆转的"。但时间证明，这名石油巨头错了。

这第 3 次冲突会如何收场尚不得而知。但有一点可以肯定：这种事无论对尤科斯公司，还是对正积极要求加入世贸组织并渴望获得文明商业国家名声的俄罗斯不会有任何好处。

将几个相关的事实联系起来，显然比孤立的、单一的报道来得有说服力。上述例子是通过横向的同类联系、对比进行的解释性报道。有的解释性报道通过对事件的前因后果、来龙去脉的交代来作纵向的联系比较。

【《日本经济新闻》9 月 9 日报道】美国总统布什在 7 日晚的电视讲话中指出，作为下一年度伊拉克和阿富汗的军事与重建预算，需要新拨款 870 亿美元。布什总统让国民认识到了在军事和财政两方面都不得不要求联合国参与的现实，以寻求国民对事实上转变方针给予理解。

布什总统指出："欧洲、日本、中东各国将享受到伊拉克实现自由的好处。"他要求各国提供相应的财政援助。由于日本是唯一举出了国名的国家，显然布什总统对日本寄予了很大的期待。

布什政府 4 月对国会表示，伊拉克战争的总成本至多约 800 亿美元。但是仅仅 5 个月后，加上 7 日提出的新预算，成本已经超过了 1500 亿美元，相当于当初的两倍，而且现在还远远未看到"出口"。

伊拉克战争前，美国曾盘算用伊拉克的石油收入来筹措重建费用。但是战后不断发生以输油管为目标的恐怖活动，石油出口未能像设想的那样进行，如意算盘落空了。

布什总统的父亲、前总统老布什虽然在海湾战争中获胜，但是却在经济问题上栽了跟头，未能再次当选。如果这次追加预算获得通过，美国的财政赤字将膨胀到 5620 亿美元。单靠美国一国实现重建是非常困难的。另一方面，如果财政赤字扩大，父亲的噩梦重演也并非不可能。

伊拉克战争在总统选举中本来应该成为布什阵营的强项。但是现在对民主党总统候选人来说，伊拉克战争成了最容易攻击布什总统的材料。

《日本经济新闻》的这则解释性报道，通过对美国政府几个月来在伊拉克和阿富汗的军事与重建预算方面的变化，来解释为何美国要改变对联合国的态度。文章在最后不忘翻一翻历史，将总统布什与他父亲老布什当年的处境进行联系对比。

在进行解释性报道的时候，"相关联想"对深化主题，发现隐藏着的不寻常新闻线索有很重要的作用。有的事情，单独地、孤立地看，似乎不值得报道，但是若与其他事件相对比、相联系，往往意义重大。下面这个例子是很好的说明。在戈尔巴乔夫尚未担任苏共中央总书记之前，苏联最高苏维埃会议宣布了3项任命：任命了新的民族院主席、联盟院主席和联盟院外委会主席。从表面上看，戈尔巴乔夫出任的联盟院外委会主席一职没有其他两个职务高。然而，美联社记者却就戈尔巴乔夫担任新职务一事写了解释性报道，开宗明义地指出"执掌大权的政治局中最年轻的委员戈尔巴乔夫被指名担任一项重要职务"。文章接着说："西方分析家认为，担任这一职务证实了他在克里姆林宫的第二号地位，仅次于苏联领导人契尔年科。"为什么说他担任此职就被认为是二号人物呢？文章引用历史资料来回答：在安德罗波夫执政时，契尔年科曾任此职；在勃列日涅夫时期，克里姆林宫的理论家苏斯洛夫担任此职多年。这个职务被认为是附加给政治局第二书记的，而政治局第二书记是苏联权力结构中的第二号人物。如此一分析，事件的重要性就充分显露出来了。后来的历史也证明，这番分析推论很有远见。

第三节　解释性新闻报道材料的获得

近年来，新闻中的解释性报道越来越多，题材也已经不再局限于事件新闻的范围。有些值得提起注意的、有文章可做的社会问题、社会现象，都成了解释性报道的对象。尽管如此，并不是任何一个新闻事件都需要、都适合写成解释性报道，如那些浅显的、简单明了的，或者是读者熟悉，容易理解的新闻事件，就没有必要特意加以解释。

在国际新闻报道中需要用解释性报道加以反映的事件，主要是重大而复杂的政治、经济、社会问题。有影响的重大突发事件，某些科技成果，或者看上去不十分重要，但受众却表现出强烈兴趣，对其背景原因的解释便具有了价值。

与报道一般新闻相比，采写解释性报道对记者的要求更高，需要记者善于思考，有一定的洞察力和预见力，同时也要有较广泛、深厚的知识积累，才能理解事件的背景、动机、环境、趋势，对相关事件做出正确的解释。

一、对新闻事件本身有比较深入的了解

作为新闻，解释性报道同样需要清楚交代何时、何地、何人、何事和为何这些新闻的基本要素，通过采访对新闻事件本身有比较深入的了解。尽管新闻事实并不一定都要在文章中出现，但了解清楚事件本身仍旧是写作的基础。

二、多追根溯源，扩大采访视野

解释性报道的侧重点在于揭示和解惑，回答"为什么"和"如何"。有的报道还需要对事件作出评估，预测它的影响。这就需要记者在采访中有意识地多问为什么，更多地追根溯源，把采访视野扩大到过去和未来，努力开拓思路，留意事件相关讯息。

三、多请教专家、行家，或对做出正确解释有帮助的人

要对某一事件做出恰当的解释，必须对与该事件相关的问题有准确、透彻的了解。由于解释性报道涉及的议题往往比较复杂，面也比较宽，需要许多专门的知识。因此在采访中记者应多请教专家、行家，或对做出正确解释有帮助的人，否则容易出现偏差，或者把次要问题看过了头，或者没有看出问题的重要性。例如，上面提到的苏联最高苏维埃会议宣布民族院主席、联盟院主席和联盟院外委会主席这 3 项任命时，美联社记者的解释性报道揭示了戈尔巴乔夫新职务潜在的重要性，而有的媒体却认为戈氏出任的联盟院外委会主席一职没有其他两个职务高，因而只对另两项任命作了报道。这样的偏差对读者、对媒体本身的信誉都会有所损害。在专业性比较强的报道中，这个问题尤其需要注意。

更多以事实说话，利用背景资料对事件做出解释。

背景资料除从采访获得外，还可依靠现成的资料。当今社会信息化程度越来越高，各媒体都建立了自己的资料中心，此外还可以在因特网上查寻有关信息。善于利用资料是记者的基本功之一，对丰富报道内容，加快写作进程，甚至开拓思路大有裨益。

尽管现在查寻资料十分方便，但有经验的记者大多注意建立自己的资料库，把自己采访的领域、感兴趣的问题、采访中收集的素材分门别类地整理和归类，平时有心地积累和充实。

四、重视现场采访

尽管解释性报道更多地以背景材料为基点进行报道，但绝对不能因此而忽

视现场采访。前面提到的霍多尔科夫斯基被捕一例,日本《产经新闻》记者内藤太郎在一篇发自莫斯科的解释性报道中指出,普京政府"收拾"霍多尔科夫斯基的动机是为了"在今年年底的下院选举和明年春天的总统选举中取得决定性胜利。从而在下期政府运作中,进一步加强总统的权力"。他通过采访了解到"霍多尔科夫斯基被大多数国民认为是'趁着苏联解体的混乱攫取了国家财产的盗贼'"。由此内藤太郎认为,"逮捕遭到国民厌弃的霍多尔科夫斯基等实业家,将能够迅速得到国民的支持"。

第四节 解释性新闻报道的写作要点

解释性报道通常要为读者提供答案,解释疑问,被看做是深度报道的一个品种。它的采写要较一般的"消息"更费心,需要进行更深入的采访,查阅大量的资料,写作上需要更严谨、更具逻辑性,否则就难以令人信服。

但是,严谨不等于要把稿件写成论文,毕竟新闻是为受众服务的,因此写作解释性报道首先要注意可读性。

解释性报道一般以专稿的形式出现,它可以根据报道的内容选定合适的体裁,尝试用新的,更灵活,更富有创造性的方式来表现。

那么,怎样才能把解释性报道写得更好呢?

1. 学会合理地运用背景材料

解释性报道主要是用事实,也就是背景材料来解释新闻事件。因此在写作这类稿件时,通常是要"用昨天说明今天"。从这个角度而言,恰当使用、合理安排背景资料非常重要。

要做到这一点,首先需研究新闻事件内在的逻辑关系,在透彻理解的基础上根据主题需要、按材料的时间顺序或重要程度来安排稿件的结构,揭示材料与新闻事件的联系。

2. 把握好客观解释与主观议论的分寸

有人认为解释性稿件中不允许有议论,有人则认为既然是解释就会有议论,议论是解释性报道的一部分。

其实新闻报道同其他事情一样,不能绝对化,即使在一般新闻中,除了新闻事实,也可以适当有一点议论,有一些背景交代。解释性稿件可以有适当的议论,但前提是以事实为依据,通过对事实的综合分析和议论,达到解释的目的。这里所讲的议论一般不是记者自己的议论,而应该是通过"旁征博引"获得的比较权威的议论,特别是引用有关专家、与事件有直接关系的人的话或观点来达到。

3. 既要理性又要富于情趣

解释性报道通常因逻辑性强、材料充实、有理有据让受众喜爱；但另一方面，不少解释性稿件板板正正，过于理性而缺乏情趣。事实上，解释性报道完全应当和可能被写得生动而富有情趣。从一些记者的写作经验中，可以总结出几个可以既容易达到理性又不失生动的技巧。

（1）通过精心挑选、巧妙搭配背景材料来使报道"活"起来

解释性报道可以调遣的背景材料内容广泛，有历史的、现实的，有知识的、人物的，有现场的、转述的，有生活中的，还有艺术作品中的等。写作中可以将它们巧妙搭配，使文章生气盎然。

（2）写好开篇和结尾

任何一篇文章，都需要有一个好的开头。

人们常说，"良好的开端是成功的一半"，此话也适用于解释性稿件的写作。与"消息"的写作不同，解释性稿件不必有一个五官齐全的导语，它需要一个引人入胜的开场白。

此外，一个富有哲理的结尾，也可以将报道推向高潮，使人回味无穷。

（3）从"人"身上下手

无论哪种类型的稿件，只要有了"人"就容易写得富有生气。这恐怕要算新闻写作"克敌制胜"的法宝了，这个法宝用在解释性稿件的写作上同样立竿见影。

4. 不一定要长篇大论

解释性报道的任务虽然是要把人们的疑问解释清楚，但并不意味着一定要长篇大论。有的解释性稿件只有几段，却把事情解释得明明白白。关键部分恰到好处的解释，有画龙点睛的功效。尽量要把稿件写得精练些，语言简洁些。如果能在稿件中添加一些幽默的、活泼的话语，那真是锦上添花了。

5. 以组稿的方式出现

有的解释性报道还可以组稿的形式出现，由两篇或多篇报道组成。每一篇解释一个方面或从一个角度去解释。需要注意的是，组稿的每一部分都应该是独立、完整的单篇，都要有好的开头和结尾，不能任意把一篇长稿件砍成三部分。同时每一部分都要有事实和背景，绝不可想当然地认为读者已看过或记得另一篇稿件。在提到另外一篇稿件中出现过的人物或事时，要加以说明。

编辑部在处理组稿时，可以整个组稿一天推出，也可以每天发表其中一篇，这与新闻事件的连续报道不同。在解释性稿件中，每一篇稿件都必须有一个文前说明和结尾附注。文前说明，如"关于尤科斯事件三篇组稿的第一篇。"

结尾附注，如"明天的稿件是：尤科斯事件为何扑朔迷离。"

组稿可能由一人完成，也可能由几人合作完成。不管是哪种形式，最好能一次交给编辑部，以便编辑能全面衡量内容、结构和发表的形式，同时也可以避免出现刊载了前面部分，后面部分因特殊原因未写出来的尴尬局面。

解释性报道是新闻报道的重要部分，日益受到受众的重视。每个希望有所作为的记者都应该学会采写解释性报道，用理性和智慧解释这个多元、多彩的世界。要写出高质量的解释性稿件，关键要提高记者和编辑的"见识"，这一点对从事国际新闻报道的记者和编辑尤为重要。

第十五章 预测同样需要依据

——预测性新闻报道

先来看路透社的一篇稿件。

【路透社伦敦 1999 年 10 月 17 日电】题：中英关系进入平稳发展新时期

英国本周小心翼翼地铺设了红地毯，以恭候中国国家领导人对该国的首次访问。这次访问标志着中英两国关系进入了一个新时代。两国过去的关系一直动荡不定。

紧张的英国官员称，由于英国的商业利益、人权和中国的尊严问题都是极其重要而不容忽略的问题，对中国国家主席江泽民的访问"不容出半点差错"。

江泽民 19 日首次在英国公众场合露面将决定他此次访问的调子。届时他将与伊丽莎白女王一同参观伦敦市中心。江泽民主席还将享有下榻白金汉宫的殊荣。

江主席出访的第一站是伦敦，随后将访问法国、葡萄牙、摩洛哥、阿尔及利亚和沙特阿拉伯，访问将于 11 月 3 日结束。

英国是在中国投资最多的欧洲国家，而北京对英国的出口是进口的两倍。英国负责贸易的国务大臣约翰·巴特尔在一份声明中说："在过去的 5 年中，中国在英国的投资一直在稳步增长，但在这里注册的中国公司仍然只有 100 家左右。我希望看到这一数字增长。"

认为双边关系变得成熟起来的英国官员，把访问视为经过从鸦片战争到"文化大革命"长达一个半世纪的军事和外交冲突后两国关系进入平稳时代的象征。

他们认为，两国关系之所以稳定，关键是英国两年前将香港归还给了中国。一位英国高级官员说："香港回归中国很顺利。中国也履行了它的义务。"这位官员接着说，"就公民权利和政治权力而言，有些地方还令我们担心，我们也一直向他们提出这些问题。但中国人的经济和社会权利已有真正的改善。"

这篇稿件虽然不长，但涵盖的内容很多：对已发生之事进行的解释，对要发生之事的预告以及对这些事实将要产生的影响进行了预测。

为了迎接中国国家主席的到访，当时英国各方面做了精心的准备，但这些准备并非这篇稿件的重点，因此，稿件中只用了一个富有象征意味的动作来概括：铺红地毯。不过，修饰这个动作的词"小心翼翼"却道尽个中滋味：重视、紧张。

紧接着就解释为何重视、紧张，因为这是中国国家领导人首次来访，标志着中英关系进入新时期，而两国过去的关系一直动荡不定。对两国关系为何动荡不定，稿件从经济到政治进行了解释。有的点到为止，如人权和中国的尊严问题，因为在 1999 年 5 月美军在南联盟"误炸"了中国大使馆，侵犯了中国的主权。有的则用背景材料展开，如经济问题："英国是在中国投资最多的欧洲国家，而北京对英国的出口是进口的两倍。"并引用了英国负责贸易的国务大臣约翰·巴特尔的讲话而加强它的解释。这些解释反衬了中国领导人来访的重要性，成了解释英国方面"紧张、重视"的依据。由此，稿件作出预测：中国领导人的访问标志着中英关系进入新时代。

从上面的稿件可以看出，有时解释性报道与预测性报道是相辅相成、有机地融为一体的，它们相互铺垫，互为补充，丰富和深化了报道的主题和内容。

在上面这篇稿件中，有一个重要的内容是预告。在江泽民主席动身前发表的这篇稿件，不可避免地要向受众预告江泽民主席在伦敦的活动安排以及此后的行踪。预告不同于预测，它是对已经决定的事件进行的客观报道，而预测性报道则是对已经决定的事件将会产生影响的分析和推测。但有时预告与预测也不是截然分割开的，它们可能在同一篇稿件中出现，如上文中"江泽民 19 日首次在英国公众场合露面将决定他此次访问的调子"。在公众场合露面这件事是早就定下的，在稿件中提及是预告，而"将决定他此次访问的调子"则是预测。同样，"江泽民主席还将享有下榻白金汉宫的殊荣"是预告，但这样的预告在某种程度上也成了稿件解释的依据：如此高规格的接待，正好证明此次访问的重要性——它是中英关系"进入平稳时代的象征"。

由此可见，可以在同一稿件中结合运用解释、预告、预测等多种方式，为报道拓展更广阔、深厚的空间，也为受众提供更多的信息和分析的空间。

第一节　预告性新闻与预测性新闻

《中英关系进入平稳发展新时期》一稿中，可以感受到预告性新闻与预测性新闻的不同，尽管它们出现在同一篇稿件中。为了比较清楚地区别这两种稿件，再来看两个例子。

【路透社华盛顿 11 月 18 日电】题：美国将在佛罗里达基地试爆"炸弹之母"

美国空军今天说，美国军方计划本周对其武库中威力最强大的常规炸弹"炸弹之母"进行最后一次开发试验。该炸弹因体积巨大而获得了"炸弹之母"的绰号。

埃格林空军基地航空武器中心发言人杰克·斯文森说，美国空军计划于星期四在该基地引爆一枚重 9800 公斤的卫星导航 GBU－43/B 型"高威力空气爆裂弹"。埃格林空军基地位于佛罗里达州西北部。

斯文森说，这枚巨大的常规炸弹将由一架 MC－130 运输机投掷到基地的试验场地。

斯文森说，"这是最后一次开发试验"，此后只要美国的军事指挥官认为合适，他们就可下令实战使用这种巨型炸弹。斯文森还说这种炸弹经过了"几个小小的改进"。

此前，这种"高威力空气爆裂弹"只经过一次实弹试验。那是在美国入侵伊拉克前一星期的 3 月 11 日，试验也是在埃格林基地进行，那次试验产生了一团巨大的蘑菇云。斯文森还说，有过两次模拟试验。

"高威力空气爆裂弹"先在袭击目标周围制造一团可燃雾，然后将其引爆，产生巨大的杀伤力。

空军开发的这种"高威力空气爆裂弹"，是 6800 公斤的重磅炸弹 BLU－82"滚地球"的新一代产品。"滚地球"最初是为在越南开辟直升机着陆场设计的。在 1992（原文如此）年的海湾战争期间，被用来扫雷和对伊拉克军队实施心理战。在 2001 年的阿富汗战争中，被用来摧毁被疑为"基地"组织人员藏身的洞穴。

【时事社东京 10 月 30 日电】日本内阁府 30 日发表了汇总海外经济状况的"世界经济潮流"报告。该报告指出，以经济高速增长的美国为主导，2004 年世界经济恢复步伐将加快。

报告预计，今年下半年美国经济增长率将达到 4％ 左右。随着美国经济的好转，亚洲和欧洲经济增长率预计也将恢复到过去的平均水平。

此外，报告还对在 2001 年世界经济减速之际，美国、英国和加拿大的经济增长率没有太大下降的原因进行了分析。报告指出，以潜在经济增长率高为背景，国民认为收入减少是暂时现象，因而没有影响到消费继续稳步增长。

路透社的稿件是典型的预告性新闻，它报道的事件虽然还没有发生，但已经决定，并且即将发生。时事社的稿件是预测性新闻，是日本内阁对 2004 年全球经济形势预测的报道。

这两个例子说明，预告性新闻和预测性新闻不是一回事，尽管它们都是在事件发生前的预先报道。它们的报道内容和任务各有不同：预告性新闻是预先报道即将发生的事实，是通告，是对人为决定的事物的客观报道。它所报道的事情是肯定会发生的，带有必然的性质。预测性新闻是对事物发展趋向的一种观测性报道，它所预测的结果有可能出现，也有可能不出现，具有不确定的因素。同样报道会议、选举，预告性新闻报道何时将举行会议或选举，或者何人将参加这些活动，而预测性新闻则将着眼点放在会议、选举这些活动将会产生的结局和它们的影响上面。

此外，在写作时，由于预告性新闻是客观事实的报道，多用肯定的语气，而预测性新闻则是分析、观察，用推测的口吻，用"可能""预计""将会"等表述，对报道的内容同样要有分析的依据。

第二节　预测性新闻的价值

预测是有了人类文明就存在的经常性活动。从生老病死的个人命运，到自然界的风云变幻，社会、国家的兴衰等，都可能是预测的对象。新闻传播作为人类活动的反映，必然要对人类的这种预测活动进行报道。可以这样说，预测性新闻是国际新闻的重要组成部分。

如果说一般的动态新闻着眼于"现在"，刚刚发生或正在进展的事情，解释性新闻着眼于"过去"，事件的来龙去脉的话，预测性新闻则着眼于"未来"，现在尚未出现，但今后有可能出现的事情。它包含两层意思：一是对已经发生的事件或问题前景进行预测；一是对尚未发生的事件本身进行预测。而后者，在实际报道活动中的比重有逐渐增多的趋势。

预测性新闻的价值在于权威性、科学性和准确性。这种新闻对社会舆论和社会心态有相当大的导向功能。

第一，预测性报道反映未来，预示前景，有促进社会良性运行的作用。它通过反映未来可能出现的情况，特别是一些将对社会和人类产生危害性后果的问题来提醒人们及早做好应变准备，或积极研究对策。在 2000 年到来之前，媒体大量报道了"千年虫"的问题，引起人们广泛的重视。全球科学家联手合作，使"千年虫"没有发作，维护了全球的信息安全。在这方面，预测性报道反映的问题越准确、越有先见性、引起重视程度越高，社会问题和矛盾就有可能越早得到解决，社会的良性运行也就有可能得到维护。

第二，预测性报道可以为各行各业提供有价值的材料，从而使政府、企业和其他行业在制定政策的过程中减少盲目性。例如，在世界粮食供应紧张之前，一些媒体及时作出预测，许多国家可能会相应调整粮食政策，防范风险。这方面有许多产生明显效果的例子。"9·11"恐怖袭击之前，曾有预测，恐怖分子可能将美国作为袭击的目标，但遗憾的是，这一预测没有得到足够的重视，结果未能阻止悲剧的发生。

第三，预测性报道可以满足受众了解未来的需要。自古以来，人类对未来始终都充满了好奇。《未来水世界》《回到未来》等电影的风行，有力地说明了这一点。在政治经济格局不断变化，"地球村"趋势加剧的今天，人们对未来有可能出现的问题和社会趋向更加关心。预测性报道，以其传播速度快、范围广满足了广大受众的需求。

第四，预测性报道的产生和在实际生活中发挥的作用，突破了传统的新闻价值标准，丰富了新闻品种。预测性报道没有传统的新闻价值标准所强调的反常性、及时性、接近性等特征，通常也不以事件性新闻为主要报道对象。它关注的是平常事物中可能导致未来变故的蛛丝马迹，是对未来的分析、判断。它的特征是"预见性"，这是当代社会所需要的，同时也被证实是受公众和社会欢迎的。

第三节　预测性新闻的重点关注领域

随着社会的发展和科技的进步，人类预测研究的领域越来越广。作为反映这些活动的预测性报道有了一些新的特点：预测的内容越来越庞杂，如预测一个国家、一个地区，乃至全球的政治、经济、军事、社会等形势；预测的范围越来越广泛和深入，有对宏观的总趋势的展望，也有对某个行业、某个问题的预测；预测的时间跨度也越来越大，有的预测甚至跨越世纪。因此，很难也没有必要一定要将预测性报道划分出具体的领域。

就国际新闻报道而言，预测性新闻一般集中在人们普遍关心的、带有全球性倾向的问题上及重大国际事件的前景及其影响等。为了方便，可以大致归为以下几个方面。

一、政治预测

政治预测在国际新闻的预测性新闻中占有很大的比重。每当重大国际性事件发生后，有关它将对世界格局带来的影响的预测性报道就大量出现在媒体上。例如，20 世纪 90 年代初苏联解体，大多数东欧国家改变政体之后，对日后世界格局的走势，各种力量对比的预测性报道可以说连篇累牍。伊拉克战争后，媒体竞相报道它对未来中东和世界局势的影响。进入 21 世纪以来，人们对世界今后的发展趋势究竟是多极化还是美国一国独霸世界的预测更是方兴未艾。

对政局和选举结果的预测可以说是政治预测中最活跃的部分。2003 年 11 月下旬，格鲁吉亚的政局不稳定时，就有报道预测，如不能得到有效地控制，有可能演变为内战。后来，内战虽然没有打起来，但总统谢瓦尔德纳泽被迫辞去了职务。美国总统刚刚走马上任，就有人开始预测他能否连任。至于选举前夕和竞选期间，这类预测性报道更是满天飞了。在有些重要的访问、会议、会谈前，对它们的前景和结局都会有预测。如 2003 年在北京举行的第一次关于朝鲜核问题的六方会谈，对它能否开成、何时开、各方的态度、可能出现的分歧等都有大量的报道。

二、经济预测

经济预测是预测性报道基本的内容之一，包括宏观和微观预测，如经济前景、行业发展趋势、市场走向、价格变动等。这些预测可能是长期的，如对未来 20 年经济前景的展望，也可以是短期的，如对下个季度就业形势的预测。

【英国《金融时报》11 月 10 日报道】业内专家警告说，钢铁需求的急剧上升——包括中国钢铁消耗大幅增加——意味着明年可能出现全球范围的钢铁短缺。

总部设在美国的咨询公司世界钢铁动力公司说，明年第一季度全球出现钢铁短缺的几率为 85％。

2002 年钢铁价格一直处于上升势头，该行业的利润前景一片光明。世界钢铁动力公司说，和 2002 年相比，该公司调查的 35 家全球大型钢铁制造商 2003 年的税前收入将增加 10％。

投资者也注意到钢铁行业有利可图。据计算，今年全球各大钢铁公司的股价上升了 40％左右，比 2000 年年底的低潮时期上升了 150％。

钢铁行业最近发生的一系列兼并活动也促进了上述趋势的发展，因为兼并使大型钢铁公司的规模更大，从而拥有更强大的定价能力。18 个月前，欧洲的 3 家钢铁公司合并，组成总部设在卢森堡的全球最大钢铁制造商阿赛洛钢铁集团。此后，钢铁行业的兼并活动纷至沓来。

此外，中国对钢铁的需求急剧增加也是一个因素。国际钢铁协会预测，明年中国消耗的钢铁将占世界总量的 31％，相比之下，2001 年它在世界钢铁消费总量中的比率仅为 22%。

随着经济一体化的加剧，经济活动中各种联系和制约因素日益增多，经济预测报道会不断增加，预测的范围和深度也将不断加强。这一点，只要留意一下媒体的报道就能感受到。

三、社会预测

国际新闻中的社会预测主要包括对社会制度、社会结构、人口等方面的预测。例如，近些年来老龄化问题日渐突出。自从 1985 年法国第一个迈入老龄化社会以来，到 1992 年，全世界先后有 57 个国家进入老龄化社会。20 世纪50 年代老年人口为 2 亿，到 2000 年增加为 6 亿，而且还有加速增加的趋势。预计到 2050 年，老年人口将达到 20 亿，届时 60 岁以上的人口将超过 15 岁以下的青少年。这是人类遇到的新挑战，用什么样的方式去应对，成为人们关注的问题、众多学者致力研究的课题，也是引起国际关注的新闻。

四、科学技术预测

科学技术的进步关系到经济发展、综合国力和人民生活等方方面面。科学预测的任务包括预测科学发展趋向，科学技术可能取得的突破，科学新发现可能对人类生活的改变和影响等。与当今社会科学技术的突飞猛进相适应的是，媒体对科技预测报道的大量涌现，并将有增加的趋势。

五、生态环境预测

由于生态环境的日益恶化，水资源日益匮乏，森林正在消失，荒漠化现象加剧，空气污染严重，保护地球，成为人类面临的共同课题。环境预测同样也已成为国际新闻报道的重要领域。

六、军事预测

尽管当今世界的主要潮流是和平与发展，但局部冲突和地区战争还时有发生。进入 21 世纪短短几年的时间，就爆发了阿富汗战争和伊拉克战争。由于战争具有巨大的杀伤力和破坏力，人们对它的关注程度非常高，对战争的预测也就十分普遍，内容也很广泛，包括对战争本身的结局、进展的预测及其对未来影响的预测。

此外，大国间的军备竞赛同"冷战"时期比较已经有所缓和，但有的地区和国家仍在加紧扩充武器装备和武装力量。对未来战争和冲突、对未来武器发展动向的预测，对维护世界和平和保障各国人民的安全都有重要意义。

七、与人们生活有直接影响事件的预测

这类预测种类繁杂，包括对自然灾害、疾病、时尚流行趋势的预测等。虽

然人类现在对有的自然灾害，如地震、火山爆发等还不能非常准确地预报，但科学家们对它们的活动周期、迹象进行了大量的预测，这对提醒人们注意防范灾害起到了警示作用。

随着人们生活质量的提高和信息来源的增多，人们对健康和时尚的关心也比过去增加了。心脏病可能成为头号杀手、糖尿病有年轻化趋势、今夏流行"比基尼""松糕鞋"风光不再……这一类的预测经常出现在媒体，并越来越受到读者的欢迎。

【《日本展望》月刊 6 月号报道】题：今夏泳衣流行新动向

今年的盛夏季节，在海边，在游泳池里，色彩绚烂的泳衣使得女性的身姿更加靓丽夺目。在日本，泳衣每年都有不同的流行款式，厂家往往在一年前就未雨绸缪地策划新的设计方案了。

前不久，记者采访了一些泳衣制造商，请有关人员介绍了今年泳衣的特色。

据称，2003 年泳衣的流行趋势可以概括为以下三点：

1. 比基尼泳衣仍是今年的主流；

2. 泳衣的面料与款式和内衣相似，轻柔而适度地贴裹着身体；

3. 只要在下身套上一条牛仔裤或短裙，便可以在度假村里随意漫步。

今年的泳衣里，比基尼占 70％，普通的连体泳衣占 30％。特别值得一提的是，今年的泳衣还能够弥补一些人胸部扁平的遗憾，使胸部显得更加丰满，设计人员在突出女性胸部曲线美方面下了一番工夫。

此外，一种叫做"小背心式分身泳衣"的款式继续得到 10 岁至 30 岁女性的普遍青睐。它上身宛若小背心，底裤形似平脚裤，不像比基尼那样使身材暴露无遗。这款泳衣本来是为十来岁的少女们设计的，现在也受到了 20 岁至 30 岁女性的欢迎。在泳装竞艳的时节，沙滩上绽开的花朵令人赏心悦目，这里凝聚着设计师以及技术人员的各种创意和心血。

此外，天气预报、体育赛事分析等也都是预测性报道，它们几乎成为人们生活中不可缺少的内容。

第四节　预测性新闻的采访与写作

一、预测性新闻的采访

预测性新闻的采访要特别注意以下几点。

（一）要有一定的远见

预测性新闻既然是预测，就需要尽可能早地发现事物的苗头，在它还没有显现的时候就捕捉到它可能发展的趋势。预测性报道通常在报道他人的预测，那么记者如何洞察先机，知晓他人做了很有洞察力的预测呢？这既需要记者自身的洞察力和判断力，同时也反映了其消息网的深广程度。

（二）要有权威的预测材料

日常生活中，任何人都可以对某些问题的未来进行展望，发表分析性意见，但是，并非每个人的展望都有新闻价值。预测性新闻对社会舆论和社会心态有相当大的导向功能，还要唤起受众的注意，使其信服。因此，它通常报道权威机构、权威人物的预测。请看下面这篇对日本随时可能出现金融危机的预测性稿件。

【法新社东京 5 月 21 日电】日本银行行长福井俊彦今天说，除非几乎瘫痪的日本金融业的问题得到解决，否则该国随时可能爆发金融危机，银行将越来越容易受到冲击。

在福井发出这一警告之前，日本银行 6 个月来第一次降低了对经济的评估，这是因为它担心非典型肺炎和美元疲软的影响以及在政府决定帮助一家大银行摆脱困境之后可能给国内带来的风险。

福井说："如果金融机构的问题得不到适当解决，我们必须说，日本将面临随时可能爆发金融危机的形势。"

这位行长在议会的一个委员会说："金融机构正在努力解决呆账问题，同时还在努力建立比较有利的体制加强它们的地位。"

福井说："在这个背景下，我们不得不说，金融机构仍需要解决各种难题。"他补充说，这指的是它们的基础仍然薄弱。

政府指示各银行在 2005 年 3 月以前把呆账比例减少一半。据认为，呆账是日本经济不景气的根源。

福井对议员们说，这些银行尚未陷入危机，但是它们抵御冲击的能力正在下降。

分析师认为，当局会防止任何危机的爆发，他们决定对遇到困难的理索纳银行注入资金就证明了这一点。分析师说，虽然金融危机不会马上爆发，但是日本经济仍有各种问题。

莱曼兄弟公司亚洲首席经济学家保罗·希尔德预测，经济复苏"已经停止，在今后一个季度里，情况将开始恶化"。

日本研究协会的一位资深经济学家说："除非经济本身出现复苏，金融机构就不可能复兴。"

该报道交代了做出可能发生金融危机预测的不是一般人士，而是银行行长，而且他是在议会委员会前作这番预测的，非常正式，具有权威性。同时报道还引用分析师、经济学家的预测，进一步突出了这一预测的可信程度。

（三）审慎预测

既然是预测，必然有误差。由于预测报道对人们认识事物、决定行动方向有帮助，因此媒体需要及时进行预测性报道。但是，记者在进行预测性报道时必须要非常慎重，尤其是对近期的、消极性的预测，例如"9·11"事件之后，美国发现带有"炭疽热"病毒的邮件，当时有报道称恐怖分子将发送更多的带病毒的邮件，一时间引起了人们的恐慌。对地震、某种灾祸的预测直接关系到人心和社会的稳定，同样必须审慎从事。

（四）注意预测的科学性和准确性

每年的岁末年初，西方报刊上往往会刊登一些所谓著名星象师、占卜家的预测，有对某名人流年命运的预测，有对天灾人祸的推测，五花八门，不一而足。这些预测有的是荒诞可笑的，有的是迷信的，记者对这些预测要有所把握和判断。1999年，有关当年8月18日"天体大十字"的出现将对地球带来毁灭性灾难的预测热闹了一阵。事实证明，这完全是伪科学的预测。

二、预测性新闻的写作

预测性稿件可以有各种体裁，但比较多见的还是"动态消息"。

（一）开门见山地报道预测结果

像一般的动态新闻一样，预测性新闻的导语要以最为简明的语言道出事实要害，在导语中提纲挈领地概述最重要的预测结果，然后根据重要性逐段展开，交代主要事实及其消息来源和背景。

【法新社华盛顿4月13日电】世界银行在13日其新公布的发展报告中预言，如果世界经济能够保持现有的增长速度，到2015年，世界贫困人口将减少一半，但撒哈拉南部非洲、北非和中东不在此范围内。

将全球贫困人口减少一半是联合国在2000年确定的"千年目标"中最重要的目标。

世界银行经济学家尼古拉斯·斯特恩认为，要实现这一目标，各发达国家应该将其援助增加一倍（目前这一援助占其国内生产总值的0.22％），并降低其"阻止发展中国家充分利用自己出口和经济增长潜能"的贸易壁垒。

　　该报告认为，全球每天生活费不足 1 美元的人数从 1990 年的 13 亿减少到 1999 年的 11.6 亿，到 2015 年有可能减少至 8.09 亿，而剩下的这 8.09 亿人，有一半人生活在非洲的撒哈拉地区。

　　世界银行的预测认为，东南亚的数字最有说服力，因为日生活费不足 1 美元的人数将从 1999 年的 2.79 亿下降到 2015 年的 0.8 亿。而在南亚，这一人数将从 1999 年的 4.88 亿下降到 2015 年的 2.64 亿。世界银行认为，在拉丁美洲和加勒比海地区，贫困人数从 1990 年的 4800 万上升到 1999 年的 5700 万，到 2015 年有可能重新减少至 4700 万。

　　在撒哈拉南部非洲，日生活费不足 1 美元的人数将从 1999 年的 3.15 亿上升到 2015 年的 4.04 亿，这个数字相当于非洲一半的人口；中东和北非的这一人数将从 1999 年的 600 万上升到 2015 年的 800 万。

　　在上面的稿件中，导语指出了到 2015 年，世界贫困人口将减少一半，但不包括撒哈拉南部非洲、北非和中东这一预测。随后几段逐一补充了各地区的具体情况，并交代了预测的来源。这种开门见山、逐步展开的写法，可以使受众对预测结果产生深刻印象。

（二）提供预测的信息来源

　　预测性新闻要交代预测性结论的来源，说明是何人作出了这项预测。虽然普通新闻都要求说明消息的来源，但在预测性新闻中新闻源更为重要，它关系到预测的可信度和说服力。记者不仅要在采访中，在判断新闻价值时选择权威人物和机构，在写作时还应该注意交代预测的来源。在上面"日本随时可能爆发金融危机"和"世界贫困人口将减少一半"的报道中，都交代了预测的出处。一个是银行行长，一个是世界银行，其在预测的领域都具有绝对的权威。交代了预测的出处，能够体现预测的分量，增加预测的说服力。相反，有的预测本来有可能引起受众的重视，但由于没有交代预测的来源，稿件的可信度大打了折扣。

（三）写出预测依据

　　科学的预测不可能无凭无据，因此在稿件中必须将做出预测的依据尽可能多地列出，这样才能使预测性稿件显得扎实可靠，令人信服。预测的根据往往表现为数据、实例、引言、某种迹象等。记者写作时要注意选择最能说明主题的材料。由于预测往往有时间、地域或条件的限制，在表述时力求准确，避免产生歧义，语言要简洁明快，高度概括。

　　【合众国际社纽约 7 月 9 日电】题：全球展望：未调整的世界

　　现在对世界经济前景的希望再次增强。市场认为，日本似乎比以前明朗了一些，而美国公司也对自己的前景更为自信，只是对欧盟的展望普遍悲观。

乐观的理由何在？没有合理的理由。各国的形势没有变化。美国，日本和欧洲或多或少仍在重复多年来的作为。错误仍在重复，没有得到纠正。

日本回避结构调整

也许可以先看看日本的情况。日本的问题仍然非常严重。日本人不愿增加开支，因为他们多半已经过着舒适的物质生活，但就业没有保障。日本经济表现差劲已 10 年有余，而且很多日本公司和银行也在艰难挣扎。

日本政府的反应是什么呢？政府屡次花费巨额公共资金振兴需求。而需求暂时得到了支持，但最终结果却是财政赤字增加，政府债务增加以及重新变得增长乏力。

仍在执政的自由民主党的另一个喜好是利用政府资金或立法支撑股票价格或放宽日本公司的会计规则。这显然是一项"好"政策。谁希望公司调整结构呢？

换言之，日本回避了结构调整。日本股市在上扬，世界其他地区的股市也在上扬，因为投资者没有更好的使用资金的办法。这种上扬，就日经指数而言，也许会持续一段时间，但最终将消失。

美国接连制造泡沫

同时，美国正在效仿日本已经宣告失败的政策。美国总统布什已经改变了克林顿时期的政策。在克林顿执政的幸运年代，政府资金充足，因为每个人都资金充足。想不到吧，资金全都来自格林斯潘大叔及股票市场的滚滚财源。

联邦储备委员会主席格林斯潘在技术、生产率、股市过度繁荣即将结束之际放宽了政策，其意即在让兴奋继续下去。作为美国一家大银行的前首席经济学家，这位联邦储备委员会领导人的职责就是强行夺走潘趣酒碗（潘趣酒是一种用酒、果汁和牛奶调配的饮料），免得我们都喝醉。

在我们看来，格林斯潘恰恰采取了相反的措施，由于亚洲经济危机，俄罗斯拖欠债务、巴西动荡、长期资本管理失误以及令人恐怖的"千年虫"问题的逼近，他削减了利率。降息意味着美国 1998 年至 1999 年间的股票指数走势已经到了顶点，而且美国享受了它尚未为之付出代价的消费热潮。

从此发生了什么变化？股票泡沫破裂，格林斯潘将短期利率降至

1％，目的是尽力防止衰退。这样一来，采用廉价资本治疗大繁荣后紧接着发生的严重不景气，其后果就是产生更多的廉价资本，抬高房价而非股价，还能为杯中酒增加一点从布什总统那里获得的以减税形式体现的额外劣质酒。

潘趣酒碗再次装满了各种不同成分，其结果将是同样的：坏账的影响将愈加严重，不仅是在住房市场，这将抑制美国及世界经济今后数年的发展。

美国所需要的是戒酒，是冷静下来，来一场痛苦却是校正性的衰退。相反地，它实际上获得了更多的廉价资本。

……

在经济界一片"经济复苏"的预测声中，上面这篇稿件提出不同的看法，认为没有理由如此乐观，世界经济仍不会有很大改观，并提供了不乐观的理由：世界主要经济体，如日本、美国和欧洲没有进行实质性的调整。

（四）预测应该留有余地

与预测需要审慎相联系的是，预测性报道在写作时还应该注意交代预测的前提，注意留有余地，不要把话说绝对。对于前提的交代十分重要，忽视了这一点，预测有可能被歪曲或者根本没有了意义。还是以"世界贫困人口将减少一半"这篇稿件为例。这篇稿件在导语中就明确指出预测的前提："如果世界经济能够保持现有的增长速度"，换句话说，如果经济增长速度减缓，这样的预期不可能实现。同时，预测还限定贫困人口减少一半的预期并不是在任何一个地方，"撒哈拉南部非洲、北非和中东不在此范围内"。如果在稿件中没有把这一限定交代清楚，那么世界银行的预测被夸大了，就会影响预测的准确性，最终产生负面影响。

此外，预测性报道是预先报道可能发生的事件，但这类事件毕竟还没有发生，它有可能发生，也有可能不发生，发生意料之外情况的可能性非常大，也是很正常的。因此，预测性报道往往对前景、结局的预测留有余地，或给出多种可能。

【日本《朝日新闻》3月24日文章】题：伊拉克战争威胁世界经济

由于预计伊拉克战争将在短期内结束，世界经济并未出现大的混乱。但是，即使军事行动能在短期内结束，中东在实现稳定之前还面临着报复性恐怖袭击等各种动荡因素。假如战争长期化，对经济的打击将是非常严重的。本文以国内外智囊机构的分析为基础，预测了世界经济的3种前景。

战争短期内结束：信心恢复 投资消费好转

开战以后，由于世界市场普遍预测战争将在短期内结束，因此股价上升，油价下跌。

市场人士总是忘不掉1991年海湾战争。在伊拉克于1990年8月入侵科威特后，美国的个人消费大幅降低，国内生产总值连续3个季度陷入负增长。但是开战以后，股价却开始上升。战争经过6周时间结束后，实际增长率从1991年第二季度开始转为正增长。

这次，股价在美欧围绕联合国决议出现对立的阶段开始下跌。但是在开战的同时却开始反弹。美国有影响的智囊机构战略和国际问题研究中心预测，如果战争在1个月左右的时间内结束，迄今为止因前景不明朗而缺乏信心的消费者、企业和投资者的心理将会好转，比起没有爆发战争的情况，日美2003年的实际增长率反而都会有所上升。

很多人认为，美国经济正处于恢复基调中，伊拉克战争导致美国经济的停滞将是短暂的。

战争中期内结束：原油涨价 世界经济放慢

如果战争持续两个月左右，原油价格将上升，世界经济将放慢，日本经济则有可能出现衰退。

与上次海湾战争不同，这次伊拉克战争是为了推翻萨达姆政权，因此很多人认为，战争时间将比海湾战争长得多。

战略和国际问题研究中心预测，如果伊拉克军队的军事反击对油田设施造成有限的破坏，原油价格将上升到每桶40美元左右的水平。

此外，如果再次发生以美国为目标的恐怖活动，将导致消费疲软和股价下跌，世界经济不可避免会出现衰退。

战争长期化：世界经济同时陷入萧条

如果由于伊拉克军队的顽强抵抗，战争持续3个月以上，油价将进一步上涨。军费增加将使美国财政赤字进一步膨胀，导致长期利率上升，世界经济有可能同时陷入萧条。受外部需求左右的日本经济不可避免会陷入负增长。

战略和国际问题研究中心指出，包括伊拉克周边国家在内，如果油田设施遭到严重破坏，伊拉克原油的供给将在2003年内停止，周边国家的生产将会遇到障碍，原油价格将上升到每桶80美元。

关于战争费用：美国耶鲁大学教授诺德豪斯认为，如果战争持续9个月以上，单是直接的经费就将达到1400亿美元，包括原油暴涨在内的经济成本，在今后 10 年间将达到 1.9 万亿美元。

提出多种可能性不仅符合事物发展的过程是复杂和处在不断变化之中这一基本的规律，而且也给受众提供了众多的材料，由其根据事物的发展变化做出自己的判断。

（五）预测与分析、解释结合

在有些预测性稿件之中，比如宏观的、重大的、时间跨度长的预测，一些重要事件的预测，甚至对某次重要体育赛事的预测，不仅要提出基本结论，还要提供分析和解释，说明"为什么"。这些分析解释，能增加预测性稿件的深度，给受众一些新的启示。

（六）力求贴近受众

预测性新闻往往因其"事关重大"而大多比较严肃，一般单刀直入、不卖关子，很少采用描写、悬念等手法开头。但是，这不等于不可以写得更贴近有趣一些。下面这篇稿件便是个很好的例子。

【英国《卫报》10 月 28 日文章】题：2020 年的生活：太阳能，花园里养母鸡，卫生间里的机器人

清晨，理查德·迪米尔起身走向盥洗室，准备开始新的一天。这是 2020 年的一天。在他冲厕所的同时，他的排泄物样本得到了自动分析，分析结果传送到当地医生那里。

胆固醇水平有些高，因为他昨晚吃的养殖鳕鱼和炸土豆片都属于油腻食品，不过计算机还是把结果归为正常。

家里的水质净化器打开后发出嗡嗡的声音。这时他穿过走廊，去查看电表的情况。电表显示，家里的收支现在处于盈余状态：他家的风力发电机和太阳能电池板向电网输出的能量超过了家里的用电量，因此他们又多了一笔收入。

楼下，他的妻子萨拉正在抱怨。那台所谓的"智能冰箱"出了点毛病，本来应该发送给本地送货部门的订购牛奶和面包的指令没有发送成功。于是他们只能打电话向杂货店购买。送来的食物会放在一个特制的上锁的盒子里，而不是放在门口，因为近来这些日益昂贵的生活必需品被盗问题越来越严重。

这样的一天的开端是环境署的科学家们所设想的 2020 年英国普通人生活的一瞥。

为了偿还 55 年的购房贷款，迪米尔夫妇俩都要拼命工作。萨拉是一名顾问，服务对象是那些有先天基因缺陷而易患癌症、心脏病等疾病的人，他们在办理保险和抵押贷款等方面会碰到一些困难。

理查德一般在家工作，当他要去他工作的废品回收站时，他会开与人合用的氢能源汽车。他很少会看见他所回收的废铁罐或塑料等，他只是为公司提供废旧材料用于再生产的市场报价。根据国际贸易规则，他必须对这些废旧材料的去向负责。

在家工作时，他会在耳朵里戴上一个电话装置，这个装置靠他的大脑发出的电来运转。在工作时间，他的经理可以随时与他通话。对于这类帮他提高效率的新型电子设备，理查德总是持一种怀疑态度。

今天他开车去上班的时候小心翼翼地选择着路线，以避免高速公路和沿路城镇的堵车。他的公司很久以前就搬出了位于伦敦市中心的总部，为的是节省费用。

从前的工业区都开始逐渐闲置下来，因为现在制造业在国民生产总值中的比重已下降到9%，工业建筑被拆除之后，取而代之的是节水和节能的住宅区。现在整个区域都种上了树，命名为达特福德森林。

夫妇俩有个女儿布丽特妮，像很多孩子一样，她也是收养的：英国男性的精子数量已经下降到了20世纪40年代的30%，原因是食品和农业中的化学成分大大破坏了人们的生殖能力。近几年来，因为一些不能生育的人共同起诉，许多大食品生产商都破产了。

对食品添加剂的严格限制以及昂贵的石油价格意味着要远距离运送新鲜食物势必代价高昂。迪米尔家自己养鸡种菜，以提供自家所需的新鲜鸡蛋和蔬菜，因为太多的进口食品实在是太贵了。

环境署对于英国2020年生活的展望也并非都是消极的。那个时候空气会更清洁，公共交通也有很大改善，因为交通拥堵费的收取，加上很多人在家工作，交通堵塞将成为遥远的回忆。

从全世界范围来看，一些技术普及程度差的国家会面临严重的问题。由于气候变化，非洲中部的一大部分区域将无法居住。海洋侵蚀了许多沿海低地，导致严重的难民危机。

参考文献

李大卫、石维、艾顿编译.《百年好文章：合众社新闻佳作》.西安：陕西师范大学出版社，2002

李大卫、石维、艾顿编译.《百年好文章：法新社新闻佳作》.西安：陕西师范大学出版社，2002

李大卫、石维、艾顿编译.《百年好文章：美联社新闻佳作》.西安：陕西师范大学出版社，2002

李大卫、石维、艾顿编译.《百年好文章：路透社新闻佳作》.西安：陕西师范大学出版社，2002

顾耀铭主编.《国际新闻精品选评：第七届中国国际新闻奖获奖优秀作品》.北京：五洲传播出版社，2002

颜雄主编.《百年新闻经典（上）》.长沙：湖南大学出版社，2001

颜雄主编.《百年新闻经典（下）》.长沙：湖南大学出版社，2001

刘明华、张征选编.《新闻作品选读》.北京：中国人民大学出版社，2003

程道才主编.《中外新闻作品赏析》.北京：中国广播电视出版社，1996

李天道主编.《普利策新闻奖名篇快读》.成都：四川文艺出版社，2005

杜荣进编.《中外新闻采写借鉴集成》.杭州：浙江教育出版社，1997

江爱民、寒天.《国际新闻的采访与写作》.北京：中国广播电视出版社，2005

刘其中.《诤语良言》.北京：新华出版社，2003

刘洪潮主编.《怎样做驻外记者》.北京：中国传媒大学出版社，2004

芮必锋、姜红.《新闻报道方式论》.合肥：安徽大学出版社，2001

高钢.《新闻写作精要》.北京：首都经济贸易大学出版社，2005

陈启民编著.《国际新闻教程》.香港：天马出版有限公司，2007

张晓健、闻勤勤主编.《驻外记者手记》.北京：中国广播电视出版社，2007

刘明华.《西方新闻采访与写作》.北京：中国人民大学出版社，1993

王纬.《国际新闻采编初探》.北京：新华出版社，1985

刘海贵、尹德刚.《新闻采访写作新编》.上海：复旦大学出版社，1997

康文久、高红玲主编.《实用新闻写作》.北京：新华出版社，1996

吕宁思.《凤凰卫视新闻总监手记》.北京：昆仑出版社，2005

邓科主编.《南方周末：后台》.广州：南方日报出版社，2008

张巨岩.《权力的声音：美国的媒体和战争》.北京：生活·读书·新知三联书店，2004

张林等.《大事背后》.北京：中国和平出版社，2005

仇东方.《英国媒体的新闻价值观——以"9·11"报道为例》.北京：中国国际广播出版社，2006

[美] 梅尔文·门彻.《新闻报道与写作（第9版）》.北京：华夏出版社，2003

[美] 谢丽尔·吉布斯、汤姆·瓦霍沃.《新闻采写教程——如何挖掘完整的故事》.北京：新华出版社，2004

[美] 卡罗尔·里奇.《新闻写作与报道训练教程》.北京：中国人民大学出版社，2004

[美] 杰克·海敦.《怎样当好新闻记者》.北京：新华出版社，1980

[美] 杰里·斯瓦茨.《如何成为顶级记者》.北京：中央编译出版社，2003

[美] 迈克尔·埃默里、埃德温·埃默里.《美国新闻史：大众传播媒介解释史》.北京：新华出版社，2001

[美] 路易·L.辛德编.《伟大的时刻——战地记者眼中的二次世界大战》.南宁：广西人民出版社，2006

[美] 伦纳德·小唐尼、罗伯特·凯泽.《美国人和他们的新闻》.沈阳：辽宁教育出版社，2003

[日] 佐藤卓已.《现代传媒史》.北京：北京大学出版社，2004

后　记

2008 年年初，《国际新闻采编实务》项目组成立并开始着手撰写本书。

本书进一步总结、吸纳了国内外采写国际新闻的理论成果与实践经验。本书重点突出其广泛性、实用性和趣味性，力求以典型的新闻语言、周延的架构、轻松的笔调、严肃的态度来阐述国际新闻的采编实务。为避免空洞的说教，导致学生动手能力差的问题，本书格外注重以事例教学来带动学生的思考和操作能力。

在撰写过程中，本书着重从以下五个方面进行了尝试与探索：

一、坚持正确的报道原则，加强对报道中隐含的"政治、文化色彩"的分析与阐释。

二、坚持实务为主，注重可操作性，强调理论联系实际。

三、关注国际新闻报道的过程，在案例分析中尽量融合"为什么"和"怎么做"。

四、既注重梳理、总结本土理论与实践，又注重扩展国际视野，适度吸纳国际前沿理论与经验。

五、既注意激发读者兴趣、爱好，又注重培养其新闻品味、新闻责任感、道德感及职业水准。

在本书的成书过程中，北京师范大学出版社的领导对本书的出版给予了极大的支持；王强编辑做了许多实际工作并提出了不少宝贵的建议。本书借鉴和吸收了海内外学者相关的研究成果；新华社摄影部徐步同志对本书提供了多幅照片；重庆大学文学与新闻传媒学院蒋茜和黄娟辛勤地打印和校对书稿，在此一并致谢。

由于国际新闻采写实务涉及的领域太宽，本书作者占有的资料和学术视野有限，本书挂一漏万、错误之处难免，尚祈有关专家、学者赐教、斧正。

作　者
2009 年 9 月

北京师范大学出版社新世纪高等学校教材·中国语言文学类

北京师范大学出版社高等教育分社网址：http://gaojiao.bnup.com.cn

★普通高等教育"十一五"国家级规划教材；◆教育部"面向21世纪课程教材"；▲北京市高等教育精品教材；☆普通高等教育"十五"国家级规划教材；△全国高等教育自学考试指定教材。

汉语言文学专业基础课系列教材
▲文学理论新编（第3版）（童庆炳）
　文学理论新编（第3版）教师用书（童庆炳）
★语言学基础理论（第2版）（岑运强）
★现代汉语（第3版）（周一民）
　古代汉语教程（李国英　李运富）
　中国现代文学史（第2版）（刘勇　邹红）
　中国古代文学史（上中下）（北师大古代文学研究所）
　新中国文学史（上下）（张健　等）
◆比较文学概论（第2版）（陈惇　刘象愚）
　外国文学史（匡兴　等）
　马克思与现代美学（曹卫东）
▲语文课程与教学论（郑国民　阎苹）
　汉字学概要（王宁）

汉语言文学专业课系列教材
★儿童文学教程（王泉根）
★神话与神话学（杨利慧）
◆世界文学发展比较史（上下）（曹顺庆）
▲中国民间文化（万建中）
△现代汉字学（杨润陆）
　中国百年话剧史稿（现代卷/当代卷）（黄会林　谷海慧）
　中国文化史（李山）
　文学批评与文体（蒋原伦　潘凯雄）
　外国文学史纲要（陈惇　何乃英）
　中国古代文论新编（李春青　姚爱斌）
　语文教育学（张鸿苓）
　训诂学基础（陈绂）
　汉语语音学（周同春）

汉语言文学专业作品选系列
中国古代文学作品选（上下）（郭英德）

中国现代文学作品选（上下）（刘勇）
中国当代文学作品选（上下）（张健）
外国文学作品选（西方卷）（刘洪涛　王向远）
外国文学作品选（东方卷）（王向远　刘洪涛）

写作系列教材
汉语写作学（徐振宗　等）
应用写作学（徐振宗）
事务文书写作（刘锡庆　洪威雷）
常用法律文书写作（刘锡庆　刘荣林　等）
公文写作（刘锡庆　陆雅慧）
经济应用文书写作（刘锡庆　李道荣）
日常实用文体写作（刘锡庆　张明）
科技实用文体写作（刘锡庆）
文科类毕业论文写作（刘锡庆）
理工农医类毕业论文写作（刘锡庆）
军事应用写作（刘锡庆　王景堂）

公共课系列教材
☆中国文化概论（第2版）（张岱年　方克立）
　中国文化概论教师用书（方克立　周德丰）
　教师口语（国家教育委员会师范教育司）
　教师口语训练手册（国家教育委员会师范教育司）
　大学语文（张铭远　等）
　新编大学语文（朱恒夫）
　大学生媒介素养概论（于翠玲）

21世纪硕士研究生系列教材
中国现代文学资料与研究（李春雨　杨志）
中国现代文学研究的视域与形态（刘勇）
中国当代文学与文化研究（张柠）
中国古典文献学的理论与方法（郭英德　于雪棠）
反思文艺学（李春青　赵勇）
中国古代文学专题研究（郭英德）

北京师范大学出版社新世纪高等学校教材·外国语言文学类

现代英语词汇学概论（张韵斐）
实用英语语音学（何善芬）
研究生英语写作教程（李争鸣）

交际英语口语教程（李长兰　程晓棠）
专业硕士英语教程（王焱华）

北京师范大学出版集团
BEIJING NORMAL UNIVERSITY PUBLISHING GROUP
北京师范大学出版社

高教分社
语言文学室

地址:北京新街口外大街 19 号　邮编:100875
电话:010—58808053,58802833　传真:010—58808503
网址:www.bnup.com.cn　　e-mail:bnupyw@163.com

高教分社语言文学室工作人员填写:
来源:电话/传真/信函/电邮/巡展/活动/会议/其他____
获表日期:____年____月____日　签收人____
处理时间____　用途:新建/更新　责任人____

教师用免费教材样本申请表

　　请您在我社网站所列的高校语言文学类教材中选择样书(每位教师每学期限选1～2种),以清晰的字迹真实、完整填写下列栏目,符合上述要求的表格将作为我社向您提供免费教材样本的依据。本表复制有效,可传真或函寄,亦可发 e-mail。

姓名:_____　主要授课专业:_____

学历:□专科 □本科 □硕士 □博士 其他:_____(海外经历可一并注明)

职称:□助教 □讲师 □高级讲师 □副教授 □教授 □硕士生导师 □博士生导师　其他:____

职务:□教研室主任 □系副主任 □系主任 □副院长 □院长 □无职务 其他:____

学校全称:_____(若必要请注明所在校区)

学校地址:_____　邮编:____

所在院、系、教研室:_____

电话区号:____办公电话:____宅电:____手机:____e-mail:____(必填项)

授课科目1:____学生人数____所用教材是____出版社出版的《____》

教学层次:□中职中专 □高职高专 □本科 □硕士 □博士 其他:____

授课科目2:____学生人数____所用教材是____出版社出版的《____》

教学层次:□中职中专 □高职高专 □本科 □硕士 □博士 其他:____

教材指定者:□本人　其他:____

所需要的教材样本书名	作者	定价

您对本书《　　　》的肯定性评价:

您认为本书有何缺点,具体应如何修改(可另附纸,您的意见被采纳后我们将酌付酬谢):

您近期高校文科教材方面有何写作计划:

您最重要的科研与教学成果:_____

注:您申请的样书须与您讲授的课程相关。

感谢您对我社的信任,很荣幸接受您的意见和建议,祝您健康快乐!
欢迎您从我社网站 www.bnup.com.cn"相关下载"栏目下载有关课件!